絕無僅有

Kershaw的傳奇之路

Andy McCullough
安迪・麥卡洛——著
李伊婷——譯

THE LAST OF HIS KIND

Clayton Kershaw and the Burden of Greatness

獻給我的祖母，
她總是讓我在餐桌上看書。

序言

克萊頓・柯蕭（Clayton Kershaw）曾試圖向妻子艾倫解釋，他的朋友扎克・葛蘭基（Zack Greinke）能長期保持競爭狀態的原因。進入職棒生涯的第二個十年後，葛蘭基的特別之處在於，他擁有不斷重塑的能力。為了保持頂尖，葛蘭基可以徹底改變自己——發掘新的投球方式、新的模式和新的想法。

艾倫仔細思考這一點。葛蘭基自二〇〇四年開始在大聯盟投球，比她丈夫的初登板早了四年。現代棒球中，柯蕭是少數幾個能說自己比葛蘭基更優秀的球員之一；他甚至是更小群體中的一員，有人認為柯蕭是史上最好的那一個。

「那你呢？」艾倫問，「你不會重新自我塑造嗎？」

柯蕭思索了一會兒才回應：「我只是在嘗試找出方法。」他解釋著，「讓我做的事情能繼續發揮作用。」

歷經了痛苦和嚴謹的磨練，柯蕭理解所有偉大成就根源中的悖論。他明白自己永遠無法滿足，但也絕不能失去讓自己與眾不同的部分。超過十五年的時間，他在棒球這個最宏大殿堂之一，總是如履薄冰、走在鋼索上——他肩負著偉大的重擔。

正如道奇隊前總管內德·柯列提（Ned Colletti）所言，這本書講述了那些追求卓越之人所面臨的「祝福與詛咒」；講述了成為偉大之人需要具備什麼條件，也探討了為什麼偉大會引起追逐者的共鳴。

這是一本關於克萊頓·柯蕭的人生之書。他還年輕，還不到四十歲。然而，他的人生旅程是一條理解二十一世紀美國運動明星的道路：驚人的財富、危險的賭注、無止盡的追求。柯蕭在年輕時便決定努力攀登自己所能達到的巔峰，這本書闡述了接下來發生的一切。

目次

我們都成為偉人
而這沒什麼浪漫的
我只想知道我已經盡了我所能

——驚奇年代樂團〈我只想賣掉我的葬禮〉

第一章
第五天

五天輪值（投一休四）即將再次開始，於是，柯蕭試著勾勒出這個輪值如何定義了他過去二十年來的生活。他用指尖輕觸餐桌，輪值的好處環繞著他。客廳裡壁爐的火焰劈啪作響，上方掛著一排聖誕襪，他的四個孩子各有一隻。家門前還堆放著一大堆亞馬遜 Prime 的包裹。那天晚上，聖誕老人會乘坐在消防車後方，前來問候高地公園（Highland Park）的家庭。高地公園是達拉斯的富人區，是柯蕭生命中絕大多數時間稱之為家的地方。再過兩週，就是聖誕節了。

二〇二二年冬天，當柯蕭邀請我去他家時，是他剛做完人生重大抉擇的兩個月後。這樣的時刻，他過去曾經面對，而他將會再次面對。他選擇繼續打球，意謂著將再次把生活分成五天的時間表。這是大聯盟投手的標準：四天時間，他們備戰；第五天，他們上場投球。這個輪值循環形塑了柯蕭，讓他受益，也讓他飽受折磨。

十五年以來，洛杉磯道奇隊的命運——棒球界最耀眼、最負盛名的球隊之一，價值約四十億美元的金融巨頭，在這段時間裡，贏得了十一次分區冠軍、三次國聯冠軍，以及二〇二〇年世界大賽冠軍——

都以柯蕭的先發日為中心。他是這一代最好的左投，被視為山迪・柯法斯（Sandy Koufax）*的精神傳人。在邁向十次入選全明星賽、三次賽揚獎得主，並成為自鮑勃・吉布森（Bob Gibson）†以來首位獲得國聯MVP的投手之路上，柯蕭享受著那四天的訓練、與隊友間的情誼，以及運動明星的光環。接近三十五歲生日時，有時會覺得自己可以永遠待在這個輪值循環中。但另一方面，他想到了最後一天，當他必須登板投球的那一天所帶給他的一切感受。

「只是說，第五天——有很多的壓力、備戰、疼痛，這些都會造成影響。」柯蕭說。

這次，他的身體沒有疼痛。二〇二二年夏天，這段期間，他一直深受背痛所擾，幾乎每次投球都伴隨著不適感。大多數早晨都感到忐忑不安：今天我的背會痛嗎？經過休息和復健，疼痛逐漸消失，他感覺比前一個冬天好多了。二〇二一年，柯蕭因手肘受傷，缺席了整個季後賽，他擔心可能需要進行生平第一次手術。雖然最後避免動刀，但仍持續感受到身體間歇性的衰弱——他甚至無法洗頭或簽名。當他再次拿起棒球投球時，手肘抗議了一個月。「但我還是繼續投，最後終於好轉了。」他說。

於是，他做了自年少時期尾聲以來，每年春天都會做的事——前往道奇隊的春訓營報到。他放棄與家鄉德州遊騎兵簽約的機會，這是他小時候最喜愛的球隊，這支球隊由他的高地公園鄰居、老朋友兼前訓練夥伴克里斯・楊（Chris Young）所管理。當柯蕭告訴楊要回到洛杉磯時，楊回憶道：「我的心都碎了。」楊不禁思考是否會有另一次機會。畢竟，柯蕭離開道奇隊的這個想法，確實會令人感到荒謬。

柯蕭在二十歲生日的兩個月後，首度站上道奇球場的投手丘，很快便樹立起業界的標竿，他的表現出類拔萃，然而，他也因自己的成就而蒙受苦難。「這些年來，他受過一些傷，每次都讓你覺得『可能就是這一次了』。」前隊友葛蘭基說，「然而，這事似乎沒有終點。」近年來，柯蕭的髖關節內軟骨受損、闊背肌撕裂、手肘附近的肌腱磨損、背部椎間盤突出，儘管每次都在沒有接受手術的情況下復原，但這些傷勢的影響卻逐漸積累。他的一些病痛是由於職業特性導致的自然結果——反覆舉手過肩投球的不自然行為。另一部分原因在於他非傳統的投球方式——六呎四吋（一九三公分）高、二二五磅（一〇二公斤）重的身體重重地撞向地面，左臂隨之猛力揮出。「他每次投球就像發生車禍一樣。」另一名前隊友這麼形容。還有一些源自於柯蕭獨特的大器早成與高效表現，他如此優秀、年輕，又備受依賴，必然會有「帳單」要償還。

二〇一五年結束時，二十七歲的柯蕭已獲得三次賽揚獎，累計的投球局數超過一千六百局——過去的三十五年裡，只有兩名投手在這個年紀超越此紀錄。C・C・沙巴西亞（CC Sabathia）在三十二歲之後再未入選過全明星隊；費利克斯・赫南德茲（Félix Hernández）在三十三歲之後就再也沒有在大聯盟投過一球。二〇二二年，三十四歲的柯蕭在道奇球場擔任全明星賽的先發投手。這份榮譽彷彿是讓他在逐漸接近球員生涯暮年時，可以在場上做出告別，但他絕對當之無愧。他以二・二八的防禦率結束該賽季，僅次於全聯盟其他五位投手。即便處於衰退期，也很少有人能夠比得上他。他職業生涯的防禦率為二・四八，是自一九二〇年棒球活球年代以來，所有先發投手中最低的——比柯法斯好、比佩卓・馬丁尼茲（Pedro Martínez）好、比葛瑞格・麥達克斯（Greg Maddux）好，比所有此前或之後的投手都還要好。

二〇二二年賽季比預期提前結束，拿下一百一十一勝的道奇隊敗給了狂傲不凡的聖地牙哥教士隊，

---

* 被認為是棒球史上最具主宰力的左投之一，美國大聯盟投出四次無安打比賽，包括史上第八次的完全比賽。

† 九度入選全明星賽，兩座世界大賽冠軍和兩次賽揚獎，並在一九六八年獲得國聯MVP。

柯蕭在他唯一的季後賽先發中失利。早幾年前，這樣的狀況可能會再次引起人們對於他在季後賽表現失常的不滿。然而，在二〇二〇年的世界大賽中，柯蕭為道奇贏下兩場比賽，幫助球隊奪冠，因而緩和了這種說法。這次奪冠，不僅結束了他七年來痛苦的十月煎熬，也完成他入選棒球名人堂履歷中的最後一項成就。隨著傷病的累積、孩子們逐漸長大，以及先發輪值的壓力不斷加劇，讓人們不禁猜想他的退休時機。柯蕭的前捕手搭檔、最親近的朋友之一，A・J・艾利斯（A. J. Ellis）說，「在這個時刻，就好像不斷驅策他前進的究竟是什麼？」

距離下次春訓還有兩個月，柯蕭不再只是思考為什麼要繼續下去，想更多的是自己可能會選擇停下來的原因。他的孩子、他的背、他的肩膀或髖部，或許，他坦承可能會因為更為根本的原因而退休。那份偉大的重擔、他為自己設定的標準、成為克萊頓・柯蕭所需承受的壓力——這一切都變得愈來愈難以忍受，他能全力以赴的次數有限。

柯蕭說：「最終讓你停下來的，是當你每一天為那天（先發日）做好準備變得太過艱難，我可能比大多數人更在意這一點。」

二〇一三年夏天的某日，一位電影明星走進了道奇球員休息室。對於這支好萊塢的主場球隊而言，這並不稀奇，除了兩件事之外——這位明星遲到了，以及他出現在柯蕭先發投球的那天。

當那個男人走進休息室時，人群激動起來。球員們喊著他在銀幕上不朽的臺詞，當道奇隊員們大喊著「這個該死的飛機上的這些該死的蛇」時，柯蕭獨自坐在他的置物櫃前，身穿全套球衣，背上印著22號。他迅速穿上一件外套，這是他每次先發前必穿的外套。一位前隊友說：「那件外套的拉鍊，無論是四月還是七月在他媽的邁阿密，都會拉到最頂。」

柯蕭站了起來，左手如往常一樣握著一顆棒球，右手則拿著他的黑色威爾森 2000A CK22 手套，這也是他自新秀賽季以來一直使用的手套。他是例行公事的產物，也是例行公事的俘虜。柯蕭相信自己對習慣的忠誠能夠支撐他度過一百六十二場例行賽。其他人則認為，這份依賴讓他在壓力最大的時刻顯得脆弱、容易失敗。在早期，比賽尚未能挫敗他、尚未讓他開始尋找答案之前，他不會偏離自己的日程，甚至精確至分鐘。依照慣例，他必須在下午六點二十分走進道奇的球員休息區，即便是好萊塢巨星也無法令他騰出分秒。

「克萊頓！」那位演員喊道，舉起一隻手致意，當時柯蕭正大步走過。「我的兄弟！」

柯蕭沒有看他一眼，他把那想殺人的瞪視留在後面，留給安排這次造訪的球隊工作人員。他氣沖沖地離開了，把山繆．傑克森（Samuel Jackson）晾在那裡。

柯蕭成為父親之前，這些情況更糟。

在他的女兒卡莉．安．柯蕭（Cali Ann Kershaw）於二〇一五年一月出生之前，柯蕭以在比賽時宰制對手，並在賽前令隊友畏懼而聞名。先發日間隔的四天裡，柯蕭是個敬業的選手，也是隊上的開心果。陽光普照的日子裡，他會在休息區戴著過時的折疊式太陽眼鏡；他會在球隊飛機上和隊友打牌，還會肆無忌憚地放屁。有一天下午，他在自助餐廳閒晃時，還從隊友孩子的餐盤中，順手拎走一根雞柳條，展現出一種真誠的呆萌感。前隊友丹．哈倫（Dan Haren）說：「和我一起打球的人之中，他是唯一一個，我願意讓他和我妻子約會的傢伙。」

但第五天就不一樣了。

事情在他抵達球場前就開始了，「你醒來時根本沒心情說話。」柯蕭說。他沉默，但不平靜，坐立不安、心情煩亂、心跳加速，甚至想去嘔吐。他並非真的生氣或緊張，雖然有時看起來是如此，只是覺得自己被即將到來的任務所吞噬，必須獨自站上投手丘，必須成為克萊頓·柯蕭。他討厭互動，即便是面對妻子艾倫。「就好像我不想浪費這口氣，我甚至說不出話來。」柯蕭說。

高中最後一個賽季前，柯蕭接受當地投手專家史基普·強生（Skip Johnson）的指導。強生幾乎沒有向柯蕭收取課程費用，這份善意，柯蕭一直銘記於心。多年後，奧克拉荷馬大學聘請強生擔任棒球教練，得到這份工作時，強生傳了訊息給柯蕭。柯蕭在兩則訊息後才回覆，他擔心是不是有什麼要緊的事，聽到這個好消息時，柯蕭顯得很激動。強生請他幫個忙，體育部門正在撰寫一份新聞稿，柯蕭能不能為他說幾句好話呢？「史基普，我沒辦法幫你引言，我今晚要上場投球。」柯蕭說。

二〇一〇年十二月結婚後，艾倫搬到了洛杉磯。為了慢慢適應那個第五日，夫妻倆會一起看電視。柯蕭會在先發前看完《CSI犯罪現場》影集，而艾倫學會了不去打擾他，這條規令也在他的朋友圈傳開。他很少回電，也不看訊息，先發當日，朋友們會使用單獨的群組聊天。卡莉出生後，隨著兒子查理（Charley）、庫柏（Cooper）和錢斯（Chance）相繼到來，柯蕭收起早晨的厭世情緒。他沒有看葛瑞森和韋羅斯（CSI影集角色）破案，而是花大量時間陪伴那些他所稱的「小傢伙們」。孩子們把他當作有鬍子的攀爬架，艾倫說：「他無時無刻都把其中一個孩子抱在腿上，要嘛玩摔角，要嘛擁抱他們。」

柯蕭成為父親後，這個轉變發生在他開車去工作的路上。一抵達球場，他就換上球衣、穿上釘鞋及所有東西。「這不正常啊。」前隊友東尼·華森（Tony Watson）說。某場比賽前幾個小時，艾利斯在小聯盟的一位經理參觀了球員休息室，他提出了一個要求：「我兒子是柯蕭的超級粉絲，有沒有辦法請他簽一顆球呢？」艾利斯知道這個要求很冒險，但他認為值得一試。柯蕭不發一語，他在棒球上簽下名字的同時，全程瞪著艾利斯。

柯蕭話語不多，但動作不少，他會在休息室來回踱步，對著牆壁丟球。他輕擲曲球，消耗多餘能量，找尋投球的正確手感。在早年，像捕手布萊德．奧斯摩斯（Brad Ausmus）這樣的老將會試圖搶走他的球，想讓他放鬆下來，但從未成功。隨著時間推移，柯蕭的聲望愈來愈高，這類惡作劇就停止了。「每一次他投球，都感覺像是整個賽季命懸於此。」前隊友史基普．舒馬克（Skip Schumaker）說道。當柯蕭登板時，球隊的氣氛交織著緊張與歡樂，一方面充滿壓力，另一方面又帶有與世界上最強投手合作的興奮之情。前道奇中繼投手J．P．豪厄爾（J. P. Howell）暱稱柯蕭為「休息日」，因為每當柯蕭先發時，其他人幾乎不用上場。另一位中繼投手甚至拒絕在柯蕭先發時，在牛棚裡穿好釘鞋。然而，幾乎沒人敢在他周圍開玩笑。球員們學會在角落偷看或豎起耳朵聆聽，如果聽到「啪、啪、啪」的聲音，他們會轉過身去；如果不小心遇到柯蕭，他們會避開目光。有些隊友甚至開玩笑表示不想「偷吸」他的氣氣，每個人都明白這寶貴的資源屬於誰。「當他走進來時，他的氣場、他的態度——就像是『操，我今天不能亂來』。」前道奇終結者肯利．簡森（Kenley Jansen）說。

柯蕭的日程表早已成為本能，絕不容許任何分心。每次先發前，他都會吃一份火雞肉三明治，這個習慣可以回溯到高中時期。在大聯盟，他會在球場自行準備餐點：芥末和起司是必備食材，有生菜和洋蔥更好，而美乃滋絕對禁止。當他走進球員休息室餐廳時，座位會很快空出來，談話聲也會逐漸消失。「我必須坐在那裡，然後心裡想著：『你因為幾個小時後要投球而變得神經兮兮，搞得這裡整個氣氛都沒了。』」艾利斯說。

吃完飯後，柯蕭會前往訓練室，一張空著的按摩桌正等著他。蔡斯．阿特利（Chase Utley）加入道奇的第一天，他跳上那張桌子。阿特利在棒球界頗受尊崇，但即便如此，道奇的按摩治療師中島陽介（Yosuke Nakajima）警告他必須離開。「柯蕭大約三分鐘後就會到，我建議你趕快起來。」他說。中島在道奇隊擔任二十多年的按摩治療師，大家都叫他「負鼠」，他是柯蕭的守門人。簡森很常在柯蕭抵達前躺在桌子上，「這是柯蕭的桌子！快起來！」中島會說。工作人員會為柯蕭準備好場地，以及他需要的紅牛飲料及蛋白棒。三壘手賈斯汀．特納（Justin Turner）效力於洛杉磯的後期，有一次剛做完訓練，飢腸轆轆，他闖進訓練室，看到桌上放著蛋白棒，便狼吞虎嚥地吃了下去。中島大喊：「你在幹嘛！」特納懇求中島趕快幫他補回來。

訓練室是柯蕭神聖不可侵犯的空間，一旦抵達，他全副武裝，穿著釘鞋但未繫鞋帶，掌控了整個場地。電視螢幕上總是播放著棒球比賽，但他要求安靜。柯蕭曾對工具人安立奎．赫南德茲（Kiké Hernández）語帶威脅，因為他在那裡大聲播放 Snapchat 影片。

幾年後，新人凱爾．法默（Kyle Farmer）在柯蕭的更衣室旁坐下，那天是他的先發日。

「在幹嘛，柯什*？」法默說。柯蕭哼了一聲，起身離開。赫南德茲走了過來。

「別和他說話。」赫南德茲告誡。

「怎麼了？」法默說。

「如果你和他說話，他會把你他媽的頭拽下來。」赫南德茲說。

赫南德茲雖然這麼說，但身為一個愛搞怪的人，他沒有照自己所說的這麼做。多年來，他總是樂此不疲地試著在柯蕭的先發日讓他笑出聲來。他能看穿柯蕭的防禦機制，柯蕭會將嘴角撇向一邊，試圖忍住笑容，同時強迫自己伸展腿筋，把腿踢到半空中。對柯蕭而言，笑，不是一個選項。

幾乎沒有其他道奇球員敢這麼明目張膽，即使是那些最了解柯蕭的人。艾利斯經常會去訓練室查看柯蕭是否正在打盹，熟睡的柯蕭預示著對手的苦難將臨；醒著的柯蕭則意謂著艾利斯可能需要在比賽中安撫他的王牌投手。兩人經常討論如何做到「無悔地比賽」，艾利斯說：「像是你是否已經在精神上、心理上、體能上和情感上，為這場比賽做好萬全準備？」在第五天之前的四天裡，儘管柯蕭可能是個比較友善的夥伴，但他仍保持著一絲不苟的日常訓練——舉重、跑步和分析對手。他強化身體，以確保在第五天能夠盡可能長時間地投球；他磨練心智，以確保在第五天能夠盡可能有效地解讀對手。

賽前研究在每次比賽開始前兩小時變得明顯，柯蕭會與艾利斯、投手教練瑞克．亨尼卡特（Rick Honeycutt）集合開會。艾利斯和亨尼卡特通常會在集合前先碰面，確保彼此意見一致。一旦會議開始，捕手和投手教練就聽柯蕭仔細說明打算如何對付每一名打者，這樣的說明不僅是一次、兩次或三次，而是整整四次。他會描述自己如何開局，以及如何結束比賽。他不太接受異議，艾利斯表示：「我可能會說：『你知道，我覺得走後門滑球——』然後他會直接打斷：『不行！』接著我再說：『我覺得走後門滑球——』他又再一次說：『不行！你有聽到我說的話嗎？不要走後門滑球！』」柯蕭需要明確的證據才會改變早已制定好的計畫。即使建議有其道理，他可能也不會採納。「我很固執，我真的很固執。」柯蕭說。

＊ Kersh 是柯蕭的綽號。

柯蕭不輕易信任人。他的朋友圈很小，從高中以來幾乎是同一群人。他與其他人保持距離，道奇總教練戴夫・羅伯茲（Dave Roberts）形容柯蕭是「我帶過最難管理的球員，也是最凶猛的競爭者」，因為他是如此天賦異稟、固執己見，並對任何改變都極其謹慎。柯蕭喜歡按照自己的方式行事，對一切事物都極為精確。如果柯蕭在晚上六點二十分準時走進休息區，就像他不會碰到山繆・傑克森的日子那樣，那便意謂著中島會在五點五十八分用熱敷袋包住他的左臂，並在他的下背部塗上 Cramergesic 鎮痛軟膏。他會在六點十分一口氣喝完紅牛飲料，然後在六點二十三分開始在外野伸展身體。一名教練會在六點三十六分來協助他做進一步伸展，接著，他會在牛棚做相同順序的練投。他會低聲念出同樣的禱告文：「主啊，無論發生什麼，請與我同在。」一旦準備就緒，他便以同樣的倨傲態度對待對方打者，如同他在第五天不願與人交談的態度一樣冷峻。

前隊友詹米・萊特（Jamey Wright）說：「他是一個非常和善的人，但到了第五天，他就是頭野獸。」大多數隊友不理解柯蕭為何如此，部分原因是他從未向隊友透露自己這般努力不懈的根源，其實是深埋在他內心的焦慮。

柯蕭小時候，在他父母離婚幾年後的某天，問了母親瑪麗安一個問題。

「媽，我們有錢，但我們不像高地公園那些人那麼有錢，對不對？」

柯蕭從小就是個敏銳的孩子，與同學生活在不同經濟階層，依大多數人的標準，柯蕭一家不算富裕，他們只是住在人人擁有終生昂貴房產之地區的租客。「高地公園」代表著一個特權之繭，一個在學術和運動方面充滿無限機會之地——他的兒時友伴未來成為銀行家和房地產開發商，而馬修・斯塔福德

（Matthew Stafford）甚至成為贏得超級盃的冠軍四分衛。父母離婚後，柯蕭愈來愈少見到父親。父親克里斯托福・柯蕭（Christopher Kershaw）是一名音樂家，母親瑪麗安則靠長時間的平面設計工作養家糊口，但仍需要靠借錢，才能繼續留在高地公園這個地區。

有一段時間，克萊頓分別與父母親生活。父親接送他時常常遲到，由母親負責接送時，柯蕭懇求她提早數小時帶他到比賽場地，這麼一來，他就不會遲到了。這種無助感伴隨著焦慮，深深烙印在他心中。他發誓，一旦能掌控自己的行動，就絕不會遲到。後來克里斯托福再婚，漸漸淡出柯蕭的人生。他存在於兒子生活的邊緣，並未完全缺席，但也遠不及參與其中。與此同時，瑪麗安大部分時間都忙於工作，克萊頓常在朋友家吃晚餐，他學會想辦法照顧自己。「我覺得克萊頓從未體會過那種無負擔的快樂，你懂我意思嗎？」艾倫說，「他已經承擔太久了。」

高中時期，柯蕭回憶道：「錢變成一個問題。」他逐漸意識到那份壓力，「我從來沒有那種『哦，我沒有足夠的衣服穿』，沒有到這種地步，但有那種『嘿，今天別把油箱加滿』的情況。我記得那個『嘿，我有十美元，就加這些錢的油吧！』」柯蕭的大部分同學都能在無限可能中嚮往未來，而他卻擔心自己的人生道路受限。他的母親幾乎已經快負擔不起讓他就讀一所好的公立學校，至於支付大學學費，可以說是更不可能。「當我已經大到足以理解這些時，就開始對此感到焦慮了。當時的感覺就像『哦，那我們該怎麼辦？』」

答案還得從他的左臂說起。他從小就熱愛棒球，到了青春期，柯蕭意識到這不僅是一種遊戲，也就是那個時候，他的「循環」開始了。他討厭在投球當天上學，因為無法集中精神上課，無法完全掌控賽前飲食，也無法要求周圍保持安靜。然而，即便如此，他仍散發著一股強烈的專注度。他的兒時好友、前道奇隊友尚恩．托爾森（Shawn Tolleson）說：「想像一下，一個孩子坐在長椅上，臉上帶著冷峻的表情，凝視著前方放空。」而柯蕭青年時期的教練湯米．赫南德茲（Tommy Hernandez）則補充道：「他不是那種愛笑的孩子。」

為了強化自己，他專注在自己身上，並力求超越。柯蕭在高一時便加入校隊，當時他的身材有點矮胖，但充滿競爭熱忱，還有相當不錯的曲球。高二後，他經歷一次快速生長期。隨著大學教練和職業球探紛紛蜂擁而至他的比賽中，他將自己成長的高度與一個更大的目標連結起來。

十五歲生日的前一個月，柯蕭來到一個女孩的置物櫃旁。艾倫．梅爾森（Ellen Melson）親切友善且活潑，她迷戀儀隊操演和「新好男孩」（Backstreet Boys）。當柯蕭約她出去時，她答應了。梅爾森一家成為柯蕭的代理家庭，給予他在自己家中所渴望得到的那份溫暖。克萊頓和母親瑪麗安經常與他們一起過節，而柯蕭也跟著他們一同參與高地公園長老教會的主日禮拜。透過與艾倫的交流，他重新塑造自己的信仰。柯蕭曾認為上帝是個遙遠的存在，但艾倫令他相信上帝就在身邊，神的恩典時刻圍繞著他。

他開始將自己日益增長的運動天賦視為上天賜予的禮物，左臂不僅是一個肢體，而是一個工具。他認為，這份能力承載著一種責任。他最喜歡的經文來自《歌羅西書》第三章二十三節：「無論做什麼，都要從心裡做，就像為主而做，不是為人而做。」

隨著時間推演，柯蕭對其信仰更加堅定。他從一名優秀的高中投手成長為一名偉大的投手。當道奇在二〇〇六年選秀會上以第七順位選中他時，他感覺對上帝的信仰得到回報。然而，選秀沒有消除他對自己和母親所肩負的責任感。拿到二百三十萬美元的簽約金後，柯蕭做的第一件事就是替瑪麗安還清債務；而當父親打電話來時，他卻不太確定該如何應對。「一旦我被選中，就出現一大堆像是『可以給我一點錢嗎？』這樣的問題。」柯蕭說。

生平第一次財富自由後，柯蕭沒有因此懈怠，他學到了職業投手五天輪值的節奏。這個循環支撐著他，使他成為這項運動中最有前途的年輕球員之一。他在每個階段都能找到新的動力——登上大聯盟、透過薪資仲裁獲得數百萬美元、在最高殿堂的比賽中擊敗對手。柯蕭說：「總會有一些新的理由讓你想要攀上山巔。」到了二〇一四年，柯蕭已經一一達成這些目標，並簽下一份創紀錄的二億一千五百萬美元的延長合約，徹底解除了他的財務憂慮。然而，他一心想著那個尚未達成的目標。

很少有人偉大到足以用他們無法完成的事情來被定義，很長一段時間，克萊頓．柯蕭都是其中一人。柯蕭的卓越，創造出一種無敵的光環。前隊友艾力克斯．伍德（Alex Wood）說：「每年都那麼出色，持續那麼長的時間，簡直是他媽的不可能！」朋友和對手也用相同的話語來形容他，「對我來說，他是史上最偉大的左投手。」紐約洋基王牌投手格里特．柯爾（Gerrit Cole）這麼說。舊金山的老對手麥迪森．邦賈納（Madison Bumgarner）可就沒那麼含糊了，他說：「我認為他是史上最偉大的投手。」另一位前巨人隊球員布蘭登．貝爾特（Brandon Belt）稱柯蕭：「我在大聯盟中，每年面對到的最強投手。」葛蘭基已在大聯盟征戰二十個賽季，他表示：「一起打球的所有投手中，我認為他是最厲害的。」而多年來與柯蕭在國聯西區交手的保羅．高施密特（Paul Goldschmidt）則直言：「柯蕭是我在棒球界最喜歡的人，我最喜歡的球員，做為一名打者，我真不想這麼說一個投手。」

柯蕭的球速很快，但還有人投得更快；他的曲球和滑球都十分犀利，但還有人投得更刁鑽；他身材高大，投球動作怪異，但仍有比他更高大、投球動作更不尋常的人。「你必須看看這個人，看看他多麼好勝。」前巨人隊教頭布魯斯・波奇（Bruce Bochy）說，「如果你沒有那股競爭心態，光靠天賦是做不到的。」對於打造道奇隊後期王朝的創造者安德魯・佛里德曼（Andrew Friedman）而言：「柯蕭是我親眼所見最偉大的競爭者。」曾與柯蕭共事數個賽季的隊友布蘭登・麥卡錫（Brandon McCarthy）甚至懷疑，柯蕭的能力是否超乎常人，「這真的只是一種天賦嗎？」麥卡錫說。

這也讓柯蕭在十月的表現更加令人困惑。從二〇一三年到二〇一九年，道奇隊每年都打進季後賽，但次次未能奪冠。這些賽季中，有五次是柯蕭導致球隊輸掉最後一場比賽。一段時間後，柯蕭在季後賽的失利，從奇怪的偶然變成全國性的關注。他成為十月棒球的焦點人物，為什麼他做不到呢？為什麼他無法贏下來？他何時才能高舉那座長久以來與這支球隊失之交臂的世界大賽獎盃呢？自一九八八年以來，道奇隊就再也未能奪冠，那一年，他們靠著奧勒爾・赫西瑟（Orel Hershiser）的堅強後盾，以及柯克・吉布生（Kirk Gibson）的跛腳拚搏精神贏得冠軍。柯蕭本應是結束這場冠軍荒的英雄，結果卻被視為延續這場旱災的罪魁禍首。

二〇一七年世界大賽，柯蕭在對戰休士頓太空人隊時崩潰，當時他對於對手非法偷暗號的作弊方式毫不知情，「我至今仍對此有創傷後壓力症候群（PTSD）。」他說。二〇一九年，他在對決華盛頓國民隊的比賽中，被敲出兩支改變戰局的全壘打。在休息區內，他低垂抱頭，凝視著奇瓦士山谷（Chavez Ravine）的薄暮。在他周圍，他的隊友們熱淚盈眶，替他感到憤怒不平。他們知道柯蕭在二十多歲時投了多少局數，直到身體不堪負荷；他們目睹了他為球隊犧牲了精確表訂行程中的一天，在十月的季後賽中短休登板，使他在二〇一〇年代的同輩中成為罕見的異類。「有些投手若沒有處於最佳狀態，會斷然拒絕上場投球，但柯什從未這麼做過。」前隊友麥可・楊（Michael Young）說。他們見證了柯蕭為了提升自己投入多少努力；他們親身經歷了他的「第五天」，並明白那對他而言代表著什麼。「每一次他失敗，我都知道這對他造成了多麼大的傷害。」前隊友喬許．林德布洛姆（Josh Lindblom）表示。

有時，隊友和朋友們會擔心柯蕭肩上的重擔會壓垮他。道奇隊對他寄予厚望——他是首輪選秀、先發王牌、球隊門面。從他加入道奇的早期開始，就被拿來與傳奇左投柯法斯相比，柯法斯是球隊從布魯克林夏日男孩過渡成南加州王朝的核心人物。「他是道奇隊的救世主，也是道奇隊的下一個山迪．柯法斯，追隨山迪的腳步，他肩負的壓力是真實存在的。」前隊友賈斯汀．特納說。

儘管柯蕭與柯法斯相差五十二歲，但兩人是朋友。柯蕭拒絕追隨任何人腳步的主張，「我當時心想：『下一個山迪．柯法斯？』我對成為山迪．柯法斯不感興趣。而且我也不想迎合那種期待，我對那完全不感興趣。我有不同理由，也有不同動機。」

柯蕭承受的壓力是他的，也只屬於他一個人。輸給國民隊後，他呆站在休息室中，顯得極度疲累且震驚。他開始嚴重懷疑自己被視為軟手王的臭名是否實至名歸？他凝視深淵，看到的只是自己。他知道需要改變，而他也這麼做了，以細微、深刻的方式接受新理念的同時，仍不忘初衷。一年後，球隊終於贏得世界大賽冠軍，那是一個因疫情肆虐而顛覆且縮短的賽季。柯蕭感受到的主要情緒是如釋重負。「你不會知道自己背負的壓力有多大，因為在某些時候，你會習慣這個肩頭重擔。」他說。

經歷飽受傷病困擾的二〇二一年，以及令人失望的二〇二二年賽季之後，柯蕭重新審視自己深層的理由和動機。當他準備恢復投一休四的五天循環時，他必須仔細評估。他不缺錢，進入名人堂的資格早已無懸念，他坦言：「我沒有個人目標了。」歷經二十年投球所造成的創傷，他的身體需要休息了。然而，再奪得另一座冠軍獎盃的可能性仍在頻頻召喚。於是，這個循環再次出現。

聖誕老人來過高地公園的隔天，柯蕭站在他的慈善機構辦公室的小廚房裡，距離他家僅三分鐘車程。他剛結束一場投球訓練，此前還幫孩子穿好衣服、準備好早餐。他常和朋友們說，繼棒球之後，他的夢想工作是當孩子學校的交通指揮，但他也知道還有更多時間需要填補。或許，一家人可以買一輛休旅車，來一場與球場無關的美國之旅。他的職業生涯中，去過許多地方，但真正見到的卻很少。他從未去過夏威夷，也從未踏足歐洲大陸，甚至無法安排一趟不包含投球練習時間的旅行。他的蜜月之旅在墨西哥的一處度假勝地，結果他帶著棒球，在房裡對著枕頭做投球練習。

「有一部分的你會期待……」我說

「是的，」柯蕭立刻回答，「百分之百。」

「像是擺脫這個循環。」我說。

「那會很棒，」柯蕭說，「我迫不及待。兩者之間都有許多美好的事，困難的部分在於不去渴望另一種生活。」

他想起艾倫時常告訴他的一句話：「不要把你的時間視為理所當然。」他是少數仍能以一項專為男孩設計的運動謀生的人。這群人中，他更是稀有中的稀有。他是那種即便在投出最後一球後，人們仍會長久記住他的人物。他想要珍視這份禮物，需要付諸全心全意來回應這一切。「我本來沒有打算再投一個賽季了，這是我們的選擇。我其實沒必要再投了，但我們決定要這麼做，我也想要這麼做。」柯蕭說。

休旅車之旅、學校交通指揮的工作，以及數十年的自由生活，都再等一等吧。此刻，他同意再迎接一年的「第五天」。正因如此，他覺得自己應當傾盡全力，不僅為了球隊、為了隊友，也是為了自己。

第二章
家庭生活

學校下午三點放學，高地公園的男孩及女孩們湧上街道。柯蕭家的孩子不用走太遠，他們家前院正對著小學的操場。克萊頓和艾倫在卡莉出生前就買下這間房子，幾年後，艾倫的姊姊搬到隔壁的隔壁。她們的父親吉姆．梅爾森（Jim Melson）仍住在幾個街區外、艾倫從小長大的房子裡。整個社區的草坪交織相連，一望無際，翠綠的草地將每個家庭串成一幅畫，孩子們在各家草坪上自由奔跑。

一群柯蕭家的孩子、他們的表兄弟姊妹、朋友們聚集在屋外。有些在草地上跳舞；其他人則在柯蕭家車庫附近的彈跳床上蹦跳。父母們在門前的石階上擺滿熱可可、棉花糖和鮮奶油。這幅現代版的洛克威爾式畫面維持了幾分鐘，直到天空下起雨來，雨水迫使大家奔進柯蕭家的客廳。

「這裡經常很吵鬧，但滿有趣的，真的很有趣。」柯蕭說。

家長們擠在客廳的沙發上，孩子們則四處趴在地上。艾倫在小紙條上寫下名字，並將紙條放進一個杯子裡。七歲的卡莉宣布活動開始：「祕密聖誕老人交換禮物，大家快來！」

柯蕭在餐桌邊拉了一把椅子坐下，他穿著一件沾有汙漬的白色帽T和運動短褲；他對長褲的厭惡程度極高，甚至曾發誓整個棒球賽季都不穿長褲。艾倫穿著一件粉紅色圓領毛衣，上面印有「愉快的聖誕」字樣。我問他們是否還會互相送禮物，艾倫睜大眼睛看著我，而她的丈夫卻笑了出來。「她簡直就是個聖誕小精靈。」柯蕭說。艾倫交待孩子們「只能花二十美元買禮物，還有——不要破壞驚喜」！

「不要告訴任何人喔，查理！」柯蕭對著他剛滿六歲的長子輕聲低語。

抽完名字後，孩子們分散在屋內各處。卡莉站在父親身旁，打開一個裝有珠子和自製彩色珠寶的盒子。卡莉出生前，柯蕭從未想過要怎麼養育一個女兒。他意識到自己想要成為「女兒能夠傾訴一切的爸爸」，當卡莉在挑選珠子時，他思忖著一個能夠與女兒培養感情的活動。

「妳有想過要試試看打高爾夫球嗎？」柯蕭問。「從來沒有。」卡莉說。

「那如果爸爸想玩，妳可以陪我一起嗎？妳願意嗎？」柯蕭問。卡莉搖了搖頭表示不要。

柯蕭毫不氣餒，「酷喔。」他說。他滿臉笑容，幾乎笑得合不攏嘴。

次日，吉姆坐在柯蕭管理公司的辦公室裡，分享他對人生的理論——關於我們原生家庭的生活，以及我們為自己塑造的生活。

梅爾森說：「這或許帶點臆測，但如果你和我是在單親媽媽的照顧下長大，就像柯蕭和瑪麗安那樣，就整體意義上來說，其實沒有真正經歷過一個健全的家庭。那麼，我認為你多少會有點匱乏感，渴望那種經歷，甚至會為此感到焦慮。」

梅爾森提到柯蕭的四個孩子，以及柯蕭與自己女兒長達二十年的伴侶關係——一個充滿笑聲和混亂的家，孩子們在草坪和客廳各處活蹦亂跳。

「我的意思是，他現在過的生活，正是他早年沒有經歷過的一切。」

柯蕭將他的青春劃分成不同時期，「我有一個很棒的童年，從一歲到十歲。」對此，他是認真的，他說：「我會永遠感激一歲到十歲的那段時光。」這個說法是他隨著時間而逐漸形成的。它消除了柯蕭經歷的動盪，也消除了刻在他記憶中的空白。做為一個孩子，他隱約感受到父母之間的緊張關係。一九九〇年代末的一個下午，克里斯和瑪麗安把他叫到客廳，這個預感成了現實。

「我那時大概是九歲或十歲吧，我不記得確切年齡了，他們已經分房睡。而我只是想：『那很奇怪，也許爸爸只是工作到很晚或什麼的。』最後，他們一起坐下來告訴我『我們要離婚了，爸爸會搬出去』之類的話。」柯蕭回憶著。

隨著柯蕭年齡漸長，他意識到自己的記憶很善變。他鮮少記住對話、戲劇性的場景或內心活動的細節，取而代之的是一個由數字、數據和空間配置組成的索引。他能記住生日、電話號碼、歌曲長度；能回想起他買的第一輛車的價格（三萬七千美元，買下一輛福特F－150國王牧場皮卡車），以及他給經紀人的第一筆佣金（八萬四千美元）。他的大姨子安・希金波頓（Ann Higginbotom）偶爾會在加州車輛管理局，因為忘記車牌號碼而打電話給他。「我敢打賭，如果我現在傳訊息問他：『我十六歲時的那輛、在道奇時的RAM車牌號碼是什麼？』他一定記得。」尚恩・托爾森說。

在鳳凰城的一場比賽後，柯蕭和幾個隊友去拜訪過葛蘭基的家。葛蘭基秀出一輛印有響尾蛇隊標誌的沙灘車，柯蕭興奮地說：「我們得開開看這個！」然而，葛蘭基想留在家，只嘟囔著說出他家社區大門的密碼。柯蕭帶著艾利斯和球場影片分析師約翰・普拉特（John Pratt）在史考茲戴爾（Scottsdale）附近繞了半個小時。回到大門口時，他二話不說地按下密碼。

但記憶——我們對自己訴說的故事，我們向他人講述的關於自己的故事——對柯蕭來說總是難以捉摸。這有時會激怒他的妻子，「艾倫會說：『你還記得孩子們○○的時候嗎？』或『還記得當時我們做了○○嗎？』」他說。他的記憶不明確，從微不足道的小事到人生中的重要大事皆是如此。他無法說清楚父母親如何相識，也無法解釋他們為什麼分開，那些細節消失在記憶的虛無之中。

柯蕭說：「我不記得具體對話，但我記得坐在客廳的畫面。」他又說道：「這已經不再令我感到困擾了。我想，這就是我大腦的運作方式。我記得那些地方，就像我記得那張椅子確切的位置。」

故事是這樣的：一九八五年的某個夜晚，傳奇藍調吉他手波．迪德利（Bo Diddley）現身在達拉斯一家名為「窮人大衛酒吧」的演出場地，但鍵盤手卻沒有到場。每場演出都會有一些觀眾懷抱著夢想，幻想能與偶像同臺演出。然而，真正擁有足夠才華能做到這一點的人少之又少，克里斯．柯蕭便是其中一人。那晚，在窮人大衛酒吧裡，他彈奏著鋼琴，伴隨著這位創作出〈你愛誰？〉的音樂家一同演奏。

克里斯．柯蕭曾說：「音樂就是我的生命，我一直都是個音樂家，儘管我更想要成為一名職業籃球選手，但我更擅長音樂。」

克里斯當時正在與喬納森．沃爾夫特（Jonathan Wolfert）交談，喬納森是JAM Creative Productions的老闆——這是一家專門製作廣播電臺音樂的公司，克里斯在那裡工作了大約二十年。一九九四年，沃爾夫特針對共事的音樂家進行一系列採訪，克里斯也是其中一人。克里斯在訪談中講述自己早年的生活細節，第二次世界大戰期間，他的父親喬治．克萊頓．柯蕭（George Clayton Kershaw）駐紮在澳洲時，認識了他的母親愛麗絲・艾琳・埃文斯（Alice Irene Evans），又名佩吉。這對夫婦於一九四三年結婚，六年後，克里斯托福・喬治・克萊頓・柯蕭（Christopher George Clayton Kershaw）在曼哈頓出生了，當時他的父親在紐約工作，是一名化學工程師。到了四十多歲，喬治轉職，成為一名聖公會牧師。後來，全家搬回喬治成長的故鄉德州，他的餘生都在達拉斯各地傳教。

喬治的職業對他唯一的兒子產生了重要影響，克里斯從小在教堂的唱詩班中唱歌，他學會讀樂譜，並將自己的聲音融進團隊之中。在德州聖馬可學校（一所私立男子學校），比起運動，克里斯更擅長歌唱。一九六七年的畢業紀念冊中，對於克里斯的形容是「班上最會唱歌的人」、「籃球隊中『從未出現過』的人」和「有兩年經驗的B隊棒球選手」，然而，他在高年級時，確實獲得棒球資格的大學推薦信。克里斯管理學校閉路廣播電視臺的職務，因預算問題而中斷。他參加合唱團和學校唱詩班，並在高中三年級和四年級時擔任民謠俱樂部主席。「他是一個非常受歡迎、非常隨和的人。」同為聖馬可民謠俱樂部成員的傑瑞・卡森（Jerry Carlson）回憶道。

透過聖馬可的姐妹校霍爾黛學校，克里斯認識了當地的音樂經理湯姆・梅里曼（Tom Merriman）。克里斯還是學生時，他在霍克黛學校製作的音樂劇《再見，小鳥》（Bye Bye Birdie）中擔任主角，隨後，梅里曼將他引進廣告歌曲行業。梅里曼專門製作緊湊、明快的廣告音樂，重點在於抓住聽眾的耳朵。「結果，我為他工作了兩個暑假。十六歲時，我為湯姆唱了一些類似於『海灘男孩』風格的廣告歌曲。」克里斯告訴沃爾夫特。他的第一首廣告歌曲是為內布拉斯加州奧馬哈市的連鎖餐廳 Frisch's Big Boy 錄製的。高中畢業後，克里斯曾試著在田納西州上大學，但不久後，他回到家鄉就讀南方衛理公會大學（Southern Methodist University），最終取得音樂理論和作曲學位。在尋找鍵盤手和貝斯手的工作之際，他開始在另一家廣告音樂公司PAMS工作。

公司將年輕員工安置在一個名為「C號錄音室」的單位，克里斯就是在那裡認識了沃爾夫特。「C號錄音室是他們用來做所有實驗性、更年輕化東西的地方。」沃爾夫特回憶道。沃爾夫特在玻璃窗的另一側工作，負責音樂工程、混音及編輯克里斯所創作的音樂。克里斯擁有豐富的深厚技能：他可以演奏不同樂器、有旋律天賦、可以像男高音那般唱出高音、音準精確、音色優美、咬字清晰（這對廣告歌曲來說非常重要）。沃爾夫特回憶道：「他真的做得非常出色，尤其是在一九七〇年代，他真的十分專注、全心投入。」他幽默風趣、善於交際。但克里斯更擅長於製作音樂，而非經營音樂事業。克里斯於一九七〇年代中期離開PAMS，其後開了幾間錄音室。他為酷爾思啤酒（Coors）、西南航空（Southwest Airlines）、巴克沙士（Barq's）創作過廣告歌曲。他還為德州公路委員會（Texas Highway Commission）創作了一首反對亂丟垃圾的歌曲〈別惹德州〉，並為德州旅遊發展局（Texas Tourist Development Agency）創作了另一首歌曲〈在德州盡情享受〉。最終，他與沃爾夫特再度合作，沃爾夫特開設自己的工作室。克里斯試著適應自己的工作範疇，他告訴人們，比起浪漫的游牧生活，他更喜歡穩定薪水帶來的安全感。「我想，我們每個人都努力過、嘗試過或渴望做些有點名氣的事。但我們當中很多人都已經結婚，有小孩、有房貸，住在郊區，過著普通人的生活。」克里斯對沃爾夫特說。

一九八〇年代的某個夜晚，沃爾夫特在七十五號公路旁的辦公室加班時，他聽到旁邊錄音室裡有人在說話，克里斯正帶著一位女士參觀。「他們看起來似乎剛吃完晚餐，算是某種程度的約會，而他試圖帶她來參觀工作室，藉以打動她的芳心。」沃爾夫特回憶道，那是他印象中初次見到瑪麗安・湯博（Marianne Tombaugh）。

一九五三年，瑪麗安・露易絲・湯博（Marianne Louise Tombaugh）出生於堪薩斯州托皮卡市。她是羅伯特・湯博（Robert Tombaugh）和埃塞爾・湯博（Ethel Tombaugh）收養的女兒。羅伯特是一名化學家，任教於堪薩斯衛斯理大學（Kansas Wesleyan University），而埃塞爾是一名幼兒園老師。這個家庭與天文學歷史有個獨特的聯繫——羅伯特的兄弟克萊德於一九三〇年發現了冥王星。當晚上散步時，瑪麗安有時會在天空中尋找家人珍愛的矮行星。

瑪麗安在堪薩斯州中部的薩利納（Salina）長大，兒時，她學習鋼琴並愛上了摩城（Motown）音樂。在薩利納中央高中就讀期間，她是校刊成員。她畢業於堪薩斯大學，主修平面設計，這份專業讓她來到了達拉斯，德州基督教大學的一次展覽曾展示過她的作品。瑪麗安曾是當地一家廣告公司的創意總監，該公司身處在大都會區繁忙的職業圈中，其中包括了廣告歌曲行業。當她開始與克里斯約會後，他們成為一對令人稱羨的情侶。「她是最棒、最有趣的女朋友。」巴布斯・梅耶隆（Babs Mayeron）回憶道，她是瑪麗安自一九七〇年代以來的好友。瑪麗安與梅耶隆的關係親密，就像《我愛露西》中的露西・里卡多（Lucy Ricardo）和愛瑟兒・默茨（Ethel Mertz）一樣，只是她們兩人都想當主角，於是稱彼此為「露西與露西」。梅耶隆回憶著：「她真是一個溫暖、善良的靈魂。」

根據德州法院的紀錄，瑪麗安與克里斯於一九八七年九月二十四日結婚。《廣告週刊》（*Adweek*）在十月五日刊登祝賀他們新婚，並前往新英格蘭度蜜月的消息。不到六個月後，一九八八年三月十九日，這對夫妻迎來了唯一的孩子——克萊頓・愛德華・柯蕭。他有著母親的笑容和父親的沙棕色頭髮，他的臉頰一直到童年後期都還是胖嘟嘟的狀態，他喜歡披薩和雞柳條。這個年輕的小家庭定居在達拉斯的普雷斯頓霍洛（Preston Hollow）社區，碰巧與梅耶隆夫婦為鄰。長大後，克萊頓對於棒球的熱愛與他母親的朋友有了交集：巴布斯的丈夫約翰．梅耶隆（John Mayeron）收藏了大量的棒球卡、書籍和紀念品。有時克萊頓會跟著梅耶隆夫婦去看德州遊騎兵隊的比賽——他開始穿上二十二號球衣，正是因為遊騎兵隊的一壘手威爾．克拉克（Will Clark）。克萊頓常在後院與他們的兒子凱爾進行投打練習，做為年紀較大的那個孩子，凱爾通常會決定誰來打擊、誰來投球。「克萊頓會問：『輪到我打擊了嗎？』而凱爾會說：『不，克萊頓，再投幾個球給我吧。』」梅耶隆回憶道。

克萊頓對父親的記憶通常與運動有關。「就性格而言，我其實不太記得了。」他回憶道。然而，克里斯在錄音室工作的時間卻深深記在他的腦海裡：上午九點到下午一點，或者是下午二點到下午六點。克萊頓曾去過父親的辦公室，但他對旋律、節奏或即興創作沒有產生共鳴。「我覺得，我們對運動的熱愛是相似的，但他的頭腦比我更有創造力。」柯蕭回想著。克萊頓對於和父親一起去雷烏尼翁體育館看達拉斯小牛隊（現為達拉斯獨行俠）的比賽，感到更為自在，他的父親擁有球賽季票。克里斯曾帶兒子去酒吧玩過一場紙上夢幻足球選秀遊戲。他們會一起傳接球、一起練習跳投。「他做過所有這些事，就像一個父親應該做的那樣，我很感謝那些。」克萊頓回想起。柯蕭很喜歡爸爸帶回家的狗，一隻名叫雀巢的巧克力拉不拉多，還有一隻叫米奇的米克斯。

克萊頓加入的第一支有組織的棒球隊名叫「道奇隊」，他們比賽獲勝後，會在回程的路上，聽著生存者樂團的〈老虎之眼〉（The Eye of the Tiger），並猛烈甩著頭慶祝。小學時，他寫過一篇關於山迪．柯法斯的讀書報告。同柯法斯一樣，他很早就展現出曲球的天賦，這是他在年少時期就學會的。「他的球感和手感都很好。」曾在達拉斯老虎旅行隊指導過柯蕭的湯米．赫南德茲回憶道。不過他也參與了其他運動，在觀看《救命下課鈴》（Saved by the Bell）的空檔，他幫助布萊菲爾德小學的四年級生，在南方衛理會大學舉辦的基督教青年學會田徑比賽中奪得冠軍。瑪麗安帶他去上冰上曲棍球課，以及直排輪曲棍球聯賽。在錄音室裡，克里斯經常炫耀兒子在美式足球比賽中進了多少球。克里斯對兒子的驕傲溢於言表，「這也是為什麼後來的事情格外令人難過。」沃爾夫特回憶道。

家裡常常很安靜。克萊頓留意到克里斯回家的次數減少了，感覺到父母漸行漸遠，但他還太小，無法理解原由。克萊頓不太願意討論他父親的惡習，但其他認識柯蕭一家的人表示，克里斯有酗酒問題。這個家的世界開始搖晃，瑪麗安厭倦了丈夫的行為。梅耶隆說：「嗯，我不會告訴你所有的故事。有些時候，克里斯會做一些極度愚蠢的事情。我只能在她身邊給予支持，聽她哭，聽她生氣。」

「差不多在九歲或十歲時，一切就開始像這樣了。」柯蕭邊回憶，邊用手比劃像雲霄飛車那般地曲折起伏，「我們得常常搬家，他們睡在不同房間。」最終，瑪麗安和克里斯讓克萊頓坐在客廳，告訴他這個結果。「那感覺實在……糟透了。」柯蕭回想。

根據德州法院的紀錄，這對夫婦於二〇〇〇年十月十七日正式離婚。當時，克萊頓十二歲。

長大後，當柯蕭決定要組建自己的家庭時，他下定決心——絕不會成為像他父親那樣的人。「我確實覺得這幫助我成為一個更好的父親。」他說：「真的。因為我只想要無時無刻陪伴在他們身邊，我不想錯過任何一件事。」就在聖誕老人來到高地公園的幾天前，他帶著家人一起去看了高中籃球比賽，查理坐在柯蕭的腿上觀看。第二天早上，行程安排有了衝突——查理和卡莉的籃球比賽都在早上八點。柯蕭是卡莉球隊的助理教練，但他是查理球隊的總教練。最後，他選擇了兒子。

「他大概知道當那個每一場比賽父親都缺席的孩子是什麼感覺。所以他一定會做到。」艾倫說道。

他對孩子的承諾——不要像克里斯那樣——在賽季期間變得更具挑戰性。他嚴守的五天輪值模式，為孩子們提供了生活保障，但也讓他無法時刻陪伴在他們身邊。有些時候，柯蕭會在孤獨和專業之間感到難以抉擇。他對於要求孩子們在學年期間離開高地公園而感到愧疚不已；有時，他會在西岸設定凌晨四點半的鬧鐘，這麼一來，他可以在孩子們重要的學校日之前通個電話。當家人們在春訓期間來到鳳凰城，他會衝進當地的目標百貨（Target）——為查理買樂高，為卡莉買手工材料組合。就在我造訪高地公園前不久，柯蕭和艾倫剛慶祝十二週年結婚紀念日。他訂購了五座高大的氣球柱，一座給他的妻子，其他的分別給每個孩子。

賽季期間，當克萊頓無法陪伴在孩子身邊時，艾倫會讓他隨時了解狀況，但不會特意強調他的缺席。三歲的庫柏踢足球時，艾倫會不斷傳影片給他，也總會詳盡描述比賽中的趣事：庫柏年紀太小，還分不清兩邊的球門，結果他兩邊球門都各進一球。有時，艾倫對這一切的交通安排感到不堪負荷，她需要協調這些幼兒們的行程，確保他們不會錯過學校、運動及活動。「我一直試著努力保持平衡，看看克萊頓在沒有我們的情況下，能夠堅持多久。因為對他來說，獨自一人最難以忍受。」艾倫說道。

他的童年時期已經獨自度過了漫長時光。他曾生活在一個寂靜的家庭裡，母親憂心忡忡，而父親總是缺席。他不希望自己再經歷那樣的生活，也不想讓他的孩子感受到他曾經歷過的傷害——那份在家庭破碎後，埋藏在心底的痛楚。

柯蕭說：「我認為，這一切都始於陪伴，所以，這也是棒球有時讓人感到困難的地方。最終，這種感覺會促使我想要停下來，倘若我的手臂沒先讓我停下來的話。當我聽到孩子們說：『爸爸，你在哪裡？』或是『我好想你。』的瞬間，我會覺得『好了，我沒必要再這麼繼續下去了』。」

第三章

泡泡裡的男孩

二〇〇三年情人節過後五天，克萊頓·柯蕭關上他的置物櫃，走近一位棕色頭髮、個性活潑的同學，結結巴巴地問出一個改變他一生的問題。

「妳願意和我約會嗎？」

克萊頓不確定艾倫·梅爾森會如何回應，但他懷著希望。這兩位新生彼此不熟，他們有部分的朋友圈重疊，其中包括另一對鼓勵他們交往的情侶。他們曾在即時通上聊過幾次，他的網名是「CTonga06」，這源自於他年輕時的眾多綽號之一：ClayTonga；她的則是「EllenMelon87」。她熱衷於啦啦隊和舞蹈隊；他是剛打完一個賽季的高地公園高中新生美式足球隊中鋒。她最近剛拆掉牙套；而他的身形正處於青少年特有的瘦高，但還有些圓潤的階段。他們是天生一對。

「好哇！」艾倫回答。

這段對話大約只持續了十五秒。隨著年齡增長，艾倫認為他們的相遇是一份禮物。「天吶，我敢打賭，上帝當時一定在微笑。」她回憶道。然而，在那時刻，其實沒什麼大不了的。克萊頓走向學生餐廳，接受朋友們的擊掌祝福；艾倫則回去應對高中那變幻莫測的世界。事實上，當時他們只是陌生人。「我根本不知道他擅長打棒球，我們開始約會的時候才十四歲。」艾倫回憶道。

他們相互吸引的起點已在記憶中漸漸模糊，部分原因是他們幾乎難以記住沒有彼此的生活。他們會因彼此的笑話而笑，而克萊頓懂得自嘲，艾倫很欣賞這一點，他們也樂於注視著彼此。在九年級那個純真的「我愛紅娘」世界裡，這些就已經足夠了。「我想，我們就是很合得來，但我不知道她為什麼會想要和我在一起。我想，是我偶爾會逗她笑吧。」柯蕭回想。

儘管家中持續不斷的動盪，柯蕭仍保持著幽默感。他的時間分配在父母親之間，週三晚上和隔週的週末與克里斯一起度過。有時他會坐在窗邊，等待並猜想著父親何時會來接他。他討厭遲到，無論是練習、學校或任何一切，而他更討厭這並不是自己的錯。隨著克里斯開始約會，最終與一位帶著自己孩子的女性結婚時，這樣的生活對克萊頓而言變得愈來愈奇怪。「我不想面對那些事。」柯蕭回憶道。克萊頓升上九年級時，已經厭倦這種尷尬。他去父親家居住的次數愈來愈少，最終完全停止。克里斯偶爾還是會參加兒子的體育賽事，但他們同住一個屋簷下的日子結束了。

父親逐漸淡出他的生活時，母親也開始遠離她自己。多年後，克萊頓才逐漸意識到瑪麗安正在與憂鬱症抗爭。「離婚對她的打擊很大。」他回憶道。她變得更加封閉，克萊頓意識到自己必須自立自強。他學會了無需他人敦促便完成作業，自己設鬧鐘起床。瑪麗安則專注於如何養家糊口，克萊頓無法負擔私立學校的費用，瑪麗安決定搬進公園城（Park Cities），這個社區裡有著高地公園和大學公園，距離普雷斯頓霍洛以南約十分鐘車程，她希望克萊頓能受益於高地公園的學校體制。這個決定伴隨著文化和經濟上的重要性，深深影響了克萊頓邁向成長過程之道路。

有些人將公園城稱之為「泡泡世界」，這是一個閃閃發光的矩形地帶，擁有地產和綠地，包括達拉斯鄉村俱樂部、南方衛理公會大學校園，以及模仿哥德式地中海別墅風格的高地公園市政廳，該建築的紅磚屋瓦和汩汩噴泉極具特色。一九九四年，《德州月刊》中的一篇文章，描述了這座建築的宏偉壯觀：「法式城堡、義式莊園、都鐸大宅。」近二十年後，《紐約客》則形容高地公園是「充滿蓋茲比風格豪宅的地方」，其他則是達到更現代的文化標誌。記述撰寫這本書的過程中，我不時會聽到有人將高地公園比作「德州版的《飛越比佛利》」，一個隱藏於達拉斯市內浮華、富裕的綠洲。

達拉斯獨立學區的一名官員使用了不同的語言來描述高地公園。高地公園被視為城市「中間的那個洞」那般存在，是一個「獨立於其他學校體制之外的系統」。高地公園獨立學區不屬於達拉斯掌控的範疇，其設施遠比周邊學校優秀。這個地區受益於房屋價值的財富累積，《德州月刊》的達納．魯賓（Dana Rubin）寫道：「長期以來，高地公園居民的房地產稅率相對較低，但由於他們的房地產價格高昂，他們得以擔負全州最優秀的學區之一。」這種財富循環的受益者幾乎全是白人。

作家詹姆斯．洛溫（James W. Loewen）將高地公園歸類為「落日鎮」（sundown town），這是一種遍布美國、由人為設立的社區之一，指的是黑人若於天黑後逗留在此是不安全的。高地公園建於二十世紀初，是一座遵循《吉姆．克勞法》（Jim Crow laws）的城市，高地公園向居民承諾實行更為嚴格的種族隔離政策：根據高地公園市政網站上的一段歷史記載，該地區的設定初衷是「做為一個避開日益多元化城市的庇護所」。這地區還用「遠離城市的塵土與煙硝」做為吸引新居民的宣傳口號。高地公園與大學公園聯手合作，避免被達拉斯吞併並保有其獨立性，該地區限制非居民使用當地公園和網球場。「高地公園……在將普通行為定義為犯罪這方面，一直是首屈一指的佼佼者。」洛溫寫道，「按人均計算，這裡的『禁止』標誌可能比全國其他城市還要多。」這些限制也適用於土地使用區劃。根據「世紀智庫基金會」的一項研究表明，高地公園僅在郊區的小塊地區允許建造多戶型住宅。自由智庫表示：「事實上，分配給達拉斯鄉村俱樂部的土地面積甚至比多戶型住宅的土地還要多。」

在美國最高法院於一九五四年對布朗訴托彼卡教育局案（Brown v. Board of Education）做出判決，以及一九六四年《民權法案》（Civil Rights Act）頒布之後，種族隔離仍在高地公園持續很長一段時間。布朗案裁決之後，公園城的居民開始驅逐居住在當地的黑人家庭，他們大多人是以住家園丁和女傭維生；一名當地市議員認為解雇這些人是必要的，「這麼一來，公園城就不會面臨白人和黑鬼小孩一起上學的情況。」直到一九七四年，高地公園高中才出現首位黑人學生。一九九〇年代末，當瑪麗安搬到這個地區租屋時，學校裡的學生仍以白人為主。即便到了二〇〇三年，高地公園首次有了黑人屋主，仍引起全國轟動，當地報紙《公園城人》以挑釁的標題報導了這一事件：「猜猜誰來晚餐——而且還要待上一陣子？」在泡泡世界之外，公園城被視為白人財富的封閉堡壘，人們既羨慕，又充滿鄙視。

「高地公園很有錢。」一名競爭對手的高中教練說。

「那裡每個人都非常有錢。」一名當地的年輕教練說。

「如果你住在千里之外，聽說德州高地公園有一位優秀的投手，你的刻板印象就是『嘿，他一定是個被寵壞的富家子』。」一位大學教練說。

這樣的名聲一直延續至今。二〇二〇年夏天，柯蕭在喬治．佛洛伊德（George Floyd）被謀殺後所引發的抗議活動中，公開表達對美國黑人的支持。他在道奇隊發布的一段影片中說道：「我們必須毫不遲疑地說：『黑人的命也是命（Black lives matter）。』」那年冬天，德州遊騎兵的投手泰勒．赫恩（Taylor

Hearn）在談論到棒球界對這場運動的參與情況，在達拉斯郊區長大的黑人赫恩坦言，對他來說，看到「一個來自高地公園的人會做這樣的事」，確實令人感到震驚。柯蕭對這些批判感到沮喪，他說：「是的，這個地方有其缺點，太富裕了，因而帶來一些弊端，像是有人會說這裡非常排外，諸如此類。但我確實認為這個社區本身很特別。」他對高地公園幾乎沒有什麼怨恨之情，因為在他看來，這個地區是栽培他成長的地方。

對於那些獲准進入這個飛地的家庭來說，高地公園提供了田園詩般的便利設施。當吉姆・梅爾森在南方衛理公會大學遇到萊絲莉・隆（Leslie Long）時，他正在學習，準備成為一名註冊執業會計師。吉姆在休士頓長大，而萊絲莉則因父親的瓦楞紙箱生意，在童年時期曾多次搬家，從康乃狄克州到辛辛那提，最後定居於德州理查森市。當萊絲莉還是個小嬰兒時，父親比爾・隆（Bill Long）撫摸著女兒臉頰上柔軟的寒毛，為她取了一個暱稱——桃子。萊絲莉在大四時開始與吉姆約會，那時吉姆正在攻讀研究所。兩人於一九七八年結婚後，吉姆曾在紐約的會計師事務所進行面試，但最終決定留在達拉斯。他們的第一個孩子是個男孩，傑德於一九八二年出生。隨後，又迎來更多孩子：安、艾倫和約翰。當傑德開始念一年級時，梅爾森一家搬到了高地公園，「因為這個學區比達拉斯的其他學校好太多了。」吉姆・梅爾森回憶道。

艾倫從小便情感外露，經常穿著印有豹紋或班馬紋的服飾。開學的第一天通常是以淚水收場，她的家人雖然會安慰她，但在她長大後，便會拿這件事取笑她當年的失態。即便經歷青春期常見的種種煩惱，艾倫仍喜歡將人們聚在一起，邀請朋友來家裡品嘗巧克力鍋，並與她的母親桃子共度時光。中學時期，艾倫每天下午都會飛奔回家看《歐普拉秀》，並在隔天與朋友們討論每一集的內容。當歐普拉・溫芙蕾（Oprah Winfrey）訪問非洲時，節目中描述的情況令艾倫感到震驚。「我從未意識到自己是多麼地受到庇護，我在一個沒有貧困的泡泡中長大。」她後來寫道。從那時起，她夢想有一天能親自踏上非洲大陸。

艾倫的成長，伴隨著一群手足和堂表親。這個大家庭曾租了一輛巴士，進行為期三週共十八人的美西國家公園之旅，還準備了統一的服裝和腰包。為了教導孩子們理解賭博的危險，萊絲莉帶他們去了一家賭場，拿一枚硬幣玩吃角子老虎——而她第一次玩拉霸時，竟然贏了！在高地公園的家中，萊絲莉為朋友和家人保持「門戶開放政策」，大家都可以來共進晚餐。艾倫說：「她的餐桌能容納十二或十五人。」每次用餐前都會一起禱告。

艾倫的新男友來自與她截然不同的背景。他已經建立了豐富的社交生活，但幾乎所有社交都在他的家門之外。瑪麗安找到的住所，鄰近喬許・梅利迪斯（Josh Meredith）的家，喬許曾與克萊頓在同一隊打美式足球。「顯然，在公園城租房子，還要找到價格合理的地方，選擇其實並不多。」柯蕭回憶道，「我相信她一定覺得，『哦，這個地點很完美。』但她很可能只是試圖找到負擔得起的地方。」克萊頓和喬許成為最好的朋友，也經常和梅利迪斯一家人共進晚餐。他在自己的自行車上裝上火箭筒，這樣喬許就能和他一起騎車上學，附近的另一個孩子派屈克・哈平（Patrick Halpin）也加入他們的行列。這群男孩一起溜進游泳池、狂按任天堂的專用搖桿，後來逐漸擴展成一群終生夥伴：卡特・英格利希（Carter English）、班・卡德爾（Ben Kardell）、韋德・普羅斯佩爾（Wade Prospere），以及一對脾氣暴躁的雙胞胎查理・迪克森（Charley Dickenson）和約翰・迪克森（John Dickenson）。瑪麗安會烘烤巧克力餅乾，讓孩子們熬夜在走廊上玩曲棍球。不過更多時候，他們會跑去其他地方玩耍。「我總是到處亂跑，也總是在別人家吃晚飯。」柯蕭回憶著。

這群男孩熱愛競爭。在克萊頓家，他們會在乒乓球桌上較量，完全無視桌子底下黏著的口香糖。到了高中，克萊頓、喬許、派屈克和卡特一起吃午餐時，會在派屈克家的後院打籃球；克萊頓防守時，「總像在打全國冠軍賽最後兩分鐘那樣全力以赴。」哈平回憶道，克萊頓和卡特還會一起設計戰術，透過擋拆配合來拿下勝利。「他不只是想贏，他簡直是想把你徹底擊垮。」哈平說。

約會一段時間後，艾倫邀請克萊頓來見她的父母。他頂著頭上剃有「52」號的髮型現身，這是美式足球隊的春季傳統。「我父母當時一副『你帶進我們家的這傢伙是誰』？」艾倫回想著。更糟的是，他們約會初期，有一次克萊頓居然請吉姆幫忙買限制級的《鐵案疑雲》（The Life of David Gale）電影票，更是令她極度尷尬。不過這家人終於度過了彆扭階段，吉姆常在下班回家時，看到這對年輕情侶一起念書，而萊絲莉則在準備晚餐。萊絲莉注意到這個男孩似乎不常吃到家常菜，因為他總是狼吞虎嚥。不同於其他高地公園的孩子，他身上沒有那些可以炫耀的名牌衣物或裝扮。吉姆回憶到，瑪麗安「在很多方面都是個聖人」，但她分身乏術，幾乎所有時間都在努力維持生計。然而，梅爾森一家彌補了部分空缺。克萊頓第一次來接艾倫參加返校舞會時，穿了一雙腳趾處破了洞的莫卡辛便鞋。隔天，萊絲莉為他買了一雙正式皮鞋。

夏天時，梅爾森一家會前往阿美利亞島避暑，那是位於佛羅里達州傑克森維爾附近的高級度假小鎮。交往初期，萊絲莉便邀請克萊頓一同前往。艾倫當時不太情願——她還不習慣與男友長時間單獨相處。「我心想，『那也太尷尬了吧！』艾倫回想道，但她（萊絲莉）卻說：『但我很喜歡他啊！』」克萊頓在海灘上嬉戲，與梅爾森家族一起拍大合照。那年晚些時候，傑德・梅爾森在家門前廊攔住克萊頓。艾倫雙手摀著臉，透過窗戶看著哥哥警告她的男友不准傷他妹妹的心。

兩個家庭的關係變得愈來愈緊密，梅爾森一家邀請克萊頓和瑪麗安一起共度感恩節和聖誕節。柯蕭回憶道：「那真的讓我了解到一個家庭應該是什麼樣子。」梅爾森家的孩子們會逗弄他們的母親，說她偏愛克萊頓，勝過於其他孩子。吉姆說：「她真的把他當成我們的第五個孩子了。」他們的第一個聖誕節距離克萊頓在學校走廊上找艾倫說話還不到一年，他在梅爾森家收到了溫暖的訊息——壁爐上方掛著一個寫著他名字的聖誕襪，靜靜地等待著他。

除了約艾倫出去之外，柯蕭在高一下學期還做出另一項重要決定——退出足球隊。

柯蕭的美式足球生涯傳奇在後來的人生中得以延續，部分原因在於他的一位隊友。二〇〇二年，新生隊保持不敗紀錄。克萊頓和另一個男孩輪流上場擔任中鋒，但更多的目光集中在四分衛身上——馬修・斯塔福德，一個從中學起就能輕鬆擲出七十碼（約六十四公尺）長傳的神童；一個從六年級起，就從未輸過任何一場足球比賽的領袖；一個優秀到足以加入校隊完成賽季的新生。斯塔福德還在八年級時，他對高地公園的校隊教練說：「我想贏得州冠軍，然後加入大學美式足球隊。」他最終不僅實現這些目標，還取得更多成就——讓他與柯蕭在學生時代並肩作戰的故事，隨著兩人在不同運動領域達到頂峰而更加引人注目。他們是中學時期的朋友，馬修曾是團隊成員之一，一起在克萊頓家打籃球、在彈跳床上蹦跳。有一天，馬修從彈跳床上摔下來，頭撞上了金屬邊框。柯蕭回想著：「他的頭狠狠地撞在金屬上，他撐住了，但他的腦震盪非常嚴重。」哈平補充道：「他只是碰巧從彈跳床上摔下來、撞到頭，然後就徹底崩潰了，最後他的爸媽來接他回家。」

柯蕭和斯塔福德在高中時期走上截然不同的道路。柯蕭喜歡與朋友們一起打美式足球，也絲毫不畏懼身體碰撞。與對手爆發衝突時，柯蕭甚至會衝進人群中開始揮拳。不過，當時他的身高只有五尺九寸（約一七五公分），內線的暴力衝撞以一種羞辱人的形式一再發生。根據二〇〇三年《高地公園年刊》的一篇報導，在一次訓練中，柯蕭進行長開球時，踢球員的踢球角度比平時低，球直接砸在柯蕭的背部，將他撞倒在地。約翰．狄克森在年刊中說道：「我覺得這真的很搞笑，但柯蕭一點都不覺得好笑。」

更大的問題在於美式足球和棒球的衝突。在學校，足球隊優先於其他運動。如果你在春季沒有參加其他校隊運動，就必須參與足球訓練。那年春天棒球賽季開始時，柯蕭還在棒球初級校隊。如果他想在線鋒位置上有所發展，就需要增重、增壯，美式足球要求橫向成長，與棒球要求的縱向成長相抵觸。哈平剛退出足球隊，並鼓勵柯蕭也這麼做。對於像德州這麼重視美式足球的地方，特別是在高地公園這樣的學校，這不是一個輕易能做出的決定。初級隊助理教練雷根．戴利（Reagan Dailey）說：「克萊頓，如果你那麼做，那將是你人生中做過最糟的決定。」

少了美式足球的阻擋雪橇訓練後，柯蕭將全部精力投入棒球場。由於人手不足，他很快就進入校隊。當年的高年級球員太少，於是球隊徵召了一批新生，包括擔任游擊手的斯塔福德，柯蕭則成為先發輪值投手的一員，排在高年級生薛西斯．馬丁（Xerxes Martin）之後。馬丁有著靈活的投球技巧，即將前往貝勒大學，他的速球球速很少能突破八十五英里（約一三七公里），柯蕭的速球也差不多，但他能準確將球控制到想要的位置。「他對投球的掌控力遠超過一般的高一生和高二生，當時的他還稱不上具有壓制力，但已經相當出色了。」比柯蕭大兩屆的投手威爾．斯克爾頓（Will Skelton）回憶道。

成為校隊一員還帶來一些額外福利，每位球員會分配到一組啦啦隊，就是所謂的「棒球女孩」。艾倫自願擔任這個角色，支持她的新男友。比賽日，她和朋友們會穿上柯蕭的球衣，會用海報裝飾他的房間。艾倫還為他準備了一些「小狗零食」，那是一種用麥片、糖粉、巧克力和花生醬混合而成的甜點。她記得：「現在回想起來，我都在想：『我當時在幹嘛啊？』」高地公園蘇格蘭人球隊在一座名為「蘇格蘭球場」豪華、維護良好的場地打球。球員們會選擇自己的出場音樂，柯蕭選了基金會靈魂樂團的經典歌曲〈增加我的希望〉（Build Me Up Buttercup），這首歌因為電影《哈啦瑪莉》而重新流行起來。這首歌既是向母親瑪麗安致敬，因為她是摩城音樂的愛好者，同時也是柯蕭嘗試幽默的一種展現。馬丁回憶著：「我會說，他有一種非常無憂無慮的神態。」柯蕭因各種英勇事蹟多次登上《達拉斯晨報》（Dallas Morning News）：對戰西梅斯基特高中（West Mesquite High）時僅被擊出兩支安打，對戰懷利高中（Wylie High）時的十五次三振。那個賽季伴隨著柯蕭在季後賽的一場失利而告終，但這場失敗並未減少柯蕭帶給人們的深刻印象。「他絕對是德州非常優秀的大一新生。」馬丁這麼說。

在達拉斯棒球界這個封閉的小圈子，柯蕭的天賦早已不是祕密。「他是那種在十二歲左右，你會聽到人們說『那傢伙真的非常、非常厲害』的人。」在麥金尼附近長大的崔特・阿普比（Trent Appleby）回想著，「你也會聽說過其他傢伙，但大部分是因為他們比其他人長得更高大、更健壯。」然而，柯蕭之所以與眾不同，不是因為他的體型或速度，而是他出色地完成了投手的主要目標：讓對手出局。「他就是一個非常優秀的投手。」阿普比這麼說。

阿普比在旅行棒球這個錯綜複雜的世界中遇到了柯蕭，這是一個遍布在大都會區、由各個球隊組成的龐大蜘蛛網。五年級時，柯蕭已經和附近鄰里的孩子一起打球。「他一直是最好的投手，精準控球，還會投曲球。」梅利迪斯記得。從中學到高中早期，柯蕭與斯塔福德一起加入達拉斯老虎隊（Dallas Tigers），這是當地的知名球隊，隊中包括才華洋溢的右投手尚恩・托爾森，他住在附近的艾倫市。那時的柯蕭，嬰兒肥多過於身高，毅力多過於球速。他專注於精準控制速球的位置，以及投出帶旋轉的曲球。在那個年紀，「柯蕭的動作沒有很靈活，他主要打第一棒，也擔任投手。真的沒有特別突出，就只是一個踏實的孩子。」老虎隊的教練湯米・赫南德茲回想道。然而，一旦踏上球場，他的狀態會完全改變。「他是個有趣的孩子，但，天啊，只要當他進了場，就會全神貫注，努力讓自己變得更好。」赫南德茲說。

有時，瑪麗安會帶克萊頓去愛迪生市附近的一個室內打擊練習場。「D-Bat」這個地方的經營者是凱德・格里菲斯（Cade Griffis），他曾在達拉斯浸信大學（Dallas Baptist）打球，還在小聯盟待過一個賽季，D-Bat 也贊助旅行棒球隊。柯蕭在高二賽季後的暑假，格里菲斯受邀與一群家長會面。他參與了一場臨時的工作面試，對面坐著瑪麗安、斯塔福德夫婦、托爾森夫婦，以及其他幾位父母，他們的孩子都在老虎隊，正在尋找一支新的夏季球隊。「基本上，他們說：『讓我聽聽看，為什麼我的孩子應該加入你的球隊？』」格里菲斯回憶道。格里菲斯成功說服這些家長們加入 D-Bat，他打算讓斯塔福德擔任游擊手，但他在高二時已成為高地公園美式足球的主力四分衛。斯塔福德的父親告訴格里菲斯，馬修已經收到許多四分衛訓練營的邀請。斯塔福德選擇了美式足球，而不是棒球。「我記得當時心想，『老兄，你才五尺十一寸（約一八〇公分）高，你應該要打棒球啊！』」格里菲斯回憶道，「結果我錯得離譜。」

其他人都留下來了。托爾森是王牌投手，用他的滑球壓制其他青少年對手；柯蕭是可靠的副手，他的曲球還不太穩定，但他在高二升高三之間，長高了六寸（約十五公分）。柯蕭和托爾森在休息區裡，在全州及其他地方的旅途中建立了深厚的情誼。他們在飯店停車場踢沙包球，在打乒乓球或即興籃球比賽中一起揮汗如雨。「他總能克服失敗，即便失敗好像在所難免。」托爾森回憶著。假如托爾森在籃球場上領先，無論是因為柯蕭缺乏熟練的控球能力，也從不起身跳投，但這些都不重要；他會加強防守，壓制對手，最終取得勝利。同樣的原則也適用於最幼稚的活動，像是在飯店房間裡摔角。「這一切都很有趣，直到克萊頓意識到自己快要輸了。」托爾森回想起來。

球隊前往芝加哥、休士頓，以及科羅拉多州的斯廷博特斯普林斯。瑪麗安無法負擔這筆費用，她已經開始向朋友借錢來支付留在高地公園所需的開銷。格里菲斯意識到這個情況，柯蕭讓格里菲斯想起了自己，他在路易斯安那長大，從小就失去父親，他的母親在學校教書，經濟狀況非常拮据。格里菲斯和另外一位家長承擔了柯蕭的旅行費用，那位家長多開了一張支票。格里菲斯回憶著：「我們從未討論過這件事，我也不會提起。但是可以說就某種程度上，我資助了他的夏季棒球比賽。我知道他無法負擔這些費用，但他真的是個好孩子。」柯蕭察覺到了這份慷慨。他回想著：「我不知道實際情況，但我知道，我支付的費用很可能遠低於應該負擔的金額。」

柯蕭察覺到許多事情，例如他生活條件的素樸，他母親在離婚後感受到的悲傷，他不太知道如何應對母親的傷心絕望。做為一名青少年，他意識到棒球是一種出路，這不僅是幫助自己的方式，也是幫助母親的一條途徑。在棒球比賽中，他開始留意看臺上的大學教練。棒球變得不僅僅是一場比賽了。

「從那時起，我開始加諸更大的壓力在自己身上，要做得更好，我覺得隨著自己漸漸長大，這一切都達到了最高點。」柯蕭回憶道。

達拉斯溫和的氣候，讓柯蕭度過一個充滿戶外生活的童年。他對信仰最初的模糊概念是對於點綴在這片風景的樹木起源感到好奇。「我看著周圍的世界，實在讓我深感震驚——這怎麼可能只是憑空出現的呢？」柯蕭後來寫道。「這對我來說一點都不合理，我知道我在這裡並非偶然，我知道這個世界不存在意外。」他相信上帝，但他不認為自己特別虔誠。他的家人會做做樣子：每週日去衛理公會教堂做禮拜，還會參加主日學課程。他將上帝視為偉大但遙遠的王，「我知道自己想要祂在我的生命中，但我也覺得祂可以像壓死一隻蟲子那樣把我壓碎。」柯蕭寫道。

艾倫改變了他的想法。梅爾森家比柯蕭家更虔誠，艾倫和她的兄弟姊妹都是高地公園長老教會的固定成員。在八年級混亂的一年裡，艾倫發現自己的信仰變得更加虔誠。那時，她把頭髮挑染，還把牙套的橡皮筋顏色與即將到來的節日主題配對。只有已經從中學畢業的人才能體會那段戲劇化時期的瑣碎煩惱；在當時，她只覺得一切糟透了。艾倫因為被嘲笑而感到受傷，因八卦而感到被背叛，她被這種格格不入和小團體給壓垮了。她埋首到《聖經》中尋求幫助。在《詩篇》一〇三篇第八節中，她讀到：「耶和華有憐憫，有恩典，不輕易發怒，且有豐盛的慈愛。」她意識到上帝可以成為她的朋友。她可以向上帝傾訴自己的困難、茫然、夢想，而不用擔心會受到羞辱或無視。她常在日記中寫下祈禱，彷彿上帝是一位無需墨水或紙張就能做出回應的筆友，她的信仰幫助她度過了這一年。（但她也得到了實質的幫助，她的姊姊安到學校去教訓了那些壞女孩。）

隨著他們的感情日益加深，艾倫的世界觀也連帶影響了克萊頓。他開始陪同梅爾森一家去教堂，在類約會和課後學習期間，他們經常談論上帝。艾倫說服克萊頓同她這般地看待上帝：一個朋友、一個慈愛的父親、一個可以與之交流並託付未來的人。當克萊頓努力克服經濟上的不安全感時，這個訊息引起了共鳴。在漫不經心的表面之下，克萊頓內心充滿焦慮，「有靠山」的想法吸引了他。他在閱讀《聖經》和與艾倫一起參加《聖經》團契時，反覆思考這一點。他回想：「我說我是個基督徒，我說了所有這些話，但我真的相信嗎？然後我開始想得更多，並為此祈禱，且決定『好吧，耶穌確實做了祂所說的』。某種程度上，這幫助我減輕了壓力。就像『好吧，我的人生掌握在另一個存在手上』。」他對《聖經》的理解成為他看待世界的視角。成年後，他認定自己是一名「保守的基督徒男性」，相信每個人都值得上帝的愛，但也認為同性婚姻是違背《聖經》的那種人。他是他所處環境的產物，也是所處環境的受益者。

高三那年，柯蕭在一本靈修書籍中讀到一段經文，後來成為了他的箴言。《歌羅西書》三章二十三節：「無論做什麼，都要從心裡做，就像為主而做，不是為人而做。」他知道自己的家庭沒有錢送他去同學們心目中的那些學校，而他最大的希望在於棒球。這個認知令他感到胃部一陣緊縮，思緒一陣混亂。他可以藉由對上帝日益增長的信任來減輕一些擔憂，但他也明白自己得盡力而為。他可以精進球技，這意謂需要做出犧牲，也需要改變看待時間的方式。大多數男孩會依照一週七天（週日至週六）來安排時間。柯蕭決定生活在一個循環中，這個循環從他先發的次日開始，到他下一次站上投手丘的當日結束。他想要毫無遺憾地投球，確認自己已盡一切努力為每場比賽做好準備。他的日程安排隨著年齡增長而逐步演變，但打從青少年時期開始的那種，在衝刺中不鬆懈、在重量訓練中不跳過任何一組練習、不浪費任何一天的熱情——從未消失。

第四章

美國隊

在聖誕老人乘著車穿過高地公園的隔日早晨，克萊頓．柯蕭開著他那輛白色的 GMC Denali，駛出自家車道，開車約五分鐘距離，來到他的高中。他在高地公園室內運動中心的入口處揮了揮磁扣，他早已過了那段翻越圍籬到蘇格蘭球場投球的日子了，學校讓他使用一個鋪滿人工草皮、排列得宛如足球場般整齊的場地。

整個場地除了一名正在練習踢射門的少年外，空無一人。為了準備賽季，柯蕭除了日常的重量訓練、體能訓練和物理治療外，每週還會進行四次投球訓練。他與當地投手組織投球訓練，這些練習不是隨機安排。幾週後，尚恩．托爾森問柯蕭什麼時候可以一起吃午餐，柯蕭的回答十分精確，他告訴托爾森自己的訓練會在早上十一點四十二分結束，所以中午可以見面。柯蕭出現時，渾身散發濃濃汗味。

過去，有許多大聯盟球員都曾與柯蕭一起練投。能夠收到他的邀請，感覺就像一種榮幸和恩典。如今，大多數與他一起投球的夥伴都離開了。托爾森於二〇一九年退休；達比修有（Yu Darvish）在日本和聖地牙哥兩地之間度過冬季；克里斯．楊成為德州遊騎兵隊的總管。而今，與他同時期的夥伴只剩一人——布萊特・安德森（Brett Anderson），一個體型壯碩、沉默寡言的左投手。從青少年時期起，他與柯蕭兩人的職業生涯便緊密地交織在一起。

柯蕭第一個到達，其他人則陸陸續續走了進來。安德森含糊地打了聲招呼，他們看著那個踢球的少年練習。他的踢球技術有些奇怪——他站在足球後方，不邁步便直接踢出，這場景讓投手們聯想到棒球界生物力學改良的聖地。

「那簡直就是踢球界的傳動棒球訓練中心（Driveline Baseball）的科學訓練。」安德森說。

柯蕭緩緩地走了過去。

「我可以試一下嗎？」他問。

那孩子往旁邊退了一步，柯蕭站到球後方，抬起右腳，猛然一踢。球幾乎沒有離地，就這麼滾進了門柱下方的網裡。柯蕭慢慢跑回投手們那邊，「我成功了。」

柯蕭一邊做手臂熱身，一邊聽著其他人聊天。大部分話題都圍繞在身高六尺七寸（約二〇一公分）的右投手凱爾・穆勒（Kyle Muller）身上。就在前一天，他剛從亞特蘭大勇士隊被交易到奧克蘭運動家隊。穆勒正在和大家講述一件趣事：他是如何錯過了運動家隊總教練馬克・柯特賽（Mark Kotsay）打來的第一通電話，因為他當時正忙著打獵。

柯蕭已經走開了。「如果他手裡拿著棒球，那就是正事了。」前練投搭檔詹米・萊特說。柯蕭拿起一顆加重棒球，屈身、眼睛沒有直視牆。在一個連續動作中，他把球過肩投向牆壁，再用同一隻手接住。聲音在整個場館內迴盪，接著，柯蕭站了起來，放了一個屁。

柯蕭和安德森站在距離七公尺遠的地方，開始練習傳接球。安德森缺席了二〇二二年賽季，但他正計畫復出，他的動作仍慵懶而悠哉，讓一切看起來都很輕易。柯蕭則是伴隨著沉重的悶哼聲和重擊的聲響，讓一切看起來都充滿力量和暴力感。隨著兩人之間的距離愈拉愈遠，不難看出為什麼十七年前，當他們還是懷抱著同樣夢想的左投少年時，球探們看著他們，明確知道哪一個人更有可能成功。

二〇〇五年夏天，一百四十四名青少年突然到訪位於密蘇里州西南角的喬普林市。他們分別來自北加州和南加州，來自太平洋西北地區和邁阿密的郊區，來自紐奧良市區外的荒蕪地帶和曼哈頓下東城。他們代表了美國業餘棒球大會（American Amateur Baseball Congress）、美國軍團棒球（American Legion Baseball）和美國所有其他夏季聯賽的佼佼者。他們齊聚一堂的原因只有一個：參加第十屆年度明星錦標賽（Tournament of the Stars），爭取在當年九月代表美國參加泛美棒球錦標賽（Pan Am Championships）的資格。

男孩們被分成八隊，在一週的時間裡，他們在美國國家隊高層、大學教練和職業球探的注視下，進行連賽兩場比賽。晚上，他們住在寄宿家庭中。有些男孩或許過於自信，或許過於天真，對這次展示賽不感到緊張，但柯蕭不是這些男孩中的一員。他留意著看臺上的每一位評估人員，深知這次機會的重要性。

柯蕭並非獨自前往喬普林市，托爾森也成功入選。但球隊是隨機分配，柯蕭最終與安德森分配到同一隊。安德森已經以他的精準控球和沉默寡言而聞名，他說出的話與投出的好球完全不成比例。安德森出生於棒球世家，父親法蘭克是第一級球隊的投手教練，曾執教於德州理工大學、德州大學，再到奧克拉荷馬州立大學，並於二〇〇四年成為總教練。在法蘭克帶領的一場比賽因雨延遲期間，尚在青春期的布萊特丟著一顆 Nerf Vortex 的泡棉足球在自得其樂，直到那枚火箭形狀的玩具卡在售票亭的屋頂上。曾與法蘭克在德州大學共事的崔普·庫奇（Trip Couch）想起：「他從來就不是一名出色的運動員。但，我的天啊！他的臂力超強，他甚至可以擊中蚊子的屁股。」

安德森抵達喬普林時已頗負盛名，美國隊投手教練傑生·海爾希（Jason Hisey）回想道：「布萊特·安德森是我見過控球最好的高中生。」他曾允諾，畢業之後要加入父親執教的球隊，但幾乎沒有人認為他會真的進入校園。柯蕭記得：「他比我們所有人都更加老練。」來自加州杭亭頓海灘的捕手漢克·康格（Hank Conger）自十二歲起就認識安德森了，他看了每一期《棒球美國》雜誌（*Baseball America*），隨著下一年的夏季選秀日逼近，他密切關注著同輩的表現。雜誌預測安德森將會是前十順位的選秀球員，康格回想著：「對我來說，在那之前，他是那屆選秀中最好的左投、最好的業餘投手。」美國隊對於安德森的參與感到非常興奮。「在那個年紀，如果你能減少四壞球，那你就是珍寶。所以啊，布萊特·安德森就像匹良駒。」美國棒球隊營運總監雷·達爾文（Ray Darwin）說。

康格和其他人對柯蕭不太熟悉，康格曾看過他的名字，但通常是與他的 D-Bat 隊友一起提及。在選拔測試初期的一個晚上，男孩們仍戰戰兢兢時，康格蹲在本壘板後方接柯蕭的球。上場之前，康格收到一份簡短的球探報告：左投，速度很好，有點不穩定，曲球幅度大。這份報告低估了柯蕭。速球很活躍，康格回憶道，那個曲球「絕對是致命武器」，他無法理解為什麼柯蕭來到喬普林時幾乎沒有什麼名氣？

「這傢伙他媽的到底是誰？」康格感到納悶。

那年夏天，克萊頓·柯蕭憑藉自己的能力和格局，占據了一席特殊之地。大學教練、職業球探和權威的出版刊物皆認為他是全國頂尖的高中投手之一。他也是 D-Bat 的第三號先發，這支旅行棒球團還擁有一位潛力新秀。到了春季，他將被《棒球美國》選為全美排名第一的高中球員，他的名字是喬丹・沃頓（Jordan Walden）。

沃頓住在曼斯菲爾德，距離高地公園以南約一小時車程。儘管他缺席了美國隊的選拔測試，但他展現出的技能令大聯盟球隊垂涎不已。沃頓身高六尺四寸（約一九三公分），體重一八五磅（約八四公斤）。他的右臂似乎天賦異稟，投球強勁。那年夏天，他在德州基督教大學的一場測試會上，球探測到他的球速達到九十九英里（約一五九公里）——甚至超出他對自己投球能力的預期。沃頓的優勢來自於獨特的投球動作：他有一個從投手丘上跳下的動作。這一跳縮短了他與本壘板之間的距離，使他的速球威力遽增。沃頓在 D-Bat 和曼斯菲爾德高中的隊友馬克・科宏（Mark Cohoon）回想起：「沒有人能打到他的球。」然而，當 D-Bat 的教練肯・格斯里（Ken Guthrie）需要獲勝時，他更偏好另一位投手。格斯里回想：「托爾森就是那個關鍵人物。」格斯里曾在職業棒球打過幾個賽季，他認為托爾森的滑球已經達到大聯盟等級。D-Bat 的捕手和未來的大聯盟球員卡麥隆・拉普（Cameron Rupp）記得：「托爾森幾乎不可能被擊中。」科宏也回憶道：「尚恩是我見過第一個能夠連續三振七名打者的投手。」

柯蕭的球速無法與沃頓相媲美，曲球也無法與托爾森的滑球相提並論。D-Bat 的職員認為，柯蕭擁有的特質是一種極具魅力的綜合體，結合了智力、天資和野心。格斯里回想著：「他最大的資產就是他的競爭力。」為了達到極限，他似乎願意做任何事情。那年夏年稍早，柯蕭收到參加「Area Code Games」的邀請，這項比賽在加州長灘舉行，是匯集全國高中棒球好手展現天賦的一場盛會。柯蕭看了一場艾倫・傑格（Alan Jaeger）的演講，他曾是一名大學投手，非傳統的訓練方法吸引了像貝瑞・齊托（Barry Zito）

這樣的大聯盟球星的注意。齊托也是左投手，擁有強大的曲球。柯蕭回憶到，他「一字不差」地採用傑格的一系列熱身練習。

除了參加測試會之外，那年夏天，D-Bat 的年輕球員們還打了很多比賽。有週間的兩場連賽，以及週末的錦標賽，比賽局數總是比投手人數還多。來自德州科佩爾的捕手奧斯汀．古斯比（Austin Goolsby）回憶道：「經常像是，『嘿，我們要去奧克拉荷馬市參加這個比賽。我們需要兩名投手，你能不能找個朋友過來？』」前往奧克拉荷馬的一場比賽前，格斯里開始在當地尋找投手。他的一名助理教練物色到一位最近剛從加州搬來的左投，格斯里打電話給格雷格．布里頓（Greg Britton），詢問他的兒子查克（Zack Britton）是否可以加入。最終，格斯里在沃思堡的坎貝拉連鎖商店接到了查克——布里頓回想起來：「我猜在那時候這種事情還算正常吧。」——然後，帶著這位新投手去參加錦標賽。查克住在韋瑟福德的鄉村小鎮，與達拉斯那群富有的孩子顯得有些格格不入。然而，柯蕭是第一批主動接近他的球員之一。柯蕭對布里頓說：「如果你有什麼需要幫忙的，這是我的電話號碼。」

布里頓和柯蕭一起被排在輪值的後段位置，布里頓回憶道：「在那個年紀，尚恩．托爾森和喬丹．沃頓的表現確實強多了。」那個週末，柯蕭投了一場預賽。布里頓在冠軍賽擔任先發，比賽進行到第三局時，格斯里聽到休息區傳來一陣窸窸窣窣的聲響。「我想投球。」柯蕭不停地嘀咕著。格斯里通常不太希望他的投手一週投兩次，他遲遲不下決定，直到最後一局才允許他上場。但格斯里對柯蕭施加嚴格限制：如果投球數超過十二球，就得退場。「結果當然是，他上場之後，用不到十二球就三振掉所有人。」格斯里這麼說。

柯蕭會記住那些輕視他的行為。凱德．格里菲斯（Cade Griffis）回想起：「有一次有人和他說他的牽制動作爛透了。」柯蕭整個休賽期都對這件事耿耿於懷。第二年夏天的一場比賽中，他接連解決對手。他的速球只徘徊在八十五英里（約一三七公里）左右，但對於大多數業餘打者來說，這速度已經難以招架了。格里菲斯正在為這一連串的出局喝采時，柯蕭突然投出一顆觸身球。片刻之後，他用一個牽制將一壘跑者抓出局。

「克萊頓，你剛剛是故意打中那個傢伙的嗎？」格里菲斯後來問。

柯蕭露出一個難為情的微笑，他說：「我只是想看看能不能把他牽制出局。」

在 D-Bat 的其他隊友之中，存在著一種感覺：柯蕭意識到自己與那些備受矚目的同伴之間的差距。他知道自己還算不錯，但想要變得偉大。

棒球圍繞著失敗運轉，這項運動的設計初衷是要讓球迷心碎，但首先擊垮的卻是球員的意志。每個球員都避不開失敗，他們或者因能力不足而失敗，或者因脆弱而失敗，或者因性格而失敗。少數幸運者能克服這些失敗，但絕大多數人則做不到。對這些人來說，這項運動的殘酷之處往往不只是最終的失敗，而是在那無數的日子裡，他們曾以為自己不可能失敗。

二〇〇五年夏天，在喬普森舉辦的明星錦標賽上，有少數幾個少年幾乎沒有失敗過，他們是那種會讓其他球員竊竊私語的選手。當他們進行打擊練習或在牛棚練投時，每個人都會看得目瞪口呆。「當你看到他們四處走動時，幾乎是像是神話中的人物。」來自灣區的外野手拉爾斯．安德森（Lars Anderson）回憶道。

布萊特．安德森（與拉爾斯．安德森沒有親屬關係）正是其中之一，尚恩．托爾森是另一個，還有格蘭特．格林（Grant Green）也名列其中，他在安那翰高中三年級時，就打出高達四成五五的打擊率。來自奧蘭多的游擊手馬可斯．雷蒙（Marcus Lemon），他的父親切特．雷蒙（Chet Lemon）曾是全明星賽的外野手，他在高三時打出四成八九的打擊率。麥克斯．薩普（Max Sapp）是一名有著驚人力量的捕手，十三歲就開始參加國際比賽。拉爾斯．安德森記得，這些明星球員「在棒球場上就像神一樣」。

隨著選拔測試的進行過程，對一些凡人來說，柯蕭也開始擁有類似的聲譽。就像安德森一樣，就像柯蕭一樣，就像喬普林的許多男孩一樣，懷特．柴爾斯（Dwight Childs）也緊張得顫抖。柴爾斯是來自灣區的一名捕手，當他把柯蕭的一顆速球猛力擊到三壘邊線界外時，他感覺重新找回些許自信。「然後他對我投出一顆最刁鑽的曲球——我對天發誓，那東西彷彿是碰到雲層，然後落在我膝蓋上。」柴爾斯回憶道，「我從來沒有看過像這樣的曲球，我想，在那時，可能沒有任何人看過。」

但柯蕭的才華只有偶爾會出現。選拔過程中，布萊特．安德森在美國隊總教練傑瑞．道森（Jerry Dawson）旁邊熱身，安德森的投球位置極為精準，他會為了自己沒有投中位置而向捕手道歉。道森回憶道：「但他只差了一英尺（約三十公分），無論你把手套放在哪裡，他的球就會投中那裡。」柯蕭無法做到這一點。來自德州拉夫金的左投布蘭登．貝爾特（Brandon Belt）回想著，「他很不錯，但那時他還不是現在人人都知道的那個克萊頓．柯蕭。」在道森看來，柯蕭的投球動作顯得有些倉促，左臂準備好之前，腳就往前傾了。「當時他的控球出了點問題，但他的投球整體能力高於平均值了。」道森說。

道森是美國最受嘉許的高中教練之一，他在亞利桑那州史考茲戴爾的查帕拉爾高中執教了三十多年，查帕拉爾高中在過去七年中贏得五次州冠軍。「他這個人充滿活力與熱情。」來自亞特蘭大的外野手L．V．維爾（L. V. Ware）記得。道森特別注重儀表，禁止使用遮陽眼膏、太陽眼鏡掛在帽沿上、手套垂吊在口袋外。他曾考慮將六尺八寸（約二〇三公分）的紐約球員戴林・貝坦西斯（Dellin Betances）剔除，只因他的帽子都斜著戴，但最終還是妥協了。道森去年曾協助國家隊，二〇〇五年則與海西（Hisey）一起執教，海西是圖森的皮馬社區大學的投手教練，也曾是小聯盟球員。這兩位教練擬定了墨西哥錦標賽的投手陣容，他們認定安德森應該擔任一號先發，接下來是泰森・羅斯（Tyson Ross）。羅斯來自奧克蘭，是一名身高六尺五寸（約一九六公分）的右投手，他比柯蕭大一個月，但高了一個年級。為了參加選拔，他甚至沒有去參加柏克萊加州大學的新生迎新活動。羅斯去年夏天曾代表美國隊出賽，當時的成員陣容包括未來的全明星球員安德魯・麥卡臣（Andrew McCutchen）、巴斯特・波西（Buster Posey）和賈斯汀・厄普頓（Justin Upton）。維爾回憶道：「布萊特・安德森和泰森・羅斯完全占上風。」

輪值名單上還有貝坦西斯、柯蕭，以及來自北卡的右投手喬許・斯雷爾基爾（Josh Thrailkill）。托爾森被視為是可以吃下很多局數的中繼武器。然而，美國隊的管理階層無法想像柯蕭能夠承擔類似的角色，他們看了他的賽前例行公事，那是一個長達四十五分鐘的儀式，細節上極為嚴謹，但在實踐上卻有其困難。達爾文說：「因為就要進入第六局了，我們無法等他做完這一整套流程。」

經過在喬普林的一週比賽後，美國棒球隊管理階層將人數淘汰至四十人。這四十人又再打了一週比賽，最終選出二十六人名單。隨後，球員分別返回加州、邁阿密及德州。到了八月下旬，球隊在亞特蘭大北部的喬治亞州科布郡重新集結。他們再度打了一輪比賽，對手是當地的青少年和加拿大隊。從那裡，美國隊最終確定了二十人球員名單。球隊搭乘巴士前往亞特蘭大機場，柯蕭一生中只搭乘過少數幾次飛機，這是他第一次出國，以一個令人感到熟悉的特殊角色踏上這趟旅程：他是美國最好的投手之一，但其他男孩更勝一籌。

美國隊一抵達比亞埃爾莫薩國際機場，就有警方安排護送。九月初的天氣悶熱得令人窒息，球員們坐上巴士，搭車前往位於墨西哥灣附近、塔瓦斯科州的首府比亞埃爾莫薩。到了飯店，當地的孩子們在巴士旁敲打車身。道森提醒球員們，可以為孩子們簽名，但不要替大人簽名。在百年紀念體育館（Estadio Centenario）舉行的開幕式氣氛喧鬧不已。幾名球員回憶起他們看到警方手持AK－47步槍和AR－15步槍站在球隊休息區上方的場景。拉爾斯・安德森回想起當時的感受：「就好像『我現在是披頭四嗎？』」

對美國人來說，環境本身帶來的挑戰勝過大部分的比賽對手。美國棒球隊的管理階層擔憂叛逆的球員無視於道森的宵禁令，他們擔心下雨會打亂行程。當然，「當你去到這些地方時，總是會狂吃美食。」海希回憶道。那是個還沒有備餐便當或謹慎飲食計畫的年代，美國隊早餐吃的是墨西哥莎莎醬配玉米片。比賽結束後，他們狂嗑達美樂披薩，披薩是由外送員騎著車尾裝有烤箱的摩托車直接送達飯店。一些球員藉著當地合法飲酒年齡（十八歲）之便喝起酒來，其他人則沉溺於較為平常的放鬆方式。托爾森狂喝芬達汽水，他記得「就像喝水一樣」。柯蕭、托爾森和布萊特・安德森還冒險走出飯店，去品嘗路邊攤的墨西哥塔可餅。他們運氣好，剛好避開了那批讓隊友腸胃崩潰的食物。「哦，天哪！路邊攤塔可簡直是個災難。」來自奧勒岡州波特蘭郊區的投手格雷格・皮維（Greg Peavey）回想起，「剛吃下去的時候很美味，但大約一小時後，你就完了。」腸胃不適並不僅限於球員。「我幾乎是靠著莫瀉痢（Imodium）撐過最後四、五天的比賽。」海西說。到最後，幾乎整團人都只靠達爾文帶來的罐裝花生醬和果醬填飽肚子。

比賽環境並不理想，道森花了一整個下午，站在用鏈條製成的防護網（L-screen）後面進行投打練習。維爾回憶道：「比賽場地的草地看起來就像好幾年沒修剪過一樣。」在一個暴雨過後的下午，為了準備場地，球場工作人員拖來了幾桶汽油，直接在本壘板上點火，火焰讓草很快就乾了。「然後，馬上就聽到一聲『比賽開始！』」托爾森回憶道，「我當時想：『我們應該要學起來。』」

達爾文回想起，柯蕭就「像小狗一樣」一直跟在托爾森身後。他們與安德森一起踢足沙包、讀《聖經》來打發時間。他們聊到畢業後可能在「十二大聯盟」（Big 12）大學聯賽中做些什麼——即使三人都希望能進入首輪選秀，而不是上大學。相比之下，柯蕭可以看出，為什麼他們的希望看起來比自己更切實。當他看到安德森如何控球，看到托爾森如何壓制對手，他意識到自己還需要進步的地方，「我總是和比我強的人一起打球，我認為那樣很好。到頭來，不要總是當那個最好的，反而是件好事。」

錦標賽的第一週，他看著隊友宰制比賽。道森安排好他的輪值陣容，這麼一來，安德森和羅斯就可以在決賽時上場。柯蕭排在輪值的第四位，他大部分的時間都在牛棚度過。男孩們在那裡放屁、講笑話。托爾森還用他的雙關節肘逗樂大家，「我記得我們還在某人的釘鞋上點火。」柴爾斯回憶道。

一場雨沖走了柯蕭對上巴西隊的先發機會，比賽被重新安排在三天後開打。柯蕭只投了四局，被擊出三支安打，還投出四次保送，這與他在選拔賽上的表現如出一轍。他以四分之三的手臂角度投球，這對他的手肘造成一定的負擔。他的投球動作缺乏一致性，有時各個環節都能精準到位，但其他時候，他的身體移動太快。與安德森相比，他顯得有些戒慎恐懼。安德森在比賽期間，面對五十名打者，總共飆出二十四次三振。在柯蕭先發的隔日，安德森在對陣巴拿馬的比賽中早早丟了一分。道森回憶起他氣得在休息區裡將手套狠狠砸向牆壁，並爆出一連串「你此生能夠聽到最精彩的十五句髒話組合」。道森轉向他的打擊教練：「如果我們能拿下兩分，這場比賽就結束了。」最後，美國隊拿下七分，巴拿馬再也沒有得分。

對戰古巴的金牌戰中，柯蕭從牛棚裡觀看羅斯掛帥先發。美國隊在這次錦標賽中還未曾輸過，一週之前，他們還曾擊敗過古巴。然而，到了比賽後半段，古巴隊將二壘跑者牽制出局，接著輪到他們進攻時，打出領先的超前分。道森被驅逐出場，但他始終不知道為什麼，語言上的障礙或許是部分原因。（值得一提的是，道森對裁判懷有先天上的厭惡。二〇二三年，仍在亞利桑那州普雷斯科特的亞瓦派學院執教的道森曾直言：「我鄙視所有裁判。」）

美國隊以一比二落敗。大人們對比賽失利更顯得挫折，而年輕球員們則迫不及待想帶著回憶和紀念品返回美國。比賽結束後，美國球員和古巴球員互相交換了衣服。十多年後，托爾森和維爾的衣櫥裡仍掛著古巴隊的夾克。大多數球員都回到飯店，少數人把握最後一次機會違反宵禁令。第二天早上在機場時，達爾文祝福他們從年少輕狂的宿醉中汲取智慧。回到美國後，學校已經開學了。羅斯即將在加州大學柏克萊分校展開他的大一生活，而大多數人都即將升上高三：高地公園的柯蕭、斯蒂爾沃特的安德森、艾倫市的托爾森，他們懷著無限的憧憬迎接下一年，以及此後的無數歲月。

「你知道這群人中有大多數可能都會成為大聯盟球員，這幾乎是美國棒球隊一貫的情況。但永遠無法真正知道某個人的內在潛能，你總是會想誰有那個關鍵特質？」海西這麼說。

十七年後，兩位校友站在高地公園的室內運動空間，相距九十英尺（約二十七公尺）。柯蕭向前一跨，用力投出球，然而，這顆球投歪了，在這種情況下極為罕見，安德森跳起來接住了球。

「哇！漂亮！」柯蕭說。

「拉到我的肩旋轉肌了。」安德森面無表情地回了一句。

兩人結束練習後，一同走下球場。柯蕭把肌肉電刺激器放在左肱二頭肌上，安德森靠牆坐下，儘管歷經多次重大傷病，他還是打了十三個賽季，賺了將近六千萬美元。他談到那年冬天計畫向職業球探展示自己的能力，但最終並未在二〇二三年參賽。當小聯盟的球員們繼續練投時，柯蕭和安德森正在談笑風生。我問他們在這個冬季初期有沒有什麼想要完成的目標。

「只是想看看手會有多痛而已。」柯蕭說。

他們都還是年輕人，卻擁有一副歷經折磨的身體。兩人都明白，每一次投球都可能是最後一次。安德森曾接受過湯米・約翰手術（Tommy John surgery，韌帶重建手術也稱ＴＪ手術），還經歷了兩次艱鉅的背部手術。柯蕭則是在大部分賽季結束時，都得承受著劇烈疼痛。每個職業投手都像一個沙漏，他們的流沙大多已流到底部。

第五章 1—2—3

二〇〇六年一月的一個下午，西雅圖水手隊球探馬克·魯姆斯（Mark Lummus）接起電話，對於一個見證歷史的邀請感到嗤之以鼻。電話另一頭是斯基普·強生，他是德州科西卡納納瓦羅學院的教練。強生邀請魯姆斯前往位於愛迪生市的 D-Bat 訓練場，這裡距離魯姆斯位在克利本的家約一個多小時車程。冬季期間，強生兼職提供投球訓練，他贏得「投球低語者」的名聲，魯姆斯回憶著，這次他想炫耀最新的一名學生。

「斯基普，不了，等賽季開始時再看他吧。」魯姆斯說。

如同許多當地球探一樣，魯姆斯自認為對克萊頓·柯蕭已經有了一定程度的了解。他是個好孩子，身材仍有些矮胖，快速球不賴，曲球弧度很大，但控球不夠穩定。「他是值得觀察的球員。」魯姆斯回憶道，不過僅此而已。魯姆斯曾在德州大學與J·D·斯馬特（J. D. Smart）一起打過球，斯馬特當時是柯蕭的顧問。（為了保護國家大學體育協會的參賽資格，經紀人被稱為「顧問」。）斯馬特也曾和他提過柯蕭，然而，魯姆斯對此表示懷疑，在他看來，柯蕭還需要在大學磨練球技。

魯姆斯負責水手隊在十一個州的球探工作，他的時間很珍貴，但強生執意要求。兩位是多年好友，彼此信任。當強生提到水手隊在那年六月選秀會中的位置時，魯姆斯的精神為之一振。

「你們今年選秀順位在前十吧？」強生說，「那你一定得來看看他。」

「去看柯蕭？」魯姆斯問。

「馬克，」強生語氣堅定地說，「你真的需要過來看看這個。」

亞瑟・雷・強生（Arthur Ray Johnson）親眼見證克萊頓・柯蕭偉大成就的誕生，他不是啟發它的人，也不是支撐它的人，更不是那杯混合著焦慮、不安和渴望的雞尾酒調製者——正是這些讓柯蕭在二〇〇六年同輩中脫穎而出。但自幼年起即被稱為「斯基普」的強生，卻是那個為柯蕭打開大門的人。他塑造出柯蕭的投球動作，令大聯盟無數打者頭痛不已。

柯蕭和強生相識於他在高地公園高中的最後一個賽季之前。責任的重擔壓在柯蕭肩上——選秀日即將來臨。如果他表現出色，就能獲得一筆簽約金，幫助母親還清債務；如果他在最後一年失常，甚至受傷，他的未來就難以預測了。在這樣的背景之下，克萊頓和瑪麗安歡迎一批又一批的經紀人造訪家中，最終，他們聘用了斯馬特，他是一名前大聯盟投手，任職於漢崔克斯運動管理公司（Hendricks Sports Management），這家公司曾代理過德州傳奇人物羅傑・克萊門斯（Roger Clemens）和安迪・派提特（Andy Pettitte）。

對柯蕭而言，斯馬特的特別之處在於「他看起來是這些人中最正常的一個」。斯馬特也了解柯蕭的經濟狀況，當柯蕭與最知名的棒球經紀人史考特・波拉斯（Scott Boras）律師見面時，對方建議他先上大學，這讓柯蕭感到不滿。這個建議其實是合理的：大多數球隊不願意對高中投手提供高額簽約金。二〇〇五年，波拉斯幫衛奇塔州立大學的投手麥克・佩佛瑞（Mike Pelfrey）談到一份價值三百五十五萬美元的合約——這是當年選秀中第三高的簽約金，儘管佩佛瑞僅在第九順位被大都會隊選中。許多界內人士普遍認為，對業餘投手而言，要獲得改變人生的高額簽約金，最可靠的途徑就是去上大學。

柯蕭認為自己無法再等下去了。D-Bat 教練肯・格斯里記得：「他媽媽非常擔心他拿不到獎學金。」柯蕭本身也同感焦慮，他意識到無法負擔離家太遠的生活開銷。史丹佛大學提供給他百分之九十額度的獎學金，但對柯蕭一家來說，在帕羅奧圖生活的那百分之十費用還是太昂貴了。他的學校選項最終縮小至德州農工大學（Texas A&M）和奧克拉荷馬州立大學，這兩所學校都為柯蕭提供了全額獎學金，在大學棒球中相對罕見。二〇〇五年夏天，法蘭克・安德森（Frank Anderson）在奧克拉荷馬州斯蒂爾沃特舉辦的一場錦標賽中，向柯蕭提出了獎學金的延攬，但柯蕭選擇與德州農工大學簽約，他還討論了要與布里頓當室友的計畫。德州農工大學的教練羅伯・奇爾德雷斯（Rob Childress）有個意想不到的盟友：梅爾森一家是德州農工大學足球隊的忠實球迷。傑德和安都很喜歡大學城，而艾倫也心儀於此。克萊頓答應要和她一起去——即使他不確定自己是否真的會去讀大學。「就算獲得了全額獎學金，我也不知道該如何負擔大學生活的開銷，大學那些東西都要花錢。」柯蕭回想著。

每年春季，頂尖的高中新秀都會與他們的顧問商議，為自己的「服務」設定一個價格。顧問通常會利用大學做為籌碼：**如果達不到這個數字，我的客戶就會去東南聯盟**（SEC）**打球**。但如果選擇進入一所四年制大學，球員必須等三個賽季後才能再次參加選秀。於是，柯蕭要求斯馬特虛張聲勢。他會接受任何合理的六位數報價，若沒有任何出價，柯蕭會考慮放棄德州農工大學，改為選擇一所兩年制的初級學院，這樣他便可以在二〇〇七年再度獲得選秀資格。

賽季初期，柯蕭仍是個二線新秀。「我從來沒有想過他能達成後來那些成就。」前德州遊騎兵隊的球探藍迪・泰勒（Randy Taylor）這麼回憶道。十二月時，《棒球美國》刊登一份頂尖高中球員名單。球速九十九英里（約一五九公里）的喬丹・沃頓排名第一；布萊特・安德森排名第三；尚恩・托爾森排在十二；柯蕭排名第三十二，介於來自阿拉巴馬的右投手寇瑞・拉斯馬斯（Cory Rasmus）和來自邁阿密的游擊手萊恩・傑克遜（Ryan Jackson）之間。只要他保持健康，應該能被選中。但在他之前還有數十名球員，另外還有一大批大學生球員。要穩定瑪麗安的財務狀況，他正面臨一場艱鉅的挑戰。就在《棒球美國》刊登這份名單時，斯馬特打了電話給亞瑟・雷・強生。

「我不是最好的投球教練。」強生在二〇二三年一月這麼堅稱。「別誤會。我不會坐在這裡吹牛，好像我是什麼了不起的人物一樣。」

多年來，強生一直處於邊緣地帶。他在德州丹頓長大，曾在德州的三所小型學院教過棒球。取得教育碩士學位後，他於一九九四年接手納瓦羅學院的棒球課程。他指導任何年紀大到足以戴上手套的孩子們，並強調當時不確定自己的執教能力，直到幾年後，他在錄影機裡放進一卷錄影帶，畫面中出現布拉德・霍普（Brad Hawpe），一名他曾指導過的投手。

「哇靠！」強生一邊倒帶，一邊自言自語，「看看他現在進步多少了。」

霍普在大聯盟打了近十年，但他是一名打者。至於應斯馬特之邀，在 D-Bat 所見的那個男孩，強生對他的影響更為深遠。多年來，強生在各年齡層執教所累積的智慧，柯蕭從中獲益良多。就某種意義上來說，柯蕭進入名人堂的道路，始於強生為孩子們設計的一套訓練。強生回想著：「這可能是少棒球員最好的訓練方法。」這個方法稱之為「1－2－3練習」。多年來，柯蕭投球時，左臂總是下垂到約五十度，就是所謂的「四分之三角度投法」。許多左投手都這麼投球，因為這個動作會騙到打者；但同時也會傷害到手臂，且限制了他的投球速度。強生希望柯蕭將他的手臂提高到接近頭部的位置，並充分利用他六尺四寸（一九三公分）的身高優勢。強生告訴柯蕭要想像有一條繩子連接他的雙手和右腳。每次投球時，柯蕭左手握住球，藏在右手的手套裡，當他的雙手抬起來時，右腳也應該相應抬起：這是第一步；當雙手下降時，右腳也應該跟著下降：這是第二步；強生指示，只有到那時，柯蕭的左手才應該離開手套：這是第三步。

柯蕭不斷練習，直到他的肌肉記住這套動作：上、下、分開，上、下、分開，一、二、三。他的雙手舉向天空，右膝抬至胸前。當膝蓋伸直並往地面下降時，他的雙手也隨之落到胸前。只有到了這時，上下半身才往不同的方向移動：用左手將球從手套中取出，並將球移到左耳後方，同時右腳盡可能地朝本壘板方向伸展。測速槍記錄了差異：他的快速球突破了九十英里（約一四五公里）障礙——而他的手臂沒有感到疼痛。他回想起來：「感覺輕鬆多了。」柯蕭在家裡的鏡子前面反覆練習這套動作，也會在學校的走廊上練習。上、下、分開，上、下、分開，一、二、三。

「1－2－3練習」還糾正了另一個缺陷。在前一個夏天，當球探和美國隊管理階層在觀看柯蕭投球時，他投球動作太急，導致速球失控偏離目標。當他遵循強生的設計練習之後，失控的情況減少了。他的上下半身移動得更加協調，不僅提升了控球能力，也改善了球速。這是一項了不起的調整，同時也成為柯蕭的註冊商標。「他那個『停頓』動作的形成，發明的人就是斯基普。」高地公園隊友威爾．斯克爾頓回憶道。為了保持平衡，在「1－2－3」結束時，柯蕭保持原地不動，右腳懸空，短暫地靜止不動。就在那一瞬間，球消失在打者的視線中，只是一片模糊的影子從他頭後方掠出。

另外一個訓練，強生拿給柯蕭一顆曲棍球，告訴柯蕭用這顆曲棍球投出曲球。強生強調兩個重點：在身後準備好球，到身體前再投出。強生回憶著，這一轉變讓柯蕭學會如何將球「投出噁心的旋轉」。柯蕭的曲球不再是彎曲，而是開始急轉直下。想像有一個時鐘：球從十二點鐘方向投出，直接下墜到六點鐘方向，這個球的移動是柯蕭舊的投球動作投不出來的。

在柯蕭身上，強生看到的是一個熱切學習的學生，但不是一個有錢的學生。第一次訓練結束後，柯蕭將強生拉到一旁，「斯基普，我沒有錢付上課的費用。」柯蕭對他說。強生告訴柯蕭沒關係，能付的時候再付，能付多少就付多少。強生信守他的承諾，「他爸有一次給了我二十美元，大概就那麼一次吧。」強生記得。於是，強生開始每週兩次，長途跋涉約一小時車程，從科西卡納北上至高地公園，免費指導柯蕭，一週復一週。強生回憶道：「那就是我們所做的事，就是我們當教練的原因。」那個冬天，強生和柯蕭大約見了十五次面。這些課程可說是一大啟發，柯蕭回想起來，「天啊，一切都結合起來了。」他提高投球角度，減輕手臂的負擔；他在投手丘上找到了平衡，從而投出更多好球；他的球速也增加了，這將會令球探們印象深刻。「感覺就像我們在室內射擊飛靶一樣，他投得非常用力。」強生回憶道。

經過一個月的訓練，強生認為柯蕭已經可以參加徵選。他想到馬克・魯姆斯，他正在幫西雅圖水手隊決定第五順位的選秀人選，強生打了電話給他的朋友。

那年一月的傍晚，當魯姆斯將車駛進 D-Bat 時，發現強生還找了洋基隊的球探馬克．巴奇科（Mark Batchko），觀眾仍然很少。魯姆斯行經一場室內足球比賽，直到他看到強生、柯蕭、巴奇科和一名捕手，瑪麗安則在場邊觀看。

魯姆斯首先注意到的是聲音，速球炸裂般塞進捕手手套，宛如砲擊聲在四壁間迴響。上、下、分開，上、下、分開，一、二、三。魯姆斯看著柯蕭投出一顆顆好球。「你想投幾顆曲球嗎？」強生問。柯蕭登板，投出一顆曲球。魯姆斯聽到球像「一把圓鋸」般發出咻咻聲響劃破空氣，那顆球有一種暴力的美感，足以讓見多識廣的老球迷心醉神迷。

「再一次。」強生說。

柯蕭投出另一顆曲球。

再一顆。

再一顆。

魯姆斯注意到強生臉上的喜悅，柯蕭臉上略帶羞澀的興奮，以及他母親臉上的笑容。魯姆斯把強生拉到一旁，迫不及待地分享他的興奮之情，還有對藝術史不精確的比喻。

「看著達文西繪製西斯汀小堂肯定就是這種感覺。」魯姆斯說。

他低頭看了看自己的手臂，寒毛都豎起來了。

開車回家的路上，魯姆斯開始打電話。他對柯蕭深感著迷——但他也明白，要說服他的上司會有一定的難度。

水手隊已經連續兩年賽季在美聯西區墊底，自二〇〇一年以來，就再也沒有打進季後賽。球探總監小鮑伯．方丹（Bob Fontaine Jr.）感受到來自上司、總經理比爾．巴瓦西（Bill Bavasi）的壓力，而比爾．巴瓦西也受到上司、執行長霍華德．林肯（Howard Lincoln）的壓力。方丹回憶著，西雅圖「正試圖盡快重回勝利之路」，這意謂著第五順位選秀不能浪費在需要花幾年時間待在小聯盟培訓的青少年身上。魯姆斯很清楚這一點，然而，以他在愛迪生訓練場內所目睹的一切，他認為柯蕭或許不會是需要長期培訓計畫的球員。

魯姆斯在那年晚些時候對水手隊高層表示：「我真心認為這傢伙就算不是最好的，也會和那些德州出生的大投手一樣好。」

二月初，另一名球探抵達德州，他下榻於達拉斯沃斯堡機場附近的萬豪酒店，洛杉磯道奇隊的球探總監羅根．懷特（Logan White）不打算久待。他此行是為了觀看兩名投手，並考慮用第七順位的選秀權挑選他們其中之一。

懷特坐上卡爾文．瓊斯（Calvin Jones）的車，瓊斯是懷特在德州當地的耳目。兩人曾是西雅圖水手隊小聯盟體系的隊友，他們有一年時間都搭著巴士穿梭在中西部各個球場，接著又一年在加州四處奔波。懷特的職業高峰只到1A，瓊斯則在大聯盟投了兩個賽季。二〇〇一年，道奇隊聘請懷特負責選秀工作。幾年後，懷特又延攬瓊斯擔任德州地區的球探。

他們首先觀察的孩子是喬丹．沃頓，來自D-Bat的右投硬漢。懷特注意到沃頓在投球時會跳離投手丘，不禁思考著他是否有能力擔任先發。「喬丹．沃頓，他的投球動作很隨性。」懷特回想著。他的球，高中生打者應付不來——但或許，沃頓的身體也應付不了太久，感覺風險很大。

一天後，懷特和瓊斯向東驅車一小時前往德州的特雷爾，高地公園高中正在那裡進行一場熱身賽。一群相互競爭的球探聚集在本壘板後方，球場上，柯蕭正在進行他嚴謹的伸展熱身儀式，懷特悄悄溜到牛棚旁邊觀看。許多年後，懷特回想起初見柯蕭的情景，他不禁懷疑自己是否只是上帝的一個工具，彷彿有某種神力藉由他把柯蕭帶到道奇隊。因為僅在幾球之後，懷特就驚豔到類似於魯姆斯的那種震撼。

懷特回想：「這種感覺很少見，你整個人、整個身心都在告訴你：『這傢伙是個人物，這傢伙是貨真價實的角色。』」

那天，柯蕭只投了幾局。他的曲球還是偶爾會失控，投球動作看起來還是比教科書上的標準動作怪異，但懷特完全可以接受這些小瑕疵。離開特雷爾的路上，這位球探總監轉身看向他的同伴、曾一起效力於沃索木材隊的前隊友瓊斯。

懷特對瓊斯說：「老兄，我們一定要密切追蹤這個傢伙。」他不禁思忖自己剛剛是否看到了球隊史上前所未見的未來。

第六章

高中最後一年

《達拉斯晨報》一篇賽季前的報導中，概述了克萊頓・柯蕭在高地公園高中最後一年的重大意義。球隊有機會打進州錦標賽，而柯蕭有機會打破薛西斯・馬丁創下三十一場勝利的學校紀錄。他是高地公園投手系譜的一員，其中成員包括馬丁、右投手贊恩・卡森（Zane Carlson）和聖地牙哥教士隊的先發投手克里斯・楊。提姆・麥克馬洪（Tim MacMahon）寫道：「柯蕭可能是他們所有人當中最好的。」柯蕭告訴麥克馬洪他想要成為職業球員：「如果條件合適，我不會猶豫。」

那年春季初期，柯蕭和派屈克・哈平在蘇格蘭球場玩傳接遊戲。哈平知道他的好朋友夏天曾在北美各地打球，也知道柯蕭在冬季期間去進行投球訓練。然而，其中的進展一直隱而不露，直到柯蕭往後一仰並奮力投出那一球。

「我能感覺到有些不一樣了。」哈平回憶道。「在我們簡單的長距投擲熱身中，他的每一次投球都像一條直線，從中外野牆直達本壘。」

這種差異在柯蕭的牛棚練投中顯得更為明顯，他的快速球已不再停留在八十英里（約一二九公里）

出頭。「有人拿著測速槍說：『哦！天啊！現在是八十九英里（約一四三公里），有時還會達到九十或九十一英里（約一四五～一四六公里）。』然後突然間就變成九十三到九十五英里（約一五〇～一五三公里）。」哈平回想著。

前往教士隊參加春訓之前，克里斯·楊回到母校看柯蕭投球，身高六尺十寸（約二〇八公分）的身影非常醒目地坐在看臺上。楊回想起來：「我看得出那顆球有多猛。」在艾倫市那一邊，尚恩·托爾森開始聽到傳聞。他到高地公園看了一場比賽，對他朋友的表現感到驚嘆不已：「我當時想，『哇！才一個冬天，你怎麼變了一個人？』」

從遠處看，透過後見之明與懷舊之情的雙重強化視角，克萊頓·柯蕭在高地公園高中的最後一年賽季，表現得宛如一場夢。

他從未輸掉一場先發比賽，斯基普所做出的改變使對方打者深受打擊。柯蕭回想：「高四那一年，不確定我人生中是不是還能投得比那時更猛了。」他的數據令人震驚，最終防禦率是〇·七七。每局都投出兩人次以上的三振，還投出一場完全比賽，每一個有上場的打者都被三振過。他一步一步穩健成長，從一個令人感興趣的投手漸漸成長為接近首輪新秀邊緣，並在最終成為一名值得球隊評估為選秀狀元的球員。他的表現令馬克·魯姆斯對於他在德州棒球歷史地位的宣言顯得合情合理。

然而，那也是柯蕭對於自己的表現、健康和財務狀況倍感焦慮的一年。他從高一以來所積累的壓力更加劇了，他回憶起當時的想法：**這不僅僅是一場比賽，這可能關乎我的未來**。當他成為大聯盟球星時，他的先發日當天一定要吃火雞肉三明治的嗜好，成為一種有趣的怪癖。但柯蕭之所以選擇去當地的

New York Sub 三明治店吃賽前餐，原因其實更為簡單。「火雞肉三明治是最容易吃的食物。」他回憶道。緊張情緒令他的食欲大大降低，他的先發日通常是週五晚上，他會恍神地在走廊上走來走去。「我必須去上課、參加考試和測驗，但我總想著，『天哪，我真不想待在這裡。』」他回憶道。

柯蕭的朋友和隊友大多只看到他所展現出來的形象：投手丘上的約翰·韋恩，場下的傻瓜一枚。只有少數親近的朋友知道他家庭的財務困境，柯蕭回想起：「我媽曾和我朋友的父母借過錢，實在糟透了，對吧？」這種情況影響了他的心態。「他們不得不向別人求助，我覺得柯蕭年輕時，當下就感受到那種羞恥感，還有一種『萬一我永遠無法還錢，該怎麼辦』的壓力。」艾倫回憶道。柯蕭很清楚這些債務必須靠他在選秀中賺到的錢來償還。「我知道我必須幫忙，但沒有意識到情況的嚴重程度。」他回憶道。

於是，克萊頓·柯蕭在高地公園中的最後一個賽季就像一場夢，也像是一扇通向未來的窗。那個賽季標記他第一次肩負起偉大的重擔，這個重擔將伴隨他整個職業生涯。

「我想，所有的緊張和壓力就是從那時候開始的，那對我來說意義重大。」

德里克·拉德尼爾（Deric Ladnier）是堪薩斯皇家隊的球探總監，該隊擁有當年的選秀狀元籤。他站在高地公園牛棚上的露天看臺，低頭凝視著克萊頓·柯蕭。那是達拉斯的一個下雨天，但眼前的景象卻清晰可見。他的快速球帶著強勁的生命力劃破空氣，但並不總是能夠精準落在捕手手套的位置；曲球實在令人著迷，但偶爾也會提前落地。拉德尼爾回憶道：「他不是那種精準控球的投手，但那傢伙其他能力都是頂級的。」拉德尼爾看著柯蕭的投球動作——那1—2—3的流動，既如此地令人著迷，又不禁令他思索著哪裡有可能會出錯。

皇家隊當時正處於動盪之中，急遽朝向另一個百敗的賽季。自一九八五年以來，球隊從未打進季後賽。就在選秀前一週，即五月三十一日，球隊老闆大衛・格拉斯（David Glass）決定解聘球隊總管艾拉德・貝爾德（Allard Baird），替換成來自勇士隊的高階主管戴頓・摩爾（Dayton Moore）。然而，拉德尼爾仍負責選秀工作的進行，任務就是挑選一名能夠立即替球隊做出貢獻的球員。

提及柯蕭時，潛在的回報顯而易見，但風險也同樣明顯。

大聯盟選秀比起美式足球或籃球選秀，充滿了更多不確定性。這些運動中，如果一名首輪選秀失敗，選錯的球隊往往會承受終生的嘲笑。瑞恩・利夫（Ryan Leaf）和達爾科・米利契奇（Darko Miličić）都成了家喻戶曉的名字。你很少聽到關於傑夫・奧斯汀（Jeff Austin，一九九八年大聯盟第四順位新秀，那一年，利夫與聖地牙哥閃電隊簽約），或凱爾・史利斯（Kyle Sleeth，二〇〇三年第三順位新秀，那一年，底特律活塞隊選擇了達爾科・米利契奇，而不是卡梅羅・安東尼〔Carmelo Anthony〕）的消息。業餘棒球選手的成長道路比其他類運動更加曲折：傷病頻繁、職業賽程更為嚴苛、年輕球員還需要學習從失敗中做出調整。整個過程難以預測。

而在所有運動員中，最不穩定的因子莫過於來自高中的投手了。從一九九六年到二〇〇〇年，有十二名高中投手在選秀前十順位被選中，其中有九人從未登上大聯盟。賈許・貝基特（Josh Beckett）是個特例——他在一九九九年以第二順位之姿被選中，並在二〇〇三年帶領佛羅里達馬林魚隊奪得世界大賽冠軍。但「失敗案例」諸如：傑夫・哥茲（Geoff Goetz）、喬許・戈德利（Josh Girdley）和巴比・布萊德利（Bobby Bradley）。許多球探認為，在選秀中早早挑選高中投手，無異於把數百萬元球隊預算裝進汽油桶裡，然後丟入一根火柴燒得一乾二淨。當然也有例外，二〇〇二年的選秀第一輪中，有四名高中生投手後來成為全明星陣容。不過，二〇〇六年選秀前，各隊球探提交的報告中也充滿警告：那年，在那四人之前被選中的三名投手，他們的發展皆令人堪憂。辛辛那提紅人隊以第三順位選中加州右投手克里斯・葛魯勒（Chris Gruler）；巴爾的摩金鶯隊以第四順位選擇加拿大右投手亞當・羅文（Adam Loewen）；蒙特婁博覽會隊以第五順位選中來自德州的克林特・艾維茲（Clint Everts）。僅僅數年後，這三人幾乎都被貼上「失敗選秀」的標籤。「如果你選對人，他們通常會成為明星，但選對的機率非常渺茫。」德里克・拉德尼爾回憶道。

幾年前，拉德尼爾曾挑選到「對的人」。二〇〇二年春天，貝爾德傾向於選擇一名大學投手，但當拉德尼爾看到扎克・葛蘭基——一名來自奧蘭多郊區、擁有超凡成熟天賦的右投手時，他對老闆說：「你挖到寶了，他才十八歲。」但對於柯蕭，拉德尼爾就無法那麼篤定了。葛蘭基以節拍器般的精準度重複投球動作，拉德尼爾回憶道：「那就像看高中版的葛瑞格・麥達克斯投球。」但柯蕭呢？拉德尼爾不確定他是否能投出足夠多的好球。而這次選秀中，其他投手的吸引力也不容小覷。

這次新進的大學投手看起來是近年來最優秀的一批。來自北卡羅來納大學的高壯左投手安德魯・米勒（Andrew Miller），贏得了克萊門斯獎（Roger Clemens Award），這個獎項相當於大學棒球界的賽揚獎。其他入圍選者包括來自休士頓大學的左投手布萊德・林肯（Brad Lincoln），他獲得了迪克豪瑟獎（Dick Howser Award），就是年度美國大學棒球最佳球員。此外，金釘鞋獎（Golden Spikes Award）則頒給了來自華盛頓大學的瘦長型強投提姆・林斯肯（Tim Lincecum）。

即便是那些未獲獎的球員們也令人印象深刻。史丹佛大學右投手格雷格・雷諾茲（Greg Reynolds）

六尺七寸（約二〇一公分）的高大身形令評估人員很感興趣；來自加州大學柏克萊分校的右投手布蘭登．莫羅（Brandon Morrow），水手隊的球探總監小鮑伯．方丹回想道：「這孩子擁有我所見過的最強手臂之一。」密蘇里大學則擁有麥斯．薛澤（Max Scherzer），他是一名攻擊性十足的右投手，主要以速球著稱。另外，還有米勒在北卡羅來納大學的隊友丹尼爾．巴德（Daniel Bard）、南加州大學右投手伊恩．甘迺迪（Ian Kennedy），以及內布拉斯加大學的右投手喬巴．張伯倫（Joba Chamberlain）。

還有路克．霍切瓦（Luke Hochevar），他當時是德州沃思堡的一支獨立聯盟球隊的投手。一年前，他原以為自己會與道奇隊簽約。他的選秀風波成為骨牌效應的第一張骨牌，最終導致克萊頓．柯蕭落入羅根．懷特手裡。這樣的因緣巧合讓人更加堅信神的力量，懷特回想道：「對我來說，一切都是上帝安排的一部分，為了讓他在那裡。」

羅根．懷特靠他的眼睛謀生，但在童年時，他依靠的是自己的雙手。他曾告訴一名記者，他從四年級就開始工作了。他洗碗和洗廁所，賺取每小時七十五美分的時薪。隨著年齡增長，他在位於新墨西哥州波塔利斯的家附近，還做過捆綁乾草、清理豬圈的工作。即使只是工作兩小時，對他的父母也是不無小補。他的父親在牧場負責套牛，還會彈吉他，以及酗酒。隨著懷特漸漸成長，父親的酗酒問題愈發嚴重，甚至把怒氣發洩在妻子身上。那些家暴的經驗深深烙印在懷特的記憶中，他想著母親，激勵自己努力追求成功，不想讓母親失望。

棒球將他領進西新墨西哥大學。一九八四年，西雅圖水手隊在第二十三輪選中他。一位體型還不錯的右投後援投手，但其他條件普通。為了追逐夢想，他操壞了手臂，接受過六次手術。後來水手隊聘請他擔任球探，他一步步向上晉升：先是擔任金鶯隊的地區球探，再到教士隊擔任西海岸主管，最後又回到巴爾的摩金鶯隊做同樣的工作。二〇〇一年十二月，道奇隊總管丹・伊凡斯（Dan Evans）任命懷特為球探總監，負責選秀運作。

多年的學徒生涯中，懷特制定出一套簡單卻具挑戰性的授權任務：用最高限額選出一位能夠以最快速度進入大聯盟，且能夠待長久的球員。這個目標不容易實現，這正是選秀長久以來的難題。資深的棒球人士常說，整個選秀過程就像一場擲骰子賭局。二〇〇〇年代初期，諸如奧克蘭運動家隊這樣的球隊會將目標鎖定在年齡較大、身體素質發展更趨成熟的大學球員，以此來降低風險，有些人大力推崇這個趨向。然而，懷特不認同這樣的做法。

懷特加入道奇隊時，覺得自己應該要將目標鎖定在全明星球員，而非僅僅是角色球員。他也十分清楚，道奇隊將會是一支具有競爭力的球隊。自一九九〇年以來，這支球隊只有兩次進入選秀前十順位。於是，懷特深入研究過去十年的選秀情況，以弄清楚那些在前十順位之外全明星球員是怎麼脫穎而出的。他發現像史考特・羅倫（Scott Rolen，來自印第安納州賈斯珀高中的第二輪選秀）和吉米・羅林斯（Jimmy Rollins，來自加州阿拉米達市恩西諾高中的第二輪選秀）這樣的球員。「我們需要非常擅長於發掘高中天才選手。」懷特這麼說。

他訓練助手們要有遠大的夢想。二〇〇五年夏天，懷特沉浸在自己的幻想中。他堅信儘管一直等到第一輪第四十順位，但他仍選中當年選秀中最好的投手之一——路克・霍切瓦，身高六尺五寸（約一九六公分），體重二〇五磅（約九三公斤）的右投手，剛在田納西大學繳出亮眼的成績：一三九・二局投出一百五十四次三振，防禦率僅二・二六。他的輝煌成就使他獲得克萊門斯獎。然而，在棒球高層眼中，他的主要瑕疵是所謂的「簽約問題」。用簡單的話來說，問題出在他的經紀人身上——史考特．波拉斯以擅長從億萬富翁球隊老闆手中榨取鉅款而聞名，這些球隊老闆則指派總管和球探總監來抑制波拉斯的要求。選秀前夕，各球隊皆認為霍切瓦的開價——四百萬美元簽約金和一份大聯盟合約——過高了，使得各隊紛紛卻步。

霍切瓦從選秀的前五順位、前二十五順位一路下滑，最終到了第四十順位才被道奇隊選中。懷特選擇賭一把，希望協商能夠縮短球隊興趣與霍切瓦期望之間的差距。兩方的分歧其實相對是小數目，道奇隊的最初報價是二百三十萬美元，與霍切瓦的期望要價之間僅差一百七十萬美元。談判陷入僵局，最終急劇惡化。數月毫無進展之下，霍切瓦解雇了波拉斯，改聘另一名經紀人，雙方原本已簽下一份二百九十八萬美元簽約金的協議書，隨後，霍切瓦又感到不安，於是重新聘回波拉斯，並退出這項交易。對於霍切瓦的臨陣退縮，道奇隊選擇尊重他的決定。霍切瓦還指控懷特占他便宜，懷特回想起來：「沒能簽下霍切瓦真的讓我身心俱疲，也讓我的家人承受很大壓力。」

這場爭議一直持續到二〇〇六年夏天。彼時，丹．伊凡斯已不再擔任球隊總管，取代他的是保羅．德波德斯塔（Paul DePodesta），他是新老闆法蘭克．馬寇特（Frank McCourt）聘請的前奧克蘭運動家隊高層。二〇〇四年，德波德斯塔接任的第一年，道奇隊就贏得國聯西區冠軍。然而，下一個球季情況便每況愈下：球隊僅贏得七十一場比賽，創下自一九九二年以來的隊史最差戰績，隨後，德波德斯塔與總教練吉姆．特雷西（Jim Tracy）雙雙被解雇。馬寇特聘用了曾在舊金山巨人隊效力十多年的內德．柯列提擔任球隊總管。由於戰績不佳，讓柯列提獲得了下一輪選秀的第七順位，這是道奇自一九九三年以來的最高順位選秀權，同時也承接了霍切瓦的選秀權。然而，柯列提不願滿足波拉斯的要求。他在接受

《洛杉磯時報》採訪時表示：「這個天賦和這個要價相匹配嗎？我不這麼認為。」

道奇隊最終讓霍切瓦重新進入二〇〇六年的選秀，這場糾紛對於懷特而言是一次罕見的失誤。儘管道奇隊的所有權和管理階層歷經了多次更迭，懷特依然繼續負責球隊的選秀工作，這歸功於他成功發掘了未來的全明星球員。球隊前任球探和球員發展副總裁羅伊・史密斯（Roy Smith）回憶道：「有時候，你就是有那個眼光。」二〇〇六年的《棒球美國》季前百大新秀名單中，有五位是懷特選中的高中球員人選：查德・畢林斯利（Chad Billingsley）、喬納森・布朗克斯頓（Jonathan Broxton）、史考特・艾爾伯特（Scott Elbert）、布雷克・迪威特（Blake DeWitt）和麥特・坎普（Matt Kemp）。

二〇〇六年夏天，懷特的球探們紛紛湧向高地公園。當地球探卡爾文・瓊斯整個賽季都在觀察柯蕭。懷特的全國球探監察員之一提姆・霍爾格倫（Tim Hallgren），自從一場季前熱身賽之後，便對柯蕭讚賞不已。中西部協調員蓋瑞・尼克斯（Gary Nickels）則盛讚柯蕭的競爭力，這名年輕的左投手令尼克斯聯想到另一位左投史提夫・卡爾頓（Steve Carlton），卡爾頓會將專注力收束成一條隧道，這麼一來，「他唯一在乎的就是他的雙眼到本壘板之間的距離，範圍剛好與好球帶同寬。」尼克斯回憶道。

柯蕭的表現令人難以忽視。當高地公園對戰西梅斯基特高中時，他飆出十八次三振。四月時，他在一場僅被擊出兩支安打的比賽中，打破了馬丁的學校勝場紀錄。那場比賽中，柯蕭不僅在投手丘上投出五局七次三振，還在打擊區轟出兩支全壘打，也讓高地公園憑藉這場關鍵比賽，鎖定了季後賽席位。在沒有投球的日子裡，柯蕭會擔任一壘手，而當他站上投手丘時，他很少跑壘。根據規則，球隊可以使用指定跑壘球員：通常會是喬許・梅利迪斯，他當時還沉浸在與馬修・斯塔福德，以及足球隊其他成員一起贏得州冠軍的榮耀中。

柯蕭開始意識到外界對於「出類拔萃」自己的所有期望，職業球隊的關注、客場比賽中觀眾高呼著「過譽了」，以及報紙上的各種報導。他逐漸成為一個特殊的存在——對手面對的不再是高地公園隊，而是克萊頓．柯蕭。與朋友相處變得愈加困難，球探們都是為了他而來，當他退場時，看臺上的球探們也隨之離開。每一次登板先發都像是對其選秀狀態的一場全民公投。為了讓自己平靜下來，他常反覆默念保羅在《腓立比書》中的一段話：「應當一無掛慮，只要凡事藉著禱告、祈求和感謝，將你們所要的告訴神。」

這一次，甚至連梅爾森夫婦也無法提供太多指導。吉姆．梅爾森回憶道：「我們不是什麼棒球家庭，我們根本不懂那些事。」吉姆和萊絲莉對於選秀會發生什麼事毫無頭緒，但他們的小女兒似乎已經有所了解。

「一直到我們高四的第二學期，人們開始談論他在選秀的機會大幅提升時，我才真正意識到。我心想，『哦！天啊，我們可能不會一起上大學了。』」艾倫回憶著。

柯蕭在五月的一個下午才意識到自己在棒球界占有一席新地位。當時，他正在朋友家，看到一期《棒球美國》雜誌（五月八日至二十一日刊），裡面預報選秀排名將有「重大變動」。而最大的變動是：柯蕭已經成為全美排名第一的高中新秀。「我當時心想，『哦，真是太酷了。』」他回憶道。

他的朋友和同儕都深受這項運動的變化莫測所蹂躪：傷病、成效不佳和審美偏見。喬丹．沃頓在今年初拉傷了腹股溝，但仍選擇帶傷上陣，導致球速下降，而對他未來發展的評估也隨之下滑。布萊特．安德森則飽受專業球探們的嚴苛目光所擾，身為一名高四學生，身高六尺四寸（一九三公分），體重二一五磅（約一一四公斤），卻遭評估人員質疑他的運動能力；儘管他的投球動作精準如芭蕾舞般流暢，球探們卻更在意他略顯圓潤的臉龐，最終對他的未來潛力給出了較低的評價。

最慘的莫過於尚恩・托爾森的遭遇。柯蕭和托爾森原本走在相似的道路上，托爾森在艾倫高中一年級時就加入了校隊，整個夏天都奉獻給棒球，並在身體完全發育之前便受益於比賽的磨練。球場上，他研究打者的揮棒動作，球場外則研讀《聖經》。他甚至決定就讀貝勒大學——原因正如柯蕭選擇德州農工大學一樣：托爾森的女朋友林莉要去那裡念書。然而，托爾森也和柯蕭一樣，從未真正想要踏進校園。他常與父母爭論自己的未來，他的父親成功經營著一家獸醫診所，托爾森一家十分重視教育，但他卻一心只想打棒球。賽季前，他們達成共識。如果尚恩在選秀前面幾輪早早被選中，父母便同意他成為職業球員。「於是我就想著，**一定要成為首輪選秀，我一定要成為首輪選秀**。」托爾森回憶道。

春季開始時，托爾森認為自己有機會進入選秀名單。他的首場熱身賽有二十五名球探到場觀察。當艾倫高中對上休士頓郊區勁旅伍德蘭茲高中時，更多球探湧入球場。這場比賽的焦點是托爾森與潛在首輪選秀人選凱爾・德拉貝克（Kyle Drabek）的對決，伍德蘭茲的三壘手保羅・高施密特回憶道：「那是一場重要比賽。」第三局時，托爾森投出一顆滑球之際，他感到手肘傳來一聲不祥「啪」的一聲，他心裡清楚發生了什麼事，但他不想嚇到球探。他指了指自己的腳踝，在托爾森做為高中投手的最後一個舉動，他假裝跛腳地離開球場，拚命想要騙過現場的球探。

這個騙局在幾天後就被揭穿了。檢查結果顯示托爾森的手肘尺側副韌帶撕裂（Ulnar collateral ligament，UCL），他需要接受TJ手術。他的高四賽季就此結束，首輪選秀夢想也隨之破滅。托爾森回憶道：「我們都會為自己的人生制定計畫，但事情往往不會如我們所願。」隨著時間過去，他將這次挫折視為一種祝福，但在當下，他感受到的只是沉痛悲傷。

「我替他感到難過，我真心為他感到難過。」柯蕭回憶道。但他也認為，儘管經歷這次挫折，托爾森還是會沒事的。「尚恩來自一個好家庭，被選中與否，不會成就或毀掉他的人生。」柯蕭這麼說。然而，柯蕭不認為自己擁有同樣的餘裕。

正如年初時接觸潛在顧問一樣，瑪麗安和克萊頓在賽季期間邀請了大聯盟高層到家裡作客。克里斯・柯蕭仍處於邊緣地帶；他偶爾會向球探詢問兒子的情況，但他沒有參與這些家訪活動。這個行業可能會因球員的家庭生活不完美而影響對其潛力的評估，但柯蕭不願粉飾自身情況。「他承認這不是一個理想的情況，但他明確表示，在他看來，這不是世界末日。」魯姆斯回憶道。

魯姆斯回憶著，瑪麗安從來沒有問過錢的事，她問的是其他問題：克萊頓會住在哪裡？誰負責交通接送？球隊如何在冬天監督他的情況？當響尾蛇隊球探崔普・庫奇看柯蕭投球時，他心想：「**你怎能不喜歡這個傢伙呢？**」造訪柯蕭家之後，更加證實了他的這份熱情。庫奇回想著：「他們住在高地公園的一棟小房子裡，我只記得我對這個優秀的孩子感到印象深刻。」

但不是每支球隊都對柯蕭有這樣的印象。有些會面的片段，柯蕭一直難以忘懷。佛羅里達馬林魚隊的一名球探訓斥他穿著短褲和T恤，「他說：『這對你的形象不好。』」柯蕭回憶道，「而我當時只覺得『不，這就是我』，有些人就是這麼蠢。」在與擁有第四順位選秀權的匹茲堡海盜隊會面時，他被問到關於內野高飛球的規則問題。「我當時的反應就像，我知道那是什麼，你們為什麼要在意這個？」柯蕭回憶道。

柯蕭曾認為匹茲堡可能會選他，球隊用電子郵件寄給他一系列問題，這在當時是常見做法。他在填寫問卷時目光變得呆滯，「可能到最後幾題時，我就只是隨便點選了。」他回想。在會面中，海盜隊告訴他，他的問卷調查不及格，擔心他不夠有競爭力。「他們說我的答案相互矛盾。」柯蕭回憶道。「抱歉，你們想要我怎麼做？我是不會重寫的。」

道奇隊採取了不同方法。懷特從未拜訪過柯蕭的家，也沒有與柯蕭或瑪麗安交談。除了與克里斯．柯蕭有過一次簡短的談話之外，他刻意避開與這家人的接觸。「我最不需要做的就是引起注意。」懷特回憶道，免得排在他前面的六支球隊想知道，為什麼道奇隊對這個投球動作怪異的青少年會如此有興趣。卡爾文．瓊斯進行了一次簡短的家庭拜訪，寒暄過後，他詢問柯蕭，如果道奇在第一輪選中他，他是否會簽約？柯蕭表示他會的。瓊斯感謝這家人撥冗聆聽，隨即便離開了。柯蕭估算了一下時間，這次會面歷時約五分鐘。「我當下覺得，『哇，你們真的懂！』」柯蕭這麼說。

斯馬特試圖幫助柯蕭準備好面對自己身分所帶來的經濟影響，「你覺得要多少錢才會簽約？」某天下午，斯馬特在當地一家名為「Chips」的餐廳吃漢堡時這麼問他。「不用太多，」柯蕭說：「足夠付這頓午餐就好。」斯馬特轉達，如果柯蕭在第一輪被選中，他可能獲得的簽約金：一百五十萬美元。柯蕭當下感到自己眼眶溼潤，這個數目令他震驚。「我當時的反應就像，『天啊！這太棒了。簽吧！』」他回憶道。

柯蕭的顧問群也展開自己的勘察。艾倫．漢崔克斯（Alan Hendricks）致電給羅根．懷特，他們展開了一場每年恰逢這個時期會有的典型對話——兩個經驗豐富的老手正拐彎抹角地探風聲，保持輕鬆隨性的態度，遊走於坦率和謹慎之間的界線。漢崔克斯提到了他的幾個客戶，並詢問懷特的看法。

「你覺得柯蕭怎麼樣？」漢崔克斯說。

懷特不想露出底牌，但也不想說謊。

「嗯，我喜歡他。」懷特說。

「你喜歡他？」

「艾倫，我一定會在二十六順位之內選他。」懷特說。

當時沒有人認為柯蕭會掉到那麼後面的順位——至少在四月二十八日對戰福尼高中之前。第二局，他感到身體左側有些異樣。距離他人生中最重要的時刻僅剩六週，柯蕭發生了最擔心的事——他受傷了。

柯蕭已經三週沒有投球了。傷勢並不嚴重，他拉傷腹內斜肌，或正如他後來戲稱的「胖斜肌」。但這段休息時間足以讓馬克·魯姆斯燃起希望，他暗自猜想，這次的傷勢是否可以嚇退其他球隊，並讓這孩子跌到西雅圖水手隊在第二輪的第四十九順位，他也好奇柯蕭在五月十九日復出時的表現。

這是一場4A級區域準決賽，高地公園蘇格蘭人隊在蘇格蘭主場迎戰位於賈斯汀鎮以西約三十五英里的西北高中。西北高中德州人隊的教練切·罕醉克斯（Che Hendrix）希望嚴格的投球數可以限制柯蕭的上場時間，第一局讓罕醉克斯信心大增。柯蕭顯得有些生疏和匆促，他意識到球探的存在，意識到比賽的重要性，意識到任何一點差錯都可能帶來數十萬美元的損失。他堅持投速球，對方打者頻頻把球揮到界外。雖然三個打席最終都以三振結束，但過程並不輕鬆。「我不確定他在接下來的比賽中是否有投出過一顆壞球。」罕醉克斯這麼回憶道。

柯蕭在第二局全都用三振解決打者；到了第三局，罕醉克斯的樂觀心情逐漸消失。他的球員們完全無法招架，他們還不曾將球打進場內。他氣沖沖地走出休息區，對裁判提出抗議。

「不可能每一顆都是好球吧！」罕醉克斯說。

但裁判堅持：「教練，我從沒見過像這樣的事，但每一顆真的都是好球。」罕醉克斯感到挫敗，「真該死！我也是這麼想的。」他說。

柯蕭在第三局繼續三振掉所有打者，第四局也如法炮製。到了四局下半，他甚至還擊出一支全壘打。然後，他回到投手丘上，繼續狂飆三振。比賽最終因高地公園隊取得十分領先的慈悲條款（mercy rule）而提前在第五局結束，使得柯蕭的成績堪稱完美而荒誕：一場五局的完全比賽，他面對十五名打者，送出十五次三振。他徹底消除了人們對他健康狀況的任何疑慮——同時也抹去任何他可能掉到第二輪的機會。

前往弗里斯科的胡椒博士棒球場（Dr Pepper Ballpark，遊騎兵2A主場）參加4A級第二區域準決賽的前幾天，科西迦納隊教練崔西．伍德（Tracy Wood）不斷向球員重複一個口號：「當你準備上場時，在旁邊就開始揮棒。」伍德回憶道。比賽開始前，科西迦納隊的高三球員史泰頓．湯瑪斯（Stayton Thomas）已經在試圖調整面對速球的揮棒節奏。他覺得這是唯一的機會，湯瑪斯一直很欽佩柯蕭，他們都曾在D-Bat打球，分屬不同年齡組。「我們都知道他會成為百萬富翁。」湯瑪斯回憶道。

根據不同說法，湯瑪斯可能已降低了柯蕭的第一筆簽約獎金。柯蕭一開始表現不穩，湯瑪斯遵循伍德的建議：忽略曲球，耐心等待滿球數的速球。柯蕭果然投出速球，湯瑪斯已經有所準備，他將球猛力擊出，越過左中外野三百六十四英尺（約一百一十一公尺）高的標誌牌後方。這不會是另一場完全比賽了。整個晚上，科西迦納隊都給柯蕭帶來麻煩，他們的球迷也不斷嘲諷。柯蕭聽到熟悉的「過譽了」高呼聲，但柯蕭用他的球棒拯救了投球，他在第二局擊出一支追平比分的安打，並在第四局再度擊出一支全壘打。此外，柯蕭還在第四局牽制跑者出局，成功化解掉一次危機。最終，高地公園隊以八比三獲勝。

柯蕭的表現不穩定沒有讓羅根・懷特退卻，「克萊頓是非常有競爭力的選手，當你告訴他：『哦，你那場比賽投得不夠好。』他會對著我發火。」懷特回想，「但我會告訴他，『克萊頓，別牛氣。我了解那些球探，我知道他們看到了什麼。』」多年過去，道奇隊的球探提到那天晚上海盜隊高層的行蹤，有些人說海盜隊的總管戴夫・利特費爾德（Dave Littlefield）當時人在休士頓，觀看布萊德・林肯宰制東卡羅萊納隊的比賽；另一些人則記得他出現在弗里斯科，目睹柯蕭的曲球表現失常。懷特回憶道，隔天他在機場調侃了同樣看好柯蕭的海盜隊球探約翰・格林（John Green）。「格林！真是挑了一場好比賽讓你的人來看啊。」懷特說。

（我在二〇二二年十月聯繫了利特費爾德，他回覆：「我收到你的電子郵件，我沒有針對你的意思，但我不想參與這次談話。」我也嘗試聯繫海盜隊的球探總監艾德・克里奇〔Ed Creech〕，一位自稱是他兒子的人回覆我，並表示他的父親已經七十多歲了，現在「已退休，最近沒有太大興趣討論棒球的事」，格林則是沒有回覆訊息。）

這個故事成為道奇球探傳說的一部分，但湯瑪斯從不曾聽過關於他那支所謂重大意義全壘打的故事。聽到這個消息時，他在電話那頭咯咯大笑。「我向柯蕭和他的家人致上歉意。」湯瑪斯這麼說，他後來曾在坦帕灣小聯盟打球，之後成為一名高中球隊教練。「但我猜，我應該可以對道奇隊球迷們說，不客氣喔！」

湯瑪斯打出全壘打但科西迦納隊出局的兩天後，三名來自麥金尼北部高中（距離高地公園約三十分鐘車程）的教練，他們開車沿著美國七十五號公路向南行駛，在高速公路旁的一家麥當勞停了下來。布蘭登・米蘭（Brandon Milam）召集助手們走進餐廳，準備與蘇格蘭人球隊總教練路・甘迺迪（Lew

Kennedy）碰面。

早餐的香味圍繞在他們四周：滿福堡、豬肉比斯吉堡、鬆餅和楓味糖漿。大家相聚在一起，享受教堂結束後的早餐時光。「其他人都在享受他們的咖啡，而我們卻緊張到滿頭大汗。」米蘭回憶道。兩支球隊針對他們即將到來的比賽，一直無法達成協議。按照規則，他們可以選擇打「一場定勝負」的比賽，或者進行「三場系列賽」。甘迺迪希望打一場決勝負的決勝賽，由柯蕭登板投球；而米蘭則想要採三戰兩勝制來決定勝負。最終，他們以德州的傳統做法解決這個問題——擲硬幣。（一週前，甘迺迪在加油站遇到科西迦納隊的教練伍德。伍德輸掉擲硬幣後，他無奈表示：「嗯，今年已經算過得不錯了。」）

回到麥金尼這邊，米蘭的妻子蕾絲莉讓她的主日學學生們一起為擲硬幣的結果祈禱。米蘭拿出他的幸運二十五美分硬幣，並交給了助手布魯克・寇特（Brooke Court），並叫他的另一名助手瑞奇・卡特（Ricky Carter）選擇正反面。

「反面永遠不會失敗。」卡特說。

寇特彈起硬幣，正面代表毀滅，一場面對全國最強投手的單場淘汰賽；反面代表救贖，三戰兩勝的系列賽至少讓麥金尼北部高中還有一線生機。硬幣撞到桌面後滾落到地板。幾位教練都彎下腰，探身到桌面下方等待結果。

反面。

麥金尼北部高中的教練們感到興奮不已，米蘭腦中開始策劃，他手下有兩名實力堅強的投手：即將就讀德州基督教大學的高三生崔特・阿普比（Trent Appleby），以及曾在 D-Bat 打球的高四生麥可・波辛格（Michael Bolsinger）。熟悉感會導致過度的自信，「讓我對決柯蕭。」波辛格對教練們說。米蘭立刻否決了這個提議，他有一個更好的主意。

二〇〇六年五月三十一日，克萊頓·柯蕭在胡椒博士棒球場外野熱身。他做完賽前伸展運動，準備迎接可能是他業餘生涯的最後一場比賽。而在球場的另一邊，一場欺敵計畫正在醞釀。

米蘭帶著兩張先發名單：一張是針對柯蕭上場先發的陣容，另一張是柯蕭不先發的備案。米蘭讓阿普比先開始熱身，他預期柯蕭先登板，但還是密切關注著對方牛棚的動向，以確保萬無一失。當柯蕭拿起球時，米蘭動用了一名鮮少上場的二年級生布萊恩·金納（Bryan Kinard），他在這週較早之前便已得知自己的任務。「米蘭教練走到我面前，他當時說：『哦，對了，順便說一下，你是第一場的先發。』」金納回想著，「而我當時想的是，『等等，你說什麼？』」這個年輕人被派上場扮演犧牲品的角色。米蘭的計畫是保留阿普比和波辛格，在接下來的兩場比賽上場。高地公園隊在第一局就灌進六分，柯蕭的曲球再次失準，他在五局中投出四次保送——不過，高地公園隊仍啟用了五局慈悲條款，以十三比一提前結束比賽。

柯蕭的業餘棒球生涯就此畫下句點。米蘭的策略奏效了，麥金尼北部高中在接下來的兩場比賽中贏得勝利，柯蕭感受著這段高中時期的結束。喬許、派屈克及其他人都要去念大學，而柯蕭正在等待選秀日，不確定下一步該怎麼做，他對於自己高四生活的提前結束感到難過。當麥金尼北部高中的球員從休息區衝出來慶祝勝利時，柯蕭感到很慚愧，因為他堅信自己所屬的球隊才應該是晉級的一方。他看著球場上對手球員撲成一團在慶祝，那個景象將會成為一個揮之不去的熟悉畫面。

高地公園高中的畢業紀念冊上，克里斯和瑪麗安為他們的兒子刊登了一則祝賀廣告。他們列出二十九個綽號——像是「兔兔、巴巴、小鼻涕」、「克萊頓加、克萊托尼亞、柯什」、「豆豆男孩、小傢伙、甜心寶貝」——然後提醒他，「你永遠是我們的克萊頓。」還附上了八張照片，包括嬰兒時期的克萊頓、穿著美式足球制服的克萊頓、打棒球的克萊頓。其中一張照片，青春期前的克萊頓和瑪麗安露出了一模一樣的笑容；另一張照片中，克里斯抱著身穿吊帶褲的小嬰兒克萊頓，克里斯滿臉開心的笑容。

然而，廣告中沒有克里斯與青少年時期克萊頓的合照。那些週三晚上的探訪暫住已經停止，偶爾的週末相聚也不再發生。克里斯已經再婚了，他變得沒那麼可靠，也較少參與錄音室的工作。他最初住在公園城，接著搬到理查森市，後來又搬到其他地方。「我爸到處搬來搬去。」柯蕭回憶道，而他這個兒子並未跟隨，「高中時，我記得情況變得愈來愈奇怪，我們相處的時間也愈來愈少了。」他說。

瑪麗安又單獨刊登了一則廣告。

克萊頓，我為你感到無比驕傲。

你是我的陽光。

愛你的媽媽。

第七章

選秀

二〇〇六年六月五日，小羅根．懷特八歲生日的兩天後，就是美國大聯盟規則四選秀（Rule 4 draft）的前一天，羅根．懷特和兒子說了計畫。那些預測未來的時間、那些租車奔波的里程數、那些在打折的萬豪酒店度過的夜晚——所有都是為了這一刻。懷特對著他的兒子描繪這片風景，他想要得到克萊頓．柯蕭，但在道奇隊之前還有數個球隊。他聽說選秀順位排在道奇之前的底特律老虎隊，正在柯蕭和北卡羅來納大學的左投安德魯．米勒之間猶豫不決，但堪薩斯皇家隊可能會用狀元籤選走米勒。因此，懷特請求兒子幫個忙：「今天晚上睡覺之前，當你祈禱的時候，請祈禱我們能夠得到克萊頓。」

次日早晨，親友們湧進柯蕭家。艾倫和她的父母一同前來，包括柯蕭的父親克里斯在內，大約有十幾個人到場。當柯蕭家等待著選秀開始時，道奇隊的高層則聚集在道奇球場的會議室裡。柯蕭是道奇球探部門榜單上的頭號人選，羅根．懷特唯一考慮過的其他球員是加州州立大學長堤分校的三壘手埃文．隆戈利亞（Evan Longoria），但懷特認為隆戈利亞不太可能會掉出前五順位。

如果無法選到柯蕭，懷特不打算轉向大學投手人選。密蘇里大學的右投手麥斯．薛澤的代理人是史考特・波拉斯，而他之前曾參與過關於路克・霍切瓦的談判，結果極為不理想。此外，懷特也排除了來自華盛頓大學、身型瘦弱、極具爆發力的投手提姆・林斯肯。今年夏初，懷特曾要求道奇隊高層羅伊・史密斯（Roy Smith）評估林斯肯的表現。史密斯對林斯肯的能力感到驚嘆，但同時對他未來的耐久性感到擔憂。懷特說：「我也這麼覺得。」

選秀日前幾天，懷特邀請另一名投手來到道奇球場。來自田納西的右投手布萊恩・莫里斯（Bryan Morris），他在當地的社區學院度過這個賽季。懷特說：「基本上，你不能在選秀前達成任何協議，但如果你以某種說法進行就沒有問題。」透過取巧的語言藝術，懷特制定了一個備案。他可以在第七順位上花費二百三十萬美元，而莫里斯願意以一百八十萬美元簽約。懷特決定，如果其他球隊在前六順位中選走柯蕭，道奇將選擇莫里斯，並把資金重新運用在其他地方。

懷特告訴內德・柯列提有這筆潛在的五十萬美元折現計畫，並對省下這筆資金的優點展開了一番討論。懷特仍爭取選擇柯蕭（柯列提說他不記得有過爭論），最終，他們意見一致：如果到了第七順位時柯蕭還在，他就會成為道奇隊的一員。

但問題是，到那時他還在嗎？

二〇〇六年，MLB選秀與NFL及NBA選秀有另一個不同之處——大聯盟選秀沒有電視轉播。各球隊高層透過互通的網路廣播來關注進展，他們忙於打電話，打給經紀人、打給球員、打給同事。道奇球探提姆・霍爾格倫則與其他球隊保有人脈，他的情蒐帶來了希望，這個希望來自一個出乎意料的來源：路克・霍切瓦，這位與道奇失之交臂的投手。春季初期，皇家隊已排除柯蕭。「雖然我不太願意承認這一點，在第一順位的選擇上，克萊頓不會成為我們的選項。」球探德里克・拉德尼爾回憶道。他們在霍切瓦和米勒之間慎重考慮，最終，皇家隊選擇霍切瓦，這個決定為道奇隊開了一扇大門：老虎隊必須在米勒和柯蕭之間做抉擇，對於高層而言，更為安全的賭注幾乎總是落在大學投手身上。

接下來的幾個選秀結果都符合懷特的預期，科羅拉多落磯隊選擇六尺七寸（約二〇一公分）的史丹佛大學右投手格雷格・雷諾茲，他的職業生涯卻因肩傷而損毀。R・J・哈里森（R. J. Harrison）要為坦帕灣魔鬼魚隊（Tampa Bay Devil Rays）選擇第三順位，哈里森曾兩次觀察過柯蕭。他和拉德尼爾看到了同樣的東西：誘人的天賦，但不夠穩定。最終，他選擇了隆戈利亞。隆戈利亞在二〇〇八年獲得美聯年度最佳新人獎，同時球隊也逐步發展成一支小市場的奇蹟球隊。「有時，你會在半夜醒來，渾身冷汗，納悶自己為什麼會做出某些不成功的決定。但在這個案例上，我睡得滿好的，因為我們選到一位最終成為球隊十年象徵的球員。做為一名球探總監，這可能是我做過最好的選擇了。」哈里森回憶道。

海盜隊的情況可就不是這樣了。球隊老闆凱文・麥克拉奇（Kevin McClatchy）偏好選擇大學球員，而非高中球員，這讓球隊總管戴夫・利特費爾德做起事來綁手綁腳。一名知情人士回憶道：「戴夫不可能選擇一名高中投手。」最終，匹茲堡海盜隊選擇了休士頓大學投手布萊德・林肯。在後來的日子裡，柯蕭反覆思量自己躲開海盜隊的好運氣。他回想著：「我記得有一場比賽，我的曲球投得不好，這似乎成為他們的最後一根稻草。所以說，太棒了，我很高興沒有去那裡。」

接下來是西雅圖水手隊。馬克・魯姆斯的早期洞見敵不過球隊高層們的指令。球探總監小鮑伯・方丹選擇了來自加州大學的投手布蘭登・莫羅，這個決定讓魯姆斯感到十分痛苦，但他可以理解。「他做了正確的事。」魯姆斯回憶道。

骨牌效應正如懷特所期望的一一推進。現在，只剩下底特律老虎隊擋在柯蕭和道奇之間。「如果當時沒有安德魯・米勒，克萊頓・柯蕭就不會成為道奇隊球員。」前老虎隊總管戴夫・唐布羅夫斯基（Dave Dombrowski）回憶道。而米勒之所以還在那裡，部分原因是霍切瓦在前一年未能成功簽約。

六支球隊都有機會選走柯蕭，六支球隊全都錯過了，第七支球隊則不然。

然而，其中還有一件微戲劇性的小插曲。懷特請求暫停，這在當時是允許的一個選項。他要求暫停五分鐘，以便與柯蕭的經紀人漢崔克斯商討合約中的一條隱晦條款，這是道奇隊老闆法蘭克・馬寇特要求的，也是經紀人所厭惡的一項規定——如果球員退出這項運動必須退還簽約金。蓋瑞・尼克斯一直與守在傳真機旁邊的道奇工作人員通電話，當相關文件處理完畢，尼克斯對懷特發出確認訊號，他們可以繼續進行了。二〇〇六年選秀第七順位，道奇隊選擇了來自德州高地公園高中的左投手克萊頓・柯蕭。

片刻之後，瑪麗安・柯蕭家的電話響起。

電話持續響了一會兒，當柯蕭得知這個消息後，興奮地高舉雙臂，朝著天空歡呼。德州農工大學的教練羅伯・奇爾德雷斯（Rob Childress）來電，向這位極其珍貴的延攬對象告別。D-Bat的老闆凱德・格里菲斯從電話中聽到柯蕭激動到嗓音都嘶啞了。柯蕭接了幾通電話，收到不少讚揚與祝賀。「充滿著開心的淚水。」好友派屈克・哈平回憶道。之後，柯蕭與朋友們一起慶祝：儘管他可能已經是一位嶄露頭角的百萬富翁，但在《最後一戰》系列（Halo）這款電玩裡，他仍贏不了朋友們。

這份幸福感存在短暫。當柯蕭與道奇隊簽下第一份職業合約時，他獲得了二百三十萬美元的簽約金。他以為在經濟上可以一生無憂了，並感到（即便只是短暫地）一絲如釋重負。然而，這感覺沒有維持太久，他不敢相信自己需要付給經紀人那麼一大筆佣金。接著，他還得清償母親的債務。柯蕭得知，多年來，瑪麗安從他朋友的父母那邊借了約一萬五千美元。克萊頓還清了這些錢，但這些借款讓彼此關係變得有壓力，有些甚至因而破裂。瑪麗安仍需要生活開支，父親也向他尋求幫助，原本的如釋重負被現實取而代之。

這些壓力讓柯蕭的想法更具體了，他曾努力朝著這個目標前進：以選秀扭轉困境。他做到了，在二〇〇六年參加高中棒球比賽的所有男孩中，柯蕭是第一個被選中的。這次選秀加深了柯蕭對上帝旨意的信念，「我看到這份信念的成果，從那時起，我的信仰變得更加堅定。」他回憶道，但沒有解決家裡的所有問題。

現在，他對自己說：「**我一定要登上大聯盟。**」

由於柯蕭簽約簽得非常迅速，道奇隊希望他在小聯盟賽季結束前就開始投球。那年夏天，球隊開始讓他融入組織文化。選秀後兩週，他已經訂好飛往洛杉磯的班機。

隨著出發日漸近，柯蕭整個人倉促忙亂。「我沒有行李箱，什麼都沒準備。」他回想道。萊絲莉・梅爾森帶著必要物品來到他家。她為他買了新襪子、新內衣褲、體香劑、盥洗用品，並將所有物品都裝進一個新的行李箱裡。梅爾森夫婦還買了一臺新的筆記型電腦給柯蕭，好讓他能與艾倫保持聯繫。萊絲莉給了他一些現金，以備不時之需。柯蕭說：「若不是艾倫的父母幫我打包行李，我還真不知道該怎麼辦。」回憶起這段往事，吉姆・梅爾森強忍住淚水，他說：「萊絲莉堪稱母親的典範。」

柯蕭向瑪麗安和朋友們告別，他不確定自己何時能回家。艾倫則前往德州農工大學參加暑期課程，他們打算在雙方都有空時再聯繫——無論何時。於是，他跨步邁出了童年，登上飛往西海岸的飛機。

等著柯蕭的是一場旋風式行程。在洛杉磯，他遇見球隊的另一名首輪選秀青少年球員普雷斯頓・馬丁尼（Preston Mattingly），他是前洋基球星丹・馬丁尼（Don Mattingly）的兒子。這兩個剛成為職業球員的新人共乘一輛車前往道奇球場，他們參觀了球員休息室和辦公室，還見到名人堂總教練湯米・拉索達（Tommy Lasorda）和傳奇播報員文・史考利（Vin Scully）。柯蕭與柯列提坐在一起，柯列提是留著小鬍子的芝加哥人，負責球隊的棒球營運部門。在一場比賽前接受介紹時，柯蕭穿上一件嶄新的道奇球衣，裡面是一件寬鬆的藍色襯衫。馬丁尼聽到柯蕭的數據時，驚訝得目瞪口呆。「我記得當時只是呆呆地望著他，心想：『我的老天啊，這傢伙是誰？』」馬丁尼這麼回憶道。

這兩名少年又搭上另一班飛機。柯蕭和馬丁尼被分配到道奇體系中最低層級的國內附屬球隊——位於佛羅里達東岸的灣岸聯盟（Gulf Coast League）。抵達後，他們跳上一輛廂型車，前往一個名叫維羅海灘（Vero Beach）的寧靜小鎮。他們駛過棕櫚樹，駛進一個停車場。柯蕭心中懷抱著一個夢想，腦海中有一個目標：他想在二十一歲生日之前登上大聯盟。他跨出車門、踏上道奇鎮（Dodgertown）的那一刻，也正式踏出夢想的第一步。

布蘭奇・瑞基（Branch Rickey）創建了這個地方。一九四〇年代末，布魯克林道奇隊總經理瑞基正在尋找一處訓練基地，一位名叫巴德・霍爾曼（Bud Holman）的人帶他去看了位於邁阿密以北數小時車程一處廢棄的二戰海軍基地。

羅傑・卡恩（Roger Kahn）在《夏日男孩》（*The Boys of Summer*）寫道：「在棕櫚樹、矮棕櫚、松

樹叢和沼澤之間，他創造了一個世界。」

瑞基下令建造棒球場、打擊練習場、滑壘練習坑，牛棚投手丘遍布設施各處，宿舍可以容納整個團隊。瑞基創建了現代農場系統；這座春訓中心是他的另一項創新。理論上，這裡是一個棒球天堂，但現實並非如此：黑人球員仍必須承受《吉姆．克勞法》的種族歧視。傑基．羅賓森（Jackie Robinson）的妻子瑞秋曾告訴卡恩，她被禁止與白人太太們一起上街購物。卡恩有一次問了來自紐澤西的黑人投手喬．布雷克（Joe Black），他對於在南部進行春訓的感受如何。布雷克說：「我沒辦法告訴你，他們不讓我進去。」

道奇鎮的過去事蹟複雜多變，但仍是球隊連結歷史的重要部分。「走遍整個道奇鎮，就像走進歷史一樣。」前道奇新秀韋斯利．萊特（Wesley Wright）回憶道。在冠軍大廳裡，一幅描繪著世界冠軍戒指的壁畫迎接著訪客：「六次道奇隊世界冠軍球隊由此開始！」毗連的牆上則列出奪得冠軍的年分：一九五五年、一九五九年、一九六三年、一九六五年、一九八一年和一九八八年。像馬丁尼這樣的年輕打者站在羅賓森、皮．維．瑞斯（Pee Wee Reese）和杜克．史奈德（Duke Snider）曾帶來榮耀的同一片球場上；像柯蕭這樣的年輕投手則跟隨山迪．柯法斯、唐．德萊斯戴爾（Don Drysdale）和唐．薩頓（Don Sutton）的足跡。「你會不禁想到，所有這些偉大球員都曾站在同一個賽場上。」前道奇新秀詹姆斯．麥當勞（James McDonald）這麼說。直到柯蕭和馬丁尼抵達時，這個城鎮已開始顯露出歲月的痕跡。從機場前往道奇鎮的路上，柯蕭注意到老舊的街道路標和稀疏的交通車流，他正進入一個孤立、與世隔絕的世界。

柯蕭的室友是來自內華達州雷諾市郊外的凱爾．史密特（Kyle Smit），他身型瘦弱，是道奇隊的第五輪選秀球員。史密特是個安靜的孩子，對於踏入全新環境的轉變感到不知所措。他很少獨自一人生活，卻發現到他的新室友非常友善。史密特沒有對柯蕭的名聲充滿敬畏，主要是因為他對此一無所知。史密特回憶道：「其實我完全不知道他是誰，大概過了兩週，我才發現『哇靠！他真的超厲害』。」到了那時，史密特意識到柯蕭完全是不同等級的選手。「我只是來這裡打球。」史密特回憶道。柯蕭投球前會進行長時間的伸展運動，並在比賽之間仔細研究對手先前的打擊圖表。柯蕭在重訓室裡鍛鍊身體時顯得自在且專注，從不顯露出疲憊。「他比所有人都優秀，更比我優秀太多了。」史密特回憶道。

小聯盟系統運作宛如一臺打穀機，能夠篩出的珍貴小麥極少，卻有著大量穀殼。幾乎所有身穿球衣、自稱是職業球員的人，最終都無法登上大聯盟。在大聯盟中，薪資決定了明星球員與二流球員之間的區別；而在小聯盟中，像道奇這樣的球隊付給所有灣岸聯盟球員的週薪大約是三百美元，這種情況下，球員之間的階級體系則是由簽約金而定。二〇〇六年夏天，柯蕭站在維羅海灘的金字塔頂端，他拿到道奇隊史上最高的簽約獎金。馬丁尼的簽約金為一百萬美元，而後面幾輪的選秀中，金額開始大幅減少。在柯蕭之後的第一百三十六順位球員史密特，他的簽約金僅為十七萬五千美元。至於二〇〇五年選秀第十輪被選中的特雷馮．羅賓森（Trayvon Robinson），他的簽約金只有五萬美元。

還有像戴夫．普萊希奧西（Dave Preziosi）這樣的球員，他從波士頓學院畢業後未被選秀選中。即便在他職業生涯結束近二十年後，他仍精確回憶起自己當時的簽約金額：「什麼都沒有，零元。」就某種意義上說，與道奇隊簽約還讓他損失了八百美元：當時他在德國打球，自行支付了飛回美國的機票費用。普萊希奧西屬於會出現在《不適合的玩具之島》（Island of Misfit Toys）中的角色，他的快速球速度只有七十多英里（約一一三公里），而且是側投。用一個字來形容他的投球動作就是：怪。「我的投球動作非常古怪，會踢到手套，然後身體會壓到非常低的位置來投。」他回憶道。他最出名的地方就是在一場表演賽中，以一顆時速僅五十五英里（約八九公里）的滑球三振掉紅襪隊的長打重砲大衛．歐提茲（David Ortiz）。普萊希奧西回憶道：「他從來沒有見過速度這麼慢的球。」

普萊希奧西知道自己的棒球時光是借來的，但在那個夏天，他怪異的投球讓灣岸聯盟的青年打者們束手無策。普萊希奧西拿自己的數據與這位金童比較，「我就像是『你簽了二百三十萬的合約，而我什麼都沒簽——但我的防禦率比你好』。」柯蕭通常會對此一笑置之。但某天下午，被糾纏太多次之後，柯蕭終於爆發：「至少我不用靠著踢手套來延續一個根本毫無希望可言的棒球生涯！」普萊希奧西聽完大笑起來，柯蕭立刻道歉。那年夏天後期，當普萊希奧西在一場比賽中被打得落花流水時，他非常沮喪地坐在休息室裡，直到看到柯蕭在一旁咯咯地大笑，他的心情才好了起來。

球員們全部住在一排平房裡，當梅爾森一家從阿美利亞島開車過來拜訪時，他們對這裡的簡樸格局感到驚訝。史密特說：「兩張床，一間浴室，基本上就像六號汽車旅館。」球隊每天提供三餐，下午有比賽，到了晚上，大夥兒則在宿舍社區裡打發時間。他們會玩 Xbox 的《FIFA》和《Madden》比賽遊戲；如果馬丁尼開車去塔可鐘（Taco Bell）速食餐廳，柯蕭也會跟去。他們會在最近的沃爾瑪兌現薪資支票，有時會去打保齡球，一趟商場之旅已是他們生活中最令人興奮的體驗了。

柯蕭即便融入團體也顯得與眾不同。白天，他的天賦令隊友們感到眩目，然而，到了晚上，「你絕對不會意識到他是球隊裡那個剛簽下大合約的人。」來自紐奧良的外野手傑森．施瓦布（Jason Schwab）回憶道。柯蕭沒有炫耀過他的速球或簽約金，也從不說髒話；如果他調侃別人，態度也非常溫和。「柯蕭是一個很貼心善良的人，如果他看到一隻蟑螂，他可能不會踩死它，而是繞過它走。」特雷馮．羅賓森回憶說。

但那份善意不會用在對方打線陣容上。「當他上場投球時，基本上你沒什麼可做的，而且一切結束得很快。」施瓦布回想。一場比賽結束後，馬丁尼打了電話給父親——當時他是洋基隊的打擊教練。普雷斯頓開玩笑地對丹說：「老爸，我們這裡有個人現在就可以打敗你們。」柯蕭的表現好到讓其他人不禁想著，他為什麼還在這裡與他們一起打球。羅賓森回想起柯蕭簽約後的第一次牛棚練投。「當時的感覺就像是，『少來，他不會在這裡待太久的。』」羅賓森這麼說。站在本壘後方的捕手也有同樣的感受。來自加勒比海庫拉索島的粗壯捕手肯利．簡森心想，這孩子根本不屬於這裡。

那個夏天，柯蕭出賽十場，面對一百四十四名打者中，三振了五十四人，防禦率為一．九五。「他看起來像是不屬於這個聯盟。」當時剛被紐約大都會隊選中的丹尼爾．墨菲（Daniel Murphy）回憶道。柯蕭甚至還在一場季後賽中登場救援，與簡森搭檔完成了比賽。然而，這次中繼登場引起球隊中一些人的不滿，他們質疑道奇為何要冒著他的健康風險去爭奪小聯盟冠軍。「我很火大！」懷特想起。賽季結束後，道奇將柯蕭送到亞利桑那州的指導聯盟（instructional league），和馬丁尼一同住在皮奧里亞市。這段經歷感覺就像是灣岸聯盟的延續：白天打球，晚上打《FIFA》和《Madden》電動遊戲。柯蕭的出現再次讓他的隊友們倍感困惑，「我當時覺得，『啊，這傢伙為什麼會在這裡？』」羅賓森回憶道，「我來這裡是想嘗試左右開弓打擊，柯蕭還需要練什麼？」

道奇指派給柯蕭一項任務，這項任務將困擾他整個職業生涯：他們希望他學會變速球。他的兩種球路組合——速球和曲球——足以應付低層級的比賽。然而，道奇不認為柯蕭會在小聯盟待太久。他需要第三個球種。若執行得當，變速球可以破壞打者的擊球節奏。道奇高層認為，如果這能夠與柯蕭的快速直球搭配，這樣的配球組合將極具威脅性。

問題是，柯蕭根本投不出變速球，至少達不到他自認可以接受的標準。在出手時，他需要在投出球的瞬間改變手腕動作，他投了一次、一次、又一次，還是投得糟透了。他告訴球隊人員想放棄變速球，專注在已經擅長的兩種球路。然而，組織中的小聯盟投球協調員馬蒂・里德（Marty Reed）給了他一個明確指令：每次面對打者時，他的前兩球中，必須有一球是變速球。

這個要求並未成功提升柯蕭的信心，反而讓他更急躁。一場比賽後，柯蕭走到里德面前向他道歉，對於自己投出過多的保送感到羞愧。里德告訴他毋須擔心——他說這只是一次學習經驗。「不。我需要做得更好。」柯蕭堅定地說。

有天晚上，里德帶柯蕭外出吃飯，詢問他的目標是什麼：你想成為誰？你想要什麼樣的職業生涯？柯蕭沒有提及道奇隊的歷史，也沒有列舉他想要效仿的球員。他告訴里德希望登上大聯盟，想要照顧母親的生活，想要全心全意投注於自己的球技。

賽季結束後，柯蕭返回德州，買了一輛車，他從未擁有過屬於自己的一輛車。幾年前，他的父親曾借他自己的那輛福特探險者。克萊頓開了一段時間，但沒有保險，後來車子被父親收了回去。現在，克萊頓有了錢，清楚知道自己想要什麼。他花了三萬七千美元買了一輛黑色的、皮革內裝的福特F－150國王牧場皮卡車，他稱之為「我的夢想之車」。

二〇〇七年二月的某一天，柯蕭開著這輛皮卡車向南前往大學城。整個賽季期間，克萊頓和艾倫都只透過電話和電子郵件保持聯繫。入學的第一個月，艾倫便加入了 Chi Omega 姐妹會。當柯蕭來看她時，他感到格格不入。「你在哪裡上學？」其他學生問他。「我沒上學了。」柯蕭這麼回應，沒有進一步解釋。艾倫懇求他透露自己的職業，免得新朋友們覺得她和一個不學無術的人交往。他曾告訴她的一位姐妹會成員，自己在沃爾瑪工作。柯蕭通常睡在德州農工大學希臘社區的沙發上，但最多只能忍受兩個晚上，之後便想離開。

然而，他們找到了平衡點。分開幾個月後，艾倫發現自己可以接受遠距離戀愛。她回想：「大家都以為『妳上了大學就會希望自己是單身』，但我不是那種人，我不想要單身和到處去約會。」於是，他們珍惜每次共度的時光。在一次主題派對上，他們裝扮成電影《瘋狂假期》中的克拉克和艾倫．格里斯沃爾德（Clark and Ellen Griswold）。二月的那次旅程，他們在艾倫的姐妹會會所聊到凌晨。兩人都說當時沒有喝酒，柯蕭就地在旁邊的沙發上睡了一會兒，接著一大早便啟程回家。

柯蕭只睡了幾個小時，還沒有養成喝咖啡的習慣。在高速公路上，他的眼皮闔上了。

「我睡著了，車子撞到路邊那些溝槽，然後我驚醒過來，接著車子就翻了。」

他的福特卡車翻了兩圈，柯蕭脫困後只在手臂上留下一小道擦傷，他一想到原本可能會發生的情況就不寒而慄。在他的車子裡，有一個用來訓練前臂的重訓器材，重達十磅，上面還連著一根桿子。「它當時就在後座砸來砸去，你能想像如果那東西飛過來……」他回憶道。

他的夢想之車全毀，他再也沒有開過那輛車，但本人毫髮無傷。醫護人員將他送往校園附近的醫院，艾倫的電話響起時，她正在和朋友聊天。她看到電話是男朋友打來的，還先拒接了電話。她猜想柯蕭是想在開車途中打發時間，然而，他又打來一次，接連不斷。最終她接起電話，聽完後立刻趕往醫院。

那天稍晚，柯蕭打了電話給羅根．懷特，向他說明事故經過。他需要努力甩開與死神擦肩而過的陰影，專心準備即將開始的第一個完整職業賽季。即便十多年過去了，他已然成熟並成為人父，仍難以客觀地看待這起事故。

「我從那次經歷中學到了什麼？我不知道。別在開車時睡著？我不知道。我真的不知道，那簡直是個奇蹟。」柯蕭回憶道。

二〇二三年春天的某個早晨，棕櫚樹在羅賓森大道旁沙沙作響，這片設施曾是道奇鎮。二〇〇八年，道奇隊將春訓基地移往亞利桑那州沙漠。而今，原本的設施仍在使用，成為一個青少年運動中心，同時也是一個半廢棄的紀念之所。早晨很寧靜，只是偶爾會出現高爾夫球車掠過那些以道奇傳奇人物命名街道的轟轟聲響——山迪．柯法斯巷、文．史考利大道、海梅．賈林（Jaime Jarrín）大道。在一間以傳奇教頭華特．艾爾史東（Walter Alston）命名的會議室裡，有一張乒乓球桌、一臺投球機和一臺未插電的變形金剛彈珠臺。山迪．柯法斯會議室一角堆放著一堆床墊。

一條小溪流淌過整個綜合設施的中心，一邊是宿舍、餐廳，以及每年春天小聯盟球員們聚集的球場和投手丘；另一邊是霍爾曼球場，這是大聯盟球員的比賽場地。一座小橋將兩側相連。身為一名道奇隊球員，跨越那座橋，意謂著獲得改變人生的財富和無限的可能性；但跨越那座橋，同時也意謂著將其他人留在身後。

二〇一〇年，道奇將史密特交易出去，他從未登上大聯盟的舞臺。一年後，羅賓森被交易到西雅圖水手隊，並在水手隊效力了兩個賽季，之後又在小聯盟晃蕩了十年。普萊希奧西在二〇〇七年春天被釋出，他在義大利打了一個夏季的比賽後回到家鄉。被道奇隊釋出後，普萊希奧西寫了信給柯蕭和馬丁尼：「你們真的很特別，**要善用你們的舞臺，不僅僅在棒球上，而是在人生中做出偉大的事情。**」普萊希奧西回憶道。

第八章
橋梁

一九九三年春天，當時羅根・懷特是聖地牙哥教士隊的球探，他簽下了德州基督教大學的左投手格倫・迪什曼（Glenn Dishman）。迪什曼原本可能像許多未被選中的球員一樣，很快就被淘汰，但他沒有。迪什曼僅花兩年時間便登上大聯盟，且在大聯盟打了三個賽季。一如懷特，迪什曼在過程中傷到了手臂；也一如懷特，即使無法再投球了，他仍選擇留在棒球界。

迪什曼在德州基督教大學執教了一個賽季，接著又在加州的一所小型學院教了一個賽季。當道奇農場主管泰瑞・科林斯（Terry Collins）在尋找小聯盟的投手教練時，懷特舉薦了迪什曼。整個二〇〇五年夏天，他都待在喬治亞州哥倫布市的道奇隊1A級子隊（single-A affiliate）。翌年，他晉升至位在維羅海灘的佛州聯盟（Florida State League）。原本以為二〇〇七年會再次晉升，但當他在夏威夷執教冬季聯盟時，迪什曼得知下一項工作：降回A級的大湖潛鳥（Great Lakes Loons）。迪什曼納悶自己是不是做錯了什麼，才會被派到密西根州度過寒冷的春天？

道奇隊的農場助理主管克里斯・海多克（Chris Haydock）對他說：「我們這裡有個左投手叫柯蕭，

希望你能和他一起去那裡。」

迪什曼的工作是幫助柯蕭跨越道奇鎮的那座橋。

翻車後，柯蕭於二〇〇七年返回維羅海灘，進行他的第一個春訓。在內德・柯列提的帶領下，道奇在二〇〇六年重返季後賽，整支球隊對於再次加入競爭之列充滿期待。然而，即便柯蕭擁有這般潛力，這位青年新秀的輝煌事蹟還是未能引起大聯盟太多關注。不過在農場系統中，他的名聲早已傳開。投手科迪・懷特（Cody White）回想起來：「你一眼就能看出他和其他人不一樣。」

柯蕭穿著道奇藍色隊服，白天展現手臂的天賦，晚上和隊友說著笑話。他沒有誇耀自己的地位，也從不炫耀金錢；做完同樣的訓練，完成同樣的體能測試。「他非常渴望成為團隊中的一員。」那年春天認識柯蕭的A・J・艾利斯回憶道。柯蕭適應了投一休四的輪值節奏，把重訓室當成自己的第二個家；他常在宿舍間漫步，大口吃著大量的冰淇淋。艾利斯回憶道：「每個人都會說：『看看我們的首輪選手又在狂吃冰淇淋了。』」有一天，球員們討論起電影。柯蕭對強尼・諾克斯威爾（Johnny Knoxville）、史蒂夫－O（Steve-O）和班・馬杰拉（Bam Margera）的特技動作興味盎然，但對髒話的部分並不熱衷，而艾利斯則是從未聽過《無厘取鬧》（Jackass）。

柯蕭的存在令其他人開始對自己產生質疑。二〇〇五年，老虎隊在第九輪選中了來自佩柏戴恩大學的保羅・科爾曼（Paul Coleman），但他一直在左肩關節內唇狀軟骨破裂（torn labrum）的情況下持續投球，導致體檢不合格。隨後，科爾曼回到大學，並被選為西海岸聯盟（West Coast Conference）的年度最佳投手。由於對數據分析的興趣，科爾曼得到「費波那契」（Fibonacci）的綽號。二〇〇六年，道奇隊在第十二輪選中他之後，他首次代表球隊在猶他州奧格登的低階1A子隊出賽，他認為自己有機會成功。

隔天夏天，他和柯蕭一起投球。

那次訓練讓科爾曼感到震驚。他打了電話給爸媽，說道：「一起練習傳接時，我很怕接他的曲球。」他的父母提及他在大學的成就來給予鼓勵。他們試著告訴他，他和那裡的其他球員一樣優秀。不是，科爾曼堅定地認為自己並不一樣。如果像柯蕭這樣的人設定了標準，自己根本無法達到。

驚訝的不僅是球員們。那年春季的一次會議上，投手教練馬蒂．里德回想起選秀時的情景，他搖了搖頭，對在場的所有人說：「這絕對不可能，怎麼可能有六個人比這小子更強？」

柯蕭被《棒球美國》評為本季最佳新秀第二十四名，將他排在克里夫蘭的投手亞當．米勒（Adam Miller，從未進入大聯盟）和堪薩斯的打擊天才比利．巴特勒（Billy Butler，曾在大聯盟效力十年）之間。二〇〇七年，柯蕭不再是一個默默無名的新秀，但他仍遠遠不及成熟階段。從選秀到大聯盟的這條路上，充滿了大有可為的投手，在大肆宣傳的初登板後，就逐漸消失了。

傳達組織指令的任務，就這麼落到投手教練迪什曼身上。迪什曼回憶道，「你當下就知道他和其他人不同。」有一次，迪什曼在牛棚練習時蹲捕，接柯蕭的投球。柯蕭投出他的曲球，那球急速下墜，迪什曼回想著，「我為了接住那顆球，差點連命都沒了。」除了能力之外，這個孩子也懂得這項運動的基本原則，他從不懈怠。當迪什曼給予建議時，他總是聆聽——即便是關於難以掌握的變速球。

當柯蕭進行傳接練習時，他會投變速球；在牛棚練投時，他會投變速球。但到了比賽期間，他卻把這顆球隱藏起來。他不想因為使用還不太擅長的球種而丟掉分數，這意謂著在某些日子裡，當他的曲球控球不穩時，便只能依賴一種球路來攻擊打者。在中西聯盟（Midwest League），光憑他的速球就極具破壞性。「他的球威幾乎可以壓倒整個聯盟。」大湖潛鳥隊總教練蘭斯．帕里許（Lance Parrish）回憶道。那年夏天，當柯蕭出現在舊金山的未來之星大賽（Futures Game）時，評論員們對他的曲球讚不絕口。「你聽到播報員說：『哦，根據《棒球美國》，他是小聯盟中曲球投得最好的選手。』」普雷斯頓．馬丁尼回憶道。「我們當時就在想，『他有嗎？』」他們只看過柯蕭投快速直球。

打從一開始，迪什曼就注意到一個模式：柯蕭只要站上投手丘，任何出錯的事情都會歸咎於自己。做為一名先發投手，成功的關鍵需要仰賴於其他人：捕手、身後的防守球員、裁判、擊球運氣的變化無常。有時，出了問題並不是他的錯。一顆滾地球可能打到即使是大聯盟球員也無法攔到的位置；一位缺乏經驗的裁判可能會誤判柯蕭的曲球；對手可能會因斷棒而變成一支軟弱的安打。每當這些情況發生時，柯蕭都會怒火中燒。而他只知道一種解決方法，迪什曼回想：「如果遇到麻煩，他會嘗試以瘋狂的球速投球。」這種做法很愚蠢。柯蕭過度用力投出速球，可能會有受傷的風險，同時，他也失去了控球能力。迪什曼對柯蕭說，隨著他提升到更高層級，必須學會保持狀態，才能穩定地將球掌控在好球帶內。

球員發展部門團隊為柯蕭建立防護機制，里德規定柯蕭每場比賽必須投出十五顆變速球。帕里許回憶到，這幾乎是柯蕭唯一感到抗拒的規則。當時柯蕭年僅十九歲，是潛鳥隊中最年輕的投手。他有些傻氣，但做事腳踏實地，對長輩尊敬，對陌生人也很有禮貌。當投手史蒂夫．強森（Steve Johnson）的母親來訪時，她對柯蕭的禮儀讚譽有加。帕里許（曾八次入選全明星的捕手）從未因遲到或懶散不夠努力而罰過柯蕭，「他就是那種你會夢想擁有的隊友。」帕里許這麼說道。

在德州米德蘭，柯蕭與科爾曼、投手喬什．沃爾（Josh Wall）和外野手史考特．范史萊克（Scott Van Slyke，其父親安迪曾是海盜隊的全明星球員）建立起深厚的情誼。這些球員們因信仰而親近起來，他們通常以相同視角來看待比賽。而至關重要的是，他們幾乎都有穩定交往的伴侶。「有些人每天來球場，然後晚上出去狂歡。」科爾曼回憶道。「而有些人會直接回去，一起消磨時間，然後打電話給女朋友。」柯蕭明顯屬於後者。「他總是和艾倫在講電話，他們不如乾脆結婚吧。」科迪．懷特回憶道。

所謂的成熟也有其限度。球員們曾在飯店陽臺上射水球，甚至在籃球場上冒著關節受傷的風險玩得不亦樂乎。來自庫拉索島的捕手肯利．簡森從小就崇拜洛杉磯湖人隊中鋒俠客．歐尼爾（Shaquille O'Neal），總認為自己能模仿這位「大亞里斯多德」的招牌動作。他不斷對柯蕭吹噓這件事，最後兩人決定來一場對決。柯蕭和簡森相約在簡森寄宿家庭後院的籃框下一較高下，簡森回憶道：「這位捕手（我本人）一直『滿嘴幹話』。」然後，他意識到自己喚醒了隊友內心某種埋藏許久的東西，簡森接著說，「你可以從他的臉上看出來，他變得極度好強、極度專注、極度認真。」簡森比柯蕭高約一寸，也比他重不少。然而，柯蕭仍以低位單打壓制了他，「他在籃球場上把我修理了一頓。」

柯蕭鮮少參與球場上的嬉鬧，當他站上場時，完全沉浸在循環之中，依循他在高地公園所建立起來的那套例行程序。每次主場先發登板前，他都會到奎茲諾斯（Quiznos）買一份火雞肉三明治。當他因無法掌握變速球而大發雷霆時，這個循環讓他得以保持穩定，也讓他在以快速球壓制對手時仍保持冷靜。對於迪什曼來說，正是因為對這套例行公事的堅持，讓柯蕭從人群中脫穎而出。「你可以看出他想成為世界上最好的球員。」迪什曼回憶道。

「很多孩子都會說，『喔，我想變成最棒的，我想成為全明星，我想要贏得賽揚獎』之類的，但柯蕭屬於那些願意在精神上、身體上做出超越常人犧牲的其中一員。」迪什曼說。

未來之星賽後一個月，馬蒂．里德前往傑克森維爾，迎接柯蕭升上2A。里德把艾利斯拉到一邊，艾利斯比柯蕭年長七歲，已經連兩年待在這個層級。里德希望艾利斯期能夠引導柯蕭，因為柯蕭跳過了1A的加州聯盟（California League）。另外，艾利斯也需要執行球隊的指令：每場比賽無論情況如何，柯蕭必須投出十五顆變速球。

艾利斯遵從指令。當柯蕭抵達時，熱情地摟住他的肩膀。艾利斯身材壯碩、友善隨和，說話幽默風趣，還帶著一絲家鄉肯塔基州的口音。他很清楚自己的實力極限，但他想盡一點力。艾利斯開始講解2A聯盟所面臨的挑戰，這裡是潛力新秀的試煉場，充滿真正有實力的天才球員，然而，他的話還沒說完，這傢伙就打斷了他。

「你有聽說過那個十五顆變速球的事嗎？」柯蕭說，「讓我們快點把它做完吧。」

「什麼？」艾利斯說。

「盡快把它們解決，我會投滿十五球，然後我們就可以好好投球了。」柯蕭說。

接下來的幾年，艾利斯對柯蕭的專注、固執和對例行公事的執著極力讚揚。這種專心致力需要時間才能完全顯現出來，但他當下就看到了這種強度和固執。他們第一次出賽之前，柯蕭熱身時一直無法準確命中目標。

「嘿，兄弟，放輕鬆點！」艾利斯說，「放輕鬆！」

柯蕭用手套指著艾利斯，大聲吼道：「你才放輕鬆！」

儘管初期遭遇到一些小問題，艾利斯對於擔任指導者一職仍感到游刃有餘。當時二十六歲的他是隊上較為年長的球員之一。他是那種在職業生涯中總是被忽視的選手，遇到柯蕭之前，他從未懷抱過進入大聯盟的夢想，因為這項運動很少給予他懷抱這份夢想的理由。艾利斯在田納西州克拉克斯維爾的奧斯汀佩伊州立大學就讀，大三時，他打出三成七一的打擊率，卻仍未被選中。一年後，道奇在十八輪選中了他。二〇〇四年，他的首次完整賽季分派任務，道奇將他送至維羅海灘。在這支子隊中，還有一位二十一歲的捕手羅素·馬丁（Russell Martin），他來自蒙特婁，曾是一名三壘手，正被培養成為球隊未來的基石。馬丁將參與大部分的比賽，沒有人在乎他的替補捕手。艾利斯只能每五天才蹲一次，通常與另一名投手查德·畢林斯利（Chad Billingsley）搭檔，他是羅根·懷特在二〇〇三年第一輪選中的另一名高中投手。幾次一同出賽後，艾利斯認為他們已經形成了搭檔關係。某一天，維羅海灘的總教練史考特·利特（Scott Little）把艾利斯叫進辦公室，告知他將在畢林斯利的下一場先發比賽時擔任捕手。

「喔，我知道，我想也是。」艾利斯對總教練說。

艾利斯站起身來準備離開，利特卻叫住了他。

「你知道為什麼是你來接查德的球嗎？」利特問。

艾利斯心裡有個想法：畢林斯利需要指引，而自己正好可以提供這樣的幫助。

利特說：「你之所以會接查德的球，是因為在他投球那天，我不需要任何進攻。」

棒球這項運動，有些人是在年輕時感到自慚形穢，有些人是在他們年老時，還有一些人則是一直在面對這種感覺。艾利斯屬於第三種類型，他全心投入扮演著畢林斯利的「球童」一角。隊友們稱他們為「查波」和「蓋斯」，就是電影《往日柔情》（For the Love of the Game）中的投捕搭檔。然而，這對搭檔沒有持續太久。那年夏天，畢林斯利升上2A的傑克森維爾太陽隊（Jacksonville Suns），而艾利斯繼續留在維羅海灘，他二〇〇五整年都待在那裡，馬丁則逐漸成為道奇隊期望的明星球員。在休賽季，艾利斯靠著教棒球課和做代課老師維持生活。有一年冬天，他甚至在一間醫生辦公室裡做資料輸入的工作。他的妻子辛蒂在威斯康辛的一家餐飲公司上班，當她的丈夫還是個小聯盟的窮光蛋時，她負責家庭的一切開銷。二〇〇六年，道奇將艾利斯升上2A，但又讓他在那裡待了一整個賽季。等到柯蕭到來時，艾利斯已認清現實：道奇沒有將他視為球隊未來的一部分。然而，透過柯蕭，艾利斯認為自己仍能影響道奇的未來。「A．J．艾利斯成了柯蕭的大哥哥角色。」那年夏天在傑克森維爾投球的韋斯利．萊特這麼回憶道。

賽季的最後幾週，太陽隊其他隊員見證了柯蕭的雙重本性：他工作中強烈的職業道德，以及性格中的傻氣愚蠢。由於附近沒有奎茲諾斯三明治店，所以他改去「消防隊三明治店」（Firehouse Subs）買賽前必吃的火雞肉三明治。隊友們偶爾會拿他的運動能力開玩笑，他們會問柯蕭：「你高中時是怎麼打進攻線的？」無論何時，只要有人拿出橄欖球，柯蕭就會堅持跑出接球路線，以證明自己早已不是昔日打中鋒位置的模樣了。他在體能測試中會盡全力衝刺，只要日程安排需要，他會在佛羅里達極度溼熱的天氣下在外野草地奮力奔跑。里德在柯蕭剛到傑克森維爾時，特別注意他的狀況。柯蕭看起來精疲力竭，牛棚練投表現也不夠犀利。柯蕭向里德坦承自己感到疲憊不堪，里德則告訴柯蕭要學會傾聽身體發出的聲音，沒必要在每次先發間隔期間把自己逼到極限。賽季結束後，柯蕭打電話給里德表示感謝。他減少了跑步量，並以強健的表現結束了賽季。然而，在他接下來的整個職業生涯中，像這類建議，他都需要花費一番努力才能聽從。

成為頂級新秀，意謂著你的名字會頻繁出現在交易傳聞中。二〇〇七年夏天，德州遊騎兵隊在兜售一壘手馬克・特薛拉（Mark Teixeira）時，詢問了關於柯蕭的可能性。同年冬天，佛羅里達馬林魚也提出用強打者米格爾・卡布瑞拉（Miguel Cabrera）交換柯蕭的方案。同樣的故事還有明尼蘇達雙城隊，他們想用王牌投手尤漢・山塔納（Johan Santana）來交換。這些球隊都將柯蕭視為交易包裹中的核心目標，經常將他與剛完成第二個大聯盟賽季的查德・畢林斯利和麥特・坎普一起打包。然而，這些交易談判從未深入進行。

艾瑞克・貝達德（Erik Bédard）雖然無法與特薛拉、卡布瑞拉或山塔納這樣的球員相提並論。但相較於一名2A的青少年選手，貝達德這位巴爾的摩金鶯隊的左投，對於二〇〇八年的道奇隊而言，顯然是更有保障的選擇。而且近年來，貝達德一直讓紐約洋基隊陷入困境，這點對洛杉磯來說很重要，因為在二〇〇七年賽季結束後，柯列提聘請了喬・托瑞（Joe Torre）取代原本的總教練格雷迪・李托（Grady Little）。托瑞曾在布朗克斯（Bronx）帶領洋基隊贏得四次世界大賽冠軍，他帶了一批洋基隊教練來到洛杉磯。這群教練團更關心的是奪冠，而非培養農場體系。他們不太了解柯蕭。正如托瑞帶過來洛杉磯的前洋基牛棚捕手邁克・博爾茲洛（Mike Borzello）所回憶的那樣：「我想我們當中沒有人真的知道他是誰，因為我們之前不在這支球隊。」托瑞建議可以爭取貝達德。但聽到巴爾的摩金鶯開出的條件時，道奇隊的球員發展部門嚇得臉都白了：他們想要坎普和柯蕭。

事後看來，道奇隊受益於當時金鶯隊的棒球營運總裁安迪・麥斐爾（Andy MacPhail）所描述的「組織混亂」。麥斐爾認為法蘭克・馬寇特所掌管的道奇隊「坦白說，是一個不可靠的交易夥伴」。第一天，柯蕭或坎普是可交易的；隔一天，只有其中一人可交易；再過一天，兩人都不能交易了。麥斐爾搞不清楚究竟是柯列提想交易，但馬寇特不允許；還是馬寇特在施壓，但柯列提試圖踩煞車。（柯列提表示，他對這些討論的記憶「非常模糊」。）麥斐爾表示這些談判從未真正取得進展，最終他將貝達德交易到西雅圖，換來一份以未來全明星外野手亞當・瓊斯（Adam Jones）為核心的交易包裹。

柯蕭和坎普繼續穿著道奇隊藍色球衣。

「有幾次他的名字出現在交易中，你可以想像我每次都會怎麼說：『不、不、絕對不可能！』」懷特回憶道。

貝達德被交易到西雅圖的一個月後，托瑞和副手們了解到為什麼交易柯蕭會帶來災難性的後果。二○○八年三月九日週日下午，道奇迎戰衛冕世界大賽冠軍波士頓紅襪隊，霍爾曼球場的人潮創下歷史新高，當時球場坐滿了九千二百九十一名觀眾，然而，他們並不知道自己即將見證一位棒球奇才的揭幕儀式。第四局開始時，紅襪隊一壘手尚恩・凱西（Sean Casey）盯著一位身材瘦高、娃娃臉的左投手，他身穿九十六號球衣，背後沒有名字。

「你對這傢伙了解多少？」凱西問打擊教練戴夫・馬加丹（Dave Magadan）。

馬加丹回答：「我什麼都不知道。」

凱西在大聯盟打了十多年，曾數次入選全明星隊，但這是他在紅襪隊的第一個春訓。他不想讓自己丟臉，任何情報多少都有幫助。他去找了總教練泰瑞・法蘭科納（Terry Francona），「只是個新人，他們想讓他試幾局而已。」法蘭科納這麼說。

就某種程度上來說確實是如此，當時柯蕭還有幾天才滿二十歲。那年一月，道奇邀請他參加在道奇球場舉辦為期兩週的新秀迷你訓練營。球員們聽了托瑞和湯米・拉索達的演講，湖人隊的菲爾・傑克森（Phil Jackson）還讓他們觀摩了柯比・布萊恩（Kobe Bryant）的一場練習，全隊球員看得目瞪口呆。他們還與加州大學洛杉磯分校前籃球教練、綽號為「西木魔術師」的約翰・伍登（John Wooden）共進晚餐。回到道奇鎮，柯蕭試圖保持低調，但那並不容易。「他身上有一種特別的氣場。」布雷克・迪威特回憶道，去年夏天，他和柯蕭一起在傑克森維爾打球，「他是那種會讓人不自覺注意且尊重的人物。」隨著時間的推移，他的隊友們漸漸明白柯蕭會跨越那座橋，離開小聯盟，而並不是所有朋友都能跟著他一起去。那年春天，保羅・科爾曼要求道奇隊將他釋出，他的手臂痛到不行，快速球球速幾乎連八十英里（約一二九公里）都達不到，他再也無法上場比賽。普雷斯頓・馬丁尼在大湖潛鳥隊的打擊率只有二成一，他在二〇〇八年繼續待在這裡，但最終也未能升上2A。

柯蕭則注定要邁向更偉大的成就。球員發展團隊一再強調要保持耐心，然而，一旦托瑞見識到他的手臂，要保持耐心就變成一件困難之事了。一天早上，羅根・懷特邀請托瑞一起去看小聯盟的訓練。這份邀請還附帶一個預警，「當你看到他時，就會想留住他了。」懷特說。二月底，柯蕭在一場模擬賽中投了一局。托瑞慢慢地晃到他身邊，「保持健康。」托瑞說。他接著表示，如果柯蕭的身體能夠配合，他的職業生涯將會漫長且成功。「很高興認識您。」柯蕭這麼回答。

三月四日這一天，柯蕭跨過橋梁，首次代表道奇隊出賽。「我們要讓這個孩子上場，但今天千萬不要愛上他。」柯列提告訴托瑞和投手教練瑞克・亨尼卡特。

這場比賽的開局並不順利。面對實力較弱的華盛頓國民隊，柯蕭在第三球就被擊出一支全壘打，隨後形成滿壘局面，托瑞讓柯蕭自行處理危機。正如迪什曼所建議的，柯蕭保持自己的狀態，專注將球投進好球帶。他用一顆九十七英里（約一五六公里）的速球三振掉一名打者，接著以一顆曲球將打者凍在原地，托瑞很欣賞柯蕭在壓力下沒有崩盤。丹．馬丁尼回想起二〇〇六年夏天，普雷斯頓曾誇口柯蕭有機會戰勝洋基隊的那番話，「你可能是對的，他很有可能打敗我們。」丹告訴他的兒子。

五天後，道奇又給柯蕭另一次機會。波士頓紅襪隊從他們位於邁爾斯堡的春訓基地出發，飛越整個佛州，來到佛羅里達東海岸進行比賽。法蘭科納帶上大部分主力球員，因此，等待著柯蕭的會是一場相當不錯的挑戰：四屆全明星三壘手麥克．洛威爾（Mike Lowell）、前道奇球員J．D．德魯（J. D. Drew）和綽號「市長」的健談左打者尚恩．凱西。

凱西沒有太多時間準備。洛威爾打出的高飛球被二壘手接殺；柯蕭讓德魯打出斷棒的滾地球。在教練們沒有給出任何提示的情況下，凱西快步走上打擊區，他盯著站在六十英尺又六英吋（約一八．四四公尺）外的年輕人，一位他永遠無法忘記的投手。柯蕭將雙手舉高過頭，腳也同步抬起，就像被一條無形的線牽動著。四肢以同樣流暢的動作降下，然後，球突然從他頭後方冒出來，隱藏在他獨特的投球角度中。「那球看起來就是不一樣，一出手很快就到我眼前了。」凱西回憶道。快速球掃過外角邊緣，一好球！凱西看向主場休息區，只見托瑞和三壘的指導教練賴瑞．波瓦（Larry Bowa）正對著他笑。

困惑不已的凱西重新站上打擊區。柯蕭再次上緊發條，投出，又是一顆快速球。凱西仍然看不到、碰不到球，更無技可施。兩好球！接著，柯蕭投出一顆曲球，「那毫無疑問是一顆好球。」凱西回想，但主審卻判定為壞球。柯蕭沒有受到影響，再投出另一顆曲球，這記曲球極其完美、無可否認。那顆球彷彿停留在凱西胸口附近，隨後突然急速下墜。這一球像是觸發了凱西小腦中的某個東西，因為他的膝蓋不由自主地彎曲，彷彿有意要揮棒卻無法及時啟動四肢。球棒從頭到尾都沒有離開過他肩膀，「那瞬間真的感覺到，就像是被徹底羞辱了。」他回憶著。柯蕭在主審比出三振出局的手勢之前，便已經慢慢跑離投手丘。僅僅十球，他便解決了衛冕世界冠軍球隊的三名出色打者。而他最後一球的精彩表現，那不可思議的彎曲弧度，都記錄在文．史考利的播報中。

「哦哦哦，這是什麼樣的曲球啊！」史考利滔滔不絕地說，「天啊！他剛剛投出了大家的頭號公敵！」

回到休息區，隊友們紛紛取笑凱西，他感到怒不可遏。

「你不知道那傢伙是誰嗎？」凱西問他的總教練。

「不知道，」法蘭科納說，「但我很慶幸我不是你。」

凱西抓起手套，走向一壘。途中，他與波瓦擦身而過，波瓦用帽子遮住臉，努力掩飾笑意。凱西不斷詢問柯蕭的身分，「彷彿在追問某個該死的超級英雄：那個戴面具的傢伙是誰？」在三壘處，洛威爾對波瓦說，看起來好像柯蕭投出的是阿斯匹靈（形容球又快又小）。驚嘆之情不僅限於紅襪隊的休息區，「每個人當時都在問，『這傢伙是誰啊？』」道奇外野手胡安．皮埃爾（Juan Pierre）回憶道，「而我心想，『他比我們現在的任何一個球員都還要強。』」

道奇的休息區裡，柯蕭看起來飄飄然。在迪什曼、艾利斯和里德的幫助下，他成功跨越了那座橋。接下來，確保他能夠留下來的，將是新導師的責任。當柯蕭開心得眉開眼笑時，亨尼卡特坐到他身邊。他有個消息要告訴柯蕭：剩下的春訓期間，他將留在大聯盟訓練營。遲早，亨尼卡特將投入大量時間指導並勸誘柯蕭。他將會教導柯蕭並改變他職業生涯的球種，也會與柯蕭共同經歷掙扎痛苦。然而，在那一刻，在道奇鎮橋梁另一端的休息區裡，亨尼卡特允許自己懷抱夢想。他想著，**這孩子，一定會很特別**。

柯蕭沿著右外野跑去，穿過道奇隊的牛棚，消失在眾人視線中。他知道該如何慶祝自己的成就——他要去使用大聯盟球隊的重訓室。

第九章

桑福德的陰影

門開了，一位銀髮的知名人物走進道奇球場的會議室。他穿著藍色套頭衫、深藍色牛仔褲和黑色運動鞋，注重舒適更勝於時尚。他看起來像八十七歲，但其實才剛要滿六十五歲。他的舉止親切友好，而非王者般地威嚴，儘管他有能力在球員卡博覽會或展覽上引起騷動，儘管他只要爬上樓梯、走在球場大廳的走廊上，就會被人群團團圍住。然後，山迪·柯法斯伸出了右手。

「你有看過山迪的手握著棒球嗎？」克萊頓·柯蕭曾經問過。關於柯法斯的傳奇之所以流傳開來，有著許多原因——精神上的、技術上的，以及哲學上的。但其中也有一部分只是基因的恩賜，「他沒有手，」一位隊友這麼回應，「他有的是爪子。」

柯法斯拉開一張椅子坐下，在他的右側，牆上掛著一幅裱框插畫，畫中身穿白襯衫和藍色領帶的傑基·羅賓森，面帶微笑地站在一位布魯克林的左投手旁邊，這位被譽為「上帝的左手」的男人，身穿平展潔白的三十二號球衣，露齒而笑。

在道奇球場的每一位投手都活在山迪·柯法斯的陰影之下；甚至，有時包括他本人。

比較打從一開始就發生了。有時，道奇的人將其歸咎於媒體。當道奇選中柯蕭——一位能夠投出極可怕的過肩曲球的左投手，記者們便將他與隊史上最著名、同樣以過肩曲球著稱的左投相提並論。但道奇高層也難以抗拒這樣的誘惑，喬．托瑞回憶道，「是我先開了口，我說他讓我聯想起柯法斯。」而他並非是唯一這麼想的人。二〇〇七年末的一場會議上，小聯盟投手協調員馬蒂．里德對高層說：「我不知道該不該這麼說，但他可能是最接近山迪．柯法斯的存在。」到了二〇〇八年春天，這樣的看法已不僅限於私下討論。羅根．懷特對加州河濱市的《新聞企業報》說：「我們祈禱他是下一個柯法斯。」

在那幾年，每年春季，柯法斯仍會在道奇鎮閒晃。瑞克．亨尼卡特在一九八〇年代為道奇投球時就已經成了柯法斯的信徒，他鼓勵朋友來看看這位頂級新秀，亨尼卡特說：「等你看到這個孩子就知道了。」柯法斯與柯蕭的交流很短暫。「祝你好運。」柯法斯這麼對他說。

這便是柯蕭那個春季所身處的世界：在他挫敗了尚恩．凱西之後，在文．史考利將他的曲球比作約翰．迪林傑（John Dillinger）的湯普森衝鋒槍之後，在他跨越那座橋到大聯盟訓練營之後。他還只是個青少年，只會投兩種球路，僅在2A以上的比賽出賽過四場。然而，球隊已經公然猜想，他是否能夠登上柯法斯所建立的那片神聖天地——這位球隊的投手守護神，三屆賽揚獎得主，在三十歲時便退出賽場，至今仍被全國各地的人們所崇拜。

擋在柯蕭與仿效柯法斯的機會之間的，只有道奇隊的管理高層。內德．柯列提曾批准柯蕭去年可以在小聯盟快速晉升，但當喬．托瑞的教練團吵著要求讓柯蕭隨隊參加新賽季時，他又決定再等一下。「我記得賴瑞．波瓦問：『柯蕭那個孩子如何？我們為什麼不直接帶上他？』」捕手教練邁克．博爾茲洛回憶道：「內德的回答是：『不、不、不。他還沒準備好。』」

道奇將柯蕭送回傑克森維爾，並為了幫助他順利離開小聯盟，球隊還晉升了他在密德蘭的投手教練格倫．迪什曼。球隊打算挑戰柯蕭的能力，同時也悉心呵護他，這是一場微妙的平衡之舞。迪什曼與柯列提和里德保持定期的對話交流，迪什曼密切監督著柯蕭的投球數，其中仍有變速球的配額。道奇隊不希望柯蕭在對戰田納西煙山隊（Tennessee Smokies）或蒙哥馬利餅乾隊（Montgomery Biscuits）時，耗費掉太多「子彈」。

柯蕭對於這些指令感到不耐煩。在那些無止盡的長途巴士旅途中，他常對同期的投手新秀詹姆斯．麥當勞抱怨，說自己受夠了變速球。他經常在違背自己意願的情況下練習這個球路，只為滿足那些他認為不如他了解自己身體狀況的上級。「當他們試圖強迫他做一些事時，他會感到沮喪。」麥當勞回憶道，「他當時的反應是，『我不投了，我受夠了一直這麼做。我要做自己，不想成為他們希望我成為的那個人。』」他不喜歡在比賽前被告知要投什麼球，而是希望在比賽中視當下情況做出選擇。迪什曼回憶道：「如果我有他的快速球，怎麼會不想用它來壓制打者？」然而，對於投球數的限制，他也難以反駁。道奇隊正在訓練柯蕭，希望他成為在大聯盟一場比賽中投出一百球、甚至更多的投手，但同時又不希望在小聯盟低強度的比賽中過度消耗他。這是所有球隊在培養投手時所面臨的難題：你要如何在不冒著受傷風險的情況下建立耐力？柯蕭認為，唯一的方法就是全力以赴。「你知道我可以投得比這更多。」他在得知一場比賽只能投五局或七十五球時，常常這麼說。迪什曼試圖讓柯蕭了解整體的重要性，但這樣的訊息並非總能奏效。傑克森維爾太陽隊的總教練約翰．舒梅克（John Shoemaker）回憶道：「當你知道克萊頓今天只能投一定的投球數時，那是糟透的一天！」

柯蕭雖然抱怨，但還是遵守限制。他在二〇〇七年投了一百二十二局；道奇希望他在二〇〇八年不要投超過一百七十局。在傑克森維爾的第一個月，他只有一次投到第七局。道奇對此做出的因應是取消他的輪值，給他十天的休息時間。這些束縛並未阻礙他的表現，他幾乎每局都能三振掉一名打者。他的控球能力逐漸進步，也發現自己不需要刻意追求三振。科迪．懷特回憶道：「如果他把快速球或曲球投進好球帶，打者就打不到球。」對於舒梅克來說，柯蕭完全體現了道奇隊傳奇人物湯米．拉索達曾對新秀說過的話：「走上球場，表現得像你是場上最好的球員——但不要告訴任何人。」

柯蕭的出現讓球隊得到高度關注。「這不僅是傑克森維爾太陽隊，這是傑克森維爾太陽隊和克萊頓．柯蕭秀。」外野手亞當．高德溫（Adam Godwin）回憶道。在傑克森維爾棒球場上，孩子們會纏著他要簽名。同樣追著他跑的還有一些女性們；隊友們偶爾會調侃柯蕭，因為他總是拒絕和那些想認識他的女性聊天。在乳癌防治意識活動中，太陽隊拍賣球員的粉紅色球衣，柯蕭的球衣以八百美元的價格首居高位。即便如此，他仍保持謙遜。幾位隊友還記得他開著一輛雪佛蘭太浩休旅車（Chevy Tahoe），那是在他的夢想之車翻車後，用那筆保險賠償金購買的。一天下午，幾個球員一起去逛暢貨購物中心。柯蕭看到一雙喜歡的 Under Armour 運動鞋售價為四十九．九九美元。柯蕭對高德溫說：「我喜歡這雙鞋，但我不會買，那太貴了。」高德溫以為柯蕭在開玩笑，但最後他看著柯蕭走出店面。類似的情景早在二〇〇六年就發生過了，在佛羅里達的一家太陽眼鏡店，戴夫．普萊希奧西回想起：「有一支一百美元的歐克利太陽眼鏡，他就是不願花那麼多錢買下來。」

隊友常會「虧」他連一塊錢都要省，在密德蘭時，他睡在沃爾瑪買的充氣床墊上，直到床墊承受不了他的重量而破裂。他把破裂的床墊退回換一個新的，「這麼做其實很不道德，但我還是那麼做了，我當時試著盡可能過得節儉。」柯蕭回憶道。他聽到有人嘲笑他不喜歡長褲，或他輪流穿著幾件免費的安德瑪 Polo 衫。特雷馮・羅賓森回憶道：「他不會打扮得太花俏，不會像是那種『看我，快看我』。老實說，我覺得他連一條項鍊都沒有。他的個性也不像是『Okay，我要去買一輛二十萬美元的車』的那種人。」（但柯蕭確實在大聯盟戴過鑲鑽的十字架項鍊。「我想，我現在沒有那麼吝嗇了吧。但我對那些奢侈品還是不感興趣。」他說。）

柯蕭和隊友麥當勞及投手布倫特・利奇（Brent Leach）在球場附近合租一間公寓。「我們總是和柯蕭開玩笑說他是最摳門的人。」麥當勞回憶道。「就像他什麼都不想買，『這個電視要買小臺的』、『我們不需要裝有線電視』。他花錢總是很聰明、很實際。」麥當勞很好奇，為什麼柯蕭不揮霍一下他的簽約金。到最後，柯蕭向室友透露了自己的童年經歷。「在他成長的過程中，父親沒有真正參與他的生活，一直都是他的媽媽。所以，他盡一切努力來幫助她，確保她能過得好。」麥當勞回憶道。

五月底，太陽隊搭了七個小時的巴士，從傑克森維爾前往北卡羅來納州澤布倫。柯蕭準備迎來本賽季的第十次登板先發，在此之前，他在四十二・一局中送出四十五次三振，防禦率為二・三四，但由於局數限制，他尚未取得正式的勝投紀錄。五月二十二日，柯蕭在第一局順利三上三下後，總教練舒梅克悄悄地走到他身邊。「你今天的工作結束了。」舒梅克說。

柯蕭提出抗議，但舒梅克不為所動，迪什曼也沒有做出任何解釋。柯蕭只好回到球員休息室，冰敷手臂。他有八局的時間無事可做，但他百思不得其解，這究竟是什麼情況？答案應該再明顯不過了。幾週之前，太陽隊調整了輪值順序，以便讓柯蕭能夠順利在五月十七日的大聯盟比賽首次亮相。然而，對戰莫比爾海灣熊隊時，柯蕭丟了五分，無法投完第四局，道奇便延遲他的升級。柯蕭不禁猜想，自己是否又錯過一次機會。

比賽結束後，舒梅克把柯蕭叫進辦公室，手拿著電話筒遞給他。電話的另一頭是道奇總管柯列提，他告訴柯蕭：道奇隊需要他在三天後登板先發。柯列提要求柯蕭不能透露這個消息，柯蕭試圖表現得很冷靜，但腦中卻一片混亂。一走出休息室，他立刻打開手機。

「艾倫，不要告訴任何人，我被升上去了！」他說。

接著，他改變主意，要她告訴所有人。他的媽媽、她的父母、他的朋友們。他要艾倫幫忙去衣櫃裡找出他的西裝；柯蕭隨身帶的只有短褲和T恤，他不想在大聯盟亮相時顯得太邋遢。

到了第二天，其他太陽隊隊友已經猜出發生什麼事。大家都知道柯蕭與眾不同，即便如此，他們仍視他為團隊的一分子。「就好像，『嘿，他們把柯蕭升上大聯盟了，我要和他一起去！』」高德溫回憶道，「我們都有自己的夢想、目標和使命。」然而，比起其他人，柯蕭距離實現夢想更近得多。當柯蕭前往機場時，他開始思考首個對手——聖路易紅雀隊。他的興奮之情稍微被恐懼所取代。

柯蕭抵達洛杉磯國際機場時，有一輛車正等著他，並迅速將他送往道奇球場。他走進球員休息室，那個僅屬於最頂尖球員的內部聖地，他放下行李袋，瞪大眼睛看著這裡的整潔、有序，以及在他四周的明星球員。球隊將他的置物櫃安排在老將投手傑森．施密特（Jason Schmidt）旁邊，施密特曾在舊金山巨人隊三度入選全明星賽，但他效力於道奇隊期間的狀況卻很糟糕。球隊以四千七百萬美元簽下施密特，卻發現他肩膀有傷。當柯蕭首次亮相時，施密特幾乎無法投球了，但仍然可以惡作劇一番。

柯蕭對於即將到來的機會滿懷興奮，但由於對周遭環境還不太熟悉，隨手從置物櫃裡拿出一件球衣穿上，但那不是他的球衣。施密特看到這個菜鳥身穿29號、背後印有「施密特」的球衣時，便告訴隊友先不要吭聲，他則穿上柯蕭的54號球衣。當球員們列隊準備唱國歌時，施密特指示柯蕭站在他旁邊。道奇球場的大螢幕先切換到柯蕭的臉，接著轉到他的背部，可以清楚看見上面印著另一個人的名字。觀眾和其他球員都大笑起來，那時，柯蕭覺得國歌好像永遠都不會結束。

賽後，他與朋友們在飯店碰面。艾倫已經在那裡了，還為他籌組了一支多達二十三人的強大應援團，大夥兒從德州專程過來為他加油，瑪麗安．柯蕭和萊絲莉．梅爾森都在場。柯蕭與親友團閒聊了一會兒，隨後便回到房間準備休息。獨自一人時，他在床上輾轉反側，眼睛盯著床邊的時鐘。過了一會兒，他打電話給艾倫，她住在另一個房間裡。她用兩人共同的信仰安撫著柯蕭，將明天的命運交付到上帝手中，柯蕭感到自己的心跳漸漸平穩下來。他們道過晚安後，柯蕭設法讓自己睡了幾個小時。

早晨，他獨自一人坐在道奇球員休息室裡，心中的情緒百感交集。接下來的幾年裡，他會逐漸憑藉著例行公事來平撫內心的緊張。但在他第一次上場的日子裡，他任由情緒浪潮起伏。他太激動了，以致於沒有注意到周圍的喧囂，他在這個球隊歷史的重大事件中扮演了主角。在他站上投手丘之前，柯法斯給予了鼓勵。在休息區時，柯蕭感覺心臟在胸腔裡劇烈跳動。他想起艾倫告訴他的話，於是他低聲說了幾句禱詞。這些話將成為他在日後的每次先發之前會一再重複的話：「主啊，無論發生什麼，請與我同在。成為我的力量。」

在球場的另一邊，聖路易紅雀隊的打者不確定會發生什麼事。關於柯蕭的球探報告很簡短，少數幾個球員研究了影片片段。紅雀隊的外野手瑞克．安基爾（Rick Ankiel）還找上他的經紀人史考特．波拉斯，因為波拉斯經常去道奇球場看比賽。七年前，安基爾曾是一個天才球員，擁有投出宛如閃電般的左臂。重新訓練成為打擊者之前，由於神祕難解的原因，他喪失了穩定投球的能力，職業生涯幾近終結，而後才重新塑造為打者身分。他知道波拉斯曾勸說柯蕭先去上大學，但最後沒有成功，因而得知他一直有在密切注意頂級新秀的動態。波拉斯說：「他會是下一個瑞克．安基爾。」安基爾和他的隊友聽了嗤之以鼻。內野手史基普．舒馬克回憶道：「我們當時的反應就像，『他才不是什麼瑞克．安基爾咧。』」在未來名人堂教練托尼．拉魯薩（Tony La Russa）的帶領下，紅雀隊帶有一種近乎傲慢的自豪感。「我們的想法就是，『我們絕對不會被一個二十歲的年輕人打敗，我們可是紅雀隊。』」內野手亞倫．邁爾斯（Aaron Miles）回憶道。

舒馬克是聖路易紅雀隊的第一棒打者，整個職業生涯都效力於紅雀隊，是一名天賦一般的選手，在經由專為托尼．拉魯薩所設計的球員發展系統的塑造下，充分發揮能力。舒馬克猜測柯蕭會因太緊張而只能投出快速球。下午一點十分，柯蕭在大聯盟的初登板開始了。他的腿和手臂同步抬起。上、下、分開，一、二、三，那記速球讓舒馬克完全措手不及。「我根本看不到球是從哪裡投出來的。」舒馬克回憶道。影片分析並無法讓他做好這樣的準備。他勉強撐了七球，其中擊出四次界外球，最後，柯蕭以一顆時速九十五英里（約一五三公里）的速球讓他出局。

回到休息區後，舒馬克找到安基爾，「瑞奇，他比你強。」他說。

柯蕭忍不住微微一笑，他在大聯盟的首次三振已記載下來。他將手套伸向捕手羅素．馬丁，馬丁將球扔向球員休息區，以便收藏做紀念。

「可以把球還給我嗎？」柯蕭問。

「放輕鬆，這裡有一顆新的。」馬丁回應道。

接下來的局數顯露出前方的挑戰。柯蕭無法穩定控制速球，隨即將外野手布萊恩．巴頓（Brian Barton）保送上壘。下一個站上打擊區的是亞伯特．普荷斯（Albert Pujols），一位傲視群雄的強打者，已經贏得一次國聯最有價值球員獎（接下來將再奪得兩次）。他以耐心與力量完美結合而著稱，總是能耐心等待投手失投，然後給予致命一擊。滿球數的情況下，柯蕭想要用曲球讓普荷斯始料不及，而普荷斯則大棒一揮擊出一支帶有兩分打點的二壘安打。柯蕭暗自笑了笑，他意識到這絕不會是一場輕鬆的比賽。

他的第一局投了三十二球，聖路易向來以頑強著稱，用其韌性將投手的節奏磨光。紅雀隊無法擊中柯蕭的快速球，但能削到它、改變它的方向、用盡一切來消耗柯蕭的精力。而他的回應是，大膽地將球投進好球帶直接挑戰他們。紅雀隊的替補內野手亞當．甘迺迪（Adam Kennedy）回憶道：「有時候，你面對到一個初登板的孩子，當下就知道他不是普通人。」到了第六局，柯蕭又失一分，但他在平手的情況下投完這一局。他的投球數據值得回味：六局，被敲出五支安打，失兩分，一次保送，以及七次三振。他沒有取得勝投，但最終球隊獲勝了。當外野手安德烈．伊席爾（Andre Ethier）在第十局擊出再見安打時，柯蕭在休息區裡振臂歡呼。

比賽結束後，柯蕭與艾倫、瑪麗安、萊絲莉，以及來自高地公園的親友們相聚。他換上艾倫帶來的一件橘色T恤和海軍藍西裝，一幫人與他們的朋友們一塊合影，這一對情侶幸福的身影宛如身處在休閒服飾品牌「Aéropostale」廣告中。回到家後，萊絲莉告訴丈夫，她感覺艾倫和克萊頓的關係愈來愈親密了。

柯蕭與親友們道別，登上前往機場的巴士。他的朋友們正準備返回家中，而他則要前往芝加哥和紐約。他的大多數好友剛讀完大學二年級，他已經成為那個賽季大聯盟最年輕的投手，他是美國隊中第一個達成此成就的球員。泰森・羅斯（Tyson Ross）還是柏克萊大學的大三生；尚恩・托爾森才剛重返貝勒大學的投手丘；響尾蛇隊在冬季交易掉布萊特・安德森，他當時在奧克蘭的一支1A球隊投球。

柯蕭提早了二百九十八天達到自己的目標；在二十一歲生日之前登上大聯盟。

「這是夢想成真。」他在賽後這麼說道。他成功做到了。

只是，他還沒有完全融入。

每天都會有人提醒他，他還只是個新手。這些經驗談來自隊友，也來自對手。他的第二場先發在謝亞球場迎戰大都會隊，這是他第一次來到紐約。比賽前幾天，他造訪了洋基球場。這時，他也收到一個新的球衣號碼，是工具人內野手馬克・史威尼（Mark Sweeney）一直穿著的22號球衣，而22號是柯蕭童年最喜歡的球員偶像威爾・克拉克（Will Clark）的號碼。一名球隊高層得知柯蕭對22號球衣的偏好，便和史威尼提及這件事。史威尼當年已三十八歲，這是他效力的第七支球隊，對於22號並無特殊情感。他明白柯蕭未來在球隊中的重要性，但他還是忍不住想捉弄一番。當球隊人員剛把柯蕭的名字繡在22號球衣上不久，史威尼告訴柯蕭，22號這個號碼之於他的重大意義——那是他祖父曾經穿過的號碼。這名老將這麼告訴這個孩子，柯蕭含含糊糊地低語，有點不知所措地撥弄頭髮。過了一會兒，史威尼才忍不住說出，他的祖父根本就沒有打過棒球。

二〇〇七年，道奇球員休息室的內部不和，更加速了格雷迪・李托的離任。柯列提希望喬・托瑞的到來能夠平息紛爭，托瑞帶來了嚴肅和全新視角。但他不是什麼「糾察隊長」，休息室仍分裂為兩個陣營：一邊是自家培養的道奇球員，像是畢林斯利、坎普、馬丁，以及剛加入的柯蕭；另一邊幾乎全是來自其他球隊的資深老鳥，諾馬．賈西亞帕拉（Nomar Garciaparra），曾贏得兩次打擊王、六度入選全明星；安德魯．瓊斯（Andruw Jones），在中外野曾獲得十次金手套獎；傑夫．肯特（Jeff Kent），五度入選全明星、四次獲得二壘手銀棒獎；德瑞克．洛夫（Derek Lowe）和布拉德．佩尼（Brad Penny）都擁有一枚世界大賽冠軍戒指且兩次入選全明星。「這裡不乏一些大人物，有些很大的名氣，有些很大的自負。」A．J．艾利斯回憶道。

對於當年夏末加入球隊的艾利斯而言，感覺就像是老球員們拿著放大鏡逐一檢視整個球員休息室，興沖沖地挑出任何違規行為，那可能是球場上的一個失誤，可能是違返服裝規定，可能是說了不該說的話——甚至可能是說話的音量不對，例如所謂的「大聲說話」。麥當勞回憶道：「那確實有點嚇人。你會感到尷尬，覺得自己好像不屬於這裡。」有些行為很愚蠢；新秀救援投手科利．韋德（Cory Wade）必須拖著一袋糖果和一個裝滿飲料的保冰箱前往牛棚。但有些行為則帶著惡意，麥當勞曾看到自己的手套被放在電爐上燒焦，只因為他拒絕娛樂一群資深老鳥。

從個人角度來說，老將們還是滿友善的。但做為一個群體，他們贏得了尊重，卻拒絕給予太多回報。柯蕭回想：「沒有多少人會搭理我。」大眾可能將柯蕭視為潛在的救世主，但這些老將們認為他只不過是個想搶走別人工作的孩子而已。「這對他來說很辛苦。」外野手胡安．皮埃爾回憶道。他們就是這樣走過來的，他們認為最好也用同樣的方式對待下一代。「做為一名菜鳥，你要學的就是『閉上你的嘴，要你說才說』。」史考特．普羅克特（Scott Proctor）回憶道，加入道奇隊前，他曾效力於洋基隊和托瑞。他將同樣的原則強加在柯蕭身上，「年輕球員們搞不懂的是，他們想考驗你，看看在季後來臨之際，你是否有勇氣站出來奮力一搏？」普羅克特說。

於是，一群持懷疑態度的人看著柯蕭，穿上他新的22號球衣，在五月三十日對戰大都會時登板先發。第一局，他就被以長打率偏低著稱的大都會二壘手路易斯・卡斯提歐（Luis Castillo）擊出生涯首支全壘打。大都會從他手上攻下四分，他甚至連第四局都無法投完。他稱之為一次學習經驗，而未來還有更多的教訓在等著他。他的第三場先發比賽對上科羅拉多，他投了五局失掉兩分。第四次出賽，他在對戰聖地牙哥時投到第六局。隨後對戰底特律時，他投了四局；克里夫蘭五局；白襪隊四局。克里夫蘭三壘手凱西・布萊克（Casey Blake）回憶道：「他就是一個普普通通、球速很快的年輕左投。」這樣的平庸表現引起道奇隊高層的不滿。二〇〇六年同年選秀中，比柯蕭晚三個順位被選中的瘦長型右投提姆・林斯肯，正有望贏得那一年的國聯賽揚獎，而柯蕭卻只能勉強投完第五局。他缺乏對速球的控制，不太信任自己的變速球，而他最著名的招牌球種——備受讚譽的「頭號公敵」曲球，也不知道藏到哪裡去了。「問題在於他無法穩定控制曲球，所以最多只能投個四、五局。在現今或許還可以接受，但在當時，那可不行。」捕手教練博爾茲洛回憶道。

七月一日，柯蕭站上休士頓美粒果棒球場的投手丘，這裡距離高地公園不遠，足以讓他的朋友們開車前來觀賽。那天，柯蕭投到第六局兩人出局後退場，責失三分。這已經是他的第八次先發，仍未拿下一場勝投，也未能投到第七局。他的防禦率是四・四二，他投出太多保送，不是他害怕投進好球帶，而是因為他太急於出手，導致控球不穩。他仍試圖透過催球速解除危機，而不是真正在投球。他的短局數使得牛棚疲於奔命。第二天，柯蕭正為朋友們保留一些比賽門票時，他被叫進托瑞的辦公室，他發現托瑞、瑞克・亨尼卡特，以及總管助理伍佩琴（Kim Ng）正等著他。對一個新手來說，三人團體的召見通常不會是好消息：柯蕭被下放至傑克森維爾。「那不是太愉快的一次交談。」托瑞回憶道。當托瑞解釋球隊需要騰出名單上的一個名額，給即將傷癒復出的老將黑田博樹（Hiroki Kuroda）時，柯蕭幾乎沒有仔細聽。托瑞回想：「他不想聽自己有哪裡需要改進。」教練試圖用委婉的方式粉飾這個訊息，稱這個決定是考量到球隊陣容機制的結果，而不是柯蕭的表現問題。然而，柯蕭不在意這些解釋。他不覺得自己辜負了眼前這些人，他感覺辜負了自己。他曾是一名大聯盟球員，現在，他不再是了。

五週前，亞當·高德溫、詹姆斯·麥當勞，以及傑克森維爾太陽隊的其他隊友們，曾聚集在北卡羅來納州澤布倫，大夥兒圍著一臺電視觀看柯蕭站穩陣腳、毫不畏懼地對戰紅雀。他們估計，假如有一天還能再次與柯蕭並肩作戰的話，應該就是在洛杉磯了。然而，在搭乘巴士前往阿拉巴馬州莫比爾的旅途中，他們才得知自己猜錯了。這次下放之前，柯蕭的職業軌跡幾乎是一路向上。他從一支旅行棒球隊的三號先發，一路成為首輪選秀熱門，甚至被視為山迪·柯法斯的潛在接班人。一路走來，他只偶爾經歷些許挫折，都是些微不足道的小插曲，從未經歷像這次這麼令人沮喪的情況。高德溫回想：「我們當時的反應就像，『接下來我們會看到怎樣的柯蕭？』」

在莫比爾，柯蕭重新聯繫上教練迪什曼。教練可以感覺到柯蕭內心的挫折，這是這麼長時間以來，柯蕭第一次未能達到自己的標準。他的表現只是一般，而這是他無法接受的。道奇的高層告訴他，他的問題在於執行力，而非天賦。如果他能相信自己的投球武器庫，如果能稍微改善一下控球能力，就能減少保送，且能在比賽中投更多局數。「讓我們再嚴格加強一下，這樣等你回去的時候，就能留下來，而且永遠不會再回到小聯盟了。」迪什曼這麼對他說。

這次的下放僅維持幾週。柯蕭為太陽隊先發三場，十八局中只失兩分，便再次被道奇叫上大聯盟。

但這段時間足以讓他認清一些事實：包機飛越全國與沿著高速公路的夜間巴士旅程之間的差異。他必須向球隊證明，他有能力永遠不再搭乘巴士比賽，穩穩留在橋的另一端。他必須向自己證明這一點。

柯蕭回到洛杉磯後，他請求一位老隊友幫忙。佩柏戴恩大學的明星球員保羅．科爾曼正在療養他的肩傷，他已經意識到自己的棒球生涯可能無望了。目前他與妻子住在洛杉磯市中心，他的妻子是南加州大學的住院醫師。柯蕭詢問科爾曼，他們的公寓是否還有多餘的空間容納一名室友。

對於那些穿梭在大聯盟和小聯盟之間的球員來說，住宿是個棘手的問題。柯蕭不能租自己的房子，因為一場糟糕的先發可能又讓他被下放到傑克森維爾、位在拉斯維加斯的3A球隊，或是其他更偏僻的地方。有一陣子，他住在帕薩迪納的一間飯店裡。那年夏天，當尚恩．托爾森來拜訪時，他睡在柯蕭房間裡的一張折疊床上。「他擁有的一切都裝在那個小小的行李袋裡。」托爾森回憶道。柯蕭帶著一個行囊上路，當道奇隊返回洛杉磯時，他又在飯店裡把袋子裡的東西全部拿出來。

柯蕭之所以打電話給科爾曼是因為想尋求穩定。科爾曼夫婦很樂意有個室友分擔他們位於史坦波中心附近的三房公寓房租，這裡還有一個獨立停車場。柯蕭是個理想的室友，他不開派對、不製造混亂。他與房東夫婦很少見到面；科爾曼夫婦一早就離開公寓，而柯蕭會睡到中午，經常到深夜才從球場回來。他可以在市中心到處走而不會被人認出，他最愛吃加州披薩廚房（California Pizza Kitchen）的烤雞披薩，還發現了一家新的三明治連鎖店 SUBWAY 可以買到火雞肉三明治。

「你有聽過『澤西麥克三明治』（Jersey Mike's）嗎？」科爾曼曾問。

「沒有，我是 SUBWAY 派的。」柯蕭說。

對於道奇隊而言，那個夏天，柯蕭漸漸地淡出人們的目光焦點。明星效應推動著洛杉磯，而柯蕭還太過青澀，無法提供這樣的影響力。柯列提已找到另一個來源，一個能夠吸引球迷擠滿奇瓦士山谷球場座位，也能讓新隊友敬重的強打者。八月一日，托瑞將柯蕭介紹給曼尼．拉米瑞茲（Manny Ramírez），柯列提剛從紅襪隊交易過來的雷鬼頭重砲手。至二〇〇八年夏天，這位三十六歲的外野手已入選十二次全明星賽，拿下九座銀棒獎，獲得兩枚世界大賽冠軍戒指——但他徹底用光了在波士頓的受歡迎程度。他以特立獨行的行事作風聞名，人們常說的一句話就是：「曼尼就是曼尼。」（Manny being Manny.），但他的行為逐漸變得更加難以捉摸。紅襪決定送走他之前，拉米瑞茲曾與隊友發生爭執，甚至推倒了一名六十四歲的隨隊祕書。

柯列提賭拉米瑞茲會在新的環境中表現更好，而拉米瑞茲踏上了一段讓南灣著迷的火熱之旅。道奇球場儼然變成「Mannywood」。他在五十三場比賽中繳出三成九六的打擊率，敲出十七支全壘打。他的加入延長了打線火力，減輕伊席爾和坎普等年輕打者的壓力。麥當勞回憶道，「拉米瑞茲總是和年輕人交談，讓我們感到很輕鬆。」他的出現緩和了球員休息室裡的緊張氣氛，這個空間原本非常冷漠、不友好。那年夏天，道奇以新秀卡洛斯．桑塔納（Carlos Santana）做為交換，將凱西．布萊克從克里夫蘭交易至道奇後，球隊的反應十分冷淡。布萊克回想：「他們沒有急著過來迎接我或自我介紹。」在克里夫蘭，球員休息室裡禁止使用手機。布萊克來到道奇後，發現每個傢伙都在講電話。球員之間缺乏互動；布萊克發現他們甚至不玩撲克牌。（當布萊克開始一場牌局時，柯蕭拒絕參加，因為一百美元的買入金對他來說太貴了。）拉米瑞茲改變了這種氛圍，「我真的覺得他關心我，無論是做為一個人，還是做為一名球員。如果我表現不好，他會坐到我身邊說：『嘿！你明天會敲出四支安打。』」布萊克回憶道。

隨著拉米瑞茲擊出全壘打，柯蕭也穩坐輪值。他在七月二十七日對戰華盛頓國民隊的比賽中，繳出六局無失分的成績，贏得他在大聯盟職業生涯的首場勝利——也是二〇〇八年的首場勝利。十天後，他首次投滿七局。賽季最後的十三場先發中，他的防禦率是四．二四，僅比球隊將他下放時好一點。（那年八月，由於程序性因素，他短暫被調至拉斯維加斯3A。柯蕭告訴記者們，他從未踏進賭場。）他的進步讓道奇高層感到滿意，他們寧願看到他被擊出安打，也不願看他投出保送。他的態度獲得老將隊友的認可，成功時不自誇，失敗時也不生悶氣。馬克．史威尼回憶道：「他以自己的行事方式贏得了尊重。」除了少數幾次失手外，像是在九月對決麥斯．薛澤時，丟了四分而退場（薛澤在二〇〇六年選秀在柯蕭後面的第十一順位亞利桑那響尾蛇隊選中），但柯蕭避免了因投不滿局數而拖累牛棚的情況。有些時候，托瑞給他太多自由空間。九月二日，對戰聖地牙哥的比賽中，托瑞讓柯蕭投到第八局，這是他職業生涯中的第一次，當時球隊領先七分，柯列提對此怒不可遏。開車回家的路上，柯列提的手機響起。托瑞說：「老闆，我很抱歉。」柯列提回他：「你得小心保護這個孩子。」

柯蕭隨時保持高度警覺，觀察周圍的一切。他留意到德瑞克．洛夫會在每次先發的前一天走進牛棚，沒有帶著球就站上投手丘，開始練習投球動作。這種練習稱之為「空投」（dry throwing），可以幫助洛夫在腦海中模擬即將到來的比賽，柯蕭將這個技巧納入自己的例行公事中。當柯列提換來四十二歲、四次國聯賽揚獎得主的葛瑞格．麥達克斯時，亨尼卡特鼓勵柯蕭向這位智者請益。亨尼卡特對麥達克斯說：「這孩子很特別。」賽季最後幾週，柯蕭經常在比賽期間坐在麥達克斯身旁。他專心致力的態度讓麥達克斯留下深刻印象，特別是重視那些看似微不足道的細節。柯蕭在意守備時自己的位置、接球、跑壘等。「這些小細節對他來說都很重要。」麥達克斯回憶道。

拉米瑞茲以火熱的打擊帶領著道奇，在競爭差強人意的國聯西區中闖進季後賽。當球隊在國聯分區系列賽擊敗芝加哥小熊隊，接著在國聯冠軍系列賽與費城費城人隊激烈對決時，柯蕭仍處於核心陣容之外。對托瑞而言，柯蕭的穩定性不如洛夫、畢林斯利和黑田博樹三人組。這輪系列賽中，柯蕭改從牛棚出發，而最終奪冠的費城人只用了五場比賽就淘汰道奇。第二戰中，柯蕭首次在季後賽登板，在畢林斯利被費城人打爆後上場救援，抓下五個出局數。三天後，托瑞要求柯蕭守住一分領先，但他未能做到，他無法掌握曲球，先保送了第一棒打者萊恩・霍華德（Ryan Howard），接著被外野手派特・布瑞爾（Pat Burrell）敲出一支安打。托瑞將柯蕭換下場後，霍華德隨後得分了。比數領先、比賽和最終的系列賽都泡湯了。

「這是不可避免的事，你無法解釋。」柯蕭後來這麼說。

當時的他不可能知道在接下來的職業生涯中，他必須頻繁地回答類似的問題，為失敗的十月做出解釋。

山迪・柯法斯二十歲時，他在布魯克林道奇隊的板凳上虛度光陰，很少登板。如果他面對打者時處於劣勢，總教練華特・艾爾史東會立刻叫上牛棚投手。他之所以會在名單上，僅是因為他在辛辛那提大學大一時簽約後，獲得了一萬四千美元的簽約金。他是那個「簽約金男孩」，這是選秀制度實施前相當於首輪選秀的待遇，布魯克林隊必須在一九五五年和一九五六年全年都將他列入球隊名單內。當布魯克林在一九五五年世界大賽中擊敗洋基隊時，柯法斯只是個穿著球隊制服的觀眾。隔年十月，當洋基奪回冠軍時，柯法斯仍扮演著相同角色。

二十歲的柯法斯和二十歲的柯蕭之間相差了五十多年，但他們之間的相似之處不僅在於球種和用哪隻手投球。柯法斯不想回到布魯克林的家，和所有來自本森赫斯特地區（Bensonhurst）的通勤族一起擠火車；柯蕭不想以失敗告終，讓他的母親在高地公園背負沉重的經濟壓力。但柯蕭沒有被拿來與現實中的柯法斯比較——這位傳奇左投花了六年時間才成為偶像。人們用來衡量柯蕭的標準是一個能在退休幾十年後仍讓群眾為之駐足的傳奇人物，是被整個棒球界和全國敬仰的象徵，是二〇二三年已經在道奇球場豎立雕像的男人。柯蕭強調這些比較從未影響他，他訂下自己的標準，並將柯法斯視為朋友。

二〇一〇年春天，當柯蕭準備迎接他第三個賽季時，托瑞邀請他參加一場慈善活動。飛往洛杉磯的航班上，總教練安排柯蕭坐在柯法斯旁邊，他們聊了數個小時。托瑞回憶道：「他們之間就像連一張紙都插不進去那樣。」柯蕭對於這位前輩的智慧感到敬佩，而柯法斯則欣賞柯蕭的認真及謙遜。「他總是努力變得更好，他從未停止努力變得更好，至今仍是如此。」柯法斯說。

隨著時間過去，柯法斯明白了柯蕭對成功的定義與自己如出一轍：投手應該收拾好自己投的每一局。柯法斯在二〇二三年的一次訪談中說道：「在我看來，比賽不是在飲水機旁激動歡呼，而是堅持到最後，成為最後站在場上的那個人。」

柯法斯站了起來，再次伸出他那巨大的手掌。他沒有什麼時間，但他願意接受採訪，這充分體現了他對柯蕭的熱愛。隨後，柯法斯和公關大師史蒂夫・布雷納（Steve Brener）漫步離開。

「你從來不想放棄棒球，是吧？山迪。」布雷納說。

「我們誰都不想，這項運動與眾不同。」柯法斯說。

第十章

勾住縫線

二〇〇九年五月的一個下午，克萊頓·柯蕭走進費城市民銀行球場（Citizens Bank Park）的客隊教練辦公室，他在七週前才剛滿二十一歲。就在前一晚，費城人隊打爆了他，利用他一再無法投出好球的弱點，在五局中攻下四分。柯蕭知道當教練請他坐下時通常意謂著什麼。他猜想自己可能會被降級——也許是從先發輪值中移除，也許是直接被球隊下放。然而，喬·托瑞心中另有打算，他決定進行干預。

第二個賽季七次先發後，柯蕭又瀕臨重返小聯盟的邊緣。休賽季期間，老將投手德瑞克·洛夫和布拉德·佩尼的離隊為柯蕭創造了機會。然而，到了五月中旬，他繳出的成績卻是五·二二的防禦率。他仍表現出新秀年令人抓狂的特質：速球火燙，曲球引人注目，但他無法穩定控制這兩種球路，他的變速球依然毫無威力可言。內德·柯列提建議把他下放回小聯盟，而托瑞要求再給柯蕭多一點時間。柯蕭讓托瑞想起自己在紐約洋基隊時的中線內野手，像是德瑞克·基特（Derek Jeter）、羅賓森·坎諾（Robinson Canó）。托瑞欣賞柯蕭在面對挫折時的應對方式，他相信柯蕭值得擁有在大聯盟成長的機會。

在托瑞的辦公室裡，柯蕭與總教練、投手教練瑞克·亨尼卡特，以及打擊教練丹·馬丁尼坐在一起。

柯蕭已在大聯盟出賽二十八場，而這三位教練的球員生涯加起來是五十三個賽季。托瑞認為，他們的集體智慧、經驗或許能夠讓柯蕭有所突破，他向馬丁尼拋出一個問題。

「如果今天是克萊頓投球，你會怎麼面對他？」

馬丁尼曾是他那個時代最出色的打者之一，有紐約「棒球丹尼」（Donnie Baseball）的暱稱，曾六次入選明星隊、九次獲得一壘金手套獎。他提供了一份驚人的球探報告，馬丁尼解釋，他會將本壘板一分為二，因為他知道柯蕭只會投內角球；他會忽略曲球，因為他知道柯蕭無法控制這種球路；他也會忽略變速球，因為他知道柯蕭對這個球路沒有信心。他會專注在內角並等待快速直球，「他只有一種有效球路，要擊中快速球，沒那麼難。」馬丁尼解釋道。

托瑞讓柯蕭發言。

「你知道你需要做什麼嗎？」托瑞問道。

「我知道。」柯蕭說。他這幾週、甚至這幾個月來，一直聽到同樣的建議，其實也差不多就是他當時短暫的大聯盟生涯，「我需要把我的曲球投進好球帶。」

托瑞保有耐心但態度堅定，教練們很欣賞這個孩子的固執。他們認為，所有偉大球員都會展現出某種程度的反抗，拒絕偏離他們內心的方針。「這正是他們變得出色的原因。」亨尼卡特說，「他們對於自己的信念非常固執，他們相信自己。」柯蕭有機會成為這樣的球員，但他還未到那一步。要取得成功，他需要有所應變，托瑞解釋道。

「你需要找到第三種球路。」托瑞說。

自從道奇隊選中他以來，他就一直聽到這句口號。變速球令他傷透腦筋，無法投出達到自己標準的變速球，他認為這不是因為不夠努力。當他投出速球和曲球時，左手腕會自然地朝身體另一側甩動；然而，投變速球時，他需要讓手腕朝另一個方向快速旋轉，這個動作稱為「內旋」（pronation）。柯蕭解釋道：「我不會內旋，我不知道該怎麼做。」但在球隊的要求下，他在整個二〇〇九年春季期間，仍然繼續嘗試。左投理應投變速球，而柯蕭立志成為最優秀的左投。

對道奇隊而言，二〇〇九年是過渡的一年。球隊不再於道奇鎮春訓，法蘭克·馬寇特在亞利桑那州格倫代爾市郊找到一個新的春訓中心，稱之為「駝峰牧場」（Camelback Ranch），道奇隊與芝加哥白襪隊共用這個春訓基地。骯髒的宿舍和佛州的悶熱天氣皆被晴朗的天空和嶄新的設施所取代，雖然馬寇特和他的妻子潔米的管理決策將在未來幾年對道奇隊造成可怕影響，但在二〇〇九年春季，一切依舊平穩。在沙漠的第一年，亨尼卡特安排柯蕭與柯法斯見面。亨尼卡特說：「這種機會怎麼能錯過？」亨尼卡特想知道柯蕭是否能模仿柯法斯投球的某些元素，尤其是那著名的「投射」，讓他的速球和曲球名聞遐邇。正如珍·里維（Jane Leavy）在柯法斯傳記中所描述的：「那個動作相當於埃爾文·布魯克斯·懷特（E. B. White）筆下的『清澈如水晶般的溪流』：精煉、簡潔、必要。」柯法斯向柯蕭傳授了他投球動作的要領，例如，將左腳牢牢地釘在投手板上，用右臀部的力量推動身體朝本壘方向移動。

這個動作對柯蕭來說並不自然。他對整個步驟顯露出不滿，他的沮喪連藍迪·沃爾夫（Randy Wolf）都察覺到了。沃爾夫是一個親切友好、擁有十年投球經驗的左投老將，當時道奇簽下他是為了填補輪值空缺。有一天，在重訓室裡，沃爾夫鼓勵柯蕭相信自己的直覺。沃爾夫告訴他：「我學到的一件事是，你無法從怪才身上學到東西。」沒有人能夠像柯法斯那樣，沃爾夫解釋道。但沃爾夫已經打滾得夠久，也見識過柯蕭的許多情況，能夠看出柯蕭有其獨特的地方。沃爾夫繼續說，十五年後，會有年輕的孩子以流暢的動作抬起手腳、停頓，然後瞬間猛力投向本壘。他們會試著模仿柯蕭，而他們終究會失敗。「因為你也是個怪才。」沃爾夫說。

那年春天，柯蕭剛滿二十一歲，買了人生中第一瓶啤酒，他啜飲了一會兒，但拒絕再點第二瓶。他在其他方面也暴露出他的年輕，冬天時，他在高地公園附近買下了人生第一間連棟別墅。他為新家添購的第一件家具竟然是一張乒乓球桌，旁邊還掛著一塊用來記分的白板。那年夏天，他在找尋剪頭髮的地方，卻因找不到平價的「超級剪」（Supercuts）而苦惱不已。最近的髮廊開價四十二美元，「理個平頭要花多少錢？」柯蕭反問道。他為了理一個平頭討價還價，最後花了二十四美元。

談到比賽時，他的青春固執就沒那麼有趣了。因為他從不偷懶，他相信投一休四的訓練週期，所以認為自己什麼都懂。有一次，在道奇球場的糟糕表現後，柯蕭和邁克・博爾茲洛一起走去停車場。柯蕭向博爾茲洛請教問題出在哪裡，博爾茲洛說：「你的曲球投不進好球帶。」當曲球失投時，柯蕭總是用快速球回擊。儘管他的速球足夠出色，即便是大聯盟打者也未必能完全應付。但他們可以把球打成界外、增加他的投球數、等待他出現失投。博爾茲洛建議柯蕭嘗試另一種不同類型的曲球，一種會需要犧牲掉些許優美動作、讓史考利為之傾倒的旋轉，換取更穩定的好球帶落點。柯蕭不喜歡這個建議。

「我一直都是這樣投曲球的，我總是用盡全力把球投出去。」柯蕭說。

博爾茲洛笑了笑。「對誰？高中生？小聯盟打者？」博爾茲洛問。博爾茲洛解釋，在大聯盟這種程度，先發投手必須有能力控制變化球。博爾茲洛警告他繼續這樣下去的後果，「如果你在這裡做不到這一點，你是無法撐下去的，你會變成一名中繼投手。」

經歷幾週的猛烈抨擊，在與托瑞、亨尼卡特和馬丁尼會面之後，柯蕭明白了事情的嚴重性。他仍拒絕改變曲球，而變速球仍舊與他無緣。最後，還剩下一個選擇，他向亨尼卡特問起了滑球。

瑞克．亨尼卡特在田納西州查塔努加郊外長大，曾身穿位於諾克斯維爾的田納西大學志願者美式足球隊的橘白色球衣。他說話時，彷彿每一個音節都是從奇卡莫加水壩疏挖出來的。他二十三歲時登上大聯盟，四十二歲時退休。在這期間，他在西雅圖水手隊入選過全明星隊，在德州遊騎兵隊拿過防禦率王，也在奧克蘭運動家隊贏過世界大賽冠軍。他曾是頂尖的先發投手，也曾是二流的中繼投手，甚至嘗試過介於之間的各種角色。

對亨尼卡特來說，他人生中最具顛覆性的經歷發生在遊騎兵把他交易至道奇之後。一九八四年，他在道奇鎮的第一個春季著實令他大開眼界。他非常喜歡與投手教練羅恩．佩拉諾斯基（Ron Perranoski）、小聯盟總教練戴夫．華萊士（Dave Wallace），以及偶爾參與春訓指導的山迪．柯法斯之間的交流。亨尼卡特回想：「我感覺在春訓的二至三週裡，光是和山迪、戴夫和羅恩待在一起，學到的東西就比一生中學到的還要多。」二〇〇一年，華萊士邀請他以小聯盟教練的身分，重新加入道奇隊。亨尼卡特認為，道奇隊在一九九〇年代末，當歐馬利家族（O'Malley family）將道奇隊賣給了魯柏．梅鐸（Rupert Murdoch）的福斯娛樂集團之後，球隊已經「偏離根本」。亨尼卡特在二〇〇六年加入大聯盟教練團，擔任總教練格雷迪．李托的投手教練。在托瑞接任後，仍繼續留用他，因為亨尼卡特與球員之間的關係很好，並理解球隊的歷史。亨尼卡特回憶道：「當我被聘用時，我希望能夠帶回過去的影響力。」他推崇謙遜，而非過度誇飾。他很少大吼大叫，並非常善於說服哪怕是最固執的球員來信任他。

亨尼卡特的滑球握法是從前洋基投手梅爾．史陶德邁爾（Mel Stottlemyre）那邊學來的，滑球是一種相對簡單的球路，雖然不如曲球獨特，但更容易掌握，球會朝著投手的手套側飄移並下墜。其握法與四縫線快速球類似，食指與中指握在球的外側縫線處，而無名指則扣在幾英寸外。為了讓球移動，投手會稍微轉動手指。柯法斯傳授亨尼卡特如何利用施壓點來加強球的旋轉，他會在中指和無名指的關節之間創造一個像老虎鉗般的壓力點，他稱之為「勾住縫線」。

二〇〇九年春天，當柯蕭尋找能穩定職業生涯的第三種球路時，亨尼卡特提出建議並傳授他所學的一切。「克萊頓對此還是有些固執，但他就是喜歡瑞克．亨尼卡特這個人。」托瑞回憶道。柯蕭不需要像他的曲球那般令人驚嘆的球路，只需要一種能夠投進好球帶的球。亨尼卡特示範了他的滑球握法，並傳授自己從柯法斯那裡學到的原則，特別是那個施壓點。他告訴柯蕭要讓中指深深地勾住縫線，亨尼卡特強調：「我要你感覺自己像是把球往下拉，而不是把球丟過去。」柯蕭用左手握住棒球，並模仿這種握法。與變速球不同，滑球並不需要內旋，他的手腕可以像投其他兩種球路一樣地自然甩動。他發現滑球唯一需要的是力量，只要盡全力地把球投出，而滑球的握法自然會完成其餘的部分。柯蕭在先發期間嘗試了這種球路，並喜歡這個軌跡，但他還不確定自己是否已經準備好使用這個球種。他聽了太多意見——來自亨尼卡特、托瑞、博爾茲洛、甚至是沃爾夫。沃爾夫告訴柯蕭：「滑球會比其他球更容易控制。」A．J．艾利斯則解釋道：「他耳根子很硬，會聽進你說的話，但他是個固執的人——這或許是造就偉大的原因之一，也因此，和他一起工作非常有趣。不過，他會想通這一切的。」

柯蕭延遲了幾週之後才開始使用這個新球路。五月十七日，在托瑞辦公室開會後的首次先發，對戰佛羅里達馬林魚隊，進入第八局之前依然保持無安打比賽。當時情況看起來相當嚴肅，亨尼卡特甚至跑到陸鯊球場的休息室打電話給柯列提請求指示。柯列提強調，當投球數到達某個臨界點時，亨尼卡特必須介入。然而，比賽的後續發展避掉了任何爭議。柯蕭在第八局首打席就被擊出一支二壘安打，隨後立即退場。亨尼卡特和托瑞鬆了一口氣——緊接著又滔滔不絕。「他有柯法斯的那種宰制力。」托瑞這麼說。

但在五天後，柯蕭的表現又退步了。對戰洛杉磯天使隊的比賽中，他在五局內投出四次保送。在科羅拉多，落磯隊在六局內攻下三分。沃爾夫回憶道：「你可以看出他內心的不滿，不管他投得如何，你都能看出他都是『好吧。我還可以做得更好』。」在庫爾斯球場（Coors Field）的比賽結束後，道奇隊飛往芝加哥。在瑞格利球場（Wrigley Field）一壘線旁的牛棚裡，博爾茲洛正在接畢林斯利的牛棚練投，這時柯蕭走了過來，等畢林斯利投完後，柯蕭請博爾茲洛留下來。

「我投了一顆滑球，我想讓你看看。」柯蕭說。

邁克．博爾茲洛是穿著護胸的變色龍。一九九七年夏天，博爾茲洛與洋基中繼投手馬里安諾．李維拉（Mariano Rivera）練習傳接球時，這名投手的快速球毫無預兆地投射而出。神祕的球路變化促成了後來李維拉擠進名人堂的招牌卡特球，將近二十年後，博爾茲洛擔任芝加哥小熊隊教練時，見證這支球隊終結了一百零八年世界大賽冠軍荒。在這些里程碑之間，托瑞將博爾茲洛帶到了洛杉磯道奇。

托瑞和博爾茲洛的父親麥特一同在布魯克林長大，後來，托瑞和麥特在南加州共同經營一個夏季棒球訓練營長達十五年。邁克從加州路德大學畢業後，選秀未被選中，但在一九九一年與聖路易紅雀隊簽約，當時，托瑞是該隊的總教練。幾年後，托瑞帶領洋基隊時，他邀請博爾茲洛擔任牛棚捕手。當時博爾茲洛正為父親開卡車，托瑞為他開了機會的門，但博爾茲洛憑藉自己的能力將這扇門敞開。他對揮棒有直覺的理解，並成為早期採用影片分析技術的先驅。博爾茲洛在洛杉磯塔扎納郊區長大，從這裡沿著一〇一號公路到好萊塢只需十八英里（約二十九公里）。他在敘事時充滿了電影般的天賦，也善於傾聽對話。他直言不諱，前小熊隊總教練戴爾．斯維姆（Dale Sveum）說：「有些人覺得他說話很刺耳，但他只是過於誠實。」他是柯蕭展示滑球的理想見證人選。博爾茲洛深知一個微小的改變將會顛覆整個職業生涯，而且，如果這顆滑球很糟，博爾茲洛也不會害怕說出實話。

博爾茲洛建議柯蕭先以快速球暖身，柯蕭開始了他的投球動作：上、下、分開。四縫線快速球展現了一貫的活力，接著，博爾茲洛要求他投一顆滑球。上、下、分開。從柯蕭手中投出的球看起來像一顆快速球，直到抵達博爾茲洛手套的最後一刻才露出真面目。一般的滑球往往會朝對角線下墜，通常水平傾斜的幅度大於垂直下降的幅度，但這顆球不同，它像快速指叉球一樣向地面急墜，幾乎沒有橫向位移。「就好像憑空消失了。」博爾茲洛回憶道。

柯蕭露出探詢的表情，尋求博爾茲洛的認可。

「再投一次。」博爾茲洛說。

上、下、分開。第二顆滑球的軌跡與第一顆完全一樣。「天啊！」博爾茲洛心想。柯蕭重複了他的投球，結果如出一轍。他感受到自己一直渴求的掌控感，那種在投曲球時難以獲得的感覺，球精準落在他想要的位置。柯蕭回想：「就算我稍微投偏了一點，還是非常接近目標。」又投了幾次之後，柯蕭詢問博爾茲洛的意見。博爾茲洛說：「你在和我開玩笑吧？如果你能在投手丘上這麼投，那這顆球已經準備好上場了。」柯蕭看起來有些不太確定。他很難想像自己能這麼快就投出第三種新球路，「到時候再看看吧。」他說。

那個週末在瑞格利球場，博爾茲洛並非唯一的幸運觀眾。由於有人受傷，A．J．艾利斯臨時替補進球員陣容中。此前，他一直在3A的阿布奎基同位素隊（Albuquerque）打拚，因為大聯盟中有羅素．馬丁和資深替補布萊德．奧斯摩斯（Brad Ausmus）占據位置。就在柯蕭測試滑球的隔天，博爾茲洛把艾利斯拉到一旁。他需要艾利斯去接柯蕭的牛棚練投，他們需要分析這個新的球路。「他會讓我接嗎？」艾利斯問道。

當柯蕭回到牛棚時，艾利斯蹲在本壘後方。亨尼卡特密切觀察著柯蕭，博爾茲洛則站在艾利斯旁邊。當第一顆滑球投出時，艾利斯抬頭看向博爾茲洛，一臉難以置信。「我就跟你說吧！」博爾茲洛說。這顆球一直在消失。從遠處看，這顆球似乎沒什麼特別。但從近處看，真是一個奇蹟。「除非你接過，否則很難形容這種感覺。」博爾茲洛回想，「難的地方在於，你根本看不到旋轉。」捕手和教練持續討論著，難以置信他們所見的一切。甚至連一向保守的旁觀者亨尼卡特也表示贊同。這或許就是柯蕭問題的解答——一顆他能投進好球帶、在球數落後時也能投出的變化球。亨尼卡特回憶道：「這顆球正是我們想要的東西。」

柯蕭投完球後，大家聚集在一起。

「你覺得這個滑球怎麼樣？」柯蕭問艾利斯。

「它可以上場了。」艾利斯說。

這讓博爾茲洛激動到難以復加。

「我就跟你說吧！」他說，「我早就跟你說了吧！」

「放輕鬆。」柯蕭說。他對這樣的情況早已習以為常。艾利斯說：「我跟你說，那顆球真的很不可思議。」亨尼卡特雖然沒有那麼激動，但仍感到鼓舞。他喜歡那顆球的軌跡，喜歡它下墜的深度，喜歡它與看起來的如此不同。

柯蕭已經能夠用史基普．強生教他的投球動作來隱藏球，他手臂的角度，再加上亨尼卡特教他的握球方式，這個組合打造出一種幾乎沒有其他投手能夠模仿的武器。亨尼卡特回憶道：「他的滑球有多麼獨特，任憑我再怎麼強調都不為過，這和整個棒球界的滑球完全不同。」這個獨一無二的球路為柯蕭打開了另一扇門。他擁有其他人所沒有的東西。打者通常依靠肌肉記憶，他們的眼睛辨認出即將來襲的球，身體隨即做出反應。但如果他們面對的是一種無法辨認的球呢？

第十一章

萬物的適切平衡

克萊頓．柯蕭即將展開現代棒球史上先發投手最銳不可當的表現之一。二〇〇九年六月四日，他在費城的一場比賽中投出他的第一顆滑球。那個賽季，他的最後二十一場先發比賽，防禦率僅二．〇三，柯蕭正進入隊友內森．艾爾瓦迪（Nathan Eovaldi）口中「無懈可擊」的階段。一代投手都會研究他，但無法複製他的投球武器庫；一代打者都會因他的覺醒而顫抖，但無法破解他的攻勢。他做為一名潛力新秀的時代即將結束，做為棒球界最佳投手的統治時代即將開始。

然而，對二〇〇九年的道奇隊而言，柯蕭仍是曼尼．拉米瑞茲主演戲劇中的性格演員。拉米瑞茲令人難以捉摸、難以忍受且難以阻擋。二〇〇八年道奇遭淘汰後，《洛杉磯時報》的比爾．普拉施克（Bill Plaschke）曾問拉米瑞茲是否想留在球隊。拉米瑞茲回答：「到時候再看看吧。」他的自由球員身分主導了整個冬季。拉米瑞茲悠閒地躺在佛羅里達的家中，等待道奇滿足他的開價。直到春訓開始的幾週後，拉米瑞茲才簽下一份兩年四千五百萬美元的合約，並前往駝峰牧場報到。那年四月，他肆虐投手群，彷彿一切再正常不過。

五月七日凌晨一點左右，內德・柯列提接到法蘭克・馬寇特的電話：拉米瑞茲在春訓期間因睪固酮（Testosterone）指數上升，藥檢呈現陽性反應。拉米瑞茲將其歸咎於治療「個人健康問題」的藥物，美國大聯盟對此處以五十場禁賽處分，柯列提告訴記者：「這是棒球界黑暗的一天，對於我們球隊無疑是一個打擊。」（兩年後，拉米瑞茲再次未能通過藥檢，他選擇退休而不是接受禁賽一百場的處分，這些違規行為幾乎斷送了進入名人堂的資格。）

這場騷動雖然引起了公眾關注，但並未影響球隊發展。麥特・坎普和安德烈・伊席爾分別獲得了銀棒獎；強大的終結者喬納森・布朗克斯頓首次入選全明星隊；藍迪・沃爾夫穩固了先發輪值，而柯蕭逐漸進入狀態。七月，拉米瑞茲從禁賽中歸來後繼續大棒揮擊。那年九月的一個下午，拉米瑞茲正在道奇球場進行打擊練習。「在我年輕氣盛的日子裡，我喜歡在外野跑來跑去。」柯蕭回憶道。拉米瑞茲將球輕擊向右外野，柯蕭開始追逐，他全速衝刺，沒有注意到周圍的環境，結果直接撞上了外野牆。他試圖掩飾疼痛；年輕球員們一般不喜歡進入治療室，但布萊德・奧斯摩斯目睹了這次碰撞。

「進去吧，你肯定弄傷了什麼。」奧斯摩斯說。

柯蕭因右肩脫臼缺席了兩週，他回憶道，「是啊，那真是太蠢了。」道奇隊贏得了九十五場比賽，成為國聯勝場最多的球隊。季後賽第一輪，道奇以三場比賽橫掃聖路易紅雀隊。柯蕭首次在季後賽登板先發，六・二局內，雖然被打出九支安打，不過只讓紅雀隊得到兩分。因為肩膀的傷勢，他幾乎無法揮棒打擊，但在投手丘上，「表現得還不錯，但投球還沒有達到我需要的水準。」他回憶道。柯蕭在道奇落後的情況下退場，隨後坐在板凳區觀戰，親眼目睹球隊在第九局發起了一場再見逆轉。

一週後，柯蕭在國聯冠軍系列賽第一戰登板先發。費城費城人隊是上屆世界大賽冠軍，擁有強大的陣容和屹立不搖的信心：壯碩的一壘手萊恩．霍華德，曾在二〇〇六年獲得國聯最有價值球員獎；活力充沛的游擊手吉米．羅林斯則在隔年拿下同樣的獎項；而全能的二壘手蔡斯．阿特利是這群人中表現最出色的。費城人在心理上占優勢，因為他們在去年季後賽淘汰了道奇。沃爾夫將這種感覺比作一部恐怖片：道奇隊彷彿在等待怪物從衣櫃裡跳出來一樣。

他們沒有等待太久，怪物就現身了。柯蕭帶著一比〇的領先局面進入第五局，但當老將外野手勞爾．伊巴涅斯（Raúl Ibañez）率先擊出一支安打，從那時起，柯蕭就崩盤了。他投出暴投並保送了打者，瑞克．亨尼卡特的暫停場上指導也未能奏效。柯蕭隨後被捕手卡洛斯．魯伊斯（Carlos Ruiz）敲出一支三分全壘打。局勢仍持續惡化。柯蕭以四球保送了對方投手科爾．漢梅爾斯（Cole Hamels），接著又投出兩次暴投，阿特利被保送上壘，霍華德敲出一支兩分打點的二壘安打。柯蕭無法控制比賽節奏，無視許多人給予他的建議——亨尼卡特、邁克．博爾茲洛、格倫．迪什曼——關於放慢比賽節奏的忠告。柯蕭試圖壓制他無法壓制的打線，速球沒有令他們驚慌失措，曲球也找不到準星，而他的滑球並沒有嚇到費城人。「老實說，他早期投的滑球並不怎麼樣，你可以很早就看出旋轉的軌跡。」阿特利回憶道。（阿特利向來擅於觀察事物。幾年後，當他加入道奇隊時，他向新隊友透露一個祕密：早在二〇〇八年和二〇〇九年，費城人就知道接下來會投什麼球，因為他們從二壘偷道奇的暗號。）

最終，在霍華德的二壘安打後，托瑞終於介入。柯蕭回到休息區，抓了一條毛巾，低頭凝視著兩腳之間。他還太年輕，無法承受這場失利的責任；在第二天的《洛杉磯時報》上，普拉施克大力抨擊托瑞放任自流的調度方式。普拉施克寫道：「柯蕭很可能在未來幾年成為季後賽的頭號先發投手，但現在仍在學習他的球技，仍需要有人幫助他脫困。」柯蕭責怪自己沒有放慢節奏並化解危機。他後來寫道：

「我試著將這一路上的顛簸，視為成為我理想中的人和投手的一部分過程。」這個過程往往是痛苦的：「有時候，我真希望上帝不要那麼忠實地提醒我，『克萊頓，你還沒有完全弄明白。』」

柯蕭再也沒機會在對戰費城人的系列賽中登板先發。贏下第二戰後，道奇隊在第三戰被狠狠痛宰。第四戰中，布朗克斯頓連續第二年在季後賽對戰費城人時救援失敗。「感覺就像對上費城人時，空氣中都瀰漫著燒焦的味道。」沃爾夫回憶道。面臨淘汰邊緣，柯蕭已充分休息並隨時準備上場。第五場比賽的幾天前，他走進重訓室找托瑞，托瑞一邊踩著健身腳踏車、一邊戴著耳機看報紙。沃爾夫回憶道：「柯蕭像籠裡的動物一樣在房間裡徘徊。」托瑞抬起頭，柯蕭詢問他是否會在第五戰先發上場。「不會，不會是你先發。」托瑞說。道奇選擇了文森特・帕迪拉（Vicente Padilla），他丟了六分。柯蕭在中繼登場時又掉了兩分。又一個賽季在對手撲成一團群體歡呼中結束了，「這些經歷讓我的好勝心保持謙卑。」柯蕭寫道。

那年冬天的一個晚上，艾倫和柯蕭在六旗主題樂園玩了一下午的雲霄飛車後，她疲憊地坐在自己兒時的臥房裡哭了起來。那天晚上，他們本來要一起去吃飯，但具體細節已不重要，她深信男朋友搞砸了。

二〇〇九年夏天，艾倫準備升上德州農工大學四年級之前，她去洛杉磯找柯蕭。當時柯蕭仍住在科爾曼夫婦市中心的家中，但他的投球表現已足以讓他設想自己在這座城市的未來。這是兩人第一次談到結婚的事，艾倫在德州有自己的生活：她主修傳播，參與校園慈善活動。暑假期間，她還去非洲尚比亞傳教，照顧當地的愛滋病孤兒。隨著畢業將臨，她希望能待在柯蕭身邊，但不想為了一個還沒準備好要定下來的人而離開自己熟悉的環境。

賽季結束後，艾倫等待，並希望柯蕭能夠求婚。但令她失望的是，柯蕭一直迴避這個話題。然而，艾倫不知情的是，克萊頓已經偷偷聯繫她的父親，並相約見面，以便他可以支支吾吾地請求對方將女兒嫁給他。柯蕭的緊張把吉姆．梅爾森逗樂了，他當然答應。柯蕭還找了艾倫的姊姊安商量，設計一場盛大的求婚儀式。接近聖誕節的前幾天，在那個雲霄飛車般的約會後，當柯蕭再次約艾倫出來，艾倫沒有留意到明顯的訊號：克萊頓，這個討厭穿長褲的男人，竟然穿著一套全新的西裝，鬍子刮得乾乾淨淨，開著一輛白色的豪華加長禮車出現了。他們先開車在高地公園附近繞繞，欣賞節日燈飾，然後一起去市中心吃飯。送艾倫回家之前，克萊頓請司機先在他位於市區的連棟別墅門口停車時，那天晚上的真正目的，艾倫仍毫不知情。

當艾倫走近門口時，她透過窗戶看到屋裡閃爍著燈光：聖誕節音樂、綠色植物、燈串，地板上甚至還鋪滿了用乾冰製造的「雪」。上樓後，聖誕樹下有一個孤零零的盒子。艾倫打開後，發現是一個聖誕老人小雕像，手裡捧著她的訂婚戒指。艾倫再一次哭了——這次是幸福的眼淚。回到梅爾森家，等待著他們的是一場慶祝派對，他們討論了婚禮的日期。當然，要安排在休賽季期間。

二〇一〇年春天，當道奇隊在駝峰牧場集結準備新賽季時，柯蕭請求羅根．懷特幫個忙。距離選秀還有幾個月的時間，柯蕭希望懷特能關注一位他在年少時期旅行棒球隊的老隊友。「我根本不知道尚恩．托爾森是誰。」懷特回憶道。

當時，年少時期的美國隊和 D-Bat 隊的大多數明星投手都已進入大聯盟。布萊特．安德森在二〇〇九年為奧克蘭先發出賽了三十場；泰森．羅斯在二〇一〇年春季於聖地牙哥首次亮相；喬丹．沃頓——

這位從全國第一滑落至選秀第十二輪的火球男，那個夏天效力於天使隊。但托爾森卻在貝勒大學陷入了困境。大學時期，他動了ＴＪ手術之後，始終未能找回當初讓他成為美國隊中繼王牌的強勁滑球。「他們以為我會記起所有讓我達到那個水準的東西。」托爾森說，「但我什麼都想不起來了。」做為一名大四生，他的戰績是二勝七敗，防禦率高達五．一七。他已經開始申請牙醫和醫學院了。

在柯蕭的推薦下，懷特派出一名球探去評估托爾森。但球探的報告表示懷疑，道奇隊還是將托爾森的紀錄建檔至選秀數據庫中，但懷特隨即就把他拋在腦後了。直到選秀日那天，懷特邀請柯蕭和所有球探們進入會議室。柯蕭問：「我的朋友托爾森怎麼樣？你們會選他嗎？」懷特坦言他已經忘了托爾森。但在第三十輪時，道奇抱著姑且一試的心態選了他。托爾森以一萬美元的簽約金簽約，隨後被派往猶他州奧格登的道奇新人級先鋒聯盟報到。幾年後，他成功登上大聯盟，又過了幾年，他在德州遊騎兵成功救援了三十五場比賽，並幫助球隊打進季後賽。後來因為背部受傷，隨後又動了第二次ＴＪ手術，他的職業生涯宣告結束。但他仍賺了大約五百萬美元——遠超乎他的預期。「誰知道我的人生最後會變成什麼樣子呢？」托爾森回憶道。

多年來，柯蕭和托爾森一直保持著密切聯繫。他們會在冬天相聚，分享各自孩子的趣事。因為懷特告訴過他，托爾森知道是柯蕭重啟了他的職業生涯。但托爾森從未主動對柯蕭提起選秀的事，而柯蕭也從未提過這段往事。

在馬寇特經營的最後幾年，道奇球場陷入破損失修的狀態。二〇〇九年，馬寇特與妻子潔米離婚之後，這支球隊幾乎整個傾覆。馬寇特一直像個被債主追著跑的人那般經營著道奇隊，導致一種推諉責任、掩飾過錯的文化滲入整個球隊環境中。離婚後，用於球員、工作人員和球場維修的資金皆枯竭。道奇球場成為逐漸衰敗的暗喻，電梯緩慢運行，球場內只有一個打擊練習場，道奇與客隊共用一個重訓室。曾四度獲得金手套獎的二壘手奧蘭多．哈德森（Orlando Hudson），效力於亞利桑那響尾蛇隊時，在重訓室裡首次遇見柯蕭。一年後，哈德森與道奇簽約。柯蕭令他想起自己的前隊友羅伊．哈勒戴（Roy Halladay）——在多倫多和費城都曾獲得賽揚獎的專注狂人。剛過合法飲酒年齡的柯蕭，將年輕的活力注入他獨斷的日常訓練中。「柯蕭總是在流汗。」哈德森記起，「當時就像，『老兄，你現在又在做什麼？』他說：『我剛跑完步。』兩小時過後，『老兄，你怎麼又在流汗了？』他說：『我剛泡完冷水澡。』我的老天啊！我真佩服。他不是在裝裝樣子，**他每一天都這麼做**。」

柯蕭開始學習最佳化自己的時間。他的牛棚訓練變得更有效率，在他大聯盟生涯初期，博爾茲洛回憶道：「他就像一匹年輕的駿馬，把他放出來就會到處亂跑。」博爾茲洛提醒柯蕭，在牛棚練投中控球的重要性。他鼓勵柯蕭鎖定一個好的、低位快速球，專注攻擊他將賴以維生的好球帶邊緣。這些訓練變得井然有序，只有三十四次投球，重點放在重複他的投球動作，而不是追求最快球速。無論訓練結果如何，他都不會過於糾結。投球狀態不穩，不會耿耿於懷；投球狀態極佳，也不會沾沾自喜。他完成該做的事，然後邁向當天的下一步。亨尼卡特回憶道：「不管情況是好是壞，還是一般般，他把一切都留在牛棚裡。」

亨尼卡特注意到，壘上有跑者時，柯蕭的投球小動作容易被看出他的意圖。要投快速球時，他會緊握住球；準備變化球握法時，他的手套會張開。亨尼卡特建議柯蕭舉起他的雙手，在準備握法的同時先屏住呼吸。這個動作掩飾了他的投球意圖，並緩解肩膀的緊張感。柯蕭不再僵硬地站立，僅在手套裡有輕微的動作。隨著時間推移，這個動作成為他的標誌。柯蕭的雙手愈舉愈高，直到完全伸展，指向天空，同時吐出一口氣。

柯蕭經常聽取來自教練、主管或隊友的建議，但他捨棄大部分，只採納那些他認為有道理的建言。前道奇隊首輪選秀球員布雷克．迪威特回憶道：「早期，在那個層級，你會試著做教練告訴你要做的一切。而有些傢伙只是不斷地說『是、是、是』，不斷地沿著這條路走下去，最終迷失了自己做為一名球員的本色。」迪威特解釋：「柯蕭很固執，他知道是什麼讓他變得出色。不管別人對他的期望如何、喜歡或不喜歡，他都會堅持下去。」

柯蕭得到托瑞的信任。二〇〇九年，柯蕭在三十場先發中，有十六次投到一百球以上。一年後，他達成了二十七次。他分析了亨尼卡特繪製的比賽計畫圖表，從中尋找基本但關鍵的資訊：哪些打者在球數領先時更積極？哪邊是甜蜜點？哪邊是漏洞？柯蕭在比賽前牢記這些資訊。成功招致堅定的信念、信念帶來更多的成功、更多的成功又促成更大的信念。布萊德．奧斯摩斯回憶道，「當他站上投手丘時，他完全相信自己能讓你出局，不管你是誰。」

二〇一〇年七月二十日，柯蕭首次與那位被視為國聯西區最佳投手的球員正面交鋒。那頂王冠很快就會只屬於柯蕭，但在當時，提姆．林斯肯憑藉自己的努力站上一席之地。柯蕭在大聯盟的前兩個賽季裡跌跌撞撞，而身高五尺十一寸（約一七八公分）、體重一七〇磅（約七七公斤）的林斯肯，二〇〇六年選秀排名第十，他那旋轉舞般的投球令人著迷不已，《運動畫刊》的棒球營運部門杜奇（Tom Verducci）形容他的動作堪稱「工程奇蹟，能夠產生驚人的旋轉力量——球速的關鍵因素——全靠他的雙腿、臀部和軀幹如此協調地運作」。

這個完美協調使他在二〇〇八年和二〇〇九年連續兩屆獲得國聯賽揚獎，這也引起了道奇隊管理階層極大的不安。道奇球探提姆．霍爾格倫回想：「我清楚記得內德說：『你們這些人當初怎麼沒選林斯肯？』」他們當然有理由。當羅伊．史密斯和羅根．懷特在選秀前討論到林斯肯時，一致認為他是一名高回報但風險極大的選手。林斯肯奇蹟般的投球動作依賴於他右臂的極速揮動，但這種特質對任何投手來說都難以維持長久。史密斯回想，「我記得當時在想，以他的體型，只要他的手臂速度稍微慢了一點，他就完了。」林斯肯在最初兩個賽季中，快速球均速為九十四英里（約一五一公里）。但到了二〇〇九年，他的球速開始下降；二〇一〇年，他的球速進一步下滑。他矮小身軀裡的電力正逐漸流逝。

那個七月的晚上，柯蕭與林斯肯第一次在投手丘上對決，這場比賽仍堪稱王牌對決。面對第一個打席，柯蕭試圖將球控制在內角位置時，他以一顆時速九十一．三英里（約一四七公里）的快速球擊中巨人隊外野手安德烈斯．托雷斯（Andrés Torres）的左手。這兩隊之間有著悠久的世仇恩怨，道奇和巨人之間總是充滿故事。就在幾個月前，帕迪拉的一顆觸身球打斷巨人隊外野手亞倫．羅萬（Aaron Rowand）的下顎。柯蕭擊中托雷斯之後，林斯肯對坎普投出三記內角速球，第三球終於擊中坎普的背。

當裁判警告兩邊板凳席可能會被驅逐出場時，道奇的板凳教練鮑伯．薛佛（Bob Schaefer）大聲表達了他的不滿。他並不是唯一一個在休息區內怒火中燒的人，即使在沒有先發登板的日子裡，柯蕭總是站在欄杆旁為隊友們加油。前隊友詹米．萊特回想，「那傢伙根本就是道奇先生。」看到自己的隊友被欺負，尤其是在他掌控比賽的這一天，激發了他內心的保護本能，這種本能正如他高一時在新生美式足球混戰中揮拳保護隊友一樣。

柯蕭走向托瑞和薛佛。

「喬，」柯蕭說，「我要砸人。」

托瑞說明報復是愚蠢的。道奇可以之後再處理這個問題，他們還會再對上巨人隊。他語重心長地勸告後，便走開去喝水了。但柯蕭仍不為所動。

「薛佛，」他告訴板凳教練，「我要砸人。」

薛佛也表達了同樣的說辭。一局之後，舊金山的中繼投手丹尼・包提斯塔（Denny Bautista）對羅素・馬丁投了一顆近身球，馬丁急忙閃避並跌出打擊區。正如薛佛所說，他自己「氣炸了」。他對裁判發飆，結果被驅逐出場。穿越休息區離場時，薛佛看到柯蕭，「等會兒見！」柯蕭對他說。

第七局的第一球，柯蕭直接砸中羅萬的臀部。裁判立刻將柯蕭驅逐出場，柯蕭沒有任何戲劇化表現或假裝抗議。他離場時，全場起立為他鼓掌。薛佛回憶起：「對我來說，從那刻起，他就是個特別的人。」薛佛在大聯盟執教近十五個球季。他對於天賦和渴望的交集有一套理論，「有些球員害怕變得出色。」他解釋道。他們害怕引起關注，難以應對期望，甚至逃避必要的工作。但他認為，克萊頓・柯蕭不是那樣的人。

薛佛回憶道：「他的目標是成為比賽中最好的球員，很多人內心可能也有這種想法，但同時，他們意識到自己的局限，但柯蕭不會讓任何限制阻礙他前進。」

二〇一〇年十二月四日，距離柯蕭在高地公園高中的走廊上，第一次走向那位棕髮女孩，時間已經過了七年九個月又十五天。而今，他站在高地公園長老教會的聖壇前，同一位女孩正朝著他走來。

這麼多年過去了，在與梅爾森一家一起旅行，以及在他的棒球世界和她的大學生活之間數不清的電話和電子郵件之後，艾倫仍能讓他開懷歡笑。她散發著樂觀，擴展他的界限。「最適合形容艾倫的詞就是快樂，她是那麼的快樂、樂觀又充滿熱情。」柯蕭解釋道。而在柯蕭身上，艾倫找到了安定。艾倫說：「我想要秉持一種樂觀的態度看待這個世界，部分原因在於，我知道克萊頓給我很多安全感，他會檢查一切細節，確保我們一切都好好的，也會衡量所有風險，我只需要看著值得的事就好。」他們讓彼此圓滿。「如果我們兩個人都不切實際，那就行不通了。」艾倫補充道。

新娘穿著一件無肩絲質塔夫綢禮服，新郎穿著一套黑色燕尾服，繫上白色領帶，臉上掛著傻氣的微笑。艾倫的姊姊安是主要伴娘，喬許・梅利迪斯率領著一群伴郎團，包括幾位高地公園的朋友、托爾森和艾倫的兩個兄弟。出席婚禮的球員包括詹姆斯・麥當勞、普雷斯頓・馬丁尼和保羅・科爾曼。儀式結束後，一行人前往皇家橡樹鄉村俱樂部參加婚宴。酒吧供應拉索達家族紅酒，合唱團演唱聖誕頌歌，這對新人的第一支舞卻偏離傳統。婚禮前幾天，兩人還在為曲目煩惱，古典情歌似乎不太適合他們的風格；要是踩著〈美妙的今晚〉（Wonderful Tonight）旋律跳著慢舞，他們會很不自在。艾倫回想起童年時的愛好，她對柯蕭說：「我覺得我們應該編一段舞蹈。」於是，在婚禮當天，柯蕭換上運動鞋，隨著艾倫編排的舞步，在亞瑟小子的〈DJ讓我們陷入愛河〉（DJ Got Us Fallin' in Love）音樂聲中，大搖大擺地跳著舞。「我不知道是怎麼說服他的，但他確實跳了。」艾倫回憶道。

度蜜月時，他們展現出青春幼稚的一面。他們用 Google 搜尋了「墨西哥全包式度假村」，最後選定了「女人海灘飯店」（Playa Mujeres）。他們在泳池旁啜飲水果飲料，柯蕭則對著枕頭投球，保持手臂的靈活性。幾週後，柯蕭首次陪同艾倫前往尚比亞。這趟旅行的前幾個月裡，艾倫感受到柯蕭的焦慮，他不擔心這趟旅程，也不擔心可能會染上瘧疾，他只是不想中斷自己的練投計畫。他在行李中塞進一個墊子，抵達當地後，他請一名焊工幫這個墊子做一個框架。

當他們抵達首都路沙卡時，見到了艾倫前幾次旅行時結識的一些孩子。孩子們聚集在一起，有幾個目不轉睛地看著柯蕭；艾倫猜想他們可能沒有見過這麼高大的白人。她緊握丈夫的手，柯蕭對她說，「這真是太棒了。」這次旅行加深了他的信仰，也讓他更理解艾倫對這個國家的熱愛。當他聽到尚比亞人在彌撒中歌唱時，他深受觸動。「艾倫總是告訴我，她認為尚比亞的禮拜儀式就像在天堂中的敬拜一樣，那一刻，我明白了她的意思。」他寫道。

柯蕭仍維持訓練計畫，在泥土路上跑步，像雨點般對著墊子投球。這次旅行中的另一個人曾打過高中棒球，於是柯蕭請他幫忙練習傳接球，這兩趟旅行令艾倫為未來的假期需求做好了心理準備。「但願我在十六年前就學會接他的球，若我能這麼做的話，我想我們的旅行就容易多了。」艾倫回憶道。

冬天時，當柯蕭沒有對著枕頭、臨時替代目標或體育課好漢擲球時，他會在達拉斯到處找投手一起在高地公園高中的室內設施練球。參與的人有高中好友，也有大聯盟的先發投手。德州遊騎兵隊的右投布蘭登・麥卡錫在一個休賽期加入團隊，他親身體驗了為什麼柯蕭會令打者驚恐不安。當柯蕭設定一個目標，他就能準確命中。麥卡錫根本無法跟上球到來的軌跡，他回憶道：「記得我很快就站起來說：『哦！這就是為什麼你打不到球，你根本看不到球的軌跡。』」

一天下午，麥卡錫站在威爾・斯克爾頓旁邊。斯克爾頓是柯蕭在高地公園的前隊友，當時他正要完成山姆休斯頓州立大學的學業。斯克爾頓指出，柯蕭的球速具有矇騙性。他的快速球均速為九十三英里（約一五〇公里），但球的移動速度似乎比這更快。「我希望有人能分析一下，他的球在出手時比我的多旋轉了幾次。」斯克爾頓對麥卡錫說。

未來幾年裡，那些在棒球管理層中的航空工程師、試算表高手和善於分析觀察的「魔球」追隨者們，將能提出解答：柯蕭的高壓投法能夠產生大量逆旋。要解釋這個現象最簡單的方式是，想像一架飛機起飛時，機翼在翼型下方產生向上的升力，棒球中的逆旋原理與此相同。「上升快速球」這個概念其實是個迷思，因為沒有人類能產生足夠的力量讓球往上飄起，但像柯蕭這樣的投手能夠產生足夠的逆旋，讓球有更多時間對抗重力。他的快速球比大多數投手下降得更晚，會讓打者產生感知混淆。辛辛那提紅人隊的一壘手喬伊．沃托（Joey Votto）回憶道：「在他的巔峰期，真的很難擊中快速球。」這顆快速直球沒有按照預期的軌跡行進。擅長對付左投手的長期外野手里德．強森（Reed Johnson）回憶道：「天啊，老兄，這個球帶給你的壓迫感遠勝於其他投手的速球。」

「他的快速球無法被真正量化。」聖路易紅雀隊的麥特．卡本特（Matt Carpenter）回憶道，他後來成為柯蕭的死對頭，「你只知道這球看起來比測速槍上的數字快得多。」

柯蕭運用打者在視覺、動作技能、耐力甚至是記憶上的弱點。他們無法辨識出他要投什麼球、無法在速球和滑球之間及時做出反應。他們跟不上柯蕭的強度，更難以有效記住他的投球武器庫，因為很少有投手像柯蕭這樣積極攻擊打者。

滑球解鎖了一切，對手無法僅專注於他的速球。二〇一一年，他的滑球球速從八十一英里（約一三〇公里）提升至八十四英里（約一三五公里），這讓球的旋轉變得更加緊密，進一步使打者失去判斷力。隨著時間推移，球速還在持續增加。阿特利回憶道：「你根本看不到球的旋轉，他出手時看起來像一顆速球，你以為可以擊中，但它就這麼消失了。」

柯蕭顛覆了人們對左投手的預期。他向前輩們請益，像是二〇一一年加入道奇教練團的五屆全明星提姆．華勒奇（Tim Wallach）。華勒奇認為，右打者面對左投手時會傾向於鎖定外角，因為左投通常害怕把球塞進右打者內側。然而，柯蕭用行動證明他能支配內角區。華勒奇解釋道：「這是一個很大的優勢，因為大多數左投手做不到這一點。」對於二〇一二年首次在聖地牙哥亮相的捕手亞斯曼尼．葛蘭多（Yasmani Grandal）來說，「這幾乎就像在面對一名右投手。」

大都會隊的明星三壘手大衛．萊特（David Wright）是一位身型精實的選手，喜歡把雙臂伸過本壘板上方，猛力拉擊左投的外角速球和變速球，但柯蕭沒有給他這種餘裕。「以最謙虛的說法來講，我只能說，在比賽中，只有極少數的左投是我不期待面對的。」萊特回憶道，「我熱愛打左投手的球。我對上左投手總是很有信心，任何左投的球，我都能打得不錯——但柯蕭是唯一讓我感到『呃……』的人。」柯蕭會毫不留情地重複把球塞進那個低內角區。「他就是會直接揭露你的弱點。」萊特回憶道，「你知道他會把球投到那裡，而他就是不停地投、投、再投。如果你不揮棒，那會是一顆好球；如果你試著揮棒，那麼接下來的一週，你可能都要冰敷手指。」而如果你專攻速球，柯蕭就會以滑球回敬。「你可以合理地揮棒，結果球可能會擊中你的脛骨。」萊特回憶道。

左打者的處境甚至更糟。柯蕭會不斷攻擊同一個區域——低外角，遠離他們的有利位置。「你根本沒辦法看清球路並做出反應。」布蘭登．貝爾特回憶道，他是來自德州拉夫金的前投手，後來成為舊金山巨人隊的一壘手。二〇一一年開幕戰，這是貝爾特在大聯盟職業生涯的首次打席，他從柯蕭手中擊出一支內野安打，也是他的生涯首支安打。「但不幸的是，那是我在那場比賽最後一次從他手中擊出安打。」貝爾特回憶道。他幾乎不是在開玩笑：貝爾特在接下來對上柯蕭的六十六次打席中，只成功擊出三支安打。他感覺柯蕭像是在玩弄他，總是搶先一步。「這就像一個永遠無法解開的謎題。」貝爾特這麼說。

速球和滑球的交響樂迫使打者不得不專注於柯蕭的特定區域。這意謂著，即使柯蕭偶爾投出一顆馬馬虎虎的曲球，打者往往還是選擇不揮棒，而被判定為好球。「正是這種出其不意的驚奇讓打者無從下手。」兩次美聯賽揚獎得主柯瑞・克勞柏（Corey Kluber）這麼解釋。

這三種球路組合的混合投法令人聯想到棒球界的傳奇人物。他的速球讓亨尼卡特聯想到大都會名人堂投手湯姆・西佛（Tom Seaver）；他的滑球令馬克・麥奎爾（Mark McGwire）想起洋基隊王牌投手羅恩・吉德瑞（Ron Guidry）投出的那記消失的子彈（麥奎爾第一次看到柯蕭是在擔任紅雀隊教練時）；而他的曲球則讓所有人想起了柯法斯。大多數投手是藉由誘使打者追打來累積三振數，但柯蕭無需偏離好球帶。「柯蕭自然而然會投出讓打者揮棒落空的球。」亨尼卡特回憶道。

柯蕭會讓對手感到畏懼。沃托回憶道：「面對他的打席，你知道不會被球砸到，但你會感到害怕。」他讓打者筋疲力盡。「他迫使你每一球都必須做出決定。」亞利桑那和聖路易斯的主力一壘手保羅・高施密特回憶道，「他的滑球總在好球帶邊緣。我總是覺得面對他時，你可能要三個打席才能擊中一球。」而他也使對手感到困惑。柯蕭採用固定姿勢投球時，他會滑向本壘板方向，那是一個細微的動作，「你幾乎看不出他在靠近，直到你看到他的手臂。」科羅拉多落磯隊的外野手查理・布萊克蒙（Charlie Blackmon）回憶道。在快速球下揮棒很容易，但柯蕭的速球從未像預期的那樣下墜。「你揮棒落空，甚至都不知道為什麼。」布萊克蒙回憶道。

隨著時間推移，競爭對手球隊逐漸從柯蕭的成功中汲取智慧。但在那個年代，大多數與柯蕭同齡的投手投出的球都有橫向位移。變速球、滑球、二縫線伸卡球，甚至曲球——這些球路都趨向於朝對角線下墜。但柯蕭的速球創造出一種視覺上的上升錯覺，同時搭配朝著六點鐘方向下墜的曲球。而在這兩者之間，還有滑球，其下墜的方式類似於曲球，但更晚下墜，且變化幅度較小。打者常常一邊發牢騷、一邊走回休息區，無法理解剛剛究竟發生了什麼事。「理論上，打者會根據他們看過的所有投手建立起一個心智模型。」一位前道奇分析師解釋道，「因此，如果你的投球組合是獨特的，那麼打者就無法對此建立起完善的心智模型。而由於柯蕭的投球分離程度非常垂直，打者幾乎無法形成一個好的心智模型，因為沒有人能像他那樣投球。」

「像他這樣的投手實在太少了，等到你覺得好像弄懂他的時候，你的職業生涯也結束了。」里德・強森回憶道。

二〇一一年十一月十七日，道奇隊為克萊頓・柯蕭舉行一場加冕典禮，他個人的輝煌成就為那年集體的失敗和體制的恥辱帶來一絲光亮。當年賽季的第一場比賽後，兩名道奇隊球迷在道奇球場昏暗的停車場內襲擊了舊金山巨人隊球迷布萊恩・史托（Bryan Stow）。史托因藥物誘導昏迷治療數月；他的境遇成為一個「發人深省的提醒，正如《紐約時報》所說，那個球場『不再符合其昔日的形象，許多球迷對於去那裡觀賽感到不安』」。同年四月，《洛杉磯時報》報導，道奇老闆馬寇特需要一筆三千萬美元的貸款才能支付球隊薪水。幾天後，由於「對道奇隊的財務和營運深感擔憂」，大聯盟主席巴德・塞利格（Bud Selig）宣布美國職棒大聯盟將接管球隊。那年夏天，球隊宣告破產。

由於馬寇特的吝嗇，球員接連傷病造成球隊陣容變得脆弱不堪。由羅根・懷特挑選的一批潛力新秀也停滯不前。羅素・馬丁以自由球員身分離開球隊；喬納森・布朗克斯頓在十月季後賽慘敗給費城人隊後，從此一蹶不振；查德・畢林斯利創下了生涯最差的防禦率，新一批球星尚未隨之崛起。馬寇特掏空了國際自由球員的預算，而懷特在首輪選秀中押注高中投手克里斯・威斯洛（Chris Withrow）、伊森・馬丁（Ethan Martin）和扎克・李（Zach Lee）等人，結果是一連串的失敗。

在這個慘澹的情況下，球隊只能藉由慶祝柯蕭和坎普的個人成就來尋求慰藉。坎普從令人沮喪的二〇一〇年賽季中重振旗鼓，當時他與喬・托瑞的教練團發生口角。二〇一一年，丹・馬丁尼出任總教練後，坎普的表現宛若新生，他盜壘成功四十次，並以三十九支全壘打和一百二十六分打點在國聯取得領先。然而，在國聯最有價值球員獎投票中，他僅名列第二，落後於密爾瓦基釀酒人隊重砲萊恩・布勞恩（Ryan Braun）。當《ＥＳＰＮ》報導指出布勞恩在當年賽季初期被檢測出使用禁藥後，這樣的遺珠之憾更顯得不公。儘管如此，坎普仍憑藉亞軍之姿簽下一份八年一億六千萬美元的合約。

二〇一一年的道奇隊，除了坎普和柯蕭的出色表現外，再無其他成績。九月初的賽程，讓柯蕭與林斯肯展開那年的第四次交鋒。道奇隊每場比賽都是一分之差取勝，林斯肯在賽揚獎投票中排名第六，這是他最後一個巔峰賽季。但在那時，柯蕭已經超越他了。在舊金山的那個九月下午，柯蕭再次展現壓制力，使巨人隊無功而返。喬許・林德布洛姆（Josh Lindblom）坐在板凳席上，旁邊是艾利斯。當時，球員休息室裡正熱烈討論著克里斯多福・諾蘭（Christopher Nolan）的一部新電影，這部電影探討了夢境和記憶的毀壞。「要多少錢？」林德布洛姆問艾利斯，「能夠讓你走過去問克萊頓，他對《全面啟動》

的結局有什麼看法？」

關於李奧納多・狄卡皮歐（Leonardo DiCaprio）的那個陀螺旋轉的問題，柯蕭絲毫不在意，在這場比賽中，他主投八局，僅失一分，送出九次三振。這場比賽幫助他奪得投手三冠王——勝場數（二十一）、防禦率（二・二八）和奪三振數（二百四十八）均位居國聯第一。他輕鬆贏得第一座國聯賽揚獎，從全美棒球記者協會票選第一名的三十二張選票中，獲得了二十七張，力壓費城人隊的雙人組羅伊・哈勒戴和克里夫・李（Cliff Lee）。二十二歲的柯蕭成為自一九八五年紐約大都會隊的德懷特・古登以二十歲之齡奪得賽揚獎之後，最年輕的獲獎投手。

道奇球場舉行的頒獎典禮上，球隊在二樓看臺的大螢幕上秀出球隊此前七位賽揚獎得主的名字。這些名字都曾是道奇鎮牆上的傳奇：紐康伯（Newcombe）、德萊斯戴爾、柯法斯、麥克・馬歇爾（Mike Marshall）、費南多（Fernando）、奧勒爾、艾瑞克・蓋尼耶（Eric Gagné）。柯蕭盯著這些名字，細細品味，他認為自己還不足以與這些名人並列。他身處的洛杉磯此刻充滿混亂，但柯蕭在他的感情、職業生涯和信仰中找到一切的適切平衡。他即將在第一輪薪資仲裁中一夜致富，一位記者問他要如何超越過去輝煌的一年：與高中時的戀人結婚，並獲得投手界的最高榮譽。

柯蕭意識到，只有一件事是欠缺的。他已經開始夢想著登上道奇隊自一九八八年以來，就未曾踏上的舞臺。

「兩週年結婚紀念日，還有一座世界大賽冠軍，聽起來很不錯。」他回答道。

第十二章

古根漢集團

道奇隊的所有權歷史大致如下：出生於布朗克斯的律師兼投資人華特·歐馬利（Walter O'Malley），一九五八年賽季之前，將這支位於布魯克林的球隊（兩年前剛贏得世界大賽冠軍、深受歡迎的球隊）搬遷至洛杉磯，為棒球開創了「昭昭天命」之道路。四十年後，歐馬利的後代，在一九八一年和一九八八年兩次奪冠後，將球隊賣給了魯柏·梅鐸的福斯娛樂集團。然而，梅鐸卻帶領著球隊走向一條死路；在福斯集團的管理下，道奇隊從未進入季後賽。二〇〇四年，梅鐸退出。接著登場的是來自波士頓的停車場大亨法蘭克·馬寇特，他令這支球隊陷入醜陋、困窘，最終破產。

二〇〇九年國聯冠軍系列賽，正逢柯蕭先發登板對戰費城人前夕，法蘭克與他的律師妻子潔米的婚姻破裂，這成為問題的徵兆。馬寇特以四億三千萬美元的借貸金額買下這支球隊，完全沒有使用到自己的資金。《洛杉磯時報》的毒舌專欄作家托馬斯·約翰·西莫斯（T. J. Simers）戲稱他為「身無分文的法蘭克·馬寇特」，而這位老闆的表現也名副其實。二〇〇八年，馬寇特在開幕日發放了一億一千八百六十萬美元的薪水，這在那個時代是一筆可觀的金額，但仍比洋基隊少了九千萬美元。當年球隊打出了自一九八八年以來最佳的季後賽表現，馬寇特卻將薪資削減了大約一千八百萬美元。「不管我怎麼說，不管我怎麼爭辯或懇求，我聽到的總是同一句話：『錢不夠。』」內德・柯列提寫道。

那麼，錢去哪了？

《洛杉磯時報》報球記者比爾・夏金（Bill Shaikin）在報上檢視潔米的離婚申請書時，揭露了這對夫妻奢華的生活方式：四百美元的晚餐、五千美元的飯店住宿。潔米身為道奇隊首席執行長，年薪達二百萬美元。她估計法蘭克每年給自己的薪水大約落在六百萬美元至八百萬美元之間，法蘭克隨後提交的一份文件指控潔米要求道奇隊高層人員替她起草競選公職的計畫。「潔米計畫」中有一行字：「目標：當選美國總統」。

他們關係破裂之前，法蘭克和潔米是一對忙碌的權力夫妻。他們瘋狂購置房地產，《浮華世界》雜誌列舉出他們購買的房產明細：二千一百三十萬美元購買位於霍姆比山莊（Holmby Hills）花花公子總部大廈附近的一棟別墅；六百五十萬美元購買在附近的另一棟房子；四百七十萬美元購買位於卡波聖盧卡斯（Cabo San Lucas）的一塊土地；七百七十萬美元買下位於黃石公園的另一塊地產；在馬里布海灘的房子要價二千七百三十萬美元；隔壁的孟加拉式平房則花了一千九百萬美元。此外，還有裝修費用，包括拆下他們位在麻薩諸塞州住宅的廚房，並將其搬到霍姆比山莊的別墅裡。他們每月支付給髮型設計師的費用是一萬美元。雇用了司機和保全人員，還有私人飛機。

其中有些支出簡直令人難以置信。

隨著離婚訴訟的進展，《洛杉磯時報》取得一系列令人費解的電子郵件。這些郵件中的內容包含諸如「判斷連接中斷」和「V能量」等字句，令人摸不著頭緒。要解開這些線索需要一些時間，這些電子郵件來自馬寇特的一名顧問佛拉迪米爾・席朋特（Vladimir Shpunt），是一位年約七十歲的俄國物理學家。他的名字被悄悄列入道奇隊的薪資名單內，其他道奇高層都不知情。席朋特為球隊效力了五個賽季，但只看過一場比賽，其餘時間都待在麻薩諸塞州的家中，嘗試以遠距傳遞正能量。或者，更簡單地說，馬寇特夫婦付錢給他來「想一些快樂的事」。

這件事太過匪夷所思，以至於夏金原本以為馬寇特夫婦會否認此事。結果卻是法蘭克指責潔米、潔米指責法蘭克。潔米的一名律師告訴夏金，當道奇隊打進季後賽時，席朋特會獲得六位數、「甚至更高」的獎金。席朋特曾幫助潔米在眼睛感染中康復，最終促成他的聘用。經過數月的猶豫，席朋特終於同意在波士頓的家中與夏金見面。席朋特招待了咖啡和巧克力，並解釋了他的「方法」。「這看起來像是在祈禱，或者說是一種神奇的方式，沒有什麼妙方。」席朋特說。

二〇一〇年夏天，當夏金的報導刊出後，其引發的後果令整個道奇隊蒙羞。喬・托瑞與《洛杉磯時報》記者迪倫・赫南德茲（Dylan Hernández）之間的一次對話令人印象深刻。當被問及「遠距能量傳輸」是否構成作弊時，托瑞笑而不答這些愈來愈荒謬的問題。赫南德茲甚至暗示，席朋特可能比總教練更有價值。托瑞依然保持微笑，他說：「我反對家庭暴力，但你不是我的家人。」

那個賽季即將結束時，托瑞請柯列提來他的辦公室一趟。「老闆，我想我已經受夠了。」托瑞說。隨後，托瑞接受大聯盟主席巴德・塞利格提供的一份工作，他在絕佳的時機點離開。二〇一一年賽季是道奇隊最低潮的時刻：布萊恩・史托襲擊事件、球隊薪資支付困難、塞利格的干預、宣告破產、馬寇特與聯盟之間曠日持久的鬥爭。馬寇特甚至一度稱塞利格是「非美國人」；隨後，大聯盟指控馬寇特「掠奪」了超過一億八千九百萬美元。

大多數球員對這些混亂視而不見。賽季漫長，什麼事都會發生：有時候你贏，有時候你輸，有時候老闆破產。就在馬寇特宣布破產的當晚，記者赫南德茲在明尼阿波利斯的一家酒吧遇到了柯蕭和A・J・艾利斯。《洛杉磯時報》近期的財務狀況也不太穩定，赫南德茲請了一輪啤酒，說道：「朋友們，歡迎加入破產俱樂部。」

然而，管理層對於這場混亂就無法那麼置身事外了。柯列提一直極力避免出口辱罵馬寇特，根據幾名前道奇高層透露，柯列提私下有時脾氣火爆，會對下屬發火。但柯列提也在許多不符合道奇隊這樣享有盛譽的球隊的限制條件下工作，甚至在資金枯竭之前，馬寇特就已經開始干涉營運。柯列提厭惡走進馬寇特的辦公室，因為談話可能持續數小時。二〇〇八年，馬寇特因為四百萬美元的薪資差距，否決了一項交易計畫，這個交易本來可能得到克里夫蘭的王牌投手C・C・沙巴西亞。他還切斷來自拉丁美洲業餘球員的重要人才管道，並拒絕批准柯列提提出的球員加薪。

那是一段艱難的時期。這場混亂中，柯蕭是少數能讓柯列提平靜下來的球員。柯列提回憶道：「當你是球隊總管時，人們會問：『你今天過得如何？』我會說：『我今天過得很好。』『真的嗎？發生了什麼事？』而我會說：『什麼事都沒有。』」在春天，他不用擔心柯蕭的身體狀況；在夏天，他不用質疑柯蕭是否會和隊友起爭執；在冬天，他不需要在警察局記錄簿上查看是否有柯蕭的名字。那個時期，能讓柯列提安然入睡的人不多，而柯蕭做到了。

二〇一一年十一月，法蘭克・馬寇特同意出售道奇隊。他支付潔米一億三千萬美元達成離婚協議，出售金額將足以抵消這筆支出。馬寇特設法透過聯邦破產法院轉移整個出售流程，並於二〇一二年三月進行一場拍賣。收購競標者包括時任達拉斯小牛隊老闆馬克・庫班（Mark Cuban）、脫口秀巨星賴瑞・金（Larry King），以及房地產富二代傑瑞德・庫許納（Jared Kushner）。最終入選的競標者有聖路易公羊隊老闆斯坦・克倫克（Stan Kroenke）、億萬富翁史蒂夫・科恩（Steve Cohen）和黃馨祥（Patrick Soon-Shiong），以及由湖人隊傳奇人物魔術・強森（Magic Johnson）所領軍的多元化團隊。

強森為他的團隊增添了明星影響力，前勇士隊和國民隊高層史丹・卡斯頓（Stan Kasten）提供了棒球專業指導。但相對不為人知的芝加哥金融家馬克・華特（Mark Walter），做為古根漢集團的負責人，他提供了資金。華特早在一年前就與卡斯頓建立聯繫，當時他正在考慮收購休士頓太空人隊的可能性。馬寇特的拍賣開始之前，華特在曼哈頓某間家飯店的會議室與馬寇特見面，提出二十一億五千萬美元，加上道奇球場周邊土地利息的報價。在此之前，科恩的出價已達到二十億美元。然而，古根漢集團的報價附帶一個條件：馬寇特必須當場接受，否則華特將退出競爭，馬寇特接受了這筆交易。（科恩最終於二〇二〇年買下大都會隊，黃馨祥則於二〇一八年買下《洛杉磯時報》。）

對道奇隊來說，一個嶄新的黎明來到。

二〇一二年春天，古根漢集團拯救球隊之前，在A・J・艾利斯身上發生了一件奇怪的事：道奇隊任命他為先發捕手。那年四月，他滿三十一歲，在職業棒球界已打滾了近十年，一直努力在尋找立足之地。這一次，總算遇到他的天時地利。道奇隊的農場系統沒有培養出精銳的捕手，球隊也沒有資金去取得其他選擇。柯列提甚至無法籌措到足夠資金簽下二〇一一年的先發捕手羅德・巴拉哈斯（Rod Barajas），他後來以四百萬美元的合約加入匹茲堡海盜隊。「謝天謝地，我們破產了，買不起其他人。」艾利斯回憶道。他了解自己的局限性，於是減少揮棒次數，專注於選球並等待保送，從而最大限度發揮自己的進攻潛力。此外，他還與球隊中最重要的球員建立起深厚友誼。

由於艾利斯在前兩季出場機會有限，他成為柯蕭賽前的訓練夥伴。他為柯蕭蹲捕牛棚練投；當柯蕭跑時，艾利斯也跟著一起跑。他旁聽了柯蕭與瑞克．亨尼卡特和先發捕手之間的賽前會議。當艾利斯打擊狀態低迷時，柯蕭拿起球棒，提供一些簡化打擊的建議。「如果是內角球，就拉打。」柯蕭提醒他的朋友，「如果是球在中間，就擊向中間；如果是外角球，就順勢推往反方向。」艾利斯翻了個白眼；不是每項任務都像柯蕭說的那麼簡單。比賽期間，這對搭檔會在休息區討論工作上的事。柯蕭經常問艾利斯，先發投手能不能成為球隊的領袖。有時，他也會請教艾利斯如何在棒球賽季的緊湊行程中扮演好父親的角色。春訓期間，他們參加球隊的《聖經》團契；賽季中，他們參加非教派的教會聚會。「共同的信仰對我們之間有很大的幫助，我們能夠坦誠彼此脆弱的一面，能夠為彼此祈禱，分享在棒球之外所面臨的困難。」艾利斯回憶道。

柯蕭對艾利斯敞開心扉，談起他的童年；艾利斯分享了自己對於職業生涯不穩定的擔憂。柯蕭也分享了他信仰中的一道宗旨：他認為上帝並不在乎他贏或輸。他想，另一隊的人也和他一樣虔誠地祈禱。「但祂確實在意我們事後如何應對。」柯蕭告訴艾利斯。你是否在勝利時獨攬功勞，在失敗時推卸責任？柯蕭相信這比場上的結果更重要。當一切進展順利時，他總是轉移讚美；而當情況進展不順利時，他勇於承擔責任。

艾利斯與亨尼卡特一起組成了柯蕭的核心圈，艾利斯逐漸明白，柯蕭對於五天週期安排的堅持有多麼重要。這些儀式讓柯蕭感到安心，艾利斯認為，所有準備工作讓柯蕭產生信心，克服了他的焦慮：「就像是『我知道我這週為了贏得這場比賽做了什麼事，我也知道你還沒做好要贏的準備，可是我準備好了。祝你好運。』我想，他需要這種感覺。」

二〇一二年，生平第一次，艾利斯成為柯蕭絕大部分先發場次的捕手，三十三場先發中，他蹲捕了三十場。他們形成了合作搭檔關係，使雙方在未來幾年內的關係更為緊密——也讓後來接手的道奇隊高層感到些許頭疼。二〇一二年之前，艾利斯見證了柯蕭對循環週期的專注致力，他如何深入研究對手、如何謹慎規劃自己的投球策略。而今，他也汲取了一些柯蕭所反映出來的榮耀。「每個人都給我許多讚譽：『哦，你幫克萊頓打了一場好球。』」艾利斯回憶道。「但其實在我們上場之前，他就已經告訴我配球方向。對付打者時，我完全知道他的配球順序。」

艾利斯回憶道，柯蕭之所以喜歡和他搭配，是因為他認同柯蕭的戰術理念。而且，因為他非常了解這位朋友，能夠辨識出那些「火車偏離常軌」的罕見時刻。當柯蕭的滑球失靈，或者曲球不穩時，艾利斯便靠直覺來配球，艾利斯覺得這就是自己賺取薪水的辦法。「其他時候，我只需要照著他確信的計畫執行就好。」艾利斯回憶道。

二〇一二年八月二十五日，柯蕭在道奇球場登板先發，艾利斯擔任捕手。但這一次，柯蕭不是耀眼的主角。當天稍早，華特在波士頓洛根國際機場包下一架私人飛機，接來一批道奇新成員，他們的來到展現出古根漢集團的奪冠決心。新東家已開始為球隊注入資金，有一些微小但重要的升級，像是球場家庭包廂的整修。艾利斯回憶道：「所有東西都是新的，到處都是大螢幕電視、新的玩具，就像『哇，這些傢伙是玩真的。』」在球員身上的投入也相當顯著：給安德烈・伊席爾一份八千五百萬美元的延長合約；交易補進全明星游擊手亨利・拉米瑞茲（Hanley Ramírez）；以及與古巴外野手亞塞爾・普伊格（Yasiel Puig）簽下一份四千二百萬美元的合約，雖然羅根・懷特只看過普伊格一次打擊練習。

一九九〇年代帶領亞特蘭大勇士隊的那段輝煌時期，卡斯頓深刻體會到從自家培養明星球員的重要價值。他相信道奇能夠建立一個發展輸送系統，持續為球隊提供人才，但這個過程需要耗費數年時間。「我們的球迷期待著一支能立刻奪冠的球隊。」卡斯頓回憶道。於是，那個八月進行的交易勝過所有其他舉動。卡斯頓和柯列提運用華特的資金，承擔了波士頓紅襪隊二億五千萬的薪資包袱。這筆交易包括三屆全明星投手賈許・貝基特；四屆全明星外野手卡爾・克勞福（Carl Crawford），他當時正經歷ＴＪ手術後的恢復期；以及工具人內野手尼克・龐托（Nick Punto）。但在華特專機上的最大亮點則是艾德里安・岡薩雷斯（Adrián González）——他曾五度入選全明星隊，在聖地牙哥長大，曾效力於教士隊，並多次讓道奇隊吃盡苦頭。雖然他在波士頓的聲譽因二〇一一年球隊崩盤後受到一些批評，但對於道奇隊而言，他的吸引力顯而易見，他是一名墨西哥裔美國球星，同時也是這項運動最頂尖的打者之一。當卡斯頓接任後，他鼓勵柯列提「大膽考慮」球隊在馬寇特時期無法負擔的球員。柯列提將岡薩雷斯列為他的首選。

這筆交易基本上在八月二十四日完成，只等大聯盟批准如此大規模的薪資轉移。道奇隊仍沉浸在充滿歡慶的氣氛中，球迷們紛紛湧入球場觀賞週五晚上的例行煙火秀。艾利斯注意到華特在煙火下徘徊，「我們得到了艾德里安・岡薩雷斯，」華特不停說道，「我們得到了艾德里安・岡薩雷斯。」

九月，道奇隊前往舊金山打一個關鍵的系列賽。儘管加入了岡薩雷斯和拉米瑞茲，儘管古根漢集團投注了大筆資金，儘管柯蕭還是一貫的出色表現，道奇隊在國聯西區仍落後四場半的勝差。球隊需要拿下這輪系列賽，才有機會進入季後賽。週末的第一天晚上，在預定出賽的兩天前，柯蕭提前結束訓練。他的鼠蹊部感到不適，「我沒辦法走路，每走一步，我的鼠蹊部就會感到一陣劇痛。」柯蕭回憶道。

球隊初步認為他得了疝氣，然而，核磁共振檢查顯示，他的右髖出了問題。每一次投球後，柯蕭都會用腳部著地，投球時的全部重量都會轉移到右腿上。那個賽季早些時候，他曾受右腳足底筋膜炎所苦。如今的情況就更令人擔憂了，道奇隊最終決定讓柯蕭退出巨人隊系列賽。在額外兩天的休息並注射類固醇後，柯蕭讓響尾蛇隊七局只拿下一分，但每一步都令他極度痛苦。

隨著季後賽機會日漸渺茫，道奇決定讓柯蕭暫時休兵。九月十七日，當球隊其他成員前往華盛頓特區比賽時，柯蕭前往紐約特種手術醫院（Hospital for Special Surgery），與髖關節專家布萊恩・凱利（Bryan Kelly）碰面。檢查結果顯示，柯蕭的髖關節內軟骨破裂，並因關節結構異常而更加劇傷勢。凱利為他做了超音波導引類固醇注射，並建議在投一休四的訓練週期中加入髖關節柔軟度練習。「自從那次類固醇注射後，我的髖部就幾乎沒有再出現過問題。」柯蕭後來回憶道。

一天後，柯蕭到國民隊球場與球隊會合，但他的心情不佳。赫南德茲在此前寫了一篇報導指出，如果柯蕭接受髖關節手術，很可能會缺陣至隔年五月。柯蕭與赫南德茲對峙，他認為傷病屬於私事。赫南德茲則反駁說，買票進場的大眾有權知道球隊的最佳球員是否能上場。那近乎是難以化解的分歧，將會在柯蕭之後的職業生涯中多次重演，而隨著他的身體逐漸出現問題，爭執會愈發明顯。當他在一場比賽後走進休息區，看到一群記者時，他直接冷嘲熱諷：「哦，你們這群小丑又來了？」他的不滿不僅是因為報導內容。球隊高層反對讓他再次上場投球，這讓他感到挫敗。柯蕭不斷遊說之下，爭取到一次牛棚練投機會，赫南德茲走了過去，擔心再次引起爭執。「他就像什麼都沒發生過一樣開始說話。」赫南德茲回憶道。當專注於他的五天訓練週期，柯蕭決定放下，這樣的爭執不值得浪費他的精力。

一天後，柯蕭打了電話給柯列提。凱利已經告訴球隊，柯蕭的髖部不會因投球而進一步惡化。只是這麼做的好處似乎微乎其微，因為道奇隊已經無緣季後賽。但柯蕭卻不這麼認為，「你明天一定要讓我上場投球。」柯蕭對柯列提說。他保證，如果他感覺到髖部或身體其他地方有任何一絲異樣，會立刻下場。柯列提最終同意了。柯蕭登板先發對上紅人隊，他投出五次保送，但在五局內僅讓對手拿下一分。在那個賽季的最後兩次出賽，他在十六局中飆出十八次三振，僅失一分。

柯蕭出色地捍衛了自己的國聯賽揚獎頭銜。然而，他的主要競爭對手已從默默無聞中脫穎而出。羅伯特・艾倫・「R・A・」迪奇（Robert Allan “RA” Dickey）在職業生涯的大多數時間可謂是備受打擊。德州遊騎兵於一九九六年選秀在第一輪選中他，但隨後因醫生發現他的右肘天生沒有尺側副韌帶，而大幅刪減他的簽約金。數年下來，他的表現平庸，快速球也不出色。為了挽救自己的職業生涯，他學會了蝴蝶球。在規則五選秀制度下，他輾轉多支球隊，從一開始的德州遊騎兵，先後加盟密爾瓦基釀酒人隊、明尼蘇達雙城隊、西雅圖水手隊，再回到明尼蘇達，最後在二〇一〇年與大都會隊簽約。在法拉盛的那個夏天，迪奇突然開竅。他的蝴蝶球達到時速七十五英里（約一二一公里）左右，比紅襪隊老將提姆・韋克菲爾德（Tim Wakefield）的蝴蝶球快了約十英里。迪奇的球不只是飄然移動，還會「叮人」。二〇一二年，迪奇打出一個精彩的賽季，在某些方面，甚至超越了柯蕭。他投出五場完投，其中包括三場完封。柯蕭僅有兩場完封，除此之外，沒有其他完投了。迪奇在一支戰績糟糕的球隊中拿下了二十勝，而柯蕭在一支陣容更堅強的球隊中僅拿下十四勝。迪奇投了二百三十三．二局，比柯蕭多出六局，並投出二百三十次三振——剛好比柯蕭多一次。

十月票選揭曉時，迪奇在三十二張選票中，席捲了二十七張第一名選票，而柯蕭僅獲得了兩張。柯蕭將責任歸咎於自己，因為自己受傷了。

「不論從哪個角度來看，我都應該要贏的，但這次受傷讓我失去了賽揚獎。」柯蕭回憶道。

然而，那年十月，他獲得一項更具意義的獎項。他前往尚比亞並非只是一次性之旅，他和艾倫在盧薩卡幫助建設了一所孤兒院。他們創立了名為「柯蕭的挑戰」（Kershaw's Challenge）的慈善基金會，旨在幫助非洲和美國的兒童。美國職棒大聯盟授予他克萊門特獎（Roberto Clemente Award），這是棒球界的最高人道主義榮譽。年僅二十四歲的柯蕭是該獎項四十年歷史以來最年輕的獲獎者。

十二月的第一週，棒球界的各方人士湧入蓋洛德歐皮蘭德飯店及會議中心（Gaylord Opryland Resort & Convention Center），這座位於納許維爾郊區的巨大生態館定期舉辦冬季會議（Winter Meetings），這是大聯盟在休賽季期間的最大盛事。這是一場所有人——高階主管、經紀人，特別是記者——都討厭的活動；這個曾富有成效的會議，如今因現代科技而顯得過時，並因社群媒體的謠言氾濫而顯得過度。大多數與會者寧可待在家裡，直接用手機處理業務。

在這樣的環境中，史丹．卡斯頓顯得與眾不同。他是少數幾個真正會踏出自己房間的高階主管之一。他喜歡與記者、經紀人，甚至任何與他擦肩而過的人閒聊談笑；卡斯頓並不總是自認是房間裡最聰明的人，但從不害怕指出他認為最愚蠢的人。後來幾年，當道奇成為聯盟強隊時，記者們開玩笑地說，卡斯頓之所以會出現在大廳，是因為他沒事可做。但在二〇一二年之後的冬天，卡斯頓仍引導著這支球隊的復興計畫。古根漢集團資金充裕，休賽季正式開始前，球隊為實力平平的中繼投手布蘭登・里格（Brandon League）砸下二千二百五十萬美元。在納許維爾，卡斯頓和柯列提正努力尋求兩名投手來輔助柯蕭：前美聯賽揚獎得主扎克・葛蘭基，以及韓國棒球明星柳賢振（Hyun-Jin Ryu）。

卡斯頓正悠閒地在大廳溜達，恰巧碰上兩位對他的行蹤頗感興趣的經紀人：卓越體育經紀公司（Excel Sports Management）的棒球業務主管凱西・克洛斯（Casey Close），以及他的新副手J・D・斯馬特。那年稍早，斯馬特加入卓越，並帶來一位重量級客戶——克萊頓・柯蕭。柯蕭將在二〇一四年賽季結束後成為自由球員。卓越也代表著葛蘭基，因此，卡斯頓和柯列提謹慎行事。任何向葛蘭基提供的條件都有可能成為日後與柯蕭談判的籌碼，而這些經紀人也心知肚明。「他們看到我就像『哦，存錢筒打開啦！』」卡斯頓回憶道。

法蘭克・馬寇特時期的吝嗇和法律紛爭已成過去。在納許維爾冬季會議一週後，道奇以六年一億四千七百萬美元的合約簽下了葛蘭基，這是投手有史以來最大的自由球員合約。隔天，球隊又砸下三千六百萬美元簽下柳賢振。卓越的經紀團隊有其理由暗爽不已——存錢筒已經打開了，而柯蕭很有可能打破紀錄。在道奇球團辦公室內部，卡斯頓有一個更遠大的目標。這支球隊不僅要防止柯蕭進入自由球員市場，而且想讓他終生成為道奇人。

第十三章

第一個巔峰

躺在病床上的男人，曾將克萊頓·柯蕭抱在懷裡，將他高高舉向天空。他們一起投過無數次籃球，擁有相似的稜角分明的下巴輪廓，以及沙棕色的頭髮。然而，克里斯·柯蕭和他唯一的兒子關係並不親近，也不再親近，而且永遠無法再親近了。「他們已經好幾年沒見過面了，他們也好幾年沒說過話了。」艾倫回憶道。隨著克里斯屈服於他的心魔，他與兒子的相似之處也隨之黯淡。

二〇一三年初，柯蕭準備前往駝峰牧場參加新訓之前，他重新打開一扇早已關閉許久的門。在艾倫的鼓勵下，他去見了父親。情況非常不樂觀，克里斯病入膏肓，即將不久於人世。克萊頓前去是為了向父親告別，「我想，我只是需要見他一面。我不想見他，因為他整個人一團糟。」柯蕭回憶道。

離婚後，克里斯再婚了，但他的生活並未好轉。他一直酗酒，健康每況愈下，還得了糖尿病，且在稅務和工作上都問題不斷。他經常遲到，錯過工作的最後期限。他失去了唱高音的能力，那個發音精確、善於把握時機的聰明男人消失了。克里斯的老闆喬納森·沃爾夫特回憶道：「看到他狀況愈來愈惡化，真的很令人難過。」克里斯從未出席過兒子的任何一場大聯盟比賽。「他真的無法與克萊頓分享這一切，因為克里斯搞砸了太多事。」沃爾夫特回憶道。有一次，沃爾夫特發現克里斯在辦公室裡看克萊頓的比賽電視直播。「我想打電話恭喜他，但他從來不回我電話。」克里斯告訴沃爾夫特。

柯蕭回憶道：「他總是找我要錢，不停地打電話給我，那真的很難，也不好受。我總是為了沒能給他更多，或覺得自己應該要做得更多而感到內疚。」柯蕭感到無所適從。「說實話，我已經很多年沒有接過他的電話了，因為那些電話從來都不是為了關心，總是為了索求什麼。」

不過，艾倫接了柯蕭繼母的電話。那年冬天，繼母聯繫艾倫，說明了克里斯病情的嚴重性。艾倫和他們的牧師朗．史凱茲（Ron Scates）勸柯蕭去醫院看看，史凱茲也會陪同前往。他們三人談起了信仰，而柯蕭試圖找到內心的平靜和解脫。

「他就像是個軀殼，但至少我必須去一趟，和他道別。我不確定這是否重要，但或許，這是必然要發生的事。」柯蕭回憶道。

二〇一三年四月一日清晨七點整，在柯蕭與艾倫位於洛杉磯的家中，柯蕭從床上被鬧鐘聲驚醒，一股熟悉的焦慮湧出。這是新賽季的第一天，也是新賽季中的第一個「第五天」，他的動機已經有所轉變。二〇一二年賽季開始前，他簽下一份兩年一千九百萬美元的合約，買斷了兩年的薪資仲裁資格。這筆錢不僅幫助了他的母親，也讓他更放心了。「我當時覺得，『好吧，我這輩子不用擔心了，沒問題了。』這種感覺不像贏得世界大賽的那種心情，但對於要養家糊口的那份負擔來說，確實讓我感到鬆一口氣。」但他仍覺得陷入這個循環裡，無法擺脫這份束縛。「思維變了，你總是會找到值得競爭的東西。」他解釋道。他已經賺到錢，也確立了自己的明星地位。剩下的唯一目標，就是贏得棒球的終極獎項。

到了二〇一三年春天，道奇隊看起來已具備奪冠實力，這樣的陣容代價極其高昂。開幕日當天，馬克・華特的古根漢集團公布一份耗資二億一千六百七十萬美元的陣容名單，這個數字比二〇一二年春天（法蘭克・馬寇特的最後一個賽季）的薪資支出高出一倍多。儘管紐約洋基隊仍是花費最高的球隊，但道奇隊將在一年後奪下這個「王冠」。此時，支出排名第二已引起外界的期待。作家莫莉・奈特（Molly Knight）正在撰寫一本關於這支球隊的書，書名充分表達這一切──《金錢能買到的最佳球隊》（*The Best Team Money Can Buy*）。這筆開支源自於上個賽季的幾筆交易──艾德里安・岡薩雷斯、卡爾・克勞福、賈許・貝基特、亨利・拉米瑞茲──以及休賽季大筆出手的扎克・葛蘭基和柳賢振。此外，還有數百萬美元投資在尚未進入名單的亞塞爾・普伊格身上。

柯蕭仍是道奇隊環繞的核心。當世界大賽冠軍舊金山巨人隊作客道奇球場，柯蕭在開幕日與麥特・凱恩（Matt Cain）正面對決，凱恩已經取代提姆・林斯肯成為巨人隊的王牌先發。兩位投手在前六局都讓對方未能得分。凱恩在第七局時退場，而柯蕭仍堅守投手丘。當柯蕭在第八局站上打擊區，面對中繼投手喬治・康多斯（George Kontos）時，兩隊均未得分。柯蕭對自己的打擊感到自豪；過去兩個賽季，他的打擊率為二成一七，在所有先發投手中排名第二。但他從未擊出全壘打──直到康多斯試圖用一顆九十二英里（約一四八公里）的快速球偷襲他。柯蕭將這顆球狠狠擊出，飛越中外野看臺。道奇休息區一片沸騰，柯蕭繞著壘包奔跑時滿臉笑容，與隊友們熱烈擊掌，並接受全場的歡呼掌聲。接著，道奇隊再添三分，他試圖掩飾興奮──那種感覺彷彿回到高地公園時期，當他用手臂和球棒來主宰比賽時所感受到的年少喜悅──並完成這場比賽。「看到他努力不讓自己笑出來，是我職業生涯中的精彩時刻之一。」A・J・艾利斯回憶道。柯蕭僅用九球便結束第九局，拿下職業生涯第九場完投和第六場完封。

柯蕭展現出自己在當下重要性的第二天，道奇隊便試圖確保他的未來。打擊練習時，內德・柯列提帶著柯蕭走進一樓的套房，裡面坐著數名道奇隊高層、柯蕭的經紀人凱西・克洛斯和J・D・斯馬特。這群人正在討論讓柯蕭放棄自由球員資格，簽下一份延長合約所需的條件。克洛斯提出一份為期六年、價值一億九千五百萬美元的合約，並附帶第五年後的逃脫條款。這個金額比當年底特律老虎隊王牌投手賈斯丁・韋蘭德（Justin Verlander）簽下的七年一億八千萬美元延長合約還要高。而道奇隊有一個更大膽的想法——同時可以減輕球隊在豪華稅上的負擔。華特和史丹・卡斯頓向柯蕭提出了一份價值三億美元的提議，不過附帶一個限制條款。這份合約為期十五年。

這結構對道奇隊來說很合理。這份合約實際上等於買斷柯蕭接下來的職業生涯。儘管柯蕭未必能再打十五個賽季，但在退休之前，他的身價幾乎可以肯定值這三億美元。但道奇誤解了柯蕭的心態，他在經濟上已感到有所保障。連續幾年無緣季後賽之後，他對於球隊的未來感到質疑，而他也無法承擔再背負接下來十五年「第五天」先發輪值的責任。他很清楚那需要付出什麼，這樣的前景令他感到不安。談判過程中，卡斯頓試圖緩解柯蕭的擔憂。「我們告訴他『你不一定非得投下去』。」卡斯頓回憶道。如果他的身體出問題，道奇隊解釋，他仍可以拿到這筆金額。但柯蕭不為所動，他放棄了三億美元，這是當時北美職業體育史上對球員開出的最高合約金額。

「我從來不想簽下一份覺得自己無法履行承諾的合約。」柯蕭回憶道，「我那時覺得十五年對我來說真的不可行。這又回到了那份焦慮感，要承諾再打十五年的棒球嗎？」他無法考慮這件事。「我當時的感覺是，『我不確定自己是否能夠一直表現出色。』如果我無法表現好的話，那我不想這麼做。」

「你能想像嗎？」柯蕭在二〇一二年十二月提到這件事時說道，「我還會有六年的時間。」

四月二十八日，柯蕭獨自開車前往道奇球場，準備迎戰密爾瓦基釀酒人隊。離開家不久後，艾倫接到克里斯．柯蕭妻子的來電，告知克里斯已經過世了。艾倫不知道該如何告訴柯蕭，她也擔心他可能從別人口中聽到這個消息。

那天，A．J．艾利斯剛好輪休，他坐在板凳席上觀看比賽，看著柯蕭在八局無失分中，投出十二次三振。比賽進行到一半時，一名工作人員抓住艾利斯：艾倫在球員休息區外等他。艾利斯匆匆忙忙地跑出休息區，艾倫要艾利斯拿走柯蕭的手機，她不希望柯蕭無意中看到有關克里斯去世的簡訊。

艾倫在柯蕭與他父親家人之間扮演著緩衝的角色，她與克里斯之間的關係不如柯蕭那麼緊張。艾倫回憶道：「這一切對克萊頓來說實在太沉重了，克萊頓有一部分的感覺是……我不知道，就像不知道這種關係應該是什麼樣子，所以有點想保持一定的距離。」她在道奇球場內通往球員休息室的地下通道等待，直到柯蕭退場。他走下樓梯，看到艾倫。她將這個消息告訴了他，他們一起收拾東西離開球場。「不知為何，我對那天的一切記憶感覺有些模糊。」柯蕭回憶道。

柯蕭返回達拉斯參加喪禮。他找到一位高地公園的學生幫忙接他的牛棚練投，之後，他及時回到球隊，準備在舊金山進行他的下一場先發。他不想談論關於這段時間的經歷。克萊頓．柯蕭極少向他核心圈之外的人談起克里斯．柯蕭，他只想記住美好的回憶，就是父母離婚之前的那些年。他腦海中浮現的是父親與兒子一起打籃球的畫面，而不是醫院病床上那個殘破的身影。柯蕭回憶道：「我們總是可以一起做那些事，我還記得，我們也常一起玩傳接球，直到我開始投得太用力為止。他做了所有這一切，就像一個父親應該做的那樣，我對此心存感激。」某種程度上，克萊頓也從克里斯身上學到如何為人父母。他清楚知道自己想成為一個什麼樣的父親。

喪禮過後，柯蕭重返一支陷入困境的球隊。他在對巨人隊的比賽中繳出七局僅失一分的優異表現，但道奇隊仍然輸了，這是他們慘痛的八連敗之一。對於這支砸下鉅資的球隊來說，幾乎什麼事都不順。拉米瑞茲在世界棒球經典賽中拇指尺側副韌帶撕裂；葛蘭基在他的第二場先發中，因投出一顆觸身球，被聖地牙哥教士隊外野手卡洛斯・昆汀（Carlos Quentin）衝上投手丘擊倒，造成左邊鎖骨骨折；一週後，查德・畢林斯利感到右肘劇痛，這是他最終需要接受TJ手術的前兆；麥特・坎普是少數幾位由羅根・懷特選中的本土球星之一，但他在休賽季動完肩部手術恢復後，表現一直不穩，此後，再也無緣角逐最有價值球員之稱號。所有的傷病和失敗引來種種抨擊，「當鐵達尼號沉船時，船上有一位古根漢。」迪倫・赫南德茲在四月分的《洛杉磯時報》上寫道。

負責讓這艘遠洋郵輪繼續航行在海上的人是丹・馬丁利，而他也不確定這是否是他帶領這支球隊的最後一個賽季。馬丁利是他那個時代最優秀的球員之一，曾獲得最有價值球員獎，許多人認為他應該進入名人堂，聲譽令人讚賞。擔任馬丁利二〇一一年至二〇一三年板凳教練的特雷・希爾曼（Trey Hillman）說：「他整個人善良又謙遜。」馬丁利曾在一九八〇年代的聯盟勾結醜聞中，與工會兄弟們站在同一陣線，也曾挺身而出挑戰洋基隊過時的服儀規定。其不幸在於，他的球員時代剛好碰上洋基隊罕見的一段低潮期。而當他在一九九五年因背傷問題，以及想要好好撫養孩子而選擇退休後，洋基隊在接下來的五個賽季中贏得了四次冠軍。馬丁利照顧著他的孩子們，其中包括柯蕭的朋友普雷斯頓，其後才重回棒球界。對於某個年齡層的球員來說，馬丁利是個宛如龐大陰影般的存在，帶給許多人重大影響。「我從小就很崇拜丹・馬丁利。」前內野手傑米・開羅（Jamey Carroll）回憶道。馬丁利知道打棒球有多麼艱難，但他從來沒有對自己的職業生涯沾沾自喜。「他完全沒有一絲自負。」凱西・布萊克回憶道。

馬丁利總是讓人感到自在。二〇一二年春季，球隊聘請一位留著披頭四髮型的年輕人約翰・普拉特擔任影片分析師。普拉特幾年前剛從波士頓愛默生學院的傳播新聞系畢業，球員休息室令他感到畏縮。馬丁利每天都會去轉播室晃晃，「他是世界上最善良的人。」普拉特說。馬丁利關心普拉特的家庭和童年情況，他像對待其他球員一樣對待他，甚至會嘲笑他的怪癖。「有一次，我不小心告訴他我不喜歡麗思卡爾頓酒店的洗髮精，他笑了我好多年。」普拉特回憶道。

馬丁利忍受了馬寇特的最後幾年，那時球隊的薪資預算遭刪減，未來變得渺茫，到了二〇一三年，他卻發現自己置身於危險處境。馬丁利缺少一份長期合約，也沒有道奇隊希望他繼續留下的明確保證，這種「跛腳鴨」的處境令他苦惱。雖然柯列提聘用了他，但馬丁利不確定卡斯頓和新管理層是否信任他。即使傷病大幅折損了陣容名單，馬丁利仍保持樂觀。當外界謠言四起，紛紛議論關於他的工作前景時，他保持冷靜，同時盡力應付明星球員們的自尊心，他唯一尋求的是一份延長合約的認可。

六月分，柯蕭也加入了「脾氣暴躁」的行列。自從他拒絕了三億美元的合約後，談判陷入僵局。那年夏天稍晚，柯蕭回憶道，克洛斯重啟關於原先七年合約框架的討論。當福斯體育記者肯・羅森索（Ken Rosenthal）報導雙方取得進展時，談判出現了阻礙。這則報導激怒了柯蕭，他指責道奇隊違反雙方不公開談判內容的協議。然而，談判仍繼續進行：金錢總能勝過騎士精神。他們幾乎要達成一份價值二億一千萬美元的協議，但在如何為合約投保的問題上出現爭執，卡斯頓和斯馬特甚至爆發了激烈爭吵。

談判的不穩定和未來的不確定性沒有影響柯蕭的表現。那年夏天，他連續第三年入選全明星隊。他的生活圍繞著五天週期進行，在先發後次日，他重訓、跑步和傳接球。第二天，他會在牛棚練投三十四球。第三天，他重訓、長距離接傳。第四天，他站上牛棚投手丘，練習從德瑞克・洛夫那邊學來的視覺化技術「空投」訓練。到了第五天，他會吃下一份火雞肉三明治，對著球員休息室牆壁投球，然後走上球場，主宰比賽。前四天的照表操課讓他克服了第五天大腦中的焦慮緊張，他需要這個例行週期，因為如果略過了這個週期循環，「事情就會不順，感覺就好像你真的把這件事搞砸了。一致性和例行公事有助於穩定心態。」柯蕭回憶道。

這也讓柯蕭在不熟悉他的人眼中看起來有些不正常。七次入選全明星賽的德州遊騎兵三壘手麥可·楊，在冬天時曾與柯蕭一起進行重訓。二〇一三年八月底，柯列提為了加強板凳深度，把楊交易過來。楊在科羅拉多州的庫爾斯球場與球隊會合，那天是柯蕭先發的日子。一走進球員休息室，楊便看見他的休賽期訓練夥伴，說道：「嘿！二十二號，你遜斃了！」柯蕭勉強擠出一絲微笑，隨即轉身離開。喔！糟了！楊心想。他把裝備放進自己的更衣櫃，然後前往訓練室。當時艾利斯也在場。「第一次和柯什打球齁？」艾利斯說。

當楊加入球隊時，道奇已在國聯西區遙遙領先。六月三日時，球隊還處於墊底位置，柯列提把普伊格升上大聯盟。一年前，這位二十二歲的古巴球員在與羅根·懷特進行短暫的試訓後，簽下了一份價值四千二百萬美元的合約。普伊格身高六尺二寸（約一八八公分），體重二四〇磅（約一〇九公斤），他的性格遊走在逞能和魯莽之間。他違反球隊的遲到規定，卻只受到輕微懲處；有些道奇球員認為普伊格受到新老闆的保護。但這傢伙確實會打球——道奇也確實順利前進。「贏球能解決很多事。」柯蕭曾在那個夏天的一場先發後說，「能化解許多分歧，消除許多嫌隙，雖然我們並沒有什麼不和。」岡薩雷斯穩定發揮，拉米瑞茲重新回歸，普伊格的到來，點燃了道奇進攻火力。那個賽季，普伊格的打擊率達到三成一九，整體攻擊指數（OPS）高達〇·九二五。他在壘上展現出的活力、如火箭般的右臂，讓整個道奇球場沸騰起來。他升上大聯盟後，球隊取得六十九勝三十八敗的戰績，最終以十一場的領先優勢取得國聯西區第一名。

這次的翻轉令柯蕭振奮不已，他不想再錯過任何一個十月。他沒有上場的四天裡，總是站在道奇隊休息區的最前排。「他是最偉大的啦啦隊長。」史基普．舒馬克說。「他不是在吃東西，就是穿著球衣觀看比賽，再不然就是汗流浹背。」楊回憶道。九月十九日，當道奇隊在亞利桑那的大通球場（Chase Field）確定拿下分區冠軍後，柯蕭翻過欄杆，加入慶祝行列。球員們噴完香檳和國產啤酒後，柯蕭和其他人繞道前往右外野圍欄外的室內游泳池。他和隊友們一起潑水嬉戲、微笑。然後，他爬上岸，用毛巾把自己擦乾。他的例行公事上，隔天還有一場空投訓練等著他，他還有更多比賽要投。

二〇一三年十月三日，道奇以九十二勝的成績重返季後賽，這是自二〇〇九年以來的首次季後賽，將作客迎戰以九十六勝作收的亞特蘭大勇士隊，拉開國聯分區系列賽的序幕。距離柯蕭上一次季後賽登板先發已經過了一千四百四十九天，他已不再是那個充滿潛力但缺乏穩定的天才年輕選手。幾週後，他即將獲得第二座賽揚獎，拿下三十張第一名選票中的二十九張。他在這個賽季繳出聯盟最低的一．八三防禦率，同時以二百三十二次三振取得國聯第一。二十五歲時，他是全大聯盟最佳投手，同時也是史上最昂貴球隊陣容之一的最重要球員。

儘管勇士隊在比賽前段有一些大膽的揮擊，柯蕭依然三振了十二名打者，僅讓亞特蘭大得一分。他的隊友以堅強的打線為他建立穩固的領先優勢。第六局，亨利．拉米瑞茲從勇士隊牛棚投手喬丹．沃頓（前 D-Bat 王牌投手）手中擊出一支帶有打點的二壘安打，將比分拉開至五分差。柯蕭堅持投完七局，用球數達到一百二十四球，這是他本賽季第二高的用球數。道奇最終以六比一取得勝利，柯蕭賽後仍意猶未盡。「比賽結束後，他就喊著自己已經準備好要投第四戰了。我們的反應是，『不、不、不、不、不行！』」馬丁利幾天後透露。

一九七〇年代初期，道奇率先採用了五人輪值制，這一制度成為大聯盟公認的標準，也創造了幾十年後柯蕭所遵循的週期。先發投手習慣於投一休四的安排，這讓他們的手臂有時間排除投球後累積的乳酸。「當你投球時，你的肩膀和手肘會像流血一樣耗損，然後你需要排出這些乳酸。」資深教練巴克・休瓦特（Buck Showalter）解釋。然而，拚死一搏的時刻通常是在十月的季後賽，球隊會要求最好的投手更頻繁出賽。二〇〇一年世界大賽，柯特・席林（Curt Schilling）代表亞利桑那響尾蛇三次登板先發，其中兩次只有短暫休息。二〇〇九年，在紐約洋基隊奪冠征程中，C・C・沙巴西亞也有兩場短休先發。二〇一一年，聖路易紅雀隊的可靠主力克里斯・卡本特（Chris Carpenter）更是在短暫休息後，再度於世界大賽第七戰登板先發。但是，這樣的策略不總能奏效：葛瑞格・麥達克斯在二〇〇一年被擊潰；凱文・布朗（Kevin Brown）在二〇〇四年僅抓下四個出局數；王建民在二〇〇五年僅投了一局。

這樣的做法基本上已不再流行。二〇一〇年和二〇一二年，舊金山巨人隊分別靠著正常輪值登板的麥特・凱恩和麥迪森・邦加納奪得世界大賽冠軍。二〇一一年，費城人隊的三位王牌投手羅伊・哈勒戴、克里夫・李和科爾・漢梅爾斯，也沒有在季後賽中短休登板。在底特律老虎隊，麥斯・薛澤願意在季後賽的兩次先發之間擔任後援投手，但賈斯丁・韋蘭德仍維持他的常規賽程。二〇一一年秋天，扎克・葛蘭基以密爾瓦基釀酒人隊的球員身分首次在季後賽登場，在投例行賽季的最後一場比賽後短休登板，他僅投五局便丟了四分。隨後的十年間，他在季後賽先發二十場比賽，沒有任何一場是短休登板。

當馬丁利和亨尼卡特在二〇一三年為道奇隊制定投手輪值表時，他們清楚可以將葛蘭基排在柯蕭之後。葛蘭基已從鎖骨骨折中傷癒，以二．六三的防禦率結束例行賽季。而第三號先發柳賢振的防禦率為三．〇〇。但第四號先發成為難題。瑞奇．諾拉斯可（Ricky Nolasco）在九月分的二十五．二局中丟掉了二十二分。馬丁利告訴記者們，諾拉斯可將在第四戰先發。但私底下，季後賽前數週，道奇隊已在內部討論是否讓柯蕭上場。「我們當然不想這樣，但別無選擇，他是我們最好的投手。」亨尼卡特回憶道。

道奇輸掉第二場比賽後，球隊返回洛杉磯。第三戰的前一天，柯蕭與艾利斯及普拉特一起在西好萊塢吃披薩。他們吃了幾片披薩，也小酌幾杯，接著去喜劇商店（Comedy Store）。艾利斯逗弄地說，這些享受可能會影響柯蕭的例行公事。柯蕭回答道，只有三天的休息時間，他也不確定例行計畫該怎麼安排。他臨時做了調整：第一天減少重訓組數，第二天縮短牛棚練投時間。「我基本上直接跳過第三天的訓練。」他回憶道，直接進行第四天的視覺化空投練習。

當道奇贏下第三戰後，馬丁利把柯蕭叫進辦公室。柯列提、馬丁利和亨尼卡特告訴柯蕭不需要他無謂的逞強，柯蕭對他們說：「我整個冬天都在想這件事。」他所做的每一件事，五天週期中的每一天，每一次深蹲訓練、每一次外野衝刺——都是為了這一刻。他不關心尚未簽下長約，只想握著那顆球。當柯蕭離開辦公室時，他笑得合不攏嘴。希爾曼對馬丁利說：「柯蕭看起來就像是一個在萬聖節偷到最大一袋糖果的孩子。」

勇士隊展現出頑強鬥志。第四局，由於岡薩雷斯的一次傳球失誤，讓勇士隊抓住機會追回兩分。柯蕭成功壓制攻勢，撐完六局，投了九十一顆球，讓比賽維持在平手局面。到了第八局，當勇士隊的全明星終結者克雷格・金柏瑞（Craig Kimbrel）還在牛棚觀戰時，普伊格敲出一支二壘安打，接著內野手胡安・尤里貝（Juan Uribe）敲出一支致勝全壘打。道奇隊成功晉級，準備在國聯冠軍系列賽中對上聖路易紅雀隊。喧鬧的慶祝中，山迪・柯法斯戴上護目鏡以防止香檳噴到眼睛，再過幾個月，他就要滿七十八歲了。柯法斯將雙手搭在柯蕭的肩膀上，表達了對他的讚賞。對柯蕭來說，柯法斯既不是導師，也不是神，他是一位朋友。「他真的是一個很好的人。」柯蕭這麼說。他們會通電話，有空時也會相約吃飯。他們分享的不只是球技，為了追求卓越，柯法斯犧牲了自己的左臂。對他來說，柯蕭擁有同樣的精神。「我非常欣賞他的一點是，你永遠不會處於最佳狀態，而當你不在最佳狀態時依然能想辦法贏球，這真的很了不起。」柯法斯回憶道。

紅雀隊在二〇一三年贏了九十七場比賽，是國聯戰績最佳的球隊，展現出他們仍保持在棒球世界的核心。自二十一世紀之來，紅雀隊已十次打進季後賽，四次贏得國聯冠軍，並兩度奪下世界大賽冠軍。這支球隊在美國中西部地區保有絕對的霸權，這一點體現在該地區的旗艦電臺ＫＭＯＸ「聖路易之聲」（The Voice of St. Louis）上，這個電臺的比賽廣播覆蓋了四十四州，聽眾自稱是「棒球界最好的球迷」。即使在球隊聖雄托尼・拉魯薩退休，以及三屆國聯最有價值球員亞伯特・普荷斯於二〇一一年世界大賽奪冠後離隊，球隊也幾乎沒有出現太大變化。「我們相信彼此，從不放棄。」紅雀隊外野手喬恩・傑（Jon Jay）回憶道。

柯蕭回到他的例行公事上。馬丁利安排他在布希球場的第二場比賽登板，然而，在他站上投手丘之前——甚至在首戰葛蘭基登板之前，這個系列賽的關鍵轉折已經發生了。紅雀隊投手喬・凱利（Joe Kelly）

在加州的科洛納長大，成長時期經歷過不少打鬥。高中時的一次選拔試訓營中，他決定用一個舉動來吸引球探們注意——他把一顆棒球從外野投到附近一棟建築的三樓。凱利戴著眼鏡，有一張娃娃臉，但他能投出驚人的球速，只是不知道球會飛到哪裡去。在系列賽首場的第九球，凱利投出一顆時速九十五英里（約一五三公里）的二縫線伸卡球。這顆球偏離了預定目標，就是捕手雅迪爾．莫里納（Yadier Molina）的手套，卻擊中對紅雀隊而言「幸運」的位置：亨利．拉米瑞茲的肋骨。

拉米瑞茲在幾年前曾獲得國聯打擊王，但由於受傷的關係，他在二〇一三年只打了八十六場比賽。他雖然脆弱，卻是球隊不可或缺的一員。拉米瑞茲堅持打完比賽，紅雀隊在第十三局以三比二拿下首勝，其間，道奇隊在得點圈壘上有人的情況下，十次打擊僅擊出一支安打。隔日，當柯蕭準備與菜鳥投手麥可．瓦卡（Michael Wacha）對決時，拉米瑞茲疼痛到無法揮棒，迫使馬丁利在沒有拉米瑞茲和外野手安德烈．伊席爾的情況下，拼湊出一個先發陣容。伊席爾剛在九月匆促復出，脛前疼痛還未完全恢復。在瓦卡心中，與柯蕭對決的壓力比壓制道奇打線更大。「我當時想著不能丟掉任何一分，因為他也不會掉分。」他回憶道。

柯蕭不負眾望。六局過後，他已送出五次三振，僅讓紅雀打出兩支安打。紅雀隊在第五局勉強拿下一分，第一棒打者大衛．佛里斯（David Freese）擊出一支二壘安打，他在艾利斯未能接住一顆速球後上到三壘，並藉著喬恩．傑的一支高飛犧牲打跑回本壘得分。當比賽進入第七局，輪到柯蕭上場打擊時，他僅投了七十二球，馬丁利不願犧牲球隊最後的七個出局數，選擇讓柯蕭下場。最終，道奇打者沒有表現，浪費了柯蕭的努力，以〇比一輸掉了這場比賽，讓紅雀隊在系列賽中以二比〇取得領先。

回到洛杉磯，儘管缺乏進攻陣容，道奇仍勉強贏下三場比賽中的兩場。拉米瑞茲的打擊率僅一成三三；普伊格在二十二個打數中被三振了十次；伊席爾的打擊率僅一成五；坎普因需要進行腳踝手術，早在九月就提前關機了。儘管古根漢集團投入了所有資金，儘管「金錢能買到的最佳球隊」產生了浩大聲勢，儘管道奇在夏天經歷了種種風波，但當系列賽回到聖路易主場進行第六戰時，球隊的一切希望都寄託在克萊頓．柯蕭的左臂上。

再一次，柯蕭與瓦卡正面交鋒。瓦卡回憶道：「我可能真的不知道自己當時在場上做什麼，也沒有意識到那場比賽的重要性。」但柯蕭完全清楚。他展現出他的十月模樣：任自己的鬍鬚長得雜亂無章，任他的頭髮垂至肩膀。他在例行賽中投出了職業生涯新高的二百三十六局，在季後賽又投了十九局。他整個冬天都在訓練，整個春天都在準備，整個夏天都在奮力拚博，為的就是登上這座高峰——他以為自己準備好了。

第二局出現一些麻煩，柯蕭被敲出一支安打，接著，投出的兩顆曲球都是暴投。他對曲球的手感不太對，而紅雀隊在他面前也毫不畏縮。當二壘手麥特．卡本特在第三局站上打擊區時，這一點以戲劇性的方式展現無疑。紅雀隊在二〇〇九年選秀第十三輪，僅用了一千美元簽下卡本特。當時他已在大學待了五年，沒有任何籌碼。而這筆錢花得很值得，卡本特在職業生涯第三個賽季便升上大聯盟，二〇一二年成為固定先發球員，二〇一三年首次入選全明星隊。卡本特看起來就像是拉魯薩會選的那種球員，不戴打擊手套，說話帶有南德州的柔順口音。他是紅雀隊中最黏球的打者，展現出紅雀精神：破壞掉難打的球、重擊好打的球。「如果要說有哪支球隊能對付柯蕭的球，我想就是我們。」卡本特回憶道，「我們以那種纏鬥、消磨對手的打擊為傲，就是讓他用力多投，讓他為此付出代價。」

柯蕭在第一局以速球輕鬆解決掉卡本特，然而，兩人第二次對決時，卡本特改變策略，他的目標是不被三振。當柯蕭第一球試圖以滑球塞內角但位置不夠準時，卡本特的球棒根本沒有離開過肩膀，他選擇不出棒。但接下來的七球他全都揮棒，卡本特把一顆速球打成界外，接著又一球、再一球。當柯蕭嘗試投曲球，他把球拉打成沿著一壘邊線的界外球。當柯蕭改投滑球，卡本特又把球打成三壘邊線的界外球。第六個界外球讓全場觀眾沸騰起來，第七個界外球引來一陣輕微的歡呼。卡本特感覺自己就像一名網球選手，一直在抵擋對手的致命發球。他發現只要能碰觸到球，就有一線生機。第九球是一顆內角壞球，球數形成兩好兩壞。當卡本特把第十顆球（另一顆速球）打進觀眾席時，現場的掌聲更加熱烈了。柯蕭重新打起精神，投出一顆滑球。一如他所投出的大多數球，這顆滑球瞄準左打者外角那一半的好球帶，但卡本特逮住機會，將球擊向右外野，形成一支二壘安打。例行賽期間，像卡本特這樣的左打者面對柯蕭時，打擊率僅一成六五；而當柯蕭取得兩好球的領先球數，左打者的打擊率更是只有一成三六。但是，這不是例行賽。

接著，攻勢如洪水般襲來。卡洛斯・貝爾川（Carlos Beltrán）擊出一支穿越二壘手馬克・埃利斯（Mark Ellis）手套的安打。普伊格一次不湊巧的傳球失誤讓貝爾川前進到二壘。柯蕭隨後三振了外野手麥特・哈勒戴（Matt Holliday），但捕手莫里納隨即打出一支穿越中線的滾地安打，把貝爾川送回本壘。大衛・佛里斯又擊出一支安打，球剛好從柯蕭的手套下方穿過。兩好三壞滿球數時，柯蕭對一壘手麥特・亞當斯投出一顆速球，當裁判判定為壞球時，他忍不住對裁判發出一聲怒吼。柯蕭試圖保持冷靜，但這時，外野手沙恩・羅賓森（Shane Robinson）又擊出一支兩分打點的安打。總而言之，紅雀隊靠著四支滾地安打、一個在滿球數下的好壞球判決，以及卡本特那個關鍵打席的堅韌表現，總共拿下了四分。柯蕭一直堅持到第五局，但當紅雀隊前三名打者全部上壘後——兩支安打、普伊格再一次傳球失誤，以及亞當斯的一支二壘安打——馬丁利走上了投手丘。

柯蕭把球交出去，沒有任何抗議。他摘下手套，垂著頭、步履維艱地走回休息區。周圍的紅雀球迷揮舞著白毛巾，以噓叫聲歡送他離場。在這場〇比九的敗仗中，道奇打線面對瓦卡時，總共只擊出兩支安打，但這些都沒人在乎了。在柯蕭職業生涯最重要的一場比賽中，他在壓力下崩潰。這個結果讓全隊「像是被雷打到一樣。」A．J．艾利斯在賽後表示。而柯蕭則說：「我沒有任何藉口，就是表現得不夠好。」

在這個充滿高度期待和各種衝突的賽季裡，柯蕭一直是這支球隊的領袖。因此，他獨自承擔了最終失敗的重擔。道奇隊是如何從賽季初的困境中反彈，或球隊是如何幾乎終結冠軍荒的表現，都無法讓他從中找到一絲慰藉。

「這還有什麼好說的？若是沒有贏得世界大賽，不管是打進季後賽，還是排名墊底，這些都不重要了。如果你贏不了，那還有什麼意義呢？」他說。

第十四章

「季後賽克萊頓」

在密爾瓦基郊外的一處住宅區，白雪覆蓋了草坪，但街道已被清理乾淨。在一條小巷的盡頭，A．J．艾利斯打開了家門。他在二〇一五年買下這塊地，並在二〇一六年與妻子辛蒂、他們的三個孩子搬進這棟房子。那個時候，他的薪水已從大聯盟最低底薪攀升到數百萬美元。

「這房子就像是柯蕭蓋的。」艾利斯說道。

在雙車位車庫旁的一間浴室裡，掛著一幅既虔誠又淘氣的裱框畫，上面寫著：「洗手並祈禱吧，因為耶穌和細菌無所不在。」從書房往外看，俯瞰著一座結冰的池塘，房子後方的山丘非常適合滑雪橇。牆上釘著一張地圖，上面插滿了小圖釘，標注著艾利斯一家曾生活過的地方：田納西州克拉克斯維爾的奧斯汀佩伊州立大學；隨著小聯盟遷徙的各個地點：傑克森維爾、拉斯維加斯、阿布奎基；當然，還有洛杉磯。

所有這些輾轉繞行，最終將這個家庭帶到了馬斯基根的這棟兩層樓住宅。二〇二〇年那個孤寂的夏天，艾利斯窩在沙發上，將 YouTube 同步到白色石材壁爐上方的電視上。他與兒子路克一起看了他在道奇期間的季後賽重播，這既是打發時間的方法，也是重溫昔日榮耀的方式。

但有一場比賽他拒絕觀看，有一段回憶他無法重溫。二〇一三年賽季的結束方式已是令人心碎，而下一個十月所發生的情況則更為殘酷。

二〇一四年，克萊頓．柯蕭締造了個人生涯最輝煌的賽季。然而，這一年也是一個苦澀的預兆。他毫無疑問地證明自己是棒球界首屈一指的頂尖投手，同時，也加深了一個逐漸形成的陳述，這痛苦將伴隨他度過接下來的十年——他一到十月就軟手——那些讓他卓越的特質，卻也在最關鍵時刻成為令他心碎的根源。因為克萊頓．柯蕭職業生涯最輝煌的一個賽季，卻遠比預期的提早結束。而他，正是那個原因。

冬季期間，道奇的管理層已鞏固了球隊的未來。一月，馬丁利獲得一份為期三年的合約。一週後，道奇敲定一份更長、更昂貴的交易。儘管去年夏天的談判進行得不太順利，古根漢集團仍持續爭取柯蕭。「我們不會搞砸第一個王牌自由球員。」史丹．卡斯頓回憶道。這筆交易太合理了，道奇擁有無限資源，柯蕭和艾倫也已在洛杉磯安頓下來。每年夏天都有大量來自高地公園的親友到訪，艾倫甚至設計出一套標準的觀光路線：好萊塢標誌、格里斐斯天文臺、聖莫尼卡碼頭。他們在影視城（Studio City）買了一間房子；他們希望盡快擴展家庭規模。

那年一月，柯蕭從佛羅里達的一場私人聚會飛往洛杉磯，並在核磁共振的成像通道裡待了數小時，而凱西．克洛斯則敲定了投手史上最大合約的具體細節。這份為期七年的續約合約價值二億一千五百萬美元，其中包括柯蕭要求的五年後逃脫條款。談判期間，卡斯頓回憶道，內德．柯列提問了一個問題：

柯蕭真的能在未來七年裡，每個賽季都達到三十場先發嗎？「這是個合理的問題。」卡斯頓回憶道。但當時柯蕭還未滿二十六歲，「而且非常強大，非常具有宰制力。」卡斯頓接著說。丹．馬丁利則打電話問他的兒子：「你覺得這筆錢會改變克萊頓嗎？」普雷斯頓毫不猶豫地回答：「絕對不會。」

道奇開幕日的薪資總額增加至二億二千九百萬美元，成為棒球史上最昂貴的球員名單，但進入新賽季的陣容卻幾乎與去年相同。球隊擁有的全職外野手數量已超出外野位置的需求，為了補強牛棚戰力，球隊簽下了克里斯．佩瑞茲（Chris Pérez）和布萊恩．威爾森（Brian Wilson），這兩位昔日的全明星球員。此外，還有冬天與柯蕭一起訓練的詹米．萊特。「他是最好接的投手，你根本不必移動手套。只要把手套打開，球會直接撞進來，然後手套就會合上。我比較擔心的是他接我的牛棚練投，因為如果我要投伸卡球，結果失控，擊中他的要害或哪邊的話，我真的會嚇死。如果我傷到克萊頓．柯蕭，我就要失業了。」萊特回憶道。

萊特從未傷到柯蕭，但一次宣傳之旅卻讓他受傷了。

這是連續第四個賽季，道奇選擇柯蕭擔任開幕戰的先發投手。不過這個賽季的開幕戰提前一週舉行，而且地點是在另一大洲，道奇隊預計於三月二十二日澳洲雪梨迎戰響尾蛇隊。

整個春訓期間，大家對這趟旅程的驚恐之情不言而喻。「我會說這絕對不是什麼令人興奮的事情。」扎克．葛蘭基這麼告訴ＥＳＰＮ，這在澳洲引起了軒然大波。葛蘭基因小腿問題無法成行，他與另一名簽下一千萬美元合約的兩屆全明星投手丹．哈倫都會留在美國，哈倫因手臂疲勞也選擇不隨隊出行。這趟旅程縮短了投手的春訓期，瑞克．亨尼卡特傾向於讓先發投手在新賽季開始之前能參與五場春訓比賽，柯蕭只參加了四場仙人掌聯盟（Cactus League）春訓賽。球隊高層曾討論是否應該讓柯蕭參與這趟旅行。「我記得當時有過爭論，到底該不該讓他上場先發。」柯列提回憶道。「我話就說到這裡吧，我不想談這件事。」亨尼卡特加了一句。馬丁利當時不擔心柯蕭的準備狀態，「但顯然我應該要擔心的。」他回憶道。

開幕戰幾天前，歷經十五個小時的飛行後，柯蕭整個下午都待在雪梨板球場（Sydney Cricket Grounds）調整滑球狀態。他感受到來自行程安排的外在壓力，以及達到自我標準的內在壓力。他飛越半個地球不是來投出四局平庸的比賽，他的標準始終如一，而滑球還未達到他的標準。當球場空無一人時，柯蕭仍繼續練投。這些訓練逐漸帶有一種節拍器式的感覺——每一次，柯蕭都以相同的順序、相同的強度執行相同的投球，艾利斯已經記得這套投球程序。那年春天，他不假思索地對ＥＳＰＮ說出：「當我站起來時，三個速球。我蹲下，三個正中速球。接著內外角各三個速球，三個外角變速球，一個內角速球，三個正中滑球，一個內角快速球，三個正中滑球。接著，他改用固定式投球姿勢。兩個內角速球、兩個外角速球、兩個變速球、一個內角速球、兩個曲球、一個內角速球、兩個滑球。再回到揮臂式投球姿勢，一個內角速球、一個外角速球。」整個訓練固定為三十四球，沒有例外。即使速球不配合，滑球不夠犀利，或曲球一直亂彈，都不重要。「如果那天狀況不好，他也會告一段落，也許只是不和任何人說話，帶著情緒離開投手丘。」亨尼卡特回憶道。

但這次不同，柯蕭在三十四球訓練後仍在找尋滑球手感。艾利斯記得，他練投了大約六十球。艾利斯認為，那明顯的憤怒源於壓力：柯蕭不確定自己是否準備好了，而如果還沒準備好，他無法忍受這樣的自己站上投手丘。最後，他用盡全力把一顆球投向看臺，艾利斯和亨尼卡特對視了一眼。對戰亞利桑那隊的比賽中，柯蕭達到了自己的標準，他僅失一分，並投到第七局，幫助球隊取得勝利。但比賽過程中，柯蕭感到手臂後面有些不適。這份疼痛比這趟旅程中的其他記憶都留得得更久、更鮮明，像是搭乘水上飛機遊澳洲，或抱著一隻無尾熊。「澳洲超酷的，那是一趟有趣的旅行，但如果沒有比賽的話就更好了。」柯蕭回憶道。

返回洛杉磯的飛行途中，他輾轉反側。每當他抬起手臂時，疼痛就會加劇。「我的肱三頭肌像著火一樣。」他回憶道。

開幕戰一週後，柯蕭在沛可球場（Petco Park）外野，努力證明自己是健康的。但在第二十七次投球時，他的手臂和背部又開始感到不適。他試圖說服教練團，但球隊高層還是決定將他放入傷兵名單——這是他職業生涯的第一次。他靠近背闊肌的大圓肌撕裂，這塊肌肉負責穩定他的旋轉肌袖。在新合約的第一年，若再繼續冒險，可能會有重大損傷。即使有保險保障，道奇隊也不允許有進一步的風險。

進入傷兵名單的第一天，柯蕭在外野衝刺奔跑。隊友們為此感到困惑，不明白他在做什麼。「他可能會受傷，而你想他應該要先休息。」葛蘭基回憶道，「但他就是繼續努力訓練，大家都在想，『你為什麼要這麼拚？這樣只會讓自己傷得更嚴重。』」訓練團隊想出一個能夠符合柯蕭價值觀的計畫，他們為他制定一套五天的週期訓練。前四天，柯蕭按照平常例行公事一樣訓練，包括重訓和衝刺跑步。第五天，他要完成一套四十五分鐘的循環訓練，包括跑步和驅幹轉體訓練。「我們必須要非常有創意。」肌力和體能訓練教練布蘭登・麥克丹尼爾（Brandon McDaniel）回憶道。這些活動模擬了先發投手的心肺強度，他做了一百次轉體，就像在比賽中一樣，只是沒有任何投球動作。柯蕭太珍貴了，不能倉促行事；但他又太固執了，不能過於拖延。「這更像是一門藝術，而不是一門科學。」麥克丹尼爾這麼說。

到了四月底，柯蕭感覺自己可以回歸賽場了，甚至在馬丁利辦公室外的牆上丟球來強調這一點。當他重返球場，五月六日復出對戰國民隊時，雖然被擊出九支安打，但一分未失，並送出九次三振。「當你被拿走了某些東西，你會意識到自己有多想念它。」他後來說道。他的五天訓練週期隨後增加了保護背部的練習，此外，還要花更多時間保持右髖的放鬆、雙腿的力量，以及手臂的靈活。當他在六月十七日走進醫生的診間時，他覺得很好，完全回到了正常狀態。而這一次，他的身體不是檢查的主題。

艾倫已經懷孕兩個月了，但這對夫婦仍暫時保守這個祕密。在診間裡，醫生展示超音波顯示出胎兒的心跳。柯蕭感到興奮、不知所措，還有一絲害怕。一年前，他與父親告別，而今，他也即將成為一名父親。隔天，柯蕭將這份激動壓抑在心底，他的第五天再次到來。科羅拉多落磯隊當時作客道奇球場，而柯蕭打算像往常一樣，展現出他的「不好客」精神。落磯隊不是特別強大的隊伍，但他們是一個熟悉的對手，對柯蕭充滿敬意。「我比任何人都更期待與他對決，因為我知道他那天晚上會傾盡全力。」科羅拉多二壘手D．J．勒梅修（DJ LeMahieu）回憶道。

二〇一四年六月十八日那個晚上，柯蕭展現出前所未有的巔峰。他在前三局投了四十六球，未讓任何一名打者上壘。到了第五局，艾倫開始收到來自朋友們的簡訊。道奇以八分的優勢領先，唯一的懸念是柯蕭是否能締造歷史。自從高四那年對戰賈斯汀鎮西北高中的那場精彩比賽後，他再也沒有投出過無安打比賽。當晚，他的曲球控制得異常精準，而艾利斯將他的曲球與平時使用的速球及滑球搭配得當。第七局時，隊友亨利．拉米瑞茲的一次傳球失誤讓柯蕭錯失完全比賽的機會，但三壘手米格爾．羅哈斯（Miguel Rojas）一次利落的美技守備和一壘手艾德里安．岡薩雷斯的精彩接球，讓比賽仍維持在無安打的局面。

電視攝影機轉向了艾倫，搭配播音員文．史考利描述著她的喜悅，「在眾多人群之中，他的妻子艾倫心臟跳得稍微更快了。」當柯蕭投完第八局走下投手丘時，史卡利在直播中說出這段話。在休息區裡，艾利斯和亨尼卡特正在研究對方的打擊順序卡，而艾利斯感覺到身後有人靠近。

「你們有什麼建議？你們在想什麼？」柯蕭問。

他在尋找關於內野手查理．寇伯森（Charlie Culberson）的情蒐報告，寇伯森在比賽稍早前的雙換人（double switch）加入賽局，但還沒有上場打擊過。艾利斯和亨尼卡特都不想觸柯蕭霉頭，他們保持沉默。他也沒打算等待回答，「按優勢投？」柯蕭說，這是內角速球和滑球的簡略表達。捕手和教練沉默不語，點了點頭。當寇伯森上場時，他將第一顆速球擊向右外野上空。「如果你看影片，那可能是亞塞爾．普伊格職業生涯中唯一一次雙手接球。」艾利斯回憶道。最後一位打者外野手柯瑞．迪克森（Corey Dickerson），他和之前的打者一樣，幾乎是毫無機會。柯蕭用一顆外角滑球徹底壓制住他，那是他當天的第十五次三振，收下這一場無安打比賽。

柯蕭高舉雙臂，接著，張開雙手迎向艾利斯。道奇球員們對著柯蕭噴水、擁抱，與此同時，他的登場音樂——歡樂樂團（Fun.）的獨立流行音樂〈我們還年輕〉（We Are Young）則響徹整個球場。艾倫情不自禁地淚流滿面，慢慢走向場內。當麥特．坎普和普伊格用水桶和紅色的 Powerade 運動飲料澆柯蕭時，她就站在旁邊。

艾倫不顧她丈夫球衣上的黏膩感，用雙手緊緊環抱住他的胸膛。不久後，他們的生活將不再只是他們兩人。但在此刻，這個神奇的夜晚仍是他們兩個人的時光。賽後，他們一起漫步到停車場。柯蕭握住那顆比賽的球。「這還挺酷的，不是嗎？」他說。

如果說那場無安打比賽代表了柯蕭的巔峰，那麼接下來的例行賽中，他的表現從未下滑，一直維持在巔峰狀態。他投出了連續四十一局無失分的成績，在十七場先發中，四場完投，並在另外九場中至少投完八局。除了一場比賽之外，他每次先發都至少投到七局。比賽之間，他的舉止還是一樣故作傻氣，他會從打擊教練馬克．麥奎爾那裡學習比賽知識，與葛蘭基交換情蒐報告，或者和丹．哈倫一起玩傳接，柯蕭幫哈倫取了一個綽號「雷霆丹」，源自於鳳凰城太陽隊的丹．馬爾利（Dan Majerle）。然後他踏上投手丘，令打者們難堪。「我無法想像有人能像他那樣完全宰制比賽，在這點上，我是嫉妒的，因為那看起來太輕而易舉了。」曾在二〇〇七年全明星賽擔任先發投手的哈倫回憶道。馬丁利甚至以柯蕭的先發來安排牛棚的使用，柯蕭出賽前一天，馬丁尼可以毫無顧忌地用光牛棚投手；當柯蕭登上投手丘時，中繼投手們甚至可以溜去墨西哥提華納，也不會有人注意到。「這讓我不再相信有所謂觸霉頭這種事了。」中繼投手J．P．豪厄爾回憶道。

柯蕭最終以二十一勝三敗、一．七七的防禦率完成賽季，連續第四年獲得國聯防禦率王。賽季結束後，他成為繼名人堂投手鮑伯．吉布森於一九六八年之後，第一位獲得國聯最有價值球員獎的投手。隨後，又獲得生涯第三座賽揚獎。「他簡直勢不可當，我記得我對丹尼（馬丁利）說：『要把他換下場是不可能的，想都別想。』他們根本連球都摸不到，誰還在乎投球數呢？」麥奎爾回憶道。

二〇一四年季後賽，道奇打算靠著柯蕭帶領球隊走到最後。儘管球隊投入了大量資金，但他們的牛棚仍不太可靠。幾年前，柯蕭在小聯盟時期的捕手肯利．簡森改練成中繼投手，他犀利的卡特球讓對手難以觸及，迅速成為聯盟中最頂尖的終結者之一。然而，牛棚的其他投手卻是一群經驗不足的新手及過氣的老將。整個牛棚表現一般，防禦率排名聯盟第二十三，三振率排名第十六。而當柯蕭先發時，牛棚的平庸表現顯得格外突出。「要想把他換下來真的很難，我和丹尼會坐下來討論，然後說：『也許是時候了，但要換誰比較好呢？』」板凳教練提姆．華勒奇回憶。

道奇不是一人樂團，葛蘭基和柳賢振在二〇一四年仍舊表現出色；普伊格首次（也是唯一一次）入選全明星隊；岡薩雷斯仍是穩定的得分製造者；坎普克服了中外野位置被普伊格奪走的不滿，打出一個強勁的賽季；來自紐約大都會隊的棄將賈斯汀．透納成為一名可靠的板凳球員。馬丁利盡其所能地安撫球星們的情緒，其中，普伊格最令他頭疼。「我真是受夠你的鳥事了！」有一次，馬丁利在辦公室對普伊格大吼。柯蕭認為普伊格的行為偶爾會帶來損害，但只要他能在比賽中展現實力，自己就不太在意。「我們這裡有過比普伊格更糟糕的人。」柯蕭回憶道。

國聯分區系列賽讓九十四勝的道奇和九十勝的紅雀再次對決，兩隊之間的敵意仍然存在。雖然喬．凱利已經被交易到波士頓，但紅雀仍肆無忌憚地把球塞向內角。那年七月，紅雀投手卡洛斯．馬丁尼茲（Carlos Martínez）一記觸身球擊中拉米瑞茲，而柯蕭也回敬麥特．哈勒戴一記觸身球。故事情節自然而然發展下去。紅雀隊曾戳破柯蕭攻無不克的假象，而今，他回來了，帶著他的最佳表現，並對於他尋求復仇的說法感到不爽。第一戰前一天，柯蕭回答了關於去年季後賽結局的問題，他說：「為什麼都沒有人問我季後賽獲勝後的感覺如何呢？」

第一戰第六局時，艾利斯已開始在斟酌如何回答媒體友善的提問。道奇以六比一領先，擊潰了紅雀先發投手亞當．韋恩萊特（Adam Wainwright）。兩人出局後，柯蕭面對的是麥特．卡本特，那位不戴手套的剋星。卡本特用力揮出第一顆速球，球越過右外野全壘打牆。卡本特在繞著壘包跑時保持冷靜，沒有露出激動表情，四分差距仍然顯得巨大。卡本特回憶道：「當你面對克萊頓．柯蕭時，除非他離開投手丘，否則你根本不會覺得自己有機會。」柯蕭完成了這一局，並在第七局再次上場。當時他已經投了八十一球，在華氏九十六度（攝氏三十五．五度）的高溫下。艾利斯說：「真的太熱了，那天真的熱得要命。」亨尼卡特回憶道。「我記得那天真的很熱。」卡本特也說。

棒球這項運動中，人們逐漸意識到，當投手在比賽中第三次面對打者時，表現往往會變差。與其讓疲憊的先發投手繼續投，不如換上一位新的中繼投手，但柯蕭在面對第三輪時卻表現得更好。二〇一四年，他在第三輪面對打者時，實際上比第二輪更佳：對手在第二輪面對柯蕭時的整體攻擊指數為〇．五七三；第三輪面對柯蕭時的整體攻擊指數為〇．五六八。「他過去總是對第三輪打者這個說法嗤之以鼻，嗯，好吧，如果你是克萊頓．柯蕭，那不成問題。但對其他人來說，這是事實。」卡斯頓回憶道。在一起的時候，柯蕭與馬丁利常討論到他應該在比賽中投多長時間。柯蕭告訴馬丁利，只要教練認為牛棚有更好的選擇，隨時可以把他換下場，像是在第九局派簡森上場。「但不要因為覺得我累了就把我換下場，我不累。我不會累的。」柯蕭語氣堅定地說。教練們很難判斷他是否在逞強。「他可能已經筋疲力盡，但絕對不會讓你知道。」華勒奇回憶道。

在洛杉磯異常炎熱的這天，第七局，紅雀隊最強的打者第三次站上打擊區，而柯蕭依然留在投手丘上。對道奇隊的教練團來說，這是個顯而易見的決定，他們相信柯蕭的耐力，不夠信任自家牛棚。這是個老問題：誰更好？但紅雀是一支經驗豐富、足智多謀的球隊，能隨機應變調整策略。他們知道柯蕭會繼續用快速球和滑球攻擊內角，於是優先目標只求打中，不求力量。柯蕭投出一顆時速九十三英里（約一五〇公里）的快速球，讓首棒打者哈勒戴的球棒應聲斷裂，但哈勒戴仍勉強扛出一支超過柯蕭守備範圍的內野安打。這僅是紅雀隊全場的第三支安打，但對柯蕭來說，這是他整個下午首次需要在壘上有跑者的情況下，用固定姿勢投球。

他的策略並未改變，速球、滑球、內角。下一名打者約翰尼．普拉塔（Jhonny Peralta）將一顆速球擊向中外野形成安打；雅迪爾．莫里納將第一球的滑球擊向中線，形成另一支安打。突然間，紅雀隊形成滿壘，追平分上場打擊。「他們都是中間方向的一壘安打，你只能問，『現在究竟是怎麼回事？』」亨尼卡特回憶道。他打電話到牛棚，但仍待在休息區內。位在球場上方包廂的內德．柯列提感到無助：「我記得當時站在那裡，心裡只想著，『拜託，有誰來停止這場比賽吧！』」

一如亨尼卡特和馬丁利，艾利斯也堅守在指定位置上，無法臨場應變，他堅持使用柯蕭近年來已經熟練掌握的策略，這套策略讓柯蕭在整個夏天累積出一場又一場無失分的好表現，但這套策略也是經驗老練的打者們能夠預測的。第七局，艾利斯為柯蕭配了二十九顆球，只有一顆是曲球。「那大概是我身為捕手的職業生涯中所配過最糟糕的一局。」艾利斯回憶道。艾利斯繼續配著那些在五月、六月、七月都成功的配球，但這並不是五月、六月或七月。事後，他認為其中一個因素確實造成影響。柯蕭的偉大來自於他對常規的堅持，讓他產生一種比對手更優越的感覺，但這也可能讓他氣力耗盡。「克萊頓耗費了大量的情緒能量，甚至早在例行賽登板時就如此，而到了季後賽，這種情緒消耗更進一步放大。老實說，我覺得當我們打第七局時，那個情緒能量已經消耗殆盡了。」艾利斯回憶道。

艾利斯選擇堅持計畫，柯蕭也不想停下來。就像他在小聯盟時遇到的緊急情況一樣，他試圖在困境中以力量壓制對手。但這個策略適得其反，麥特．亞當斯（Matt Adams）把滑球打成一壘安打，將比分縮小至三分。在一個三振之後，柯蕭面對喬恩．傑。「我只是試著碰到球，但不用揮得太遠。」傑回憶道。當柯蕭投出一顆時速九十四英里（約一五一公里）的快速球時，傑將球擊向內野左側，將比分進一步縮小至六比四。

柯蕭投到九十九球時，馬丁利走上投手丘，柯蕭向他保證自己感覺很好。接下來上場的兩名打者是左打者，這通常是柯蕭可以輕鬆解決的打者。雖然左投中繼J・P・豪厄爾已經在熱身，馬丁利仍選擇信任他的王牌。累了？柯蕭不會累。誰更好？沒有人——除了這一天的對手。又一次三振之後，柯蕭再度對上卡本特，這位在去年纏鬥了十一球，開啟季後賽終結惡夢的打者。這次對決只持續了八球，但全是速球和滑球，但對柯蕭而言，仍是以心碎告終。當全場觀眾高喊著「MVP」時，柯蕭取得兩好球，但隨後，卡本特將一顆時速九十五英里（約一五三公里）的速球轟向右外野牆，全場觀眾發出一陣痛苦的悲鳴。球揮出去後，柯蕭立刻彎身蹲下，低下頭。這三分進帳，足以讓紅雀隊超前，最終以十比九贏下比賽。柯蕭退回休息區，雙手抱著頭。

這場翻轉或許令人難以置信，也並非無法解釋。柯蕭試圖用自己的方式，主要是用他的快速球，強行壓制那些洞察一切、有所準備的對手。紅雀隊狠狠蹂躪了柯蕭的可預測性，「這感覺糟透了。」柯蕭這麼說。「沒有任何言語能夠形容這一刻。」艾利斯說。賽後，柯蕭悄悄走進道奇球場一樓的電梯。他靠在牆上，盯著地板，電梯將他送到了停車場。那一年，他沒有再在洛杉磯登板了。

影片分析師約翰・普拉特是柯蕭的親近知己，第一場比賽結束後，他開著車沿著日落大道行駛，關閉了收音機，車窗也搖了起來。他效力於道奇隊期間經歷過「很多非常艱難的季後賽輸球」，但那場對紅雀隊的比賽「仍然是我親眼所見最令人震驚的一場。」他回憶道。他無法相信所發生的事，也無法解釋為什麼。

隔天早晨，普拉特接到道奇高層瑞克・瑞加索（Rick Ragazzo）的電話。普拉特需要仔細研究比賽影片，找出柯蕭是否暴露了投球特徵。當柯蕭在第七局開始以固定式投球後，紅雀隊便對他的投球展開猛烈攻擊。或許，他不小心洩漏出投球意圖。在福斯電臺的轉播中，評論員哈羅德・雷諾茲（Harold Reynolds）異常執著於紅雀隊可能從二壘偷取柯蕭的暗號，並將資訊傳遞給打者的可能性。「他們的反應就像知道接下來會發生什麼一樣。」羅根・懷特回憶道。

系列賽結束近十年後，前紅雀隊球員對此說法非常嗤之以鼻。「總是會有這樣的事，『喔，紅雀一定有些什麼。』我們根本什麼都沒有。」傑回憶道。他們聽起來幾乎像是受到羞辱一樣。「當時的說法是我們掌握了他的投球，但情況並不是這樣。」卡本特回憶道。隨著時間推移，球界對偷暗號的看法變得更加嚴苛，尤其在休士頓太空人隊利用非法攝影機作弊的醜聞曝光後。即使是符合規則範圍內的情報戰，這種做法仍會讓人覺得不光彩。這種說法暗指聖路易並非憑實力獲勝，而是柯蕭自亂陣腳。然而，紅雀隊堅決否認這種說法。「我們沒有傳遞任何訊息，也沒有發現他在投快速球和變化球時有什麼不同。」亞當斯表示。

第一場比賽後，普拉特和道奇高層對比賽中的慘況進行了研究。「沒有人發現到任何問題。」普拉特回憶道。亨尼卡特懷疑紅雀隊或許注意到柯蕭要投球時手肘或手腕角度的細微變化。亨尼卡特說：「如果有出現一丁點不同——我的意思是，我們各種角度都研究過了。」普拉特仍心存疑慮。「我認為他們對他的曲球有所掌握。」普拉特回憶道。

麥奎爾常和柯蕭開玩笑提到投球的事，「他的曲球，我從一英里外就能看出來。」麥奎爾回憶道。柯蕭要投曲球時，他會抬高手臂，胸膛也會挺得比平常更高。「我常在休息區和其他教練開玩笑：『你們難道看不出他即將要投曲球嗎？』」麥奎爾回憶道。他的觀察力比大多數人都敏銳，「如果是滑球，你能把我三振，但如果你投一顆曲球給我，那就會飛得很遠了。」麥奎爾喜歡這麼逗弄柯蕭。

第一戰結束四天後，柯蕭站上布希球場的投手丘，這是他連續第二年避免在聖路易遭到淘汰。他保持著二比〇的領先優勢，但紅雀隊逐漸逼近。紅雀隊在第七局一開始便擊出兩支安打，此時，超前分打者亞當斯站上打擊區。捕手艾利斯深知絕對不能重蹈第一場比賽的覆轍，當時比賽的投球模式過於可預測，他果斷地配出一顆曲球。

儘管歷經第一場比賽的災難，柯蕭仍在短暫休息後，再度於第四場登板先發。「不知道為什麼，最後一場比賽總是落在克萊頓身上。」艾利斯回憶道。第二場比賽中，葛蘭基以七局無失分的表現幫助道奇扳平系列賽。兩天後，紅雀隊又把道奇逼到絕境。鮮少上場的中繼投手史考特・艾爾伯特（Scott Elbert）被擊出致勝全壘打而吞下敗仗。輸掉第一場比賽後，柯蕭沒有爭取要在第四戰再上場先發。但有機會將功贖罪時，他毫不猶豫地接受了挑戰。「最簡單的做法，他會說：『如果我有得到充分休息，我知道情況會是怎樣：我會投完七局，並壓制對手。我可以坐下來等待那一刻，然後繼續這麼做下去，每次都這樣。』或者會說：『去他媽的！』好吧，他可能不會這麼說，他會說：『管他的！我要接受這個挑戰。』」麥可・楊回憶道。

如果柯蕭在固定式投球姿勢時洩漏出投球意圖，那麼第四場比賽中，紅雀隊無法在第四局、第五局壘上有跑者時善用這個機會。第六局，他全用三振解決。進入第七局時，柯蕭已投出九次三振。然而，面對第三輪打線時，哈勒戴擊出一支二壘手迪伊・高登（Dee Gordon）撲接漏球而形成的安打，接著，普拉塔又擊出一支剛好從拉米瑞茲手套邊擦過的平飛安打。「這兩球本來都應該要出局的，然後我們卻要怪柯什？」馬丁利回憶道。此時，站上打擊區的是亞當斯，一位來自賓州滑石大學的第二十三輪選秀球員，這類球員正是紅雀隊擅長發掘的選手。這次本應是一場實力懸殊的較量，亞當斯在二〇一四年對上左投的打擊率僅為一成九，其中有三支是全壘打。在大聯盟比賽中，面對柯蕭的曲球時，從未有任何左打者擊出過全壘打。然而，當柯蕭遵循艾利斯的指示投出一顆曲球時，亞當斯辨認出了球的軌跡。

「我看到那顆球飛出來，就知道這一球是可以攻擊的好機會。」他回憶道。亞當斯全力揮棒擊中了球，艾利斯驚恐地跳了起來，而柯蕭再次擺出熟悉的姿勢，彎著腰、低著頭，彷彿看著賽季隨著這一刻付諸東流。當球飛過右外野圍欄後，亞當斯輕快地跳躍，跑向一壘，體重二六三磅（約一一九公斤）的他彷彿飄浮在空中。「感覺我的腳幾沒有碰到地面，就這麼繞著壘包跑。」他回憶道。因為過度興奮，他甚至在進入休息區後，需要先躲進走道裡喘口氣。

柯蕭久久無法從彎腰的姿勢中站起，他的目光掃過球場——全場紅雀紅衣人群，揮舞著白色毛巾和紅色小旗子，遠處煙火綻放，對手正繞著壘包跑。再一次，這一切又發生了。馬丁利換下柯蕭，但幾乎已經無力挽回。以二比三落敗，感覺很不真實。

「我現在真的無法用言語形容這一切，那種極糟的既視感又再度出現了。」柯蕭在賽後說道。

艾利斯雙手抱頭，流淚哭泣。棒球比賽中，當季後賽落敗，球季終結後，球員休息室會在短短幾分鐘內開放媒體入場，私人的悲痛往往成為眾人皆知的消息。大批記者蜂擁而至，試圖訪問那些悲傷的球員和教練，應對這樣的場景需要得體與時間的拿捏。過了一會兒，艾利斯擦乾眼淚，環顧整個房間。他看見《洛杉磯時報》的迪倫．赫南德茲正在採訪柯蕭，而柯蕭剛剛已經面對一大群記者的群訪。

「該死的！迪倫，他剛剛都已經講過了。你到底在幹什麼？」艾利斯心想。

隔天，艾利斯才恍然大悟。赫南德茲寫了一篇報導，關於艾利斯在這支球隊的未來。那個賽季，艾利斯的打擊率僅為一成九一。道奇隊正在考慮是否該與他分道揚鑣。報導中的第一句引言來自於柯蕭，當他談論這位朋友時，他語帶哽咽，「如果他沒有回來，我真的不知道我該怎麼辦。」柯蕭這麼說。

十一月十二日，柯蕭的七位童年好友擠進他在高地公園買的房子中。那天晚上即將揭曉賽揚獎的投票結果，柯蕭幾乎篤定能夠獲獎，而隔天晚上，他也將捧起國聯最有價值球員的獎盃。他的朋友們前來為他慶祝——同時他們也檢查著手機，查看自己是否又在網路上被嘲笑。

這個傳統從前一年就開始了。六位好友——喬許・梅利迪斯、迪克森雙胞胎兄弟、派屈克・哈平、班・卡德爾和威爾・斯克爾頓——在二〇一三年賽揚獎頒布時聚集在柯蕭的家。他們當時身上仍穿著在銀行、商業房地產和能源投資產業工作時穿的卡其褲、西裝外套和扣領襯衫。「雖然這看起來確實有點尷尬，但這就是我們平時的穿著。」斯克爾頓解釋道。當柯蕭進行電視採訪時，他們都站在旁邊。有人——可能是艾倫、可能是某位製作人，甚至可能是柯蕭本人——鼓勵他們一起入鏡，於是，當柯蕭接受ESPN和其他媒體採訪時，他們全都站在好友身後，露出燦爛卻略顯尷尬的笑容。這個白領階級的背景畫面，立刻在社群媒體上引起一片瘋狂調侃。

「接下來的一年裡，我們都會看那些網路留言，看人們對我們所說的各種荒謬言論。」斯克爾頓回憶道。「美乃滋小隊」或「這群人看起來真的很會繳稅」，最持久的譏諷來自運動媒體《Barstool Sports》的評論，他們將這群人比作職業摔角中的「惡街幫」（Mean Street Posse），這是由一群來自康乃狄克州格林威治富家子弟組成的職業摔角隊，羅伯特·香農（Robert Shannon）在二〇一四年加入這個團體。這個場景再度重現，柯蕭贏得了他的第三座賽揚獎，他的好兄弟們則因穿著再度被笑得體無完膚。「我們知道我們看起來有多荒唐。」斯克爾頓回憶道。他們打算每年十一月都聚集在柯蕭身邊，展現他們的運動衫和休閒褲。

二〇一五年一月，柯蕭一家迎來兩件大事。一月二十五日，克萊頓計畫去紐約參加全美棒球記者協會舉辦的晚宴，領取賽揚獎和MVP獎盃。而一月三十日是艾倫的預產期，然而，計畫改不上變化：艾倫在典禮前就提前分娩。柯蕭一家迎接他們的女兒卡莉·安來到這個世界。當他將女兒抱在懷中，臉上充滿了淚水。「直到他抱起她，才真正意識到自己是一個父親，要好好照顧這個小生命了。」艾倫回憶道。

柯蕭原本打算跳過紐約之行，但艾倫堅持他一定要去，她知道他的這次成就是多麼罕見，而克萊頓也為此準備了一份演講稿，並花了數小時練習。「你必須去，因為這樣的事可能不會再發生了。」艾倫告訴他。柯蕭坐在曼哈頓中城區希爾頓飯店的宴會廳舞臺上，接受身穿禮服的觀眾們向棒球界最優秀的球員致敬。一位摯友介紹了他，「他每一年都在努力變得更好。」山迪·柯法斯在一年前的同一場晚宴上將二〇一三年國聯賽揚獎頒給柯蕭時曾說過，「如果他接下來能比這一年還要更好，那麼，我想申請明年的工作，再一次將這個獎項頒給他。」於是，柯法斯再次履行了這個承諾。

發表得獎感言時，柯蕭帶領著觀眾回顧他在球場上典型的日子——不是先發日，而是一路通往那些充滿焦慮和傑出夜晚的前四天。他提到了球員休息室中的工作人員和訓練團隊、約翰·普拉特、瑞克·

亨尼卡特、馬丁利、提姆・華勒奇和馬克・麥奎爾，他讚揚了隊友。致詞接近尾聲，當他提到艾倫時，忍不住哽咽了。「抱歉，我剛當了爸爸。請多多包涵。」他說。坐在觀眾席中的吉姆・梅爾森用視訊通話直播，讓艾倫可以看到這一幕。當她看到自己的丈夫因情緒激動而語塞，她明白他已經做好要成為父親的準備了。「他從來不是個情緒化的人，我的意思是，從小到大，我從沒見過他哭或任何什麼的。當他談到我們的孩子時，就會變得非常感性。」艾倫解釋道。

最後的結尾，柯蕭對新成就視而不見。他沒有忘記這個賽季是如何結束的，也不會太快遺忘這一點。

「最後，我想要謝謝聖路易紅雀隊，謝謝你們提醒著我『你永遠都不如自己以為的那麼優秀』。」

或許，事情就是這麼簡單。

或許，這位地球上最出色的投手柯蕭，對上了一個握有他「氪星石」的對手。

或許，紅雀隊是靠直覺或靠監視得知他接下來要投出什麼球。

或許，柯蕭在面對一支經驗豐富的球隊時，太常使用相同策略。

或許，還有其他原因。

艾利斯坐在他的沙發上，在這間歸功於他朋友的屋子裡，面對著那臺從未播出他們最慘痛一戰的電視機，他轉變成莎士比亞式的語氣：柯蕭在例行賽中表現卓越的那些特質，或許正是讓他在季後賽中易於失敗的原因。

「我不確定克萊頓會不會喜歡這個，但關於『季後賽克萊頓』，我有個理論，甚至有點猶豫要不要說出來。」艾利斯說。

艾利斯回想起柯蕭如何折磨自己的身體，如何訓練自己的心智，讓自己在每一個「第五天」上場的先發比賽中，在精神上、心理上、體能上和情感上都做好準備，不帶遺憾地站上投手丘。

「在辛辛那提打週三中午十二點十分的最後一場系列賽，我從未見過有人能在那種情況下，還能把自己調整得那麼好，發揮最高水準。當時看臺上只有一千八百名觀眾，我們整隊人都還在努力醒過來。

「但他仍會竭盡全力。而且一年能這麼做到三十四次。」

艾利斯舉起他的右手高過頭頂。

「他總是在這裡。」

然後他把左手舉到同樣的高度。

「到了季後賽，每個人都會到這裡。而我覺得他感受到這一點，所以他試圖再往上走。」艾利斯把手往更高處抬，「但已經無處可走了。」

第十五章
公雞

二〇一五年春季，道奇高層與克萊頓．柯蕭會面。他見到幾張熟悉的面孔，以及一些陌生的新面孔。會議在丹．馬丁利位於駝峰牧場的辦公室裡舉行，瑞克．亨尼卡特也在場，但主導討論的卻是柯蕭幾週前才認識的兩個人：球隊新任的棒球營運總裁安德魯．佛里德曼，以及新任總管法漢．薩迪（Farhan Zaidi）。

佛里德曼和薩迪在春訓期間與每一位道奇球員交談，一方面是了解球員，另一方面是自我介紹。他們是新世代的管理者，忠於分析數據的應用，並精通於套利的商業原則，他們不認為球團辦公室和球員更衣室之間存有隔閡。兩人都認為，要讓一支球隊成功，管理層和球員之間需要的不是分割，而是共同合作，這兩人為每位球員列出了個人優勢和目標。就柯蕭來說，他的優勢極多，他是本屆最有價值球員，他的成功來自於全力投入，以及對於投手這個位置根本的掌握。他幾乎什麼都做得很好：他投出好球，讓打者揮空，牽制壘上跑者，堅守自己的位置，在壘上有人時依然保持鎮定，他在比賽中吃很多局數，而且從不畏懼於競爭。

佛里德曼和薩迪先誇讚了他的許多優點，然後提出一個建議：柯蕭應該更頻繁地投曲球。然而，柯蕭的回應令他們大吃一驚。

「那是絕對不會發生的。」柯蕭語帶不滿地說。

過去的四個賽季中，柯蕭展現了投手所能達到的巔峰水準。但佛里德曼和薩迪想向他展示這項運動的未來，他們相信數據可以幫助任何球員，即便是最頂尖的球員。這意謂著，他們要求柯蕭放棄他最珍視的資源：控制權。

在從聖路易斯返回洛杉磯的飛機上，就在麥特．亞當斯轟出全壘打的幾個小時後，內德．柯列提開始猜想著自己是否會被解雇。比賽結束後，柯列提遇到了《洛杉磯時報》的比爾．普拉施克，他對柯列提說：「我覺得你會有麻煩。」幾天後，柯列提和史丹．卡斯頓一起吃飯。卡斯頓說：「我不得不做出一些人事異動，包括你。」他們沒有展開計畫尋找一位新的高層來管理球隊，卡斯頓已經找到合適人選：安德魯．佛里德曼，這位將銀彈有限卻蓬勃發展的坦帕灣光芒隊打造成強隊的推手。

二〇〇五年，光芒隊的老闆史都華．史騰伯格（Stuart Sternberg）任命年僅二十八歲的佛里德曼為球隊總管。三年後，坦帕灣光芒隊史上首次打進世界大賽。從二〇〇八年至二〇一三年，面對財力雄厚的美聯東區對手，諸如紐約洋基和波士頓紅襪，光芒隊平均每個賽季取得九十一勝，並四次打進季後賽。在二〇〇〇年代，「魔球時代」的奧克蘭運動家隊吸引了許多數據分析人員的關注。史騰伯格從華爾街挖角佛里德曼，當時他任職於貝爾斯登公司（Bear Stearns）。史騰伯格向佛里德曼倡導了「選擇性的價值」，這是金融業的理念，意指在做決策時應擁有多種選擇。在佛里德曼的領導下，坦帕灣光芒隊率先制定了防守布陣、牛棚運用和陣容管理的新方式。佛里德曼善於在邊緣交易中找到價值，並引用了套利原則，相信小額交易的成功累積起來會產生巨大影響，佛里德曼比體育界的任何其他高階主管更懂得如何精打細算。二〇一三年，道奇隊的薪資總額約為二億三千六百九十萬美元，球隊贏得了九十二場比賽；光芒隊也同樣贏得了九十二場比賽，但他們的球員薪資總額大約是六千四百六十萬美元。

佛里德曼不確定自己是否想要離開坦帕灣，他的家人在當地生活得很自在，也十分感謝史騰伯格和他的團隊。當卡斯頓提出這份工作邀約之後，佛里德曼列出一份優劣勢比較的電子試算表進行分析，結果顯示他應該留下，但隨著年齡增長，對於安於現狀和變得自滿的前景令他感到恐懼，最終，他簽下一份三千五百萬美元的合約，舉家搬遷至洛杉磯，並著手尋找一名首要副手。

當佛里德曼致電薩迪時，薩迪對於是否加入道奇隊也抱有類似的矛盾心理。二〇〇四年十二月，薩迪曾投了一份求職履歷給奧克蘭運動家隊，履歷包含了麻省理工學院的學位、加州大學柏克萊分校經濟學博士學位，以及對英式搖滾的熱愛。比利．比恩（Billy Beane）被這位穿著不合身西裝、綠洲合唱團的粉絲打動了。在棒球界，像薩迪這樣的人並不多見：他是巴基斯坦裔穆斯林，出生於菲律賓，主要在加拿大長大，高中畢業後就再也沒有打過棒球。

起初，薩迪專攻於定量分析（quantitative analysis）；他建立起運動家隊的內部預測系統，稱之為「FarGraphs」。他很快就拓展自己的視野，將球探報告納入研究中，進而為球隊找來了古巴外野手約尼斯．塞佩達斯（Yoenis Céspedes）和重砲一壘手布蘭登．莫斯（Brandon Moss）。選秀期間，薩迪成為「工具警察」。每當球探無法明確辨識出某位新秀的實力時，薩迪就會啟動警報，發出訊號。比恩為他取了個綽號：「有情感的數據分析員」，薩迪甚至用這個名字為自己的夢幻足球隊命名。薩迪對奧克蘭懷有深厚的忠誠感，但道奇提供了一個成為總管的機會，對於一支擁有更多資源的球隊來說，這是一次意義重大的晉升，儘管如此，薩迪並不想離開，他寫了一封電子郵件給比恩和老闆路易斯・沃爾夫（Lew Wolff），告知自己決定留下，但發送之前，他先外出跑步，跑了幾英里後，薩迪開始感到呼吸急促，心中充滿著錯失良機的恐懼。他停下腳步，慢慢走路回家，對妻子說：「我必須這麼做。」

那年秋天，佛里德曼和薩迪共用一間位於道奇球場的辦公室，著手改造這支全聯盟最昂貴的球隊。他們的主要目標是：加強四十人名單的深度，解決昂貴但無效率的牛棚，以及改善球員休息室的氛圍。球隊過於依賴容易受傷的球員，像是麥特・坎普和亨利・拉米瑞茲。前兩個賽季的不和諧氣氛——大多圍繞著亞塞爾・普伊格——經常成為頭條新聞。儘管面臨挑戰，佛里德曼和薩迪仍接手了由柯列提和羅根・懷特所聚集的大量人才，柯列提轉職為顧問，而懷特在新團隊到來後，加入了聖地牙哥教士隊的管理層。農場系統中有許多嶄露頭角的新星，像是游擊手柯瑞・席格（Corey Seager）、左投胡立歐・烏瑞亞斯（Julio Urias）和一壘手科迪・貝林傑（Cody Bellinger）。大聯盟陣容包括艾德里安・岡薩雷斯、扎克・葛蘭基、肯利・簡森、柳賢振和賈斯汀・透納等核心球員。

當然，還有球隊最重要的基石。當道奇隊接觸薩迪時，他想到的便是柯蕭。做為球隊總管，他將自己視為「這一代最偉大投手的守護者」，他們需要建立一支配得上柯蕭的球隊。

「當你的球隊擁有克萊頓・柯蕭時，他能讓你在比賽中比其他球隊都占得先機。現在，完成剩下的部分就是你的負責了。」薩迪說。

佛里德曼抵達道奇後不久，便打電話給柯蕭，詢問他對球隊的看法。佛里德曼並未給予其他球員同樣的對待；因為他希望重建球隊的過程中，避免與太多人建立關係。柯蕭同意佛里德曼的計畫，球隊陣容過於依賴少數幾人且內部不和諧，改變勢在必行。

當柯蕭二月參加春訓時，他看到改造的成果。那個冬季瘋狂的幾週裡，球隊管理層忙得不可開交，制定了多項相互關聯的交易，展示出新的優先權。坎普？交易到聖地牙哥。拉米瑞茲？以自由球員身分加入波士頓。查德．畢林斯利？走了，球隊行使選擇權讓他離開，他在洛杉磯的日子結束了。丹．哈倫、迪伊．高登、米格爾．羅哈斯——全部被交易掉了。新的道奇陣容包括來自洛杉磯天使隊的二壘手霍伊．肯德瑞克（Howie Kendrick）、聖地牙哥教士隊的捕手亞斯曼尼．葛蘭多，以及來自邁阿密馬林魚隊的兩位新秀：捕手奧斯汀．巴恩斯（Austin Barnes）和工具人安立奎．赫南德茲。球隊還簽下了柯蕭的前美國隊好友布萊特．安德森，以及柯蕭休賽季時偶爾的練投夥伴布蘭登．麥卡錫。表面之下，佛里德曼和薩迪展開了一連串的行動，使球員發展系統成為整個棒球界稱羨之事。而即便是從表面上來看，這些改變也是顯著的。

這些改變也不僅限於人事調整，柯列提過去認為球員休息室是球員們的神聖空間，而這些新來的傢伙卻更加頻繁地出現在四周。佛里德曼會和球員們開玩笑、提出建議、聽他們抱怨。佛里德曼舉手投足就像一名小個子的運動員，如同他早年在杜蘭大學因傷結束運動生涯之前的狀態，他與棒球選手和億萬富翁都能輕鬆交談。薩迪並不全然認為自己是個書呆子，但他理解外界對他的看法，他擁有足夠的自信，不會太把自己當一回事。當《洛杉磯時報》的史蒂夫．迪爾貝克（Steve Dilbeck）撰文稱道奇隊已經被「極客小隊」（Geek Squad，百思買〔Best Buy〕客戶服務維修人員的品牌綽號）所接管時，薩迪幽默地表示，自己可以用迷你螺絲起子幫這位記者修理筆記型電腦。薩迪還會於比賽期間在重訓室使用交叉訓練機；他甚至敢在柯蕭訓練時與這位王牌投手聊天。

佛里德曼和薩迪對柯蕭的目標是取得漸進式進步，他不需要做太多改變，但在他的配球順序、防守陣型的站位，甚至是固定配合的捕手選擇上，仍有進步空間。柯蕭並未在當下就接受任何建議，「我想知道他們的理由。」他回憶道。佛里德曼已準備好數據，但這不總是能夠說服柯蕭。「我想我不會對任何人隨便提出建議，但柯什絕對是『不要對人隨便提出建議』團隊中的中心打者。」佛里德曼回憶道。即使是微小的調整，像是外野手的站位，都會引發爭論。球隊希望外野手站得更遠，以防止長打，但柯蕭反對，「他說：『我實在無法忍受那種小飛球落地形成安打的情況。』」薩迪回憶道。管理層不肯讓步，「而今，回頭想想，我的感覺是，『那是克萊頓．柯蕭啊。如果他想讓外野手維持在正常距離，我們為什麼還要和他爭這個？』」薩迪回憶道。這些爭論持續了好幾年，二〇一六年初的一場比賽中，當一顆球落在左外野內側時，新任外野手教練喬治．隆巴德（George Lombard）發現柯蕭在投手丘上瞪著他。隆巴德找上板凳教練鮑伯．格倫（Bob Geren）：「我接下來一整年都得忍受這種鳥事嗎？」格倫回他：「不會的，只有每五天一次。」

柯蕭的捕手也同樣固執。「我總認為自己很開放，現在回頭看看？其實非常保守。」A．J．艾利斯回想。艾利斯喜歡佛里德曼和薩迪，他們敏銳、風趣、很討人喜歡，但他發現他們的方法更多是「天真」，而非現代、先進。「二〇一五年，我很天真，心想，『嘿，那聽起來很不錯。把你那些小市場規模的模式帶來這裡，我們來討論吧。我們可是道奇隊……你很快就會學到我們這裡的經營方式，安德魯，好好做筆記，學著點吧！』」艾利斯回憶道。柯蕭對艾利斯的明顯偏好，讓葛蘭多的處境艱難，葛蘭多是一名左右開弓的打者，比艾利斯更具進攻潛力。葛蘭多回憶道，光想到要接柯蕭的球就「很可怕」，因為他害怕惹怒這位王牌。

二〇一五年賽季初期幾週，柯蕭的表現不穩，更讓情況雪上加霜。他異常地……容易被擊出安打。他直到賽季的第五場先發才投滿七局，棒球界定義的「優質先發」是投手至少投六局且自責分不超過三分，柯蕭並不認同這個定義。「六局三分才不是什麼優勢先發，七局三分，或許還可以接受。」他回憶道，他認為做到這一點是一名先發投手「需要做到的最基本要求」。

五月初，在科羅拉多的一場比賽因雨延賽之後，艾利斯與亨尼卡特及普拉特一起研究柯蕭的一些比賽影片。他們注意到滑球的問題，也注意到打者正在適應柯蕭偏好投向自己手套那側的習慣。就在這時，他們發現有人站在身後。

「搞什麼鬼？艾利斯，你現在變成投手教練了？」柯蕭說。他又怒氣沖沖地念了一會兒，然後直接跑進球場。亨尼卡特轉頭對艾利斯說：「你被逮到了。」

艾利斯慢吞吞地走去外面練習傳接，柯蕭堅稱自己沒問題。隔天，他對上落磯隊時掉了五分，無法投完第六局。到了六月，他經歷了職業生涯中首次先發三連敗，其中包括一場輸給德州遊騎兵的比賽，柯蕭形容為：「我投過最挫敗的一場比賽。」隨著夏天的到來，佛里德曼和薩迪嘗試做一些柯列提從來不敢嘗試的事：他們試圖改變柯蕭的投球方式。具體來說，他們要求柯蕭讓配球更多變，並提醒他，他的慣性是先投一個快速球，再投一個相同位置的後腿滑球，而對此，打者已有準備。柯蕭花了一段時間才聽進去，他對自己有著無比的信心。「如果我投出第一個好球，你就應該出局了。」他曾告訴隊友詹米．萊特，這樣的信心同時也是一道防護罩。「我不認為我表面上看起來很傲慢，但在我心裡，我確實是。**沒有人可以告訴我該怎麼投球。我很好，我不需要你的幫助。**」柯蕭回憶道。

他錯了，但他需要時間去意識到這一點。多年來第一次，柯蕭不是自己隊上最好的投手了。

要評估扎克．葛蘭基從來不是一件簡單的事。二〇〇二年春天，堪薩斯市皇家隊的球探德里克．拉德尼爾在奧蘭多郊區的阿波普卡高中（Apopka High）徘徊，試圖判斷是否值得用第六順位選秀權選擇眼前這個年輕人。葛蘭基是個優秀的運動員，可以擔任游擊手或三壘手位置，也熱愛打擊，他擁有理想的體型——身高六尺二寸（約一八八公分），肌肉發達，投球技術精準、可重複，彷彿從教學影片中複製而來。而葛蘭基喜歡戲弄對手，「他在控制比賽、控制打者這方面有著獨一無二的天賦。在這類能力上，他就像一隻獨角獸。」拉德尼爾回憶道。

對拉德尼爾來說，葛蘭基似乎更仰賴他的頭腦而不是手臂。葛蘭基可以精準控制快速球的位置，但球速徘徊在近九十英里（約一四五公里）左右。他能讓曲球旋轉，投球動作足以讓打者困惑，但比起大聯盟等級的優質曲球，變化幅度較小。他甚至不需要用到變速球，反正其他孩子連他的快速球都碰不到，而且他也非常了解自己的名聲。那年的一場比賽前，他找上拉德尼爾。

「聽說你覺得我球速不夠快。」葛蘭基說。

拉德尼爾對葛蘭基說，不是這樣的。

「好吧，我今天會用力投。」葛蘭基說。拉德尼爾從本壘板後方拿出他的測速槍，兩局下來，葛蘭基只投快速球：九十六英里（約一五四公里）、九十七英里（約一五六公里）、九十八英里（約一五八公里）。隨後，葛蘭基又找上拉德尼爾。

「我就跟你說，我能投快。」葛蘭基說。

棒球對葛蘭基而言很容易，但要在其中找到自己的定位卻很困難。一如柯蕭，葛蘭基以二十歲之齡、在職業生涯的第二個完整賽季便升上大聯盟，但成名之路卻花了更長時間。一如柯蕭，葛蘭基從小也是個焦慮的孩子，凡事會往壞處想。為皇家隊效力的初期，葛蘭基飽受挫折，經常在比賽中被打爆，他可以承受投球的壓力，但在先發之間的日子卻讓他備受折磨，需要每天的競爭來占據自己的思緒。二〇〇六年某一天，葛蘭基在外野接飛球時，他轉向隊友J・P・豪厄爾：「兄弟，如果他們不讓我守游擊，我就要去參加PGA巡迴賽。」葛蘭基這麼告訴豪厄爾。根據豪厄爾的回憶，一天後，葛蘭基告訴皇家隊他要離開棒球了，當時，葛蘭基估計自己回歸的可能性只有百分之十。

皇家隊給他時間來重整自己。醫生診斷出葛蘭基患有社交恐懼症與憂鬱症，在服用樂復得（Zoloft）抗憂鬱藥物後，他的情況有所改善。幾個月後，葛蘭基回歸，球隊先安排葛蘭基去打小聯盟，這段時間，前亞特蘭大勇士隊高層戴頓・摩爾（Dayton Moore）接管了皇家隊的棒球營運部門。摩爾認為評估葛蘭基的身心狀態是首要目標，但他也想給這個孩子一點空間。在摩爾任職初期，一天，他的辦公室傳來敲門聲：葛蘭基從威奇塔（Wichita）開車來找他。摩爾聽著葛蘭基闡述自己為什麼更喜歡待在小聯盟，壓力較小、更純粹，他很喜歡那裡，他不想升上大聯盟。

賽季接近尾聲之際，摩爾派他的副手J・J・皮科洛（J. J. Picollo）去探視葛蘭基的情況。他們在塔爾薩的一場比賽前見面，整個過程中，葛蘭基避免一切眼神接觸。皮科洛試著閒聊幾句，這時有一輛垃圾車從街上駛過。

「那是我有朝一日想做的事。」葛蘭基說。

「你在說什麼？」皮科洛問。

「我想收垃圾，我覺得那是一個非常高尚的職業。」葛蘭基說。

皮科洛不知道該如何回應。當葛蘭基重申不想重返大聯盟時，他也同樣感到無言以對。然而，皇家隊仍在那年九月將他重新拉上大聯盟，並在隔年春天將他排進了先發陣容。二〇〇九年，在藥物的幫助下，憑藉著他優雅的投球動作，葛蘭基贏得了美聯賽揚獎。

與道奇隊簽約之前，葛蘭基四處輾轉。皇家隊將他交易到密爾瓦基釀酒人隊，而釀酒人又把他交易到天使隊。加入道奇的前兩個賽季，葛蘭基不負合約期望，繳出二・六八防禦率，並在多場季後賽先發中表現亮眼。他在道奇時期，進一步鞏固了直言不諱的名聲。每個與葛蘭基共事過的球員都能講出一段他的趣事，他有一次問與媒體相處融洽的皇家隊友麥克・史溫尼（Mike Sweeney）：「你怎麼這麼會裝？」當艾利斯問葛蘭基如何讓道奇變得更好時，葛蘭基回答：「我會把你交易掉。」在與布萊特・安德森練傳接後，葛蘭基告訴他：「你別再投變速球了。」在一次球隊會議上，他曾嚴厲批評道奇隊球員大便後都不洗手。

葛蘭基與柯蕭相互契合。「他們其實比大家想的還要相像。」提姆・華勒奇回憶道，他們可以聊棒球聊上幾個小時。柯蕭欣賞葛蘭基能夠不斷重塑的能力，能夠調整投球方式來適應自己的身體能力。葛蘭基則驚嘆於柯蕭能夠「屏除外在的一切雜音，做好在比賽中發揮的一切準備」。他也被柯蕭的某些行為給逗樂了，像是看到柯蕭在練習變速球和側投快速球，卻從來不在比賽中使用。日常生活中，他們之間的差異顯而易見。柯蕭在比賽開始前幾個小時就穿好釘鞋，而葛蘭基則希望能在六點出現就好，反正七點才要上場先發。柯蕭制定好自己行程的每一分鐘，而葛蘭基則是隨心所欲。「我應該是那裡最不按常規行事的人，我通常是醒來後，看當天的感覺來決定今天要做什麼。」葛蘭基回憶道。

二〇一五年，葛蘭基以這種策略投出職業生涯中的最佳賽季，繳出一．六六的防禦率，這是自一九九五年葛瑞格．麥達克斯的一．六一以來，符合資格的先發投手最低的防禦率，也中止了柯蕭連續第四年防禦率王的紀錄。柯蕭依然表現出色，他調整了滑球的握法，重新發現它的深度，也採納了球隊管理層在配球上的一些建議。賽季結束前，他的防禦率回到正常水準的二．一三，投出三百零一次三振，這是自二〇〇二年以來投手的最高紀錄。（爆冷門的是，他在賽揚獎投票中僅排名第三，排在葛蘭基和獲獎者——小熊隊投手傑克．阿瑞塔〔Jake Arrieta〕之後。）一切皆一如往常，即將邁入十月——除了一些微小之事持續在改變。

九月二十四日，當《洛杉磯運動網》（SportsNet LA）電臺轉播從廣告回到直播時，觀眾目睹了一個罕見的畫面：克萊頓．柯蕭正對著丹．馬丁利大吼。他們在道奇休息區的爭執很常見，華勒奇記得：「他從來不想被換下場。」但這類討論通常發生在比賽後半段，而現在，投了五局，只用了八十顆球之後，馬丁利告訴柯蕭今天不用投了。柯蕭滿頭大汗，一臉難以置信的表情，揮舞著雙手，提高音量爭辯，馬丁利只是搖搖頭，而亨尼卡特靜靜地站在總教練後方。這次爭論激烈到柯蕭拒絕與記者談論此事，情況很明顯，道奇隊——雖然換了新的管理層，但日常事務仍由馬丁利負責——正在逐漸削弱柯蕭的鐵腕掌控力。

在北美這個主要運動中，先發投手享有一項獨一無二的特權。在他登板的這一天，投手掌控著比賽節奏，以及對抗對手的策略，投手握有球權。在那個年代，還沒有投球計時器之前，投手決定投球的那一刻之前，比賽無法繼續進行。對柯蕭而言，對這位痛恨等待接送卻無能為力的孩子來說，控制權比對大多數人更為重要。前巨人隊客隊球員休息室的管理經理艾巴．西爾維斯特里（Abe Silvestri）回憶，柯蕭曾要求「盡可能早點」拿到對手的先發陣容名單。「這件事會讓他抓狂。」球隊的名單是由西爾維斯特里負責交換，他通常會收到巨人隊教練羅恩．沃圖斯（Ron Wotus）的簡訊，亨尼卡特會緊盯著西爾維斯特里，等待那封簡訊到來。這種焦慮的連鎖反應從柯蕭傳到亨尼卡特，再傳到西爾維斯特里。「在這點上，我會忍不住對他說：『瑞克，難道你以為我他媽的不知道嗎？』」西爾維斯特里回憶道。有時候，西爾維斯特里甚至會走到巨人隊的球員休息室，說：「各位，我在那邊快被你們整死了。」

在不用登板的日子裡，當他完成所有準備工作——為先發日做準備的舉重、伸展、跑步——柯蕭仍然精力充沛。西爾維斯特里將他比喻成一隻公雞，會「到處尋找行動之處」。他會在房間裡到處走動，感受房間的溫度，記下他留意到的事情。他可能會問廚房人員水果是從哪裡買的，也可能和西爾維斯特里聊聊他的孩子，或詢問餐廳的推薦。他可能會問一位隨隊記者，最近的髮型是不是因為打賭輸了。他會去轉播室找約翰．普拉特，對之前的比賽發表評論。他因此獲得一個「無所不知」的名聲：正如他記住車牌號碼一樣，「柯蕭能在彈指之間說出球員的統計數據。」普拉特回憶道。

柯蕭常難以將自己定位為領袖，他不確定一名投手是否能夠擔負起這樣的責任，但他在某些方面會展現出自己的影響力。柯蕭定期舉辦春訓的乒乓球比賽（為了替他的慈善事業籌措資金，他創辦了「慈善乒乓球」〔Ping Pong 4 Purpose〕，每年夏天在道奇球場舉行的名人乒乓球錦標賽），他會觀察比賽對手。「他對乒乓球如此狂熱，如果他聽說有個非陣容名單的邀請球員稍微會打乒乓球，他會一直待到那個球員的訓練結束，然後說：『來吧，我們來打一場。』」前道奇投手蔡斯．德容（Chase De Jong）回憶道。

柯蕭負責掌管重訓室的音樂播放。「我來的第一年，百分之九十的工作是迎合他的音樂品味。」肌力和體能訓練教練布蘭登・麥克丹尼爾回憶道。柯蕭偏好節奏明快的電子樂，他將整個重訓室變成一個充滿深蹲架和高蛋白奶昔的「電音雛菊嘉年華」分支派對。後來的幾年裡，隊友羅斯・史崔普林（Ross Stripling）展示了「眨眼182」（Blink-182）樂團的激勵潛能，這獲得柯蕭的允許，但僅限於他先發後的那天。對於第一天的重量訓練，柯蕭要求播放一些能讓他心跳加速的音樂。健身房因而成為一個更群體的場所，隊友們在這裡享受著柯蕭的活力和音響傳來的節拍，從中獲得力量。「這有點像熱舞派對的氛圍。」麥克丹尼爾回憶。（但氣氛不總是那麼完美，「他霸占重訓室的DJ工作——真的很煩。」艾利斯回憶道。）二〇一五年夏天，前費城人隊球星蔡斯・阿特利加入後，球隊的情誼更加深厚。阿特利向團隊推行一項「無上衣星期天」的活動，至於具體內容……就無需多做說明了。

這種控制感也適用於柯蕭自身的情緒爆發，他不喜歡罵髒話，而他的妻子也是。然而，在投手丘上，他有時會脫口而出。在他職業生涯早期，艾倫和家人正在阿美利亞島觀看比賽，電視轉播捕捉到柯蕭罵了一聲「幹」，艾倫嚇到了，他們才剛創立了「柯蕭的挑戰」，他是一個榜樣。「我只說，我知道你覺得自己被要求達到一個不切實際、比任何人都高的標準。我很抱歉。」艾倫回憶道。她建議他用手套遮住臉，否則，她規定每次發現他罵髒話，就欠她一千美元，「他從沒給我錢，但這樣的威脅就足夠了。」當她看到他用手套把嘴巴遮起來時，她知道他有聽進去了。

「時間是我最寶貴的資產。」柯蕭常常告訴艾倫。他們的婚姻初期，艾倫發現，他們爭吵唯一的原因都是關於守時與否。艾倫記得：「就像我還在準備的時候，他已經在門口來回踱步了。」艾倫認為，對柯蕭來說，時間比金錢、地位還要重要。他對時間如此執著是因為時間帶來了控制。他永遠不會忘記小時候依賴別人接送去訓練和比賽時的無力感，「所以他開始試圖掌控時間。」艾倫回憶道。這就是為什麼他的日程表總是機械化地照表操課，這就是為什麼他從不休息的原因，他不懂為什麼隊友們缺乏那種全然投入、不顧一切的精神。「我無法理解為什麼有些人不願意做某些事情，就像你怎麼可以來了，然後就直接上場？難道你不想在這場比賽中有好表現嗎？」他回憶道。

柯蕭在維持控制與不對他人頤指氣使之間游移，他可能會在心裡評判別人，但很少說出口，他討厭衝突。有一次，普拉特和柯蕭搭乘 Uber 去球場的路上發生了爭執。普拉特回想，柯蕭當時對他很「暴躁」。抵達球場後，普拉特決定先避而不見這位王牌投手，這樣的態度持續了幾個小時。艾利斯走進轉播室說：「克萊頓一直在問你是不是生他的氣。」（他們的關係之所以重要，不僅是為了棒球，還有其他原因：柯蕭和普拉特搭檔，參加了用五千美元買進特定球隊的夢幻足球聯盟遊戲，普拉特可以操作球員陣容，只要隨時讓柯蕭知道進度即可。「他是那個為球隊付錢的人，所以這是我們至少要做到的。」普拉特回憶道。）

在客場有好表現後，柯蕭常會喝一瓶啤酒來放鬆心情，但即便如此，他仍保持鎮靜。「我看過他喝酒，而且還喝了不少，但他的態度從未改變，總是極度清醒。」艾利斯回憶道。或許，艾利斯唯一能看到柯蕭放下控制的地方是在飛機上。做為一名乘客，他無法做任何事，於是，他會放響屁、喝啤酒，以及和艾利斯、葛蘭基、透納一起玩牌。「他完全不受制於任何事物，完全任航班所掌控。」艾利斯回憶道。

他在那短短的幾個小時裡是自由的。

柯蕭對著馬丁利噴話的五天後，又換成了噴灑香檳。道奇隊連續第三年贏得國聯西區冠軍，而且他們是在AT&T球場——宿敵舊金山巨人隊的主場——取得勝利。這場關鍵一戰是值得珍惜的對決，柯蕭與同為左投的麥迪森．邦加納交手。「我超愛的，當他和邦加納正面交鋒的時候。」前巨人隊總教練布魯斯．波奇回憶道。

邦加納在柯蕭後一年被選中，但他取得一項柯蕭尚未達成的成就。邦加納從未贏得賽揚獎——也從未進入前三名——但他擁有三枚世界大賽冠軍戒指。二〇一四年，邦加納以寬闊的肩膀一肩扛起了巨人隊，他在那個十月投出一．〇三的防禦率，包括外卡賽的一場完封、世界大賽第五戰的一場完封，以及最令人驚嘆的是，他僅休息兩天後，在第七戰中投出五局無失分的中繼表現。這樣的表現是柯蕭在季後賽中從未達到過的，這進一步加深了外界對他「十月軟手王」的討論。柯蕭和邦加納之間的對比——「軟手」與「英雄」——激怒了柯蕭的隊友。「這真的很悲哀，你知道嗎？」前道奇中繼投手布蘭登．里格（Brandon League）回憶道，「這就是成為最優秀之人的負擔，每個人都想把你拉下來。」

但邦加納不是這些人中的一員，他認為柯蕭是有史以來最好的投手。做為一個熱衷於牧場生活的人，邦加納曾將他最優秀的馬稱為「克萊頓．柯蕭的馬」。當邦加納在打擊練習中遇到艾利斯，「他總是想聊關於柯蕭的事。」艾利斯回憶道。站上打擊區時，邦加納揮棒時總會發出一聲哼聲，他擔心柯蕭會感到被冒犯。「幫我跟他說聲抱歉，那只是不自覺發出的聲音。」邦加納對艾利斯說。二〇一五年，柯蕭與邦加納交手過四次，前三次都是巨人隊獲勝。到了第四次比賽，當柯蕭在第五局上場打擊時，道奇隊以兩分領先。在打擊區，柯蕭以惹惱其他投手為傲，他縮短握棒，專注於延長這個打席，他在這場對決中與邦加納糾纏了十三球，不斷地將快速球和卡特球打成界外，道奇隊的休息區齊聲為他歡呼。當柯蕭最終擊出滾地球出局時，道奇隊聽到邦加納跑向一壘防守時，沮喪地吼出一聲：「他媽的！」邦加納沒能投完第六局，而柯蕭完成了他職業生涯第十二場完封。

新的管理體制並未立即改善球隊的戰績。二〇一五年道奇隊贏得九十二場比賽，比二〇一四年少了兩場。不過就另一方面，球隊的運氣有所好轉：他們在季後賽第一輪避開了聖路易紅雀隊，取得一百勝的紅雀隊在籤表的另一邊，而道奇則在主場迎戰九十勝的大都會隊，展開國聯分區系列賽。儘管葛蘭基本賽季表現傑出，但道奇隊仍將柯蕭排進第一場先發，因為球隊信任他可以在短暫休息後於第四戰再次上場。他在這場比賽中的對手是賈寇伯．迪格隆（Jacob deGrom），一位比柯蕭晚出生三個月的右投手，但這僅是他在大聯盟投球的第二個賽季。他在史塔森大學（位於奧蘭多北部的一所私立學校）直到大三時才成為一名全職投手，他走向大聯盟之路可說是迂迴曲折；當柯蕭二〇一一年贏得首座賽揚獎時，迪格隆正經歷ＴＪ手術後的術後復健。迪格隆在二〇一四年獲得國聯年度最佳新人獎，並在二〇一五年投得更好。他是一名古怪的運動員，還有點像惡霸，他能倒立走過球員休息室，也樂於用橡膠玩具足球猛砸隊友的孩子。

國聯分區系列賽第一戰，迪格隆狠狠霸凌了道奇隊，他的快速球達到九十六英里（約一五四公里），橫掃整整七局無失分。當二壘手丹尼爾．墨菲（Daniel Murphy）將柯蕭的一顆速球擊出右外野圍欄外，大都會隊以一比〇取得領先。柯蕭努力使道奇隊維持在比分接近的局勢，進入第七局前，他已經投出十一次三振，但在那一局，他開始不穩了。柯蕭先連續保送兩名打者，接著迪格隆以觸擊犧牲打將兩名跑者推進到得分位置。兩人出局後，柯蕭對上左打者柯蒂士．古蘭德森（Curtis Granderson），柯蕭試圖解套。他的快速球投高了，曲球投低了，另一顆快速球稍微偏外角。他抬起頭，咬緊牙關，在整個例行賽中，他總共只投出四十二次保送，但現在，他光在這一局就投出三次，這個他在十月比賽中未能克服的，「第七局魔咒，這是無法否認的。」普拉特回憶道。

當馬丁利示意換上中繼投手佩卓・貝茲（Pedro Báez）時，柯蕭沒有反對，在打擊練習區，大都會隊隊長大衛・萊特感到鬆了一口氣。「你真的會很希望讓柯蕭退出比賽，因為接下來無論是誰上場——誰都沒關係——都會比對上克萊頓・柯蕭來得更有機會。」萊特回憶道。馬丁利從前幾個賽季中吸取教訓，他在柯蕭崩盤之前就做出調度，但仍改變不了結果。萊特擊出一支帶有兩分打點的安打，球剛好越過二壘手肯德瑞克，這兩分都算在柯蕭頭上，道奇隊最終以一比三輸掉比賽。關於他的描述如今已傳遍了東西兩岸，「那些季後賽的惡魔仍非常渴望勝利，克萊頓・柯蕭就是無法擺脫他們。」大都會隊主播喬許・李文（Josh Lewin）在WFAN廣播中說道。

第三場比賽前，柯蕭在紐約的球場上遇到大都會隊總教練、前道奇隊農場主管泰瑞・科林斯。這兩隊之間的怒火已經點燃，第二戰中，道奇隊扳平了系列賽，部分原因是在比賽尾聲，蔡斯・阿特利對大都會游擊手魯本・特哈達（Rubén Tejada）進行一次凶狠的滑壘，阿特利成功破壞了雙殺機會，讓道奇隊取得領先，但也因此撞斷了特哈達的腿。隨後引起了軒然大波，阿特利透過大衛・萊特向特哈達致歉，但無法完全平息大都會的怒火。當時的大聯盟棒球營運副總裁喬・托瑞對阿特利做出兩場禁賽的懲處，柯蕭認為，他的前總教練是被迫做出這項判決。事後，柯蕭曾表示，如果他將來有個兒子，他希望兒子能像阿特利那樣打棒球。當晚花旗球場瀰漫著緊張氛圍，球迷們咆哮要求阿特利付出代價。一位球迷甚至舉著牌子，暗示阿特利支持伊斯蘭國（ISIS）。

在混亂之中，柯林斯與柯蕭小聊一會兒。

「你明天上場嗎？」柯林斯問。

他其實知道答案，每個人都知道答案。

「我還不知道。」柯蕭說。

「拜託，請不要侮辱我。」柯林斯說。

後來，柯林斯在那天收到一則簡訊：「我明天會上場。」在記者會上，柯林斯被問到一個問題：第四戰中，他比較偏好面對柯蕭，還是充分休息後的艾力克斯．伍德（Alex Wood）？柯林斯強忍住笑意。他說：「當然，我有偏好。」他接著說自己無意不尊重伍德，「但我不希望那個怪物站上投手丘。」當馬丁利宣布柯蕭將在短暫休息後再度登板時，也說了類似的話。「這還需要解釋嗎？」佛里德曼和薩迪對道奇隊做出許多改變，但有一個事實依舊如故：這支球隊仍仰賴柯蕭。

葛蘭基拿下第二戰，但當布萊特．安德森在第三戰被擊潰後，意謂著柯蕭勢必又得在緊湊的賽程中再度登板，且季後賽的命運岌岌可危。比賽之前，轉播室內聚集了一群人，普拉特坐在他的筆電前方，艾利斯、亨尼卡特和華勒奇仔細研究著球探報告。葛蘭基開始聊起關於夢幻足球話題，當眾人開始相互說笑，討論起球員選擇策略和堪薩斯酋長隊（Kansas City Chie）的跑衛查坎德里克．韋斯特（Charcandrick West）時，柯蕭出現了，他拉了一張椅子坐下，大夥兒交談的氛圍頓時冷了下來。柯蕭打破沉默：「你們在聊什麼？」接著，奇怪的事情發生了——柯蕭竟然加入話題。「他的表情還是有些呆滯，但他確實在和我們聊天。」普拉特回想，「我當時心想，『這太詭異了。』而那一刻你能感覺到，或許他在嘗試一些別的方式。」

無論出自什麼原因，那天晚上，柯蕭投得宛如不受任何挑戰影響，無論是大都會的威脅、短暫休息的消耗，甚至是第七局的陰影所擾亂。靠著岡薩雷斯和透納的關鍵安打早早取得領先，柯蕭保住優勢。雖然墨菲在比賽一開始再次從他手中轟出一支陽春全壘打，但除此之外，柯蕭有效制約了壘上跑者，還送出八次三振。第七局一開始，古蘭德森的一次擊球擦過柯蕭的手套，形成危機，但馬丁利允許柯蕭自行應對，結果他順利化解危機。透納以一次精彩的撲接防守，成功攔下一顆強勁的滾地球，守住了柯蕭的出色表現。道奇以三比一拿下勝利，將系列賽帶回洛杉磯，進行第五場的決勝戰。

道奇隊對數據的掌握與一名大都會老將的臨場機智對決，成為第五戰的勝負關鍵。墨菲在第四局時率先擊出一支安打上壘，當時道奇以一分領先。在葛蘭基抓下一個出局數後，道奇隊依據數據改變布陣，準備防守大都會一壘手盧卡斯・杜達（Lucas Duda）——這位左打者常會將球拉打至右外野方向。道奇二壘手霍伊・肯德瑞克移往靠近一壘的位置，游擊手柯瑞・席格也站近二壘包，三壘手賈斯汀・透納則站在一、二壘之間，而三壘防區則完全空出。

這種防守布陣自佛里德曼在坦帕灣推行後，便迅速在全聯盟盛行開來，而這喚醒了墨菲腦海中的一段記憶。他回想起在南阿拉巴馬大學的一場錦標賽，當時他是傑克森維爾大學的三壘手，投手保送了打者，墨菲一時不留神，一壘上的跑者趁他分心時，從二壘衝到三壘。墨菲在二〇一五年僅盜壘過兩次，但他從未忘記那次教訓。當葛蘭基面對杜達時，墨菲仔細觀察內野手的布陣。他回想：「第五戰中，你不能只是躲在隱形斗篷裡坐以待斃。」他認為這一招值得一試。葛蘭基在一好三壞後，以一顆變速球保送了杜達。這顆球的位置相當接近好球帶，杜達頓了一下才跑向一壘，而墨菲則以一種奇怪的直立步伐慢慢跑向二壘。他回憶道，他移動的動作比預期還要快，「因為我內心激動到有些喘不過氣。」墨菲瞥了葛蘭基一眼，他已經走下投手丘，低著頭，朝捕手葛蘭多的方向走去，葛蘭基的分心移除掉一個障礙。透納正走回三壘，目前兩人出局，肯德瑞克仍留在原地，剩下的就是席格了，他是一名新秀，在季後賽之前只打過二十七場大聯盟比賽。當墨菲接近二壘時，他抬頭看了一眼。席格瞪大了眼睛。「他意識到大事不妙了，於是，我像瘋子一樣狂奔。」墨菲回憶道。

當葛蘭基反應過來時，墨菲已安全盜上三壘，這額外的九十英尺（約二十七公尺）成了關鍵，隨後，墨菲靠著一支高飛犧牲打跑回本壘得分。兩局後，墨菲又從葛蘭基手中擊出一支關鍵的全壘打，最終以三比二獲勝，道奇的賽季就此結束。面對正常休息後登板的新星王牌投手迪格隆，道奇始終無力反擊。墨菲後來回想起來，那支全壘打確實很酷，但那次盜壘的意義更重大。他解釋道，這個舉動的靈感來自於「這麼多年來，在棒球場上學到的一切——那些你經歷過的傷痛，還有你對他人造成的傷痛。」

這一次，最終的失利不再全落在柯蕭頭上，其他人也肩負著責任，但故事的旋律仍然不變。

返回洛杉磯的飛機上，在道奇輸掉季列賽之前，普拉特走向柯蕭。普拉特一直在思考第四場比賽前的那幾個小時，當時的柯蕭和大夥兒聊著夢幻足球話題，而不是如往常那樣獨自焦慮。柯蕭打破了自己的常規，但沒有產生反效果。普拉特建議，或許柯蕭可以記住這點，為下一次季後賽出賽做準備；或許，他不需要在十月把自己的表現提升到更高境界；或許，他只要做回自己便足夠。

「他跟我說謝謝。」普拉特回憶道。然而，他再也沒有看過柯蕭在季後賽前試圖放鬆自己了。

第十六章
背痛

二〇一五年賽季後的那個冬天，戴夫．羅伯茲成為洛杉磯道奇隊的總教練，他首先做的其中一件事便是前往高地公園，他想與克萊頓．柯蕭和艾倫．柯蕭見面，建立起關係，並向他們闡述未來幾年球隊的運作藍圖。

「我會照你需要的方式去做。」柯蕭告訴他。

羅伯茲最需要的東西，對柯蕭來說並不容易。羅伯茲需要他的信任，直到後來，羅伯茲才真正意識到這份信任的可貴，以及它是多麼容易消散。「我從沒想過這份工作會帶來這一切，特別是關於克萊頓。」羅伯茲回憶道。

羅伯茲需要柯蕭的信任，他希望柯蕭能協助他團結整個球員休息室。在即將迎來四十四歲生日之際，羅伯茲覺得自己能夠勝任這項任務。身為一名黑人海軍和日本母親的兒子，四處漂泊的童年教會他如何建立人際關係，十年的大聯盟生涯讓他擁有足夠的信譽。二〇〇四年季後賽期間，他成了眾人矚目的焦點，他在關鍵時刻的一次成功盜壘，幫助波士頓紅襪隊結束了「貝比魯斯魔咒」（Curse of the

Bambino），也讓他懂得如何應對名聲。當他戰勝霍奇金淋巴瘤時，是那無限樂觀的精神推動著他前進。他總是開朗、健談、充滿熱情，他的朋友叫他「博士」（Doc）。他認為球隊必須團結起來，實現一個共同目標——結束冠軍荒。而柯蕭必然是其中一員，「我們的首要目標就是讓這個團隊建立起牢不可破的紐帶。」羅伯茲在那年二月告訴我，當時，我剛成為《洛杉磯時報》道奇隊隨隊記者，這也是我撰寫的第一批報導之一。

這支球隊仍在安德魯．佛里德曼和法漢．薩迪的管理下進行重組，丹．馬丁利已經離開了。二〇一五年後，馬丁利尋求一份長期續約，但道奇不打算提供。他既沒有被解雇，也沒有主動提辭職，而是選擇前往邁阿密馬林魚隊擔任總教練。道奇隊最初屬意農場主管蓋比．凱普勒（Gabe Kapler）接替馬丁利，但面試過程中，羅伯茲令球隊留下深刻的印象，他理解佛里德曼和薩迪所使用的語言，即使這不是他的通用語。他不反對頻繁的內野布陣，也不反對採用投手車輪戰。

羅伯茲不是唯一的新面孔。扎克．葛蘭基離開了，他選擇逃脫條款成為自由球員。十二月初，佛里德曼和葛蘭基談成一份六年一億六千萬美元的合約，這是球隊歷史上最大的自由球員合約，就在道奇隊處理細節問題時，殺出一個程咬金：亞歷桑那響尾蛇隊，國聯西區的新競爭者，他們願意開出二億六百五十萬美元。為了填補葛蘭基的輪值陣容，道奇隊選擇留下布萊特．安德森，簽下三屆全明星球員史考特．卡茲米爾（Scott Kazmir），並引進來自日本的明星球員前田健太（Kenta Maeda）。

亞塞爾．普伊格仍在陣中。冬季期間，一場短暫的風波閃現，道奇隊外野手史考特．范史萊克的父親安迪．范史萊克（Andy Van Slyke）接受電臺訪問時表示，柯蕭要求球隊高層交易普伊格。柯蕭從未否認普伊格的行為有時令人不快，「我認為，某種程度上，他的確成為球隊的負擔，但我從未要求他們交易任何人。」柯蕭回憶道。羅伯茲打算花費大量心力在普伊格身上。他認為柯蕭是嚴謹自律的工作者，是球隊的模範球員，不會帶來太多麻煩。他尚未理解到，要獲得柯蕭的信任需要付出極大的努力。

很快的，羅伯茲便發現，這個過程「極其困難，我不認為他會對總教練完全敞開心房。我們的關係真的很好，但他就是不讓人真正接近他。」他回憶道。

道格．帕迪拉（Doug Padilla）搶先報導了道奇隊二〇一六年賽季最重大的新聞，部分原因是他遲到了。

由於他的觀察敏銳，而且詭計多端，為ＥＳＰＮ取得這則搶先報導的新聞，但最關鍵的原因在於，六月二十七日的早晨，帕迪拉剛好抓準時機，比其他記者更早得知克萊頓．柯蕭背部受傷的消息。這次傷勢將劃分柯蕭職業生涯的兩個階段：在他背部受傷之前的時期，以及這之後的每一天。

直到那時，柯蕭看起來有望再奪得另一座ＭＶＰ獎盃，他在一百二十一局比賽中投出一百四十五次三振，防禦率為一．七九。根據美國棒球數據網站「Fangraphs」，柯蕭的勝場貢獻值（ＷＡＲ）為五．三，是大聯盟中最高，遠超過洛杉磯天使隊球星麥可．楚奧特（Mike Trout）和休士頓太空人隊二壘手荷西．奧圖維（José Altuve），兩人的勝場貢獻值均為四．一。柯瑞．席格回憶道：「全方位的宰制。」光是五月，他就投出三場完封。「在背部受傷之前，克萊頓．柯蕭就像是棒球界的麥可．喬丹（Michael Jordan）。」羅伯茲回憶道。「當喬丹想要得六十分，接管比賽，他能夠做到。當克萊頓．柯蕭想要投完一場比賽，或投滿八局後把球交給肯利，他也能做到。」而球隊需要他所投的每一局，因為隨著葛蘭基的離去，輪值陣容也隨之瓦解。安德森傷到背部；卡茲米爾陷入低潮；去年夏天加入的左投艾力克斯・伍德傷到手肘；柳賢振剛接受完肩部手術，目前正在康復中；布蘭登・麥卡錫正在進行TJ手術後的復健。牛棚投手們已筋疲力盡，在柯蕭投出一場精彩比賽後，幾位牛棚投手會在他的置物櫃前排隊一一擁抱他，感謝他為牛棚爭取到休息時間。

但到了六月，柯蕭的背部開始出現問題，那個部位過去常讓他感到不適；每次先發後的隔天早晨，他甚至無法彎腰觸碰到膝蓋，但現在他需要更長時間才能活動開來，而且身體的活動範圍明顯受限。柯蕭忍著不適投球：六月十日投了八局，僅失兩分；六月十五日投出十一次三振；六月二十日投了七局。他無視身體發出的警訊，拒絕降低強度，直到六月二十六日，在PNC球場對戰匹茲堡海盜隊，他的狀態才影響到表現。約翰・普拉特在轉播室觀看比賽，柯蕭面對對方投球，用了八顆球才解決這一個打席。「我當下就知道他百分之百受傷了。」普拉特回憶道。

但外界並不知情，直到帕迪拉在隔天寫出這則報導。他是一名討人喜愛的調皮鬼，一生都從事體育新聞報導，職業生涯從南加州到明尼阿波利斯、到芝加哥，最後回到洛杉磯，為ESPN負責報導道奇隊。他享受隨隊帶來的情誼，也享受同行之間的競爭。每當其他記者互相較勁時，帕迪拉總有辦法化解緊張氣氛，「你們兩個乾脆脫掉襯衫，直接打一場吧。」他會這麼說。

柯蕭對戰匹茲堡失利的那天晚上，道奇隊仍留在當地，準備星期一日場的比賽。當記者獲允許進入球員休息室時，帕迪拉遲到了幾分鐘。在房間的一側，隨隊記者們圍住了一壘手艾德里安・岡薩雷斯。當岡薩雷斯接受採訪時，帕迪拉看見柯蕭的下背處戴著電子刺激治療器。帕迪拉暗自懊惱，以為其他記者已經訪問過柯蕭了。為了避免惹怒柯蕭，帕迪拉選擇等待羅伯茲的賽前媒體記者會，然而，沒有人問到柯蕭的背部問題。於是，等人群散去後，帕迪拉將羅伯茲拉到一旁，羅伯茲證實柯蕭受傷了，但沒有說明傷勢的嚴重程度。他告訴帕迪拉，柯蕭仍會如期進行下一場先發。

帕迪拉立刻敲下幾段文字，當他打字時，ＥＳＰＮ的新聞機器發出嗡嗡聲響，網站發出一則快訊，而帕迪拉也在《體育中心》（SportsCenter）發布這則重大消息：地表最強棒球選手受傷了。

比賽結束後，記者們團團圍住柯蕭。

「是誰寫的？」柯蕭問。他直接衝進治療室，接著探頭到羅伯茲的辦公室，然後看到帕迪拉。這位記者大約比這位投手矮了一英尺（約三十公分），他聽著柯蕭表達他的不滿，就像二〇一二年媒體報導他的髖部傷勢一樣。但這次，柯蕭面對的問題比新聞報導的措辭更為棘手，他的背傷遠比總教練所透露的要嚴重得多。

研究所時期，肌力和體能訓練教練布蘭登・麥克丹尼爾和他的一位教授在酒吧裡閒聊。做為一個充滿熱忱的學生，麥克丹尼爾認為「從事運動是一件有益健康的事」。教授凝視著他的酒杯，糾正他的學生：「讓你變得優秀的壓力，同樣也會讓你崩潰。」

為了讓自己變得卓越，為了贏得所有那些獎項和賺到那些金錢，為了全心全意投注於棒球，柯蕭讓自己的身體承受了極其巨大的壓力。那些在外野奔跑的里程、那些在每次先發後的重量訓練、那些在每次投球時重新吸收的動能——所有這些都有其代價。柯蕭飛往洛杉磯與背部專家羅伯特・沃金斯醫生（Dr. Robert Watkins）見面，檢查結果顯示，他的下脊椎（腰椎第五節、薦椎第一節處）椎間盤突出。

事後看來，身體的損壞似乎無可避免。從二〇一一年至二〇一五年，柯蕭在例行賽總共投了一千一百二十八局，比所有投手都還要多，全大聯盟僅次於老將詹姆斯・席爾斯（James Shields）。此外，還在季後賽投了四十九又三分之一局，其中一部分是短暫休息後再度上場。「當時，他是唯一一個，每年都要在三天短休後再次先發的投手。」普拉特回憶道。柯蕭經歷過髖關節內軟骨破裂，背部大圓肌撕裂，他忍受著疼痛繼續投球，令其他願意做出同樣犧牲的人對他更加敬重。「無論他感到身體狀況如何，都希望自己能站上投手丘。我不是批評任何人，但有些人一開始還是會上場，但感覺很糟糕，然後，他們就不想再這麼做了。」丹・哈倫回憶道。

後來柯蕭也意識到固執反而損害了自己，「他熱愛深蹲——而且是負重相當大的深蹲。」瑞克・亨尼卡特回憶道。每個訓練週期的第一天，柯蕭總是將槓鈴扛在肩上進行深蹲。「我的動作一直不算標準，我人生最後悔的事之一，是花太長時間練習背蹲舉了。」柯蕭回憶道。這種訓練方式危害到他的健康，「地心引力正好作用在他受傷的部位。」麥克丹尼爾解釋道。然而，柯蕭仍舊全心全意地深蹲、跑步、在牛棚練投，一切為的就是踏上投手丘時，可以感受到自己已經完全做好準備。「但願我當初能用更聰明的方式訓練，但老實說，就算麥克丹尼爾那時提醒我，我大概還是聽不進去。」柯蕭說。

六月二十九日，沃金斯醫生為柯蕭進行硬膜外類固醇注射治療，柯蕭原本希望能像克服髖關節和背部舊傷那樣克服這次傷勢。但椎間盤不像肌肉能夠自行修復，在硬膜外類固醇注射後十七天，柯蕭在道奇球場進行一場模擬比賽。羅伯茲認為他的王牌投手很快就能歸隊，不久後，他接到佛里德曼的電話：「我們有個壞消息。」柯蕭的背又開始痛了。醫生告訴柯蕭，他有百分之八十的機率需要動手術來修復椎間盤，但柯蕭只聽見另外百分之二十的機會——他仍可以繼續投球。「你的身體有自行修復的能力。」他回憶道。他知道手術會有多痛苦，安德森曾經歷了類似的過程。「做完背部手術，老兄，你根本動不了，那真的糟透了。」柯蕭回憶道。

柯蕭的目標是九月回歸，但他依然渴望掌控一切。當羅伯茲宣布模擬比賽將要推遲的那一天，他被問及：柯蕭因手術而整季報銷的可能性是否變高？羅伯茲承認確實有這個可能。此話一出，隨之而來的是大量的推文和新聞報導。在洛杉磯的某個人——大概就是一位身材高大的左撇子——看到這些消息。那天晚些時候，一名道奇的公關人員向記者們抱怨，認為新聞標題過於誤導，記者們則聲稱只是引用羅伯茲的原話。這名公關人員隨即回覆，球隊將發表來自醫療部門的官方聲明，但不久之後，工作人員又告訴記者們，醫療部門將不會發表任何聲明。這一天，對道奇隊的公關部門來說，絕對不是個愉快的日子。很快的，羅伯茲不再對柯蕭的進展發表任何意見了。這種坦誠反而損害了他們的關係。「剛開始的時候，在我的第一年，我們之間有很多輕鬆的對話，感覺相處得還不錯，但接著發生了一些事，感覺我們的關係又回到了原點。」羅伯茲回憶道。

道奇隊的工作人員四處諮詢物理治療師、生物力學專家，甚至是軍醫，希望能找到穩定柯蕭脊椎的方法。訓練團隊建議柯蕭改變他深蹲的例行訓練，「他們只是向他證明這對他有害，會壓迫到背部的椎間盤。」亨尼卡特回憶道。柯蕭放棄了槓鈴，改用壺鈴，並加入更多伸展運動、更多髖部穩定訓練、更多的一切種種。「那真是太瘋狂了，他為此投入更大量的時間。」麥克丹尼爾回憶道，「光是熱身，就比大多數人的整場訓練還長。我覺得若換成其他運動員，早就放棄了。」按摩治療師中島陽介認為，柯蕭恢復的速度比其他人都來得更快，這就是原因所在。「他之所以這麼做是因為熱愛競爭，並努力成為最好的自己。」亨尼卡特回憶道。

球隊在沒有柯蕭的情況下，依然挺過來了，他們超越巨人隊，連續第四個賽季奪得國聯西區第一名。在球隊傷兵眾多之下，羅伯茲成功穩住陣腳，並獲得國聯年度最佳教練獎；柯瑞・席格榮獲年度最佳新人獎；賈斯汀・透納的表現持續亮眼。道奇管理層透過交易得到瑞奇・希爾（Rich Hill），這位三十六歲的左投老將、曾輾轉多隊的投手，他已重塑自己，重新找回巔峰狀態，成為一名優秀的先發。然而，道奇仍需要他們的王牌。醫生告訴柯蕭，如果他嘗試回歸，不會有進一步的風險。「當時醫生跟我說：『嘿，你需要持續做這些六個星期，如果這麼做，或許有機會重返球場。』」柯蕭回憶道。他的身體要嘛會痊癒，要嘛不會痊癒，但他萬萬沒想到，當他回歸時，會有誰已經離開了。

八月二十五日中午，A・J・艾利斯正在西好萊塢公園與兒子打籃球，這時他收到戴夫・羅伯茲的簡訊，請他前往道奇球場一趟。

這個賽季對艾利斯來說不太順利。球隊讓艾利斯與亞斯曼尼・葛蘭多輪流擔任捕手，艾利斯僅能在特殊情況上場，但他面對左投時的打擊表現不理想，打擊率僅一成九四，自四月以來還沒有敲出一支全壘打，他的表現影響了他與管理層的關係。艾利斯回憶道：「我沒有打出足夠的成績來贏得信任——但我認為，憑我過去的成績應該得到信任。」艾利斯認為羅伯茲的善於交際是裝出來的。「我覺得我沒辦法完全坦然信任戴夫・羅伯茲，他接手球隊，我也沒有盡自己的職責去支持這個新教頭。」艾利斯回憶道。另一方面，羅伯茲視艾利斯為球隊中的異議者。「我特意、有意想拉攏A・J・艾利斯成為盟友，我知道他很了解球員休息室的進展，我試圖贏得他的信任，但始終無法成功。我只是覺得在某種程度上，這樣的發展是行不通的。」羅伯茲回憶道。雙方的溝通開始變得緊張。到了八月，球隊交易來了中繼投手喬許・菲爾德（Josh Fields），代價是把未來的全明星球員約爾丹・艾爾法瑞茲（Yordan Álvarez）送到了休士頓太空人隊。道奇隊認為菲爾德應該多投好球帶上緣的快速球，這種方法在未來幾年將成為新趨勢。然而，艾利斯從未收到這個訊息。當他與菲爾德搭配蹲捕時，他還是習慣把快速球壓低。「這成為我、戴夫和安德魯之間的重大矛盾點。」艾利斯回憶道。

隨著一批新世代高層將數據分析納入決策，這場衝突反映出一場整個棒球產業的變革。在「魔球時代」，這些決策主要影響球隊的組建方式，而到了二〇一〇年代，這些決策改變了比賽本身的進行。艾利斯在退休後加入聖地牙哥教士隊的管理層，他花了一些時間才意識到：「那些穿卡其褲的人比穿球衣的人更能影響比賽。」而這波變革中，無論是球隊陣容的建構、新秀的培養和球員的使用策略，很少有高層比佛里德曼和薩迪更具影響力。「這兩個人無疑是過去十年來一切改變的推動力量。」艾利斯回憶道。

數據顯示，葛蘭多非常善於利用他的手套來影響主審的判決，將壞球變成好球，這個技巧稱之為「偷好球」（framing）。道奇隊認為葛蘭多是他們最好的捕手，意謂著他理應有能力搭配蹲捕他們最好的投手。但要讓柯蕭接受這個安排並不容易，艾利斯最能理解柯蕭的情緒和投球方式，要將他們拆開會是一項困難的挑戰。有時，柯蕭會對自己先發時的打線安排提出質疑，球隊高層通常可以抵擋關於二壘手或左外野手的抱怨，但每當涉及艾利斯時，柯蕭的態度就變得更加強硬，因為艾利斯是他最信任的搭檔。（當薩迪被提醒，二〇一六年的開幕戰是由艾利斯搭配柯蕭時，薩迪笑了出來：「天啊，我們當時真是個軟柿子。」）二〇一六年柯蕭的前十六場先發中，艾利斯負責蹲捕了十一場。球隊高層認為，柯蕭與葛蘭多搭配的表現也會同樣出色，但柯蕭本人卻不這麼認為。「這個關係讓我們難以用最有效率的方式管理陣容。」薩迪回憶道。

對艾利斯來說，最大的問題不是他與羅伯茲無法建立良好關係，也不是他在管理層面前令人難以理解，更不是柯蕭只願意讓他蹲捕，而是一個更長久的棒球問題。「因為我打太爛。不，我說真的，那一年我打得很糟糕。」艾利斯回憶道。他認為球隊可能會在這個賽季結束後讓他以自由球員身分離隊，他也認為二〇一六年是他在洛杉磯奪冠的最後、也是最好的機會。

然後，他收到了羅伯茲的訊息。

艾利斯通知他的妻子辛蒂來將兒子接回家。前往球場的路上，他開始打電話，經紀人沒有接，柯蕭正在復健，甚至連另一名好友、聖地牙哥教士隊總教練安迪．格林（Andy Green）都聯絡不上。艾利斯把車開進道奇球場停車場時，羅伯茲剛好正在停車。

「怎麼了？」艾利斯問。羅伯茲想等他們進到他的辦公室後再談。當他們搭乘搖搖晃晃的電梯走向球員休息室時，尷尬的氣氛仍舊瀰漫。

「辛蒂最近還好嗎？」羅伯茲問。

「老實說，她現在緊張得要命，戴夫。」艾利斯說。

羅伯茲要艾利斯先在球員休息室等候。艾利斯在腦中反覆推敲各種可能的情境，希望不包含那一個「無法避免」的選項。不久，艾利斯收到一則簡訊，要他前去羅伯茲的辦公室，辦公室裡，佛里德曼、羅伯茲和薩迪都在場。佛里德曼說：「我們決定爭取卡洛斯．魯伊斯。」魯伊斯曾是費城人隊的主力捕手。艾利斯心想，球隊要怎麼使用三名捕手？隨後，佛里德曼送上致命的一擊：艾利斯，你也是這筆交易的一部分。

艾利斯開始流淚，完全沒有理會前老闆們之後的讚揚。他離開辦公室，打電話給妻子和經紀人，而後他傳訊息給柯蕭，相約在球場休息區見面，當艾利斯告知這個消息時，柯蕭哭了，他們並肩坐了一會兒，艾利斯凝視整個球場，自從羅根．懷特在二〇〇三年選秀第十八輪選中他之後，他一直是道奇隊的一員，他認為道奇球場是全美最棒的工作環境，而今，他只不過是一名過客罷了。球員休息室中的其他人都震驚不已；那天晚上，道奇隊幾乎被巨人隊投手麥特．摩爾（Matt Moore）投出一場無安打比賽，但柯蕭受到的打擊最深。艾利斯將他的車留在球場，柯蕭開車送他回家，他擁抱了辛蒂，然後幫忙艾利斯收拾行李。對柯蕭而言，這股震驚與憤怒持續了好幾個星期，他拒絕聆聽佛里德曼的解釋。「他的態度就是，『沒什麼好談的。』」佛里德曼回憶道。「我們花了一段時間才度過這件事。」一直到隔年，這位高層和球隊王牌才真正破冰，把話講開。「這就是我應對事情的方式，我會把所有人都推遠一點。其實，我對每個人或多或少都是這樣，大概是一種應對機制吧，我不會讓任何人靠得太近，你懂嗎？」柯蕭回憶道，艾利斯是少數能夠突破柯蕭界限的人。而現在，如果柯蕭要從低潮中回歸，他必須在沒有親近盟友的情況下做到這一點。

此後，很長一段時間，A．J．艾利斯仍會為柯蕭加油，但他不再支持道奇隊了。

國聯分區系列賽對戰華盛頓國民隊的第四場比賽結束後，柯蕭站在道奇球場的置物櫃前，眼眶泛紅。他已經連續第四年在季後賽中短休登板，他的背部疼痛，腦袋一片混亂，他努力組織出句子，他說：「我累壞了，身心俱疲。」他的投球表現並不理想，但道奇隊贏了比賽。

到了十月，唯有勝利才重要，這對柯蕭來說正合適。自從九月從傷兵名單回歸以來，他沒有展現太多壓制力，他在五場例行賽先發中掉了四分，他在二十八局中三振了二十七名打者。但在那些經驗豐富的觀察者看來，他已經不再是以前的那個他了。背傷影響了他的投球方式，他在落地時會略微向右偏移，降低了快速球的逆旋。柯蕭在九月九日於邁阿密的復出戰中，普拉特注意到他的滑球缺乏原本的下墜幅度，本來應該急速下墜的滑球，卻變成一顆偏高、沒有位移的球，直接正中紅中。「那種情況從來沒有發生過。」普拉特回憶道。

季後賽第一輪不僅展現出球隊高層對柯蕭的管理策略與以往不同，也突顯了球隊對他的依賴程度。九十一勝的道奇隊失去了主場優勢，因為對手是九十五勝的國民隊，一支擁有球星陣容的強隊，像是麥斯·薛澤——二〇〇六年選秀中的一員，他在老虎隊贏得賽揚獎之後，以自由球員身分簽下一份七年二億一千萬美元的合約；布萊斯·哈波（Bryce Harper）——二〇一〇年選秀狀元；以及二〇一五年曾在季後賽重創柯蕭與葛蘭基的前大都會球員丹尼爾·墨菲也在陣中。系列賽開始之際，柯蕭告知球隊管層，投完第一戰後，他也想在第四戰登板。道奇高層認為柯蕭的能力足以超越短休登板所帶來的後果，羅伯茲說：「他是整個大聯盟的異數。」即便他沒有達到平時的水準：在第一場四比三險勝的比賽中，羅伯茲在柯蕭僅投五局失掉三分的情況下把他換下場，原因是他無法控制滑球。球隊接連輸掉接下來的兩場比賽後，任何讓柯蕭輪休到第五戰再上場的念頭全都消失了。距離柯蕭接受背部手術僅三個月，他短休三天，再度踏上第四戰的投手丘。

柯蕭在六局內壓制住國民隊，取得五比二領先。羅伯茲效法馬丁利，決定讓柯蕭繼續投第七局。面對四名打者之後，局勢形成兩人出局、兩人上壘，這兩名跑者都是靠著內野滾地安打上壘。下一棒輪到哈波打擊，柯蕭的速球仍能飆到九十五英里（約一五三公里），但他的用球數破百，已耗盡體力。在八球對決中，哈波耐心十足地選球，最終獲得保送上壘。這時，羅伯茲又效法了馬丁利另一個調度方式：他要佩卓·貝茲上場，收拾柯蕭留下的殘局。結果，貝茲的第一球就砸到打者，讓國民隊靠著觸身球擠回一分。羅伯茲趕緊換上左投路易斯・阿維蘭（Luis Avilán），但他隨即被墨菲敲出一支帶兩分打點的安打，比數瞬間變成五比五平手。

在休息區，柯蕭感受到熟悉的沮喪。又是一場十月的崩盤，又是一次原本精彩的先發，卻又毀在最後一局，又是一次可能導致球隊提前出局的比賽。他用手梳攏頭髮，低頭盯著地板，身上的球衣沾滿泥土，心頭思緒萬千，原先幫助球隊進一步擴大領先優勢，但最終他還是輸了。當蔡斯・阿特利在第八局敲出超前安打，幫助球隊以六比五取得勝利時，他仍渾然不覺。賽後，柯蕭很難形容自己的感受。「我真的、真的對自己的表現很滿意——直到最後四分鐘，這感覺真的很奇怪，比什麼都奇怪。但你只能吞下自尊，認知到我們贏了比賽，並為此感到高興。」柯蕭對記者說。

隔天晚上，道奇隊抵達華盛頓杜勒斯國際機場後，大部分的球隊成員搭乘巴士前往維吉尼亞州阿靈頓的一家飯店。然而，柯蕭搭上計程車前往國民球場，同行的還有麥克丹尼爾、中島陽介，以及運動教練奈特・盧塞羅（Nate Lucero）。柯蕭需要為下一輪一百零三勝的小熊隊做好準備，假如道奇隊能夠擊敗國民隊，柯蕭計畫在短休後登板迎戰小熊。於是，他留在這個循環週期中，他重訓、外野跑步；當太陽下山，在空蕩蕩的球場上，他抓起手套，與麥克丹尼爾一起練習傳接；球場的燈光已熄滅，柯蕭在月光下投球。沒有人提起第五戰的話題。

回到飯店，管理層正在檢視球員名單，並制定對戰國民隊的投手調度策略，這場討論一路持續到隔天下午。在球場，羅伯茲與佛里德曼、薩迪，以及棒球營運部門主管艾力克斯・塔明（Alex Tamin）繼續制定策略。亨尼卡特、板凳教練鮑伯・格倫，以及牛棚教練喬許・巴德（Josh Bard）評估球員的準備狀況。比賽的先發和終結者已經確定，希爾自願在短休後登板，道奇隊希望他能面對十三名打者，這個數據是根據國民隊總教練達斯蒂・貝克（Dusty Baker）排出的左打陣容而決定的。首次入選全明星賽的終結者肯利・簡森，預計抓下最後六個出局數。但比賽中段仍是一片混亂，羅伯茲只信任兩名中繼投手，老將喬・布蘭頓（Joe Blanton）和新秀胡立歐・烏瑞亞斯。賽前打擊練習時，巴德告訴布蘭頓要在第四局之前做好準備。羅伯茲告訴簡森要在第五局準備就緒。理想情況下，羅伯茲希望投手輪替為：希爾、布蘭頓、烏瑞亞斯、簡森。但這是季後賽，並不是活在理想世界裡。

在羅伯茲的賽前記者會上，《洛杉磯時報》的比爾・普拉施克提到了一九八八年國聯冠軍系列賽，當時奧勒爾・赫西瑟從牛棚登場，拯救了道奇對大都會的一場比賽：「柯蕭會上場解決一個出局數嗎？」

「絕對不可能。」羅伯茲說。

羅伯茲從未考慮過這個可能性，薩迪則覺得普拉施克是不是瘋了。

國民球場擠滿了近四萬四千名觀眾，球場位於華盛頓海軍工廠區，安那考斯迪亞河畔邊，左外野牆外，遠處可見美國國會大廈在夜色中閃耀。在場的觀眾見證了一場經典、令每個人都坐立不安的比賽。道奇隊以四比一領先，希爾、布蘭頓和烏瑞亞斯合力解決了十八個出局數，表現十分稱職，但進入第七局時，羅伯茲仍需要一名投手，他想要把簡森留到第八局，但當中繼投手格蘭特・戴頓（Grant Dayton）被敲出一支兩分全壘打時，簡森對著巴德大喊。

「打電話，我要上場！」簡森說。

巴德還來不及拿起電話，牛棚電話就已經響了，羅伯茲需要簡森在第七局就上場。

道奇高層包廂內一片恐慌。柯蕭和阿特利在休息區裡盤算局勢，怎麼算都不合理，九個出局數太多了，即便是簡森也撐不住。

「我們沒有人能關門了。」阿特利說。

這時，靈光一閃。

「嗯……」柯蕭說，「我可以試試看。」

阿特利問柯蕭今天是否有進牛棚練投？柯蕭說沒有。阿特利再問柯蕭是否確定可以上場投？柯蕭認為可以。阿特利要柯蕭去找羅伯茲和亨尼卡特談談。「如果你有可能上場投球，最好現在就告訴他們。」阿特利說。

柯蕭找到了亨尼卡特。

「簡森真的要投三局嗎？」柯蕭問。

「目前計畫就是這樣。」亨尼卡特回答。

柯蕭主動請纓。「絕對不行！」亨尼卡特立刻拒絕。

柯蕭沒有放棄，不斷地遊說，直到亨尼卡特忍不住去找了羅伯茲。「不可能！」羅伯茲也斷然拒絕。

柯蕭知道教練們現在分心了，而且正專注於處理當下的緊急危機，他們的直覺反應是出於保護球員的衝動。他開始和他們討價還價，他意識到只要讓自己開始熱身，就很難停下來了。「讓我去熱身試試看吧！」柯蕭說。他保證會誠實告知自己的狀況，羅伯茲和亨尼卡特最終讓步。

柯蕭飛奔爬上二十八階臺階，衝回球員休息室，這時候沒時間做例行熱身了。他吞了一顆抗發炎止痛藥克多炎（Toradol），然後直接跳進熱水池。當麥克丹尼爾跑進訓練室時，看到柯蕭浸在水裡，麥克丹尼爾不禁振臂歡呼。回到他的置物櫃，柯蕭迅速穿上球衣和釘鞋。他走下階梯，進入休息區旁的熱身空間，位在一一六區和一一七區的正下方，他一邊監看比賽，一邊把球投進打擊籠網內。當第八局結束時，柯蕭穿上熱身外套，爬上七階階梯，回到道奇隊休息區。他的出現如幽靈似的，卻又明確地不容置疑，讓隊友們感到既困惑又興奮。「大家確實都很擔心，**這麼做真的對嗎？**但克萊頓就是克萊頓啊！」伍德說。

羅伯茲對柯蕭說準備好對付墨菲，他會是第九局的第四名打者。後來，柯蕭走進球場，與簡森擦肩而過。

我是在作夢嗎？簡森心想。

當柯蕭沿著左外野邊線大步走向客隊牛棚時，他低著頭，下巴抵著胸口，微風輕拂過他的頭髮，當時是午夜剛過十二分鐘。福斯的轉播鏡頭捕捉到他孤獨行進的身影，但鏡頭沒拍到的是佛里德曼包廂裡滿室的驚慌。

整個晚上，佛里德曼都與團隊窩在一起，汗流浹背、內心糾結不已，但他完全不知道柯蕭為什麼會出現在場上。

「這他媽的是怎麼回事？」佛里德曼說。

他認為這想必是用來激怒達斯蒂．貝克的某種心理戰術吧！而正當柯蕭在牛棚開始熱身時，佛里德曼包廂裡的電話響了，是一名訓練團隊人員。「柯蕭想試試看自己能不能熱開，然後我們根本無法阻止他。」運動教練說。

在牛棚裡，中繼投手們高舉拳頭，這是每當隊友們準備上場時的儀式。柯蕭一一擊拳，沿著牛棚走過。柯蕭持續熱身的同時，簡森回到場上開始投第九局。簡森連續保送兩名打者後，羅伯茲從休息區走了出來，墨菲即將上場打擊，道奇隊需要再抓兩個出局數才能順利晉級。羅伯茲舉起左手，伸出食指。三壘上的賈斯汀．透納猜想著究竟是什麼情況，他轉頭看向牛棚方向，看見有個人從牛棚小跑進來。「哦，靠！」透納心想，「這也太屌了。」在準備區等待上場的墨菲則是瞪大了雙眼。「哈！這實在他媽的太合理了！」他心想。

一片不滿的噓聲如瀑布般朝柯蕭湧來，他放慢腳步，走向內野紅土區。簡森站在投手丘上等著他，羅伯茲從簡森手中接過球，輕輕放進柯蕭的手套裡。柯蕭上一次成功救援是二〇〇六年的灣岸聯盟季後賽，當時簡森還是他的捕手。那時柯蕭臨時上場救援，一度讓羅根．懷特等球隊人員十分不爽。而今，晉級季後賽的一切希望都靠他了。「拜託，幫我一把。」簡森對柯蕭說。

柯蕭轉向捕手卡洛斯．魯伊斯，魯伊斯從未接捕過柯蕭的球，也正是為了他，道奇隊才交易掉艾利斯。他們迅速制定戰術，柯蕭打算直接挑戰墨菲，他承受不起投出任何變化球，結果造成挖地瓜，讓超前分上到得點圈。柯蕭振臂一揮，投出第一顆速球，時速九十五英里（約一五三公里），偏高內角，魯伊斯原本設定的位置是外角，但球投偏了，他沒能接好。壞球。柯蕭舔了舔左手，增加握球的摩擦力。在休息區，簡森感受到巨大壓力，羅伯茲則不停地來回踱步。魯伊斯再次小跑步到投手丘與柯蕭溝通，他們決定再投另一顆速球。

測速槍測到的球速為九十五英里（約一五三公里），但球比柯蕭期望的更靠近紅中。「我本來試著用力投出，把球壓低、投開，結果我失投了，偏高，而且太靠內角。」柯蕭說。在最後一刻，球往內轉了大約一英寸左右，非常接近墨菲的最佳打擊範圍，墨菲轉動臂部、揮棒，擊出一顆無害的內野高飛球，被二壘手查理．寇伯森穩穩接殺，墨菲垂下了頭。「他媽的！他居然把球塞進我的內角，他們把我徹底打趴在地。」墨菲回憶道。

最後的結局沒有什麼戲劇性。貝克早在第八局時，用雙換人戰術，讓牛棚投手頂替三壘手安東尼．倫登（Anthony Rendon）的打擊位置，於是柯蕭不用面對最危險的右打強棒倫登，而是打擊能力較弱的內野手威爾默．迪福（Wilmer Difo）。凌晨十二點四十一分，兩好球後，柯蕭投出一顆曲球，球在接近本壘時急速下墜，讓迪福只揮到空氣，球彈到魯伊斯的護胸。當魯伊斯將球傳向一壘確保勝利時，柯蕭已經高舉雙臂。

一群隊友朝柯蕭狂奔，魯伊斯撲進他的懷裡。柯蕭做到了，只休息一天上場救援，他拯救了道奇隊！

柯蕭從來不在香檳慶祝時戴護目鏡——他寧願讓眼睛灼痛。在國民球場的客隊休息室裡，他踩過滿地的香檳和百威啤酒。有那麼一刻，他看起來彷彿要吐在垃圾桶裡了。

「我們必須再贏八場這樣的比賽？」他說。

幾乎沒有時間休息。凌晨五點，柯蕭與麥克丹尼爾、影片分析員丹尼．萊曼（Danny Lehmann）在一間餐廳吃早餐，當天上午，道奇隊將飛往芝加哥。抵達瑞格利球場後，柯蕭試圖重新調整自己的狀態，站在牛棚投手丘上，他想像自己的下一場先發，在手上沒有棒球的情況下，模擬投球動作，這是他新秀時期從德瑞克．洛夫那邊學來的訓練方式。他幾乎沒時間回味自己的救援，他很清楚，如果道奇無法晉級，那只不過是個無足輕重的注腳。

道奇隊已經近三十年沒有奪冠，但對於那些滿懷希望、興高采烈湧進瑞格利球場的小熊球迷來說，三十年根本不算什麼。在芝加哥，這場等待已經持續超過一輩子，到二〇一六年為止，已經有一百零八年了。這失落的一世紀歸咎於山羊魔咒、黑貓，以及一名倒霉透頂的傢伙——巴特曼（Steve Bartman）。為了終結這場徒勞，小熊隊聘請了西奧．艾普斯坦（Theo Epstein），這位前紅襪隊的天才少年總管，曾帶領紅襪隊與羅伯茲一起贏得二〇〇四年世界大賽冠軍，終結了八十六年的魔咒。在小熊隊，艾普斯坦施行一項「擺爛重建」（tanking）計畫，就是刻意輸掉大聯盟比賽以換取高順位選秀權，得以在小聯盟中獲益。這個做法借鑑於籃球界，數十年來，籃球隊一直在犧牲現在，以爭取未來更好的選秀順位，而這種做法成為整個棒球界的禍害。但對小熊隊而言，這個做法正是他們網羅一批年輕、全能、鬥志高昂的核心球員的關鍵所在。現在，他們唯一好奇的是，柯蕭還能撐多久？「事實是，他最近扛下這麼多重擔。」小熊隊總教練喬．梅登（Joe Maddon）在第二場比賽前表示，「看看他現在還能發揮多少，應該會很有意思。」

目睹隊友輸掉第一場比賽後，柯蕭在第二戰中又展現他一如既往的六局無失分精彩好投。然而，進入第七局，當他要保住一分的領先優勢時，又再度陷入慣常的困境。兩人出局，一壘上有跑者，打擊區上是二壘手哈維爾．巴耶茲（Javier Báez）的情況下，羅伯茲走上了投手丘，柯蕭用手套摀住嘴巴。柯蕭說：「我能搞定這傢伙。」羅伯茲給了他機會。巴耶茲把一顆速球猛力擊向中外野，群眾滿懷期待地跳起。柯蕭彎下腰，張著嘴，臉上寫滿了痛苦。外野手賈克．彼得森（Joc Pederson）朝著長滿常春藤的全壘打牆全力衝刺……卻停在警戒區上；彼得森舉起手套，接殺了第三個出局數。柯蕭站起身來，長吐一口氣，他擦了擦臉，允許自己罕見地放縱一下，他笑了。（然而，當道奇以一比〇獲勝後，一名記者在柯蕭的賽後記者會率先問出：「你當時是不是覺得巴耶茲那球應該是出去了？」柯蕭的笑容消失了，他說：「這就是你的第一個問題？」）

但道奇隊在接下來的三場比賽中輸掉兩場，這意謂著當系列賽回到瑞格利球場進行第六戰時，柯蕭必須贏球才能延續這個賽季。小熊隊利用前道奇盟友的關鍵情報來回擊柯蕭——見證柯蕭投出滑球的教練邁克·博爾茲洛，在二〇一〇年加入小熊隊。準備這個系列賽的過程中，博爾茲洛告知小熊隊的教練團，柯蕭在球數落後時很少會投曲球，這個情報幫助球隊調整第六戰的對策。他們已經厭倦了一再試圖攻擊柯蕭投出的內角球，決定無視他投內角的所有球路，尤其是滑球，只專注於攻擊中間的球。「如果你盯著內角打，就正中他的下懷了。」博爾茲洛回憶道。這項策略充分利用了柯蕭當時的狀況，他正在處理背傷問題，控球不如以往精準。歷經受傷、數月的復健治療，以及季後賽第一輪高負荷的投球後，他感到力氣耗盡。「最終，這些都還是會找上你。」柯蕭回憶道。

小熊隊在第一局就從柯蕭手中攻下兩分，由於新秀外野手安德魯·托爾斯（Andrew Toles）受燈光影響而漏接飛球，間接助長了對手的攻勢。球場觀眾開始大聲嘲弄柯蕭的名字，像操場上的惡霸一樣拉長音節。

「柯痾痾痾痾蕭。」

「柯痾痾痾痾蕭。」

「柯痾痾痾痾蕭。」

第二局，小熊再添一分。柯蕭在第四局被擊出一支全壘打，他已無計可施。到了第五局，他面對的是安東尼·瑞佐（Anthony Rizzo）。瑞佐總愛和博爾茲洛開玩笑說，他非常喜歡與最優秀的選手對決。

「我想要對上柯蕭。」瑞佐很愛這麼說。柯蕭投速球時刻意放低手臂角度，希望能增加些許球速來壓制瑞佐，但球飛進右外野看臺。柯蕭五局失了五分，最終以〇比五落敗。這是四年來第三次，季後賽最終失敗的責任全都落在他肩上。這份重擔愈來愈沉重了。

柯蕭在茫然中跌跌撞撞地走過球員休息室，佛里德曼告訴記者們：「大多數人經歷他這樣的傷勢後，根本不可能回來投球。」柯蕭不想聽到這些。二十一歲時，他經歷季後賽失利，當時他告訴自己，這是上帝提醒他保持謙卑的方式。他還是個孩子，未來還有漫長的生涯可期。如今，他的家庭日益擴大，財富已超乎他的想像，榮譽也多到數不清，堅定信念獲得了回報。他照顧了母親，也成就了自己，建立起自己一直想要的生活，但仍因失敗而感到痛苦，他被困在五天的循環中，無法滿足內心的渴望。

唯一剩下的，就是贏得一座世界大賽冠軍。柯蕭曾以為二〇一六年是他的機會。他已經犧牲一切，試圖成為一個英雄，但最終，他依然一無所獲。

第十七章
破滅

二〇一七年十月二十九日，派屈克．哈平站在休士頓美粒果棒球場的左外野看臺上，懷疑自己的耳朵是不是有問題。

哈平是「惡街幫」的忠實成員，他擁有道奇隊親友區的門票，這是球隊睽違二十九年的首次世界大賽。他是克萊頓．柯蕭的好友，親如家人。他的好兄弟終於來到這片應許之地：秋季經典賽，最盛大的舞臺，名人堂履歷上的最後一塊拼圖。十月的失敗宿命即將結束，因此哈平決定到場觀看每一場比賽。當晚，他看著柯蕭在世界大賽第五戰對戰休士頓太空人隊，在前面幾局輕鬆壓制對手，然後轉頭問他好友的妻子。

「你有聽到那個聲音嗎？」哈平問。（艾倫不記得這段談話。）

球場內總是充斥各種聲音來填補意外中斷時的空白：管風琴手的琴鍵聲、人造的鼓掌聲。但哈平聽到的聲音像是「一種響亮的敲擊聲，迴盪著整個看臺。」他回憶道。他覺得那個時機點很奇怪，爆裂聲似乎總是在柯蕭準備投球之前，從擴音系統傳出。

「就是那種很響的敲擊聲，我們都能聽到。我們當時就想：『這也太奇怪了吧。』」哈平回憶道。這場比賽最終成為柯蕭生涯成就的關鍵點。夜幕降臨，哈平無法辨別這聲音究竟來自何處，但聽起來確實很像敲擊聲。

二〇一七年，安德魯．佛里德曼、法漢．薩迪和戴夫．羅伯茲的共同願景終於實現。他們打造了一支道奇隊史上最強的球隊，至少從「Dem Bums」（那些流民，布魯克林隊的暱稱）離開布魯克林後，從未有過這樣的陣容。終於，管理層建立了一支足以匹配柯蕭實力的隊伍。這支球隊幾乎毫無弱點，全心致力，這個團隊帶著柯蕭達到他從未經歷過的巔峰，卻也因此讓他經歷了從未想像過的悲痛。

在某些方面，柯蕭開始有所改變，主要是他的家人幫助了他。二〇一六年十一月十八日，艾倫生下一名男孩，並為他取名為查理．克萊頓．柯蕭。這些孩子讓他們的父親，無論是第五天或其後的日子裡，都變得更溫柔了。在他投球的日子裡，沒有再沉浸在自己的世界裡、沉迷於CSI影集，而是陪卡莉玩耍，幫查理換尿布。前往球場之前，他能夠先暫時拋開焦慮。這微小的調整是「一種祝福」，他解釋道，「如果還是用以前的方式生活，我不知道還能撐多久。」他開始擔心，當孩子幾年後要上學時，他該如何忍受長時間與他們分隔兩地。他的家庭提醒著他生活中重要之事，他發現當孩子們在賽後拉著他想玩耍時，他很難執著於自己偶爾的糟糕表現。他漸漸適應了日程安排被打亂、睡眠不足，以及當卡莉開始哭泣時他所感到的恐懼。對艾倫來說，「克萊頓總是鎮定自若、不動聲色。而且從小就只有他和母親相依為命，所以他的成長過程中並沒有流露太多的情緒。」但孩子們改變了這一切。「只要牽涉到任何一個孩子，他就是這個世界上最感性的傻瓜，只要是關於孩子的事，他可以瞬間就熱淚盈眶。」艾倫解釋道。

有些習慣比其他習慣更難改掉。柯蕭從他的背傷中學到一些教訓，但他仍像個瘋子般鍛鍊。「我每天都會在外面跑步，幾乎每天做重訓，每次的牛棚練投還是盡全力投。我覺得這讓事情變得更加複雜，但即使受傷後，我仍繼續這麼做。」柯蕭說。

這種對週期訓練的信念引導他應對全新的、預料之外的弱點：他突然變得更容易被打出全壘打。他的基準數據仍然強勁——賽季結束時，他的防禦率為二．三一，每九局送出十．四次三振，並在賽揚獎票選中名列第二——但他被擊出二十三支全壘打，比以往最高紀錄還多了七支。在紐約的一場比賽中，他被全壘打轟得體無完膚，回到花旗球場休息區後，柯蕭用他的腳猛踢長凳。在佛里德曼和薩迪的敦促下，他增加了滑球的使用頻率。瑞克．亨尼卡特鼓勵他把速球投開一點。柯蕭——這個耳朵很硬的人，最終改變了，因為他正處於整個大聯盟的長打風暴之中。二〇一七年，打者總共擊出六千一百零五支全壘打，打破了二〇〇〇年禁藥時代創下的五千六百九十三支全壘打紀錄。有些投手將此歸咎於棒球的材質，因為球的表面光滑度和硬度各不相同，柯蕭和隊友甚至開始收集那些特別劣質的球做為證據。

七月二十三日，柯蕭面臨比棒球品質更迫切的事。當他為第二局熱身時，背部突然傳來一陣疼痛。在本壘板後方，捕手奧斯汀．巴恩斯（Austin Barnes）轉向主審。「他看起來有點不太對勁。」巴恩斯說。柯蕭投出一顆滑球，立刻眉頭一皺。羅伯茲和運動教練奈特．盧塞羅走上投手丘，柯蕭揮手示意他們離開。他的快速球球速下滑，但仍用三振解決了前紅雀隊的老對手麥特．亞當斯，拿下第三個出局數。他不會再上來了，他受傷的消息迅速傳遍整個休息區。在局與局之間，約翰．普拉特在餐飲室遇到柳賢振，這名投手指著電視上的轉播畫面，脫口而出：「哦！糟了！」所幸，這次診斷結果沒有像去年那麼糟，柯蕭的下背部肌肉拉傷，但沒有傷到椎間盤。他需要休息，但不需要動手術。道奇隊訂定了四到六週的休復期，這個消息被福斯體育臺的肯．羅森索挖了出來。一場熟悉的資訊拉鋸戰再次上演，柯蕭說：「沒有確切的時間表。」他對這個概念感到厭煩。他推測，如果三週後回歸，人們會質疑他為什麼急著回來；如果七週後回歸，人們會猜想為什麼要花這麼久的時間。他認為健康狀況是私人問題，但忽略了一件事實，他是全聯盟薪資最高、最著名的球員，也是全聯盟最強球隊的王牌投手。

即使受傷，柯蕭仍企圖掌控。他不屑於投復健賽，「他寧可在道奇球場投四局，也不願去倫秋庫卡蒙佳地震隊（Rancho Cucamonga）出賽。」薩迪回憶道。柯蕭討厭對外界提供復健進展的更新消息，他與大聯盟官網（MLB.com）的資深隨隊記者肯．葛尼克（Ken Gurnick）展開一場鬧著玩的對抗。每當柯蕭要投牛棚復健練投時，通常在大多數記者尚未抵達球場之前，葛尼克早就在看臺附近找到座位準備觀看。「這總是讓他很不爽。」葛尼克回憶道。柯蕭有時會狠狠地瞪著葛尼克，或作勢要把球砸向他的頭。有一次，葛尼克在柯蕭開始練投前來不及趕到牛棚，只能坐在道奇球場的記者席觀看。過了一會兒，柯蕭停止練投，葛尼克聽到柯蕭在空蕩蕩的球場裡大喊他的名字；這個左投誤把一名白髮的清潔人員當成這位記者了。「這就是克萊頓，有時你會覺得他目光如豆，因為他太過於專注了，但他其實能留意到周遭發生的一切。」葛尼克回憶道。

即使柯蕭缺席，道奇隊依然繼續前行無礙。賈斯汀．透納首次入選全明星隊。回到二〇一四年，透納剛加入球隊時，他環顧四周，看到身邊圍繞著一群明星球員：麥特．坎普、亨利．拉米瑞茲、艾德里安．岡薩雷斯，以及許多戰績輝煌、身價不斐的老將。「我走進去時心想，『天啊！我真的屬於這裡嗎？』」透納回憶道。到了二〇一七年，透納已經成為球隊的領袖和陣容核心。他將加州長灘成長經歷的韌性與樂於接受新知的精神融合在一起，例如改變揮棒動作，不僅拯救了他的職業生涯，還幫助推動了「擊球仰角革命」（launch-angle revolution）——球員們不再滿足於擊出安打，而是開始致力於把球轟出全壘打牆。透納體現了二〇一七年的道奇隊：堅韌不拔、聰明絕頂。

其他隊友也同樣強悍。柯瑞・席格已成為大聯盟最頂尖的年輕打者之一，而道奇隊重建後的球員發展體系開始開花結果。科迪・貝林傑迅速成長為強力打者，取代了岡薩雷斯成為一壘手。球隊對脾氣暴躁的亞塞爾・普伊格的依賴逐漸減少，部分原因是來自一次不起眼的交易——他們換來了工具人克里斯・泰勒（Chris Taylor），這筆交易後來成為球隊成功的象徵之一。一如透納，泰勒在改變他的打擊方式後，擊出二十一支全壘打。簽下一份價值八千萬美元的合約續留洛杉磯後，簡森奠定了自己的地位，成為二〇一七年聯盟最佳後援投手。而這一次，他終於迎來一位真正可靠的中繼投手：布蘭登・莫羅。二〇〇六年，這名擁有強力手臂的火球男在選秀會被西雅圖水手隊選中，比柯蕭早了兩個順位，但他一直受到傷病所苦，無法勝任先發。不過做為一名中繼投手，他能夠用高角度快速球完全壓制打者。

莫羅在五月下旬代表道奇隊出賽，那時球隊剛好衝上分區第一名。他加入的是一支會敞開雙臂歡迎新成員（無論是老將還是菜鳥）的球隊，「這裡從來不會有人說，『喔，我們這裡不會這樣做』或『這不是我們這裡的方式』。」透納回憶道。菜鳥球員不會受到太多捉弄，柯蕭尋求的是一個不同於他二〇〇八年剛進大聯盟時的「蛇窩」之境。他不會把菜鳥視為來搶飯碗的敵人，而是一同努力幫助球隊爭冠的隊友。當年輕投手羅斯・史崔普林穿著一件破舊的 Under Armour 運動衫，因而違反球隊服裝規定時，柯蕭直接拿出手機，從 Mizzen＋Main 幫史崔普林訂購三件有領子的上衣，提醒他：「以後別再穿這樣來球場了。」正如當年葛瑞格・麥達克斯待他一樣，在休息區，柯蕭歡迎年輕球員坐在他旁邊。他的預判能力之名聲更是愈來愈大。「他只要觀察比賽節奏，並分析打者和投手的相對優勢，就能告訴你接下來投手會投出什麼球。」賈克・彼得森回憶道。

當球隊在交易截止日前爭取到海盜隊的中繼投手東尼・華森時，第一個發訊息給他的其中一名道奇成員就是柯蕭。他邀請華森一家到家裡作客，華森的妻子凱西來到洛杉磯後，依靠艾倫的協助來適應新環境。華森回憶道：「她有各式各樣的人脈，知道一切資源。」那年年底，球隊將外野手提姆・羅卡斯楚（Tim Locastro）升上來，讓他參與最後一刻的季後賽試訓。小聯盟賽季結束後，羅卡斯楚待在紐約奧本，花了幾週時間幫父母粉刷地下室，沒想到不久後，羅卡斯楚在庫爾斯球場找到自己的置物櫃。柯蕭伸出手和他打招呼，「你會在電視上看到他，他是個超級巨星。但當你見到他本人，他會是你所見過最親切、最平易近人的傢伙之一。」羅卡斯楚回憶道。

那年夏天的某一天，柯蕭在重訓時與史崔普林聊了起來。當時，史崔普林還在不同角色間游移，他想要成為一名先發，但道奇將他定位成一名中繼，他告訴柯蕭，擔心自己接下來的職業生涯都只能困在牛棚裡。柯蕭看著史崔普林的眼睛說：「史崔，我覺得你真的很棒，我認為你可以成為一名先發。」這句鼓勵對史崔普林意義重大，「他當著你的面說出任何話時，你都會感到十分巨大。」史崔普林回憶道。一年後，史崔普林首次以先發投手的身分入選全明星隊。

隨著七月三十一日交易截止期限將至，道奇隊展開內部計算和外部球探評估。球隊對於在十月分讓柯蕭短休登板的決定上愈來愈謹慎小心，佛里德曼回憶道，「球隊的陣容設計就是為了避免讓柯什陷入那種情境。」柯蕭第二次背部受傷，讓球隊的態度更加明確。「我們當時就意識到，『以他的表現來說，這樣的風險不值得』。」薩迪回憶道。為了補強先發陣容三人組：柯蕭、希爾和二〇一七年全明星伍德，球隊還需要第四名先發投手，他們鎖定當時市場上最具天賦、最難以捉摸的投手：達比修有（Yu Darvish）。

達比修在二〇一二年加入德州遊騎兵隊之前，已是日本的超級巨星。他的球技常引發誇張的比喻，一名教練曾形容他有「J・R・理察（J. R. Richard）和葛瑞格・麥達克斯的感覺。」交易截止日的當天下午，佛里德曼和薩迪談成一項協議，用三名潛力新秀換來達比修三個月的合約：八月、九月和十月，最關鍵的當然是最後一個月。交易完成後，薩迪傳簡訊給正隨隊飛往紐約的羅伯茲：「我們得到達比修了。」

「你他媽的開玩笑吧！」羅伯茲回覆。

達比修以柯蕭無法比擬的方式讓同儕驚嘆及敬畏，「我們得到了法拉利。」簡森說。那些與達比修相處過的人，無不羨慕他的身體素質、創造力和投球能力。他身高六尺五寸（約一九六公分），能做出其他人根本做不到的投球技巧。然而，這些天賦只會斷斷續續地顯現出來，他總是掌握了某種球路，但又很快將它們捨棄。他與對手較勁的同時，也常常和自己較勁。

二〇一七年夏天，對道奇隊而言，球隊是否有望打進季後賽，關鍵人物便是達比修。他的到來補強了先發輪值，而被擠出先發輪值的前田健太則轉戰牛棚，進一步增強牛棚投手戰力。儘管球隊在賽季末期打出罕見的一勝十七敗低潮，但最終道奇仍拿下一百零四勝，這是球隊遷至洛杉磯以來的最佳戰績。當柯蕭於九月回歸時，仍容易被轟出全壘打，壓制力還是不及二〇一六年椎間盤突出受傷前的巔峰狀態。球隊管理層決定不問柯蕭是否願意在季後賽短休登板，因為他們知道，一旦問了，他一定會自願承擔這項任務，而球隊可能無法拒絕他的請求。「我這麼說是出自對他的最高敬意——我覺得他不是那種會說出，『不，我做不到』的人。」薩迪回憶道。

道奇在第一輪橫掃了亞歷桑那響尾蛇隊；在國聯冠軍系列戰，道奇以五戰解決了小熊隊。柯蕭在第五戰的封王戰中，投出六局僅失一分的優異表現，最終球隊以十一比一大勝晉級。賽後的慶祝派對上，他噴灑了好幾瓶柯貝爾香檳，還潑灑了百威啤酒。當他拿著國聯冠軍獎盃（Warren C. Giles Trophy）倒啤酒時，隊友們高呼他的名字。他的眼睛被酒噴得刺痛、聲音也變得沙啞。他想起童年，「當你還是個孩子時，你的夢想是參加世界大賽，這是你一直以來的夢想。我從來沒有想過我能說出這樣的話，但現在，我真的要打世界大賽了。」柯蕭說。

過了一會兒，他悄悄溜了出去。他抱著查理穿過瑞格利球場陳舊的球場底部，艾倫和卡莉在球場上等著他們，吉姆和萊絲莉也站在一旁。柯蕭一邊抱著兒子，一邊在投手丘上追著女兒跑來跑去。他想，這是他人生中最美好的夜晚之一。

五天後，世界大賽第一戰在道奇球場開打，柯蕭先發登板迎戰休士頓太空人隊，他投出了季後賽生涯的最佳表現，他在三比一的勝利中，飆出十一次三振。這裡的環境沒有對他造成影響，儘管賽前氣溫高達華氏一百零三度（約攝氏三十九度），柯蕭仍穿著熱身夾克，拉鍊拉至下巴處；對手也沒有對他造成影響，太空人隊完全無法應對他的快速球和滑球；過去的季後賽經歷也沒有對他造成影響，即使面對首打席就被敲出一支安打、雙殺守備時發生失誤，他仍撐過了第七局。

這場比賽狠狠打臉那些質疑他十月投球表現的聲音。

然而，這也是道奇隊對戰太空人隊時最後一次的好表現了。

休士頓構成一個巨大障礙，特別是陣容打線的前四棒：外野手喬治・史普林格（George Springer）、三壘手艾力克斯・布萊格曼（Alex Bregman）、二壘手荷西・奧圖維、游擊手卡洛斯・柯瑞亞（Carlos Correa）。這四人組成的強打陣容在打擊率、上壘率和長打率方面皆領先於全聯盟。這四人最擅長對付的就是高角度快速球——正好是簡森和莫羅的招牌球路。道奇隊高層仔細研究影片和熱點圖（heat maps），但仍無法找出一個易於突破四人組的方法。莫羅還試圖尋找過去有相似球種的中繼投手，是否有人成功封鎖過太空人的打線，結果還是一無所獲。

道奇高層準備這場系列賽時，還注意到一些其他的事。在美聯冠軍賽，當太空人隊對戰洋基隊時，太空人的投手及捕手即便在壘上無人的情況下，仍使用極為複雜的暗號組合。一般來說，只有當二壘上有跑者時，投捕才會使用較複雜的不同暗號，以防止二壘上的跑者看到暗號並傳遞給打者。但當壘上沒有任何一名洋基球員、沒有人會看到對方捕手的情況下，這麼做似乎有點奇怪——彷彿太空人隊正在防範某個看不到的威脅似的。佛里德曼回憶道，「道奇球探為這個系列賽做準備的期間，就有談到大量關於太空人可能以非法方式傳遞暗號的傳聞。」另一個響起的警訊是：當蔡斯・阿特利仔細看過「超出你所想像的大量影片後」，感到有些事不太對勁。本來會揮空的壞球，太空人隊的打者都放過了；本來打不到的好球，他們都打到了。「他們的成績比我預期的要好一點。」阿特利回憶道。

阿特利堅信：太空人隊一定以某種方式在偷暗號。偷暗號的行為就是用眼睛捕捉捕手傳給投手的信號，這個行為幾乎與這項運動一樣古老。在大聯盟開始實施即時重播，並允許球隊設置影片重播室之前，偷暗號像是一門藝術，但在科技介入的這幾年裡，這門技術變得更像是一門科學。雖然太空人隊並非唯一一支利用影片重播室來偷暗號的球隊——洋基和紅襪在二〇一七年也因類似行為而遭到聯盟主席羅伯·曼佛瑞（Rob Manfred）警告——但太空人展現出這種做法可以發展到多麼極致的地步。

二〇一七年賽季開始時，根據美國職棒大聯盟的一項調查（包括六十八次訪談，以及檢視七萬六千封電子郵件）證實，太空人利用中外野攝影機偷取對手的暗號，並透過電話從影片重播室傳遞訊息至休息區。這種做法是違規的，但當時在許多球隊中很常見，且這種方法仍需要二壘上的跑者傳遞暗號給打者。因此，在這項運動中，投手對二壘上的任何跑者本來就會特別警惕。柯蕭說：「任何優秀的球隊都擅長做到這一點。」

太空人隊的創新之處在於，他們找到一種即時傳遞暗號的方法，發明出一套既原始又狡詐的系統。調查顯示，賽季初期，在板凳教練艾力克斯·柯拉（Alex Cora）和老將卡洛斯·貝爾川的催促下，太空人隊在休息區外額外安裝了一臺螢幕，用來顯示中外野攝影機的即時畫面。球員們透過敲打垃圾桶或用按摩槍敲擊金屬長凳，藉此向場上的打者通風報信。這項密謀讓總教練A·J·辛屈（A. J. Hinch）非常生氣，甚至氣到兩次用球棒砸爛螢幕，但新的螢幕很快又被換上。辛屈從未真正阻止這種作弊行徑，即使像奧圖維這些不太使用這計畫的球員都了解其威力。根據《運動員》（The Athletic）記者埃文·德雷利希（Evan Drellich）報導，在美粒果棒球場，奧圖維曾對一名隊友說：「我們要來點『砰砰砰』了。」

道奇隊聽到關於休士頓作弊的謠言，但不清楚細節。柯瑞·席格回想：「記得我們在打擊練習時擊出全壘打，球掉進他們的牛棚，但他們不讓我們進去撿球。」安德烈·伊席爾後來告訴作家喬恩·威斯曼（Jon Weisman），在世界大賽期間，有幾名太空人隊球員問起了道奇隊的強大打擊陣容。「他們半開玩笑地問我們，『你們這些傢伙在搞什麼鬼？哇靠！怎麼能打得這麼好？』那應該就是煙霧彈。顯然，他們自己在搞鬼，所以可能也懷疑我們是不是在做同樣的事。」

這些謠言促使瑞克．亨尼卡特在世界大賽前召集所有投手，他提醒大家保護好自己的握球方式、留意手套的位置、要頻繁變換暗號，就好像二壘上一直有跑者那樣，特別是在休士頓主場時，因為太空人整個季後賽中還未在主場輸過球。這個訊息引起一些人的共鳴，但有些人不以為然，不是每個球員都像阿特利那麼偏執多疑。過去十年中，阿特利曾幫助費城人隊破解道奇隊的暗號。「我當時的感覺是，『這到底是哪門子的鳥事？』我覺得很奇怪，而且過度保護了。」布蘭登．麥卡錫回憶道。但他還是照做了。在道奇球場的第二戰，即使壘上沒有跑者，麥卡錫仍使用複雜的暗號組合，但喬治．史普林格照樣對他轟出一支致勝全壘打。達比修拒絕在美粒果球場的第三戰中採取同樣的預防措施，結果連第二局都沒能投完。第四戰，伍德決定每投十球換一次暗號。他後來說：「我們有聽到一些傳聞，聽說太空人在做一些見不得人的勾當。」在客隊的牛棚裡，隱藏在左中外野圍欄外的道奇投手們注視著太空人隊的牛棚，試圖辨識出模式。幾名投手發現一名身穿太空人隊服的男子，並認為他在傳遞暗號：道奇這邊認為，如果那個人站直，代表即將要投快速球；如果他用手肘靠著欄杆，代表即將要投變化球。「你可以感覺到，他們的牛棚裡有些不可告人的狗屁事。」史崔普林回憶道。

這些預防措施有時反而適得其反，東尼．華森設計了一個簡單的系統。如果華森張開嘴巴，巴恩斯就用一組暗號；如果華森閉上嘴巴，巴恩斯就用另一組暗號。然而，第三場比賽，當華森站上投手丘時，在封閉的屋頂下，全場觀眾揮舞著毛巾，高亢地歡呼。「這是一場勢均力敵的比賽，你想要好好表現，你已經在努力控制自己的呼吸了，結果，我站在那裡，還得要張大嘴巴。當下的感覺是，『哦，媽的！那也太明顯了吧！』」華森回憶道。這套預防措施創造出額外的壓力——這是柯蕭拒絕再承接的，他已經背負夠多重擔了。

在休士頓開打的第四戰前夕，柯蕭坐在轉播室裡，翻閱球探報告，為第五戰做準備。普拉特提出他的擔憂說：「我覺得事情有點詭異。」正如亨尼卡特先前提醒的，普拉特建議柯蕭要更小心保護好他的暗號，但柯蕭對此不以為然。二壘上有跑者時，他願意每兩球就換一次暗號，但要為此改變整個投球策略，他認為太荒謬了。他覺得這會擾亂思緒，並打亂節奏，他不想分心，尤其是當威脅那麼微乎其微的時刻。「我怎麼想都難以理解，這根本不可能啊——如果一壘和三壘上各有一名跑者，我給出一個暗號——他們要怎麼偷到暗號？你要如何做到？捕手會遮住暗號，讓一壘教練看不到。然後我不會露出投球小動作，普拉特也確認了，他知道我不會有小動作。那他們究竟是怎麼偷到那些暗號的？我當時的想法是『我沒必要這麼做』。」柯蕭回憶道。

即使是那些他信任的人，如亨尼卡特和普拉特都無法說服他。「他認為自己的暗號足夠安全，不會被偷，所以他沒有更改暗號。」亨尼卡特回憶道。

讓柯蕭注定失敗的，與其說是他的自大，不如說是想像力的匱乏。他知道當二壘上有跑者時，可能會有技術手段偷暗號的額外風險。但有球隊使用非法攝影機來即時傳遞暗號的這個概念，感覺上是不可能的。「你根本無法想像會發生這樣的事。」亨尼卡特回憶道。

麥卡錫說：「我想，當時大多數球隊都還是，你待在轉播室裡，然後人們試圖從二壘上的跑者那邊取得暗號。我們都以為比賽有某個戰爭規則，就好像我們全部的人都在玩《戰地：內戰》（Battlefield: Civil War），然後突然間，一架F－22從我們頭上飛過。我們沒有同意這種玩法啊！那感覺就像，這他媽的是什麼鬼東西？你壓根不知道那些事早就在進行了！」

在柯蕭拒絕了普拉特的建議幾個小時後，道奇隊員從休息區裡衝出來，慶祝這場將系列賽扳平的勝利。伍德不斷變換暗號，避開太空人的強勢攻擊，僅失一分，最終以六比二拿下第四戰勝利。他的精彩表現為隔天的比賽做好準備，讓柯蕭有機會在正常輪休後登板，爭取讓道奇隊距離冠軍僅剩一勝之遙。柯蕭從握手行列跳出，站上美粒果球場的投手丘。他的左手緊握棒球，他看向本壘，看向一壘，看向二壘。有那麼一刻，他想像著隔天的戰局將會如何展開。

但，他全然不知。

進入第四局之前，道奇隊已取得四比〇領先，柯蕭狀態正佳。然而，他一開始就將首位打者喬治·史普林格保送上壘，史普林格在第一戰曾吞下四次三振。接下來的一切發生得很快。休士頓的小個頭打擊王奧圖維，連續破壞掉兩顆球，隨後猛力擊出一支安打。兩球過後，柯瑞亞掃到內角速球，敲出帶有打點的二壘安打。追平分打者上場——一壘手尤里·古利爾（Yuli Gurriel）。第一球投出的滑球比柯蕭預期的更偏向本壘中央，古利爾大棒一揮，將球轟出左外野短牆（Crawford Boxes），比數瞬間扳平。混亂喧鬧的場面隨之而來：煙火綻放，球場的室內火車鳴笛，觀眾歡聲雷動——嘈雜聲遠比派屈克·哈平在左外野座位上聽到的投球前聲響要大聲得多。

柯蕭撿起一顆新球，穩定地投完這一局。回到休息區後，他用毛巾裹住手臂，猛灌開特力運動飲料，獨自坐在板凳上，而他的隊友們則擠在欄杆邊觀看五局上半的賽況。與過往幾年不同的是，當柯蕭失利時，這些道奇隊員並沒有崩盤。貝林傑轟出一支三分砲，讓柯蕭重獲新生。當柯蕭重返投手丘時，道奇隊以七比四領先，他迅速解決兩名打者，當史普林格第三次站上打擊區時，柯蕭距離將比賽交給羅伯茲信任的牛棚，只差一個出局數了。

結果，柯蕭卻無法擺脫史普林格，這個在幾天前總是揮不到球的傢伙。史普林格放掉落在好球帶下方的變化球、破壞掉一顆內角速球，又把一顆罕見的走後門滑球打成界外，糾纏了八球之後，史普林格被保送上壘。接下來上場的是太空人隊自信十足的三壘手：艾力克斯·布萊格曼。他身穿二號球衣，部分原因是他在二〇一五年的選秀中以第二順位被選中——而他對於自己未能成為選秀狀元感到不爽。他的表現極具威脅，以致於當柯蕭投出一顆曲球取得兩好球時，羅伯茲腦中閃過一個大膽的舉動，他考慮在這個打席間直接換投，讓前田上場。就是現在，我要把他換下來，羅伯茲心想。他看得出來柯蕭有多麼疲憊，這種身心俱疲的狀態，正如A·J·艾利斯曾在柯蕭對戰聖路易紅雀隊的比賽中見過的那樣。汗水浸溼了柯蕭的眼睛，帽子上沾滿了塵土。當布萊格曼走出打擊區，羅伯茲便開始考量各種變數：一個新上場的中繼，還是一個疲憊不堪的先發？如果在這時候換投可能會引發的災難，必不可免的賽後媒體風暴，會不會讓這個世代最偉大的投手蒙羞？過去兩個賽季，羅伯茲一直努力贏得柯蕭的信任，希望他的王牌投手明白，做為一名總教練，只有在認為對球隊有利時才會介入比賽。但最後他無法這麼做，他選擇按兵不動，「我不希望那變成是關於我自己的決定。」羅伯茲事後這麼說。

於是，羅伯茲眼睜睜看著柯蕭費勁地投了十球。布萊格曼先放掉了兩顆走後門滑球，選掉壞球，接著，他不斷把速球和曲球打成界外，他看起來顯得異常自在。正如《運動畫刊》的湯姆·維爾杜奇後來指出，這場比賽與完全壓制的第一戰有所不同，柯蕭在第五戰中的四壞保送（三次）竟然比三振（兩次）還要多，這是他自二〇一〇年以來首次發生這種情況。他投了三十九顆滑球，卻只讓打者揮空一次。根據熟悉內情的人士透露，制定第五戰策略時，太空人隊便計畫完全忽略柯蕭的滑球。至於這個策略是否與非法偷取暗號的裝置有關，仍然是個謎；太空人隊的相關人士堅稱，他們在季後賽期間沒有使用垃圾桶傳遞暗號，但這場比賽中，他們突然不再追打柯蕭的變化球。「他們完全不揮曲球，也不揮走後門滑球，甚至連邊邊角角的每顆球都不碰。」亨尼卡特回憶道。布萊格曼在最後兩球甚至不需要任何額外幫助，柯蕭的速球投得太外面，接著滑球又失手提前落地挖地瓜，布萊格曼慢慢地跑向一壘。羅伯茲走上投手丘，他拿走棒球，拍了拍柯蕭的背。

隨著柯蕭下場，接下來的惡夢從投手轉移到捕手身上。奧斯汀・巴恩斯有時簡直就是個受氣包，他的官方身高為五尺十寸（約一七八公分），這個數字顯然是灌水的。安德烈・伊席爾稱他為「提利昂・蘭尼斯特」，就是《權力遊戲：冰與火之歌》（Game of Thrones）中，彼得・汀克萊傑（Peter Dinklage）所飾演的侏儒智者，而這甚至不是巴恩斯最好的暱稱。二〇一五年，當巴恩斯還是一名菜鳥時，阿特利把他當成小弟使喚，如果阿特利要喝咖啡，巴恩斯就會去買；如果阿特利在舊金山想吃塔可餅，巴恩斯就會去街上尋找。直到某天，艾利斯介入了。

「你根本不知道他叫什麼名字吧？」艾利斯說。

「山姆啊！」阿特利說。

「是奧斯汀！」艾利斯糾正。

「嗯，好吧，現在他就叫山姆了。」

兩年後，當美國職棒大聯盟允許球員在週末穿上印有綽號的球衣時，巴恩斯在背上印了「山姆」。但到了十月分，他已取代葛蘭多成為先發捕手。他時常傳簡訊給艾利斯，請教如何蹲捕接柯蕭的球。艾利斯教導這名年輕人如何與柯蕭溝通、何時該介入、何時該堅持自己的優勢。他不太擅長打擊，但投手們都很欣賞他。「巴恩斯對於主導比賽的配球，非常自豪。」柯蕭回憶道。

巴恩斯以為自己已設計出一套完美的配球組合，可以騙到奧圖維，並拿下最後一個出局數。他連續配了六個變化球給前田，外角滑球、內角變速球等。球數來到滿球數，道奇隊只差一個好球就能守住三分領先。巴恩斯判斷奧圖維不會料到接下來會是一顆速球，他讓前田投出一顆時速九十三．六英里（約一五一公里）的快速直球。巴恩斯錯了，奧圖維猛力一揮，將球轟出中外野大牆，追平了比數。同樣的交響樂再度響起：煙火、火車汽笛、全場陷入瘋狂。多年後，巴恩斯仍思忖這個配球順序，無法理解奧圖維究竟是怎麼破解的？

柯蕭獨自坐在板凳上，揉著下巴，目光盯著地面。他曾一度領先四分，但隨後，又看著前田痛失三分優勢。這不是投太久的一局，這不是對決太多打者的一局，這是一場全世界都在看的崩盤。他的名聲蕩然無存，過了一會兒，他起身離開。

回到休息室，柯蕭看到其他道奇投手也遭遇相同命運。為了保住八比七的領先優勢，莫羅說服教練讓他上場投第七局，這已經是他連五場出賽。在對方休息區裡，至少有一名太空人球員精神為之一振。「又是同一個傢伙？」古利爾問道。太空人隊把莫羅打爆：六球，四支安打，兩支全壘打。莫羅跌跌撞撞地走出休息區，發現柯蕭半裸著上身、失魂落魄地坐在球員休息室的地板上。莫羅抓起兩瓶水，遞了一瓶給柯蕭。當道奇隊在延長賽中以十二比十三落敗時，他們只是無聲地坐著。柯蕭接受記者採訪時仍一臉震驚，他喃喃地說自己失去了控球，但無法做出任何解釋。他說：「這場比賽之後，大家都累壞了，無論是情緒上還是身體上。」這場敗仗對他來說是最痛苦的，但看到他如此絕望，其他人也感到很難過。

「當壞事發生在壞人身上，你根本不會在意，甚至覺得是件好事。但當壞事發生在好人身上時，實在令人難以接受。」麥卡錫回憶道。在麥卡錫看來，柯蕭做了所有正確的事，但比賽就是拒絕給他回報。「這才是最令人心碎的地方。」麥卡錫說。

隔天，球隊回到洛杉磯，備戰第六場比賽，亨尼卡特播放比賽影片，再次重溫那場可怕的經歷。他看著柯蕭投出精準的滑球、犀利的曲球，但太空人連眉頭都沒皺一下。亨尼卡特不禁想著，**他們怎麼會放掉那些球？**

亨尼卡特再次強調變換暗號的重要性，但傷害已經造成。希爾和牛棚投手在第六戰聯手壓制太空人隊，只讓他們得一分，道奇將比賽帶進第七戰，達比修得以贖罪。但他徹底爆了，只解決五名打者，卻丟了五分。兩天前才在休士頓一敗塗地的柯蕭，繳出四局無失分的救援，但這一點都不重要，道奇最終以一比五落敗。那天晚上，沒有人讚頌柯蕭的英勇表現。歷經二十九年的等待，道奇隊重返世界大賽，但他們未能舉起獎盃。柯蕭雙臂垂在休息區欄杆，下巴倚在墊子上，看著太空人隊——就像小熊隊、大都會隊、紅雀隊、費城人隊，甚至是麥金尼北部高中曾做過的那樣——在擊敗他的那一刻，撲成一團慶祝勝利。

當柯蕭悲痛之時，太空人隊正在縱情狂歡。貝爾川受邀參加福斯電視的一個節目，事後看來，那段訪談顯得充滿惡意。艾力克斯．羅德里奎茲（Alex Rodriguez）——貝爾川過去在洋基隊的隊友——聆聽了貝爾川講述關於溝通的重要性。「有沒有人和你們分享過達比修的情報？」羅德里奎茲問。貝爾川強忍住笑意，「他是不是有做了什麼，或許是手套上的小動作，才讓你們的打者打得這麼輕鬆？」

羅德里奎茲又說。貝爾川瞪大了眼睛，「我的天啊，老兄！」貝爾川說。其他在座的人哄堂大笑。「哇嗚！」基斯・赫南德茲（Keith Hernandez）說。「內線消息！」大衛・歐提茲說。

但道奇隊並沒有笑。達比修十分消沉，當羅伯茲在休息室對大家說話時，透納摟著達比修的肩膀，這位球隊找來的幫手讓他們失望了。但對某些人來說，代罪羔羊只能有一人。像是ＥＳＰＮ的史蒂芬・安東尼・史密斯（Stephen A. Smith），他在第五戰後強調：「（如果）洛杉磯道奇隊輸掉世界大賽，那都是柯蕭的錯。」二〇一七年的道奇隊是柯蕭參與過最優秀的一支球隊，而他也知道自己可能再也不會參與到的這樣的陣容了。柯蕭對《今日美國》（USA Today）說：「也許終有一天，我不會失敗，我們不會失敗，而我們會贏得這個冠軍。」他說這個季後賽感覺就像持續了二十七年這麼漫長。他疲憊不堪、渾身痠痛、悲傷不已。艾倫為她的丈夫感到心碎，「最令我感到難受的，就是知道他經歷了什麼，還有他感受到的這份挫敗。」艾倫回憶道。

道奇隊員收拾行囊，擦乾眼淚，揮手道別。阿特利對普拉特表示惋惜，在這個系列賽之前，他們一直對休士頓抱有懷疑，隨後的七場比賽，他們的疑心更加強烈了。這種不確定性讓他們無法釋懷，這座世界大賽冠軍被偷了嗎？

「幾年後，我們就會知道了，當這些傢伙開始換隊的時候。」阿特利對普拉特說。

第十八章
深淵

世界大賽結束後的日子，克萊頓．柯蕭裝作若無其事的樣子。一家人收拾好所需行李，從影視城的家中回到高地公園。他試著讓自己保持忙碌，試著不去沉溺其中，試著走出這場職業生涯中最深刻的挫敗，但這一切並不容易。

「我知道世界大賽，特別是這一屆，對他的打擊有多大，這真的、真的很難熬。」艾倫說。

柯蕭不太會把自己的低落說出口，孩子們能讓他暫時釋懷，但艾倫知道，當她的丈夫變得沉默、當他陷入沉思，他是在努力消化這一切，努力理解為什麼又再一次功虧一簣。她回想：「他給自己的壓力比任何人給他的壓力都還要大。」她不是唯一注意到這點的人。派屈克．哈平回想，那幾個月是「柯蕭家非常敏感的時期」。他的好友都避談太空人隊，「我們根本不想討論這件事，很明顯，克萊頓並不想談。」哈平說。

二〇一七年世界大賽本應是柯蕭季後賽故事的完美結束，任何人看過那年的世界大賽第一戰——柯蕭在酷暑中冰凍太空人隊，都不可能會稱這個人為「軟手王」。但第五戰的急轉直下，讓天秤再次傾向於對柯蕭不利的一端，他輸得令人難以忘懷，無論是大眾，還是他自己。他成為ESPN的體育談話節目《First Take》中，少數幾位會被特別專題討論的棒球選手之一。

他的朋友和隊友們抱怨他的運氣不佳、上場時間過多、周圍的人沒有挺身而出。「如果我們贏下第七戰，就不會有人說話了。」肯利・簡森說。在十月的季後賽時期，其他道奇隊員都知道，柯蕭所背負的重擔比任何投手都來得重——在短休登板、中繼救援、傷癒復出的情況下投球。「那些鳥事根本沒人這麼做過，也沒人會被要求這麼做。」艾力克斯・伍德回憶道，「想想那些即將進入名人堂的偉大投手，你有看過哪個人會這麼做嗎？」他的好友威爾・斯克爾頓曾計算過，如果把那些被中繼投手放上壘並失分的打者扣除，柯蕭的季後賽防禦率將完全不同。「這是最讓我難以釋懷的一點。」斯克爾頓回憶道。艾倫曾考慮過要在社群媒體上為丈夫平反，但最終選擇作罷，那只會讓事情變得更糟。

他的手機裡塞滿了來自朋友、對手、隊友、曾與他交戰過的人、敬佩他的人傳來的訊息。季後賽失利後，前道奇隊球員喬許・林德布洛姆常傳簡訊給柯蕭。即使林德布洛姆後來的職業生涯輾轉至費城、奧克蘭，最後去了韓國，兩人仍保持著密切聯繫。「你永遠無法真正看出這帶給他多大的傷害，因為他從不表露出來，但只要真正了解他，就知道他有多在乎。」林德布洛姆說。

儘管感到悲傷，柯蕭並沒有無所事事。回到德州的第一天，他就在西達拉斯為四百名孩童舉辦一場六小時的棒球訓練營。第七戰結束後兩週，他開始恢復重訓；第七戰結束後一個月，他結婚七週年紀念日那天，他飛回洛杉磯，招攬日本的雙刀流天才——大谷翔平（Shohei Ohtani）。「如果我們能夠得到這個傢伙，這一切就值得了。」他告訴艾倫。（結果道奇沒有得到這個傢伙。「完全是浪費時間。」當大谷選擇加入洛杉磯天使隊後，柯蕭這麼說。）第七戰結束後六週，柯蕭再度拿起棒球。

做為訓練的一部分，柯蕭邀請了一名新投手。「二〇一七年賽季結束後，看著情況這麼演變，我和家人都感到很失望。」達比修有回憶道。「在那段艱難的時期，他主動聯繫我，邀請我和他一起練傳接球。」成為道奇隊的一員讓達比修充滿活力；在這筆交易之前，他一度考慮過退休。但世界大賽令他深受打擊，達比修和柯蕭同感悲傷。兩人已不再是隊友，達比修成為自由球員。然而，柯蕭主動伸出援手，扶持了達比修。「他非常善良，善良到能夠為他人著想。」達比修回憶道。

柯蕭積極遊說達比修重返道奇隊，但達比修擔心球迷的反應，也擔心孩子在學校會受到騷擾。當法漢・薩迪飛往達拉斯與達比修碰面時，柯蕭也陪同前往。在一家壽司店中，薩迪犯下「或許是人生中最嚴重的誤判之一」，他用手指挖了一坨芥末，然後不經意地擦了擦臉。「我這輩子很少感受到那種灼痛感。」薩迪回憶道。當他跌跌撞撞地衝向洗手間，過程中還撞到桌子時，兩位投手已經笑得東倒西歪。但這「灼痛」最終還是徒勞——達比修選擇與芝加哥小熊隊簽下六年一億二千六百萬美元的合約，因為小熊隊開出的價碼高於道奇隊。

那年冬天，柯蕭在高地公園迎來另一名道奇球員。沃克・布勒（Walker Buehler）在當年九月初登板，但世界大賽時，他只能坐在看臺上觀賽。球隊高層認為，布勒在二〇一八年就能準備就緒，他們也想知道柯蕭是否能成為他的導師。這兩個人是一對奇怪的組合，布勒總是自信滿滿，甚至有點討人厭。儘管他的臉還帶著稚氣、身材削瘦，大聯盟成績也不怎麼樣，但他話超多，滿嘴幹話。他罵人的樣子就像他從小看到大的肯塔基州馬場騎士一樣，字句裡幾乎都夾雜著各種變化的「幹」字——很難想像他會在艾倫的髒話罰款箱裡投入多少錢。

在布蘭登・麥克丹尼爾的要求下，柯蕭為布勒敞開家門。他的家中設有一間私人健身房，完全仿照道奇球場的重訓室；他把後院的草皮換成人工草皮，這麼一來，就能在此做負重雪橇（weighted sled）訓練。柯蕭讓他的客人全程參與自己的休賽季訓練日常，他們在柯蕭最愛的美墨餐廳 Banditos 吃午餐（柯蕭曾在一場達拉斯牛仔隊〔Dallas Cowboys〕的比賽中遇到餐廳老闆，還立刻拿了他的名片放口袋，很開心能夠省去排隊候位的時間）。然而，柯蕭意識到，他能教給布勒的東西並不多。「我當時的感覺是，『老兄，這個傢伙根本不需要來這裡。』」柯蕭回憶道。布勒的棒球成長經歷與柯蕭截然不同，他在范德堡大學（Vanderbilt University）就讀時，就已經接觸了傳動棒球訓練中心的動作捕捉專家。傳動棒球訓練中心是西北太平洋地區的一個投球實驗機構，許多投手都慕名前往尋求突破。然而，柯蕭對這類地方根本不屑一顧，他們說著不同語言，彷彿來自不同世界。布勒聊到肩膀與臀部之間的分離角度、加重球的訓練價值、自己動過右手肘TJ手術後的生物力學原理。柯蕭聊到如何把滑球壓低在好球帶下緣，「那時我才意識到，指導沃克根本就是不可能做到的境界，他根本不想要任何人告訴他該做什麼，也不需要我來指導。」

直到後來，柯蕭才意識到他能從布勒身上學到的東西，正如布勒能從他身上學到的一樣多。當時的柯蕭還沒察覺到，他已經無法再像過去那樣隨心所欲地掌控比賽了。對戰休士頓的痛苦挫敗之後，柯蕭進入了職業生涯中最艱難的時期，他的身體逐漸衰退、投球武器退化，他不得不承認，或許「季後賽軟手王」的名聲確實當之無愧，他就要凝視那片深淵了。

二月的一個早晨，柯蕭坐在駝峰牧場的置物櫃前，盯著日程表，有哪裡不太對勁，有人把原本上午九點十五分的會議時間改了。「所以會議現在改成九點四十分嗎？真是太棒了呢！我一整天的計畫完全是依照這個時間安排的。現在，我應該要去揍誰？」他說。他指著牛棚捕手史提夫．西拉迪（Steve Cilladi），「是你嗎？我可以揍你嗎？」西拉迪笑了，然後轉達，那是肯利．簡森改的。

「那我可以揍簡森一拳嗎？」柯蕭問。他隨即找到簡森，向他表達了自己的不滿。「我根本沒在球隊裡，那天我還接到他的電話，你就知道他有多抓狂。」A．J．艾利斯說，柯蕭對於時間和掌控的執著依舊不變。有天早上，會議時間拖得太長，過程中，柯蕭索性直接躺在地上邊拉筋邊開會。當一名記者詢問他，是否已經從世界大賽的陰影中走出來，柯蕭否認了這個說法。「我就是全部吸收了。」他說。當被問及這樣健康嗎？柯蕭聳聳肩，「等哪一天我爆了，我會讓你知道的。」

投球沒有緩解他的暴躁脾氣。經歷職業生涯最漫長的一個賽季後，柯蕭突然發現自己的球不再像以往那麼有威力。「我在二〇一七年的狀態是最好的，到了二〇一八年，一切開始下滑。我不知道是因為投球負荷量太大，還是季後賽短休登板，我不知道究竟發生了什麼事。」在柯蕭的整個職業生涯中，他的速球均速落在九十三至九十四英里（約一五〇至一五一公里），這個合理的速度因球的逆旋而增加。而今，測速槍上顯示的速度為九十、九十一英里（約一四五、一四六公里），有時甚至掉到八十八或八十九英里（約一四二或一四三公里）。更糟糕的是，球的軌跡也變了。他以往的速球看似會往上竄，讓打者判斷錯誤，現在的速球會稍微往他的手套那側切入。「他很討厭他的速球帶有切球的特性，他希望他的速球是真真切切的直球。但自從背部受傷後，這一切變得愈來愈困難。」瑞克．亨尼卡特回憶道。他的滑球失去一些原有的深度，幅度沒那麼大，變得較平。過去近十年，柯蕭一直憑藉著他快速球的逆旋和滑球的大急墜而宰制球場。如今，這些球的特別之處漸漸消失了：速球切得太多，滑球下墜得不夠。「這基本上變成了同一種球。」牛棚教練馬克．普萊爾（Mark Prior）說。約翰．普拉特曾將快速球記錄為滑球，「那不是滑球。」柯蕭嘟囔著。（如果有人把他的速球稱之為卡特球，他會變得更怒：「我非常討厭『卡特球』這個詞，卡特球根本就是投壞的速球，我投的是滑球。」他解釋道。）

那年春天，柯蕭滿三十歲了，他已在大聯盟投了十個賽季。他很清楚生命週期表，沙漏裡的沙已經所剩不多了。然而，他擔心的是自己是否需要做出徹底的改變。隊友們認為，柯蕭之所以能夠成為偉大的投手，部分原因在於他始終堅持自己的優勢。他對五天循環週期的信念——重訓、跑步、焦慮——若少了這些，他會感到迷失。對於任何會打亂步調的建議，他一律無視。只有當他認為必須改變時，才會改變，但這之前從未發生過。「他為什麼要改變？」賈斯汀・透納回憶道。「他為什麼要做那些改變的事。如果真的做了，會不會失去那些讓他變得卓越的優勢？」

柯蕭經常向隊上最年長的球員、三十九歲的老將蔡斯・阿特利請教，關於如何維持健康狀況。二十多歲時，阿特利曾是聯盟中最出色的球員之一，但過了三十歲之後，他的身體就垮了。阿特利回憶道，當發現背叛你的不是能力，而是自己的身體，那種感覺實在是「極具挑戰」，他能夠體會柯蕭的困境。

「做為一名球員，你很清楚有少數的關鍵能夠讓你成功，但現在問題來了：這些讓你成功的關鍵，會不會同時也在拖垮你？」阿特利回憶道。

隨著二〇一八年賽季開始，柯蕭與艾倫坐下來認真討論一件重大決定：是否要離開洛杉磯。他的七年合約還剩兩個賽季，價值七千萬美元，但這一年結束後，他可以執行逃脫條款。近年來，其他投手的合約已超越柯蕭當初設下的薪資門檻。大衛・普萊斯（David Price）與波士頓紅襪簽下七年二億一千七百萬美元的大約；扎克・葛蘭基與亞利桑那響尾蛇簽下六年二億六百五十萬的合約，創下當時投手最高年薪的新紀錄。

如果柯蕭在二〇一八年後選擇執行逃脫條款，他將在三十一歲的年紀進入自由市場，比普萊斯與波士頓簽約時還大一歲，比葛蘭基離開道奇隊時還小一歲。然而，不論是葛蘭基還是普萊斯，他們簽下大約前都在大聯盟中四處輾轉。普萊斯曾被交易兩次；葛蘭基也曾被交易兩次，還經歷過一次自由球員市場。他們都願意去做一些柯蕭不確定自己是否想做的事情，願意去追求更美好的新地方。

柯蕭和艾倫討論著要如何進行，他對於刷新薪資紀錄不感興趣，但他的確好奇其他球隊會如何評價他。他對任何潛在買家的資格要求其實很簡單：「克萊頓想要的是：具有競爭力的球隊，並位於適合居住的地理位置。」艾倫回憶道。這些年下來，柯蕭曾提過對南加州其他球隊的興趣。他經常對她說：「聖地牙哥會是一個很棒的居住地。」而她對安納罕（Anaheim）也有同樣的感受，他們可以住在海邊、享受陽光，交通也不像洛杉磯那麼擁擠。但無論是天使隊還是教士隊，當時都不是競爭球隊。

小熊隊和洋基隊又是另一番景象了。柯蕭和艾倫聽過許多關於芝加哥的好事，小熊隊在二〇一六年奪得世界大賽冠軍後，仍是芝加哥人最愛的球隊。洋基剛打進美聯冠軍賽，擁有一批年輕核心，而大蘋果（紐約）對柯蕭也極具吸引力。「我覺得在紐約打球應該會超酷。」柯蕭回憶道。住在曼哈頓、穿著條紋球衣，在洋基球場上投球——柯蕭能夠想像那些畫面。

德州遊騎兵也是值得考慮的選項。瑪麗安記憶力開始衰退，這些年來，柯蕭注意到他的母親會重複問相同的問題，人也變得健忘。最終，她被診斷出患有阿茲海默症。家人決定讓她住進提供記憶專業護理的照護機構，「她一直抗拒，因為她想要繼續開車，但開車是不可能的。」柯蕭回憶道。吉姆和萊絲莉・梅爾森最近都被診斷出癌症，柯蕭一家希望在需要時能夠方便往返達拉斯，但任何選擇都有其代價，他們擔心會對孩子造成影響，而他們預計再擴展家庭成員。加入新團隊可能會帶來很多後勤方面的問題，他們已經在洛杉磯扎根。「他非常忠誠，而我認為那份忠誠也包括對道奇隊，以及他現在所做的這些決定。這從來就不是金錢上的問題，而是關於家人，關於對球隊的忠誠，造就了他的成功。」吉姆・梅爾森回憶道。他們建立起的關係已遍及整個球隊，「柯蕭的挑戰」基金會與洛杉磯社區緊密相連；他的慈善乒乓球比賽已經成為道奇球場每年夏天的主要活動；而他們預計道奇每年都有其競爭力。最終，熟悉的舒適感勝過未知的吸引力。「何必搞砸已經很好的一切呢？」艾倫回憶道。

那年的五月三十一日，布蘭登・麥卡錫正在亞特蘭大勇士隊的球員休息室內盯著電視看。他在前一個休賽季離開了道奇隊，這筆多重交易還包含了艾德里安・岡薩雷斯，而麥特・坎普則重返洛杉磯。柯蕭出現在螢幕上對戰費城人隊，這是他近一個月首次亮相。他因肱二頭肌肌腱炎錯過了五月的比賽，但他拒絕去投復健賽，他不想在小聯盟浪費子彈。然而，休息並未幫助他恢復狀態至足以對抗費城人隊。麥卡錫回憶道：「他看起來糟透了。」柯蕭的速球球速下滑到八十英里（約一二九公里）左右，慢到足以騙到觀察員。亞斯曼尼・葛蘭多在賽後表示：「就算記分板上記錄那是一顆滑球，也不代表我們沒有投出速球。」然而，麥卡錫注意到一件事，柯蕭即便在身體明顯受限的情況下艱難撐完五局，卻僅失掉一分：費城人隊仍打不到他的球，柯蕭還是可以投出好球，他能維持自己的投球，掌控局面，讓麥卡錫想起過去和葛蘭基的對話，他們討論過柯蕭異於常人的天賦，他就是能讓打者出局。

「這真是太讓我驚訝了，就像這個人怎麼就是不會失分？」麥卡錫說。

接下來的診斷結果也見怪不怪了。柯蕭再度拉傷下背部肌肉，又缺席了幾週的比賽。二〇一八年賽季，他登板先發十八場比賽，但單場三振出局數從未超過九次。只有四場比賽投滿一百球，僅有一場比賽投到第八局。自二〇一一年以來，他首次未能入選全明星賽。他消失的速球尾勁再也沒能找回來。「這就像一場無盡的追尋，試圖找回過去的自己。」柯蕭回憶道。

傷病進一步加劇他與羅伯茲之間的緊張關係，柯蕭對於這些限制感到生氣。當大多數投手用不到一百球投完六局時，他們會因這樣的表現而歡欣鼓舞，但對柯蕭而言，他覺得自己讓球隊失望了。羅伯茲承受著這份沮喪，因為柯蕭渴望超越自我——但當他的身體狀況不允許追求突破時，他除了憤怒別無他法。羅伯茲希望柯蕭能理解，身為總教練的決策是為了保護球隊王牌的最大利益，但他們的利益並非總是一致。「你面對的是一位超級巨星，受傷了卻不願意承認，因為他不想失去自己的競爭優勢。那麼，我該怎麼做？我們這些教練該怎麼辦？我們該如何保護一個不願被保護、甚至不覺得自己需要被保護的球員呢？」羅伯茲說。

整個球員休息室瀰漫著一股煩躁的氛圍。當記者問起卡特球的球速下滑時，簡森哼了一聲：「誰在乎啊？」羅伯茲因牛棚調度受到外界批評而感到受傷，也對外界不斷質疑陣容的安排而感到厭煩。有些年輕球員，像是科迪・貝林傑、安立奎・赫南德茲和賈克・彼得森，則因同位替換（platoon，類似於「左右病」的說法）的安排失去上場機會，心生不滿。二〇一七年的團結氛圍已不復見。

然而，道奇仍再次打進世界大賽，但在這趟旅程中，卻清楚顯示柯蕭在隊內的投手地位已經下滑。為了贏得國聯西區冠軍，道奇隊在第一百六十三場比賽中，派出布勒對決科羅拉多落磯隊。季後賽第一輪首戰，道奇隊決定派柳賢振上場先發，最後擊敗了亞特蘭大勇士隊。他們歷經七場大戰才擊敗密爾瓦基釀酒人，再度拿下拿下國聯冠軍獎盃。而這座獎盃伴隨而來的是一份邀請——他們將對決季賽取得一百零八勝的波士頓紅襪隊。「我們沒有想到會打進世界大賽，感覺就是個自然而然的既定結果，因為其他球隊沒有那麼強。」柯蕭說。但紅襪隊徹底碾壓他。對上密爾瓦基的第七戰中，柯蕭從牛棚出發完成救援，僅休息兩天後，他在世界大賽第一戰登板先發，在芬威球場，他只投了四局，失掉五分。系列賽第五戰，柯蕭投了七局，但還是丟了四分。「很明顯，對上紅襪隊，我在世界大賽中什麼都沒做到，我整個人沒電了。」

這次失敗讓整個球隊成為眾矢之的，羅伯茲聽到道奇球迷要求他下臺的呼聲，並看到時任總統唐納・川普（Donald Trump）在推特上嘲諷批評他的比賽策略。管理層在交易截止日前未能補強牛棚，打擊火力未能發揮。外界沒有一直討論柯蕭是否能贏得大賽了，「這不是『柯蕭在季後賽表現』的問題了，這只是『二〇一八年的柯蕭』的問題。」一名球隊高層說。現在抱怨的範圍擴及整個球隊：為什麼道奇隊就是無法奪冠？

「這或許無關個人，或許就只是我們應該『打得更好』而已。」柯蕭在第五戰後表示。

最終，柯蕭選擇執行逃脫條款，但未能成為自由球員。在世界大賽結束後的球隊獨家談判期內，他接受了一份三年九千三百萬美元的延長合約。這份合約的短期性令人感到意外，柯蕭對於球隊擺爛策略變得更加直言不諱，這個做法讓小熊隊和太空人隊打進世界大賽，卻也讓許多球隊陷入長期低迷。他不喜歡球隊老闆裝窮，他仍然沒有爭取最大利益，不願意測試市場，不確定在長約中他的身體狀況會如何衰退，也不確定若是他的能力下滑，自己是否還能保有熱情。「我想，特別是今年——這或許是正確的做法——有很多人說我正在走下坡，說我沒有以前那麼好了，我很期待向那些人證明他們錯了。」柯蕭在簽訂合約後說道。

簽下合約的當晚，柯蕭、艾倫與麥克丹尼爾夫婦在達拉斯共進晚餐。那年冬天，麥克丹尼爾前往高地公園四次，這是其中一次。麥克丹尼爾強調，柯蕭必須更願意接受新的想法。而柯蕭似乎有比從前更願意放棄一向堅持的深蹲和衝刺訓練，麥克丹尼爾著重在柯蕭的靈活度和柔韌度，這兩個特性都因背部問題而受到影響。麥克丹尼爾研究了柯蕭的腳踝、臀部、膝蓋和脊椎的運動模式。他研究了高爾夫球選手和網球選手，尋找任何可以提高柯蕭旋轉力量的聯繫。第一次前往德州，麥克丹尼爾專注在柯蕭的核心穩定性；第二次，他們加強了肩膀力量的訓練；第三次，他們討論如何提升球速；最後一次，他們思索如何將所有元素融合在一起。

當柯蕭抵達駝峰牧場報到時，看起來更精瘦了，休賽季的調整讓他充滿活力。球隊高層對此保持謹慎、樂觀的態度。但這種感覺沒有維持太久，春訓初期，他的左肩開始感到痠痛。這是自二〇一〇年以來，道奇隊首次需要派出柯蕭以外的投手擔任開幕戰先發。羅伯茲在休賽期簽下一份新合約，但球隊正進入一個新的階段。法漢．薩迪轉往舊金山巨人隊擔任棒球營運總裁，然而他對球隊的影響——像是當初簽下麥克斯．蒙西（Max Muncy），這位原本不受重視的一壘手，後來成為全明星強打者——一直延續下來。球員休息室的氣氛也變得更加愉悅。在冬季，球隊終於把亞塞爾．普伊格交易出去，他的行為舉止已超出他對球隊票房的重要性。亞斯曼尼．葛蘭多以自由球員的身分離隊，球隊重新迎回羅素．馬丁，他是柯蕭二〇〇八年首次登板時的先發捕手，在他大聯盟生涯的最後一季，馬丁開始指導球隊未來的主力捕手，新秀威爾．史密斯（Will Smith）。球員休息室裡擠滿了自家農場培養出來的人才。貝林傑在那個賽季轟出四十七支全壘打，並在中外野位置贏得金手套獎，最終榮膺國聯年度ＭＶＰ；布勒展現出王牌投手的風采，還有更多優秀人才正在崛起。賽季初期，柯蕭注意到這群球員比以往任何一群球員都更早抵達球場。他說：「有很多年輕小伙子都想來吃午餐。」

安德魯・佛里德曼認為，這是他組建過最強的球隊。道奇隊贏得了一百零六場比賽，打破二〇一七年創下的紀錄。這支球隊陣容有著強大的打線和深厚的先發輪值，布勒確立了頭號先發的地位，展現出狂妄自信；柳賢振贏得了國聯防禦率王，並在賽揚獎投票中名列第二；瑞奇・希爾繳出二・四五的防禦率。球隊人才濟濟，減少了對柯蕭的依賴——儘管他仍渴望承擔重任。對於約翰・普拉特來說，這一點變得愈來愈明顯，他在柯蕭每次先發之間，總是與他一起待在轉播室研究比賽。隨著時間流逝，十月季後賽的掙扎不斷累積，當日曆翻到九月時，普拉特發現柯蕭的回答變得愈來愈簡短，耐心也變得愈來愈少。九月六日的一場比賽中，當羅伯茲在第五局中途、柯蕭投完九十九球後提前將他換下場。「為什麼？」柯蕭不解。在休息區，他踢了飲水機並大聲怒吼。他在本季的防禦率為三・〇三，在大聯盟的先發投手中排名第十，這是他自菜鳥球季以來最差的一年。休賽季的調整不能解決一切問題，他的速球球速從二〇一八年的九〇・九英里（約一四六公里）下滑至二〇一九年的九〇・四英里（約一四五公里），而他的滑球幅度仍不如自己預期。

然而，當季後賽首輪對上九十三勝的華盛頓國民隊，球隊在安排先發輪值的時候，道奇隊做出一個令人不解的決定。第一戰由布勒擔任先發，但球隊選擇讓柯蕭在第二戰上場，而不是二〇一九年表現更優異的柳賢振。這項決策顯示球隊在柯蕭的現狀與他的聲望之間左右為難，羅伯茲在第一戰前說明，如果系列賽打到第五戰，道奇希望柯蕭能夠後援上場。

災難的舞臺已架設完畢。

事情根本不該發展到這個地步。

五月三十一日，華盛頓國民的戰績為十九勝三十一負，在國聯東區落後十場勝差，能夠打進季後賽的機率只有五分之一。球隊接下來打出十一戰九勝的成績，擺脫低迷的頹勢，在六月底回到五成勝率，並在下半個賽季打出四十六勝二十七負的戰績取得季後賽資格——與道奇的四十六勝二十四負相差無幾。在外卡賽擊敗密爾瓦基釀酒人隊後，國民隊飛往洛杉磯。國民隊雖然是常年的競爭者，但主要是靠明星球員彌補陣容缺陷。麥斯·薛澤和史蒂芬·史崔斯伯格（Stephen Strasburg）是當時棒球界最優秀的兩名投手。胡安·索托（Juan Soto）已是為人知曉最具天賦的年輕強打者，這位二十歲的年輕人擁有驚人的選球眼光和令人畏懼的長打火力。安東尼·倫登是兼具金手套等級的三壘防守與優異打擊能力的球員。在五戰三勝制的對決中，兩隊的陣容深度差距並不多，這個系列賽將由明星球員的發揮來決定一切。

第一戰，布勒投出六局無失分，道奇笑納勝利；但第二戰，史崔斯伯格的投球表現勝過柯蕭，柯蕭投滿六局失三分，雖然帳面上算是優質先發，但對他而言，卻是令人失望的表現。國民隊對道奇隊的才華不以為然，對他們的策略更不感到意外。「我們的配球策略變得太容易預測了。」亨尼卡特說。在華盛頓打完兩場比賽後，系列賽回到了洛杉磯進入決勝第五戰。國民隊派出史崔斯伯格主投，儘管二〇〇九年國民隊在選秀中以第一順位選中當時就讀聖地牙哥州立大學的他，但職業生涯成績從未達到當初人們的高度期待——他從未贏得賽揚獎，只入選過三次全明星——但他依舊創造了一段令人欽佩的職業生涯。史崔斯伯格在十月的表現出色，對上布勒，這場比賽成為一場勢均力敵的對決。道奇隊靠著兩支全壘打取得三比〇領先，而布勒也一直封鎖國民隊的打線，直到第六局才丟掉一分。

然而，從那時起，事情就開始變詭異了。

布勒在當晚首度陷入麻煩時，柯蕭正在牛棚熱身，準備重現過去三年季後賽的救援壯舉。光是柯蕭的身影出現在牛棚，這件事本身就很令人費解了。以佛里德曼的評估，道奇當時擁有「我們歷年來選擇最多、投球最多樣性的深厚牛棚陣容。」然而，球隊沒有仰賴這群中繼投手，反而選擇讓柯蕭加入。佛里德曼後來解釋，一名先發投手「可以是一個極具吸引力的牛棚選項。」於是，道奇隊無視那些預兆：那個賽季，柯蕭被打出二十八支全壘打，創下生涯最高紀錄；他在二〇一九年沒有投出達到九十三英里（約一五〇公里，他在二〇一七年的均速）的快速球；他在二〇一九年的第一局防禦率高達五・七九；八、九月的六場先發中，柯蕭被擊出十三支全壘打，防禦率為五・二四；他的左肩疼痛難耐。「我的肩膀痛得要命。」他回憶道。每當他舉起手要投球時，感覺就像「有把刀在割」，但他還是認為不需要動手術，於是忍著疼痛投球。「當時的感覺是『我需要休息一下』，但在賽季期間，你根本無法休息。」柯蕭說。

比起休息，柯蕭選擇上場救援。布勒已經投了九十七球，這個球數已比他在大半個例行賽先發場次的投球數還多了。正如柯蕭過去在季後賽一樣，布勒在第七局再度上場，這位王牌被要求再多撐一下。布勒先投出觸身球打到打者，隨後又保送另一名打者，他換下場時，站上打擊區的超前分打者是左打的外野手亞當・伊頓（Adam Eaton）。羅伯茲拍了拍布勒的肚子，接過棒球。當〈我們正年輕〉的音樂聲響徹整個奇瓦士山谷時，柯蕭低著頭慢跑上場。不同於過去那些被要求上場救援柯蕭的牛棚投手，這次，柯蕭成功阻止了災難降臨到布勒頭上。他在兩好球沒有壞球數時投出一顆滑球，伊頓試圖收回棒子卻失敗了。柯蕭猛擊手套，發出一聲吼叫。

「他在對付伊頓時已耗盡氣力，他當時的腎上腺素大爆發，球迷都陷入瘋狂，他自己也瘋狂了。」賈斯汀・透納回憶道。「然後……」

接下來發生的事，至今仍存在爭議。

柯蕭用毛巾包裹住左臂，坐到板凳最邊緣的一端。接下來，第八局將輪到國民隊最強的兩名打者——倫登和索托上場。這兩人組帶給羅伯茲一個棘手的後援難題，倫登是右打者，索托是左打者，索托之後是兩名經驗豐富的右打者老將——霍伊・肯德瑞克及萊恩・齊默爾曼（Ryan Zimmerman）。羅伯茲需要決定該派哪位牛棚投手來應對這一連串的強打者，若在幾年前，他可能會派上肯利・簡森來完成這兩局的救援，但自二〇一七年季後賽以來，簡森的狀態一直下滑，防禦率從二〇一七年的一・三二攀升到二〇一九年的三・七一。對付索托的最佳人選或許是牛棚左投亞當・柯拉雷克（Adam Kolarek）。這個系列賽中，索托對上柯拉雷克的成績是三打數無安打。「柯拉雷克之所以在季後賽名單上，就是為了對付索托。」羅斯・史崔普林回憶道。但羅伯茲無法讓柯拉雷克直接上場面對像倫登這樣的右打者，他手中最好的右投是前田健太，但他已經在第三戰和第四戰登板過，羅伯茲不想讓他對上索托。另一名天才左投胡立歐・烏瑞亞斯，則是在第二、三、四戰皆上場過，無法再上場了。

於是，羅伯茲看向板凳的最末端，那裡坐著這個世代最偉大的投手，他疼痛的左臂上還裹著毛巾。柯蕭願意繼續投球，但他原以為不會再上場投第八局，以為唯一的任務就是解決伊頓。「除非你已經投完了，否則羅伯茲通常不會說什麼，他如果要換投，會過來告訴你，今天投完了。如果他什麼都沒說就代表繼續，所以我就投下去。」柯蕭說。羅伯茲對那段記憶則有所不同，「他回來後說：『我要對付倫登和索托。』」羅伯茲回憶道。瑞克・亨尼卡特則有折衷的說法，「我記得柯蕭聽到羅伯茲告訴他繼續投的時候，臉上露出驚訝的表情。」他淡淡一笑，「回想起來，真希望這一切不會發生。」

於是，柯蕭獨自站上投手丘，捍衛三比一的領先優勢，但注定要失敗。在打擊區，倫登緩緩進入打擊姿勢，那無精打采的站姿掩蓋了驚人的天賦。棒球界中，許多人認為倫登不是真正喜歡這項運動，但沒有人懷疑他的才能。當倫登進入萊斯大學時，總教練曾召集他的所有助理教練們：「你們想看看漢克．阿倫（Hank Aaron）的手腕嗎？」倫登的手有著閃電般的力量。

柯蕭本來就準備好在壘上有跑者的情況下上場，因此他決定繼續用固定式投球姿勢。第一球是偏離好球帶的曲球，倫登沒有出棒。捕手威爾．史密斯接著配一顆滑球，柯蕭高舉雙臂，這顆球落到好球帶下方，但倫登毫不在意，他一棒將球轟出左外野圍欄外，這支全壘打將比分差距縮小到一分。柯蕭搖了搖頭。「倫登這球打得真是漂亮。」亨尼卡回憶道。

當倫登繞著壘包跑時，柯蕭繞著投手丘踱步。這時，索托站上打擊區。再過幾週就是他二十一歲生日了，索托是場上最年輕的球員，但或許也是最出色的那一個。那個賽季，他成為繼法蘭克．羅賓森（Frank Robinson）以來，第一位在二十歲之齡單季擊出三十支全壘打的球員。知名棒球作家傑森．史塔克（Jayson Stark）寫道：「胡安．索托或許就是現代版泰德．威廉斯（Ted Williams）。」索托一身王者風範地站上打擊區，臉上帶著自信的微笑，在打擊區周圍移動。他最喜歡的事莫過於看著一顆好壞球邊緣的球進壘，然後他會朝著投手方向滑行、踏出一步，隨手抓一把褲襠。索托的存在提醒著所有觀看者，棒球的核心在於——一個人投出棒球，另一個人拿著球棒準備打擊。

然而，面對柯蕭時，沒有出現任何霸氣挑釁的動作，只有一次糟糕的失投。柯蕭投出一顆剛好落在索托腰帶高度的滑球（道奇教練團賽後分析時，認為這可能是柯蕭整個賽季投得最糟糕的一球），索托一棒炸裂。柯蕭跪倒在投手丘上，他脫下帽子，當他鼓起勇氣轉身一看，一切已成定局。球飛進右中外野的觀眾席，落點距離外野牆超過十幾排座位之遠。三比三平手。

突然間，這一刻令人難以呼吸、難以置信，卻又無比熟悉：又再一次發生了。再一次、再一次，這怎麼可能？二〇一三年、二〇一四年、二〇一六年、二〇一七年、二〇一八年——怎麼會這樣？這怎麼可能又發生了？當柯蕭從史密斯手上接過一顆新球時，他的肩膀緊縮，彷彿被這一切的重量壓垮了。在十多年前的隊友藍迪·沃爾夫看來，柯蕭似乎整個人都崩潰了。「在索托擊出那支全壘打之前，我從沒見過柯蕭臉上露出那種表情。」沃爾夫回憶道，「那種難以置信的神情，就好像在說：『你在跟我開玩笑嗎？』感覺就像是所有過去季後賽的壓力、那些評論，全在那一刻壓垮了他。」

柯蕭在二〇一九年再沒投出任何一球，他看起來宛如根本不想再投球了。

TBS攝影機捕捉到柯蕭獨自坐在休息區的畫面，傳達出深不見底的悲傷。他的前臂擱在大腿上，凝視著散落著葵花籽和紙杯的地板。整整七十五分鐘的時間裡——道奇隊最終在延長第十局輸掉比賽所花的時間——柯蕭一直維持這個姿勢。他偶爾抬頭看看場上，偶爾用手撐住頭，但大部分時間，他只是低著頭，被尷尬與失望的情緒淹沒。鏡頭一直跟著他，見證了另一個失敗賽季的難堪結局，並將他的悲傷傳送到他的朋友、家人和昔日隊友面前。

如果說過去的十月崩盤讓人感嘆幸運之神從未眷顧柯蕭，那麼，這次情況有所不同。這次，他的隊友們感到憤怒。「他上場完成自己的任務，但還被要求做更多，最後所有責任都要他扛，這才是大家最生氣的地方，因為又加深了那個汙名，『喔，他在季後賽表現不佳』，這根本是屁話。我的意思是，這整件事都爛透了。」透納說。史崔普林為柯蕭感到「心碎」，「我們牛棚裡明明有這麼多選擇，卻還是讓他繼續投，你真的會對做出這個決策的人感到生氣。」簡森也為他感到不平，「我覺得那不應該是他，如果事情終究會發生，那也是應該是我來承擔。」他接著說道，「我不是要把任何人推下水，我愛這些教練，我愛戴夫．羅伯茲，我愛安德魯．佛里德曼。但柯什的處境不該如此，這應該是我的處境才對。」（羅伯茲表示，他不後悔讓柯蕭繼續投。「沒錯，我們討論過這件事，他是同意的。」）

賽後，在道奇的球員休息室裡，隊友們紛紛伸出雙臂擁抱這位失利的王牌投手。威爾．史密斯告訴柯蕭自己有多麼崇拜他；瑞奇．希爾談到柯蕭時，眼眶泛淚；即將在一週後退休的亨尼卡特告訴柯蕭自己有多麼愛他。但這些話語無法撫平傷口，站在記者面前，柯蕭沒有找任何藉口，他盡力了，他失敗了，他以前也感受過這種痛苦，但不確定有沒有像這次這麼痛過。「現在，人們說的關於季後賽的一切都是真的，我可以理解。現在我什麼都做不了，這感覺很糟，真的很糟。」柯蕭說。二〇一八年道奇隊投手、二〇一九年國民隊球員丹尼爾．哈德森（Daniel Hudson）看到柯蕭的訪問後，他說：「說實話，這真是讓人心碎。」二〇一九年效力於國民隊的前紅雀隊球員麥特．亞當斯也同感惋惜。「就像任何一個心地善良的人一樣，你不會想看到同樣的事情一再發生在同一個人身上，特別是史上最優秀的投手之一。」亞當斯回憶道。（但不是每一個國民隊球員都感到同情。「在棒球字典裡沒有哭泣這兩個字。」薛澤告訴我。）

在威斯康辛郊外的家中觀看比賽的A．J．艾利斯，傳簡訊給柯蕭表達他的支持。這場比賽讓他怒不可遏，這種憤怒一直沒有消散。「我到現在還是很生氣。」艾利斯說。但艾利斯在意的不是戰術決策，他更在乎的是自己的朋友要如何走出這一切。「我心裡有一部分當時想著『這個人究竟能承受多少？』」

第十九章

工業園區的革命

崩塌後的那段日子裡，柯蕭收到的慰問簡訊多過於來電，他的手機裡充滿訊息，這些話語有讓他的心情稍微振作起來，雖然他仍沉浸在又一次賽季失利的哀傷中。有一則簡訊來自常年入選全明星的一壘手保羅・高施密特，一如丹尼爾・哈德森，高施密特也被柯蕭的賽後言論觸動。高施密特自認可以理解柯蕭肩上的重擔，因為他也背負著自己的那份重擔。「你會感受到那種失望的重量，覺得自己沒能為團隊、球隊、球迷、為所有一切做出貢獻，這些真的會壓垮你。但有時候，你如何面對失敗，比起如何應對成功，更能體現你這個人。」高施密特回憶道。他決定告訴柯蕭「我有多麼尊敬你。」

棒球員間的兄弟情誼對柯蕭好過媒體和大眾。（第五戰後的體育專欄中，我批評道奇隊「死抱著克萊頓・柯蕭的神話不放。」）隊友讚揚柯蕭一直忍痛上場投球，「他帶傷上陣，臂部、盂唇、各式各樣的傷。」J・P・豪厄爾說，「我甚至不知道具體有哪些傷，但不是什麼小傷，休個三天就會好的那種。是那種『嘿，你應該休息六個月』的傷勢。」他們也會想知道為什麼麥斯・薛澤和賈斯丁・韋蘭德這唯二能與柯蕭比肩的投手，卻沒有受到同樣的審視？「這些傢伙在季後賽也沒多成功，卻沒人說他們什麼，沒人說話，一個字都沒有。那感覺就像，『哈囉？你們到底在想什麼？』」賈斯汀．透納說。

柯蕭常回想起西奧多．羅斯福總統（Theodore Roosevelt）的著名演說「競技場中的人」，演講的第一段「只會批評的人說的不算數……」——當那些憤世嫉俗的運動員厭倦了媒體窺探時，通常會用這句話來反擊。但柯蕭更在意的是下一句話，羅斯福在其中讚揚了站在競技場裡的人，「他的臉上沾滿了灰塵、汗水與血水，他勇敢堅毅地求生存，他犯錯，他一而再、再而三地失敗。」那個「儘管他會失敗，至少他膽敢挑戰極限」便是柯蕭。只要他還能站在競技場上，便能忍受批評。「人們會來找我，會幫我找藉口，他們會說，『嗯，你本來就不應該上場投球』，或是『你根本就不應該從牛棚出發』，或是『他們這樣做是不對的，這種事根本不該發生』。那些或許都是真的。但那個時候是我在場上投球，而我們輸了。我失敗了，那很痛苦。感覺很不好受，現在還是不太好受。但說到底，**我對發生的一切沒有任何遺憾**。」柯蕭回憶道。他接著說，「當初若丹尼以不同方式使用我的話？如果博士以不同方式使用我的話？或不管是什麼。他們原本或許可以更保護我。但哪個球員會站在這裡說：『啊，我真希望他們當初多保護我一點？』那會是最軟弱的發言。所以，你只能扛下一切。」

第五戰結束的幾天後，布蘭登．麥克丹尼爾來到洛杉磯找柯蕭。「現在我該怎麼做？」柯蕭問麥克丹尼爾。柯蕭在三月將滿三十二歲——他不再年輕敏捷、不再攻無不克，但還遠遠未到力不從心的階段。兩人都相信柯蕭仍可以找回速球球速，並能重新掌握滑球深度。「令人沮喪的是，『我知道油箱裡還有更多油，但我需要找到方法將它釋放出來』。」麥克丹尼爾回憶道。

麥克丹尼爾建議，或許外界的聲音會有所幫助，他提到西雅圖郊區有一個專門研究投球的訓練機構，以創新的方法聞名。在過去，柯蕭對這樣的邀約一律置之不理，他不願意改變，執著於慣性，是個傳統守舊的人，仍然認為投手的戰績比轉速更重要。他關心的是投出好球和牽制跑者，而不是動作捕捉感應器和高解析度攝影機，但電影《魔球》中的一句臺詞令他印象深刻：「適者生存」。「當你迫切需要答案——或你只是想找回從前的自己——你會願意嘗試很多事。」柯蕭回憶道。於是，他請麥克丹尼爾安排這個訓練，這在幾年前聽來是件難以置信的事。

克萊頓．柯蕭決定前往傳動訓練中心。

二〇一二年夏天，柯蕭因臀部傷勢錯失賽揚獎，而在那時，一名二十九歲的大學輟學生凱爾．博迪（Kyle Boddy）正搭著巴士前往西雅圖，準備與坦帕灣光芒隊的高層見面。多年來，博迪一直在西雅圖國際機場附近的工業園區默默推動一場革命。正如作者班．林柏（Ben Lindbergh）和崔維斯．索契克（Travis Sawchik）在《MVP製造機》（*The MVP Machine*）中所寫的，「棒球的整個小聯盟和球員發展體系都需要被重新思考，並且徹底地重建。」博迪相信透過數據分析，能夠提升投手的速球球速，並改變其變化球的軌跡。博迪在個人部落格「傳動力學」（Driveline Mechanics）上分享的一些想法，引起一名光芒隊高層注意，他邀請博迪在一場對戰水手隊的比賽後，前往球隊的飯店套房見面。

那次見面中，博迪見到未來的道奇隊總管安德魯．佛里德曼。博迪原以為自己可能會得到一份工作，但佛里德曼卻鼓勵他繼續推動改革，做為一個局外人，他或許更有機會改變棒球運動。林柏和索契克的著作詳細記述了博迪如何成為棒球界的影響者，二〇一〇年代後，球員們開始向這些熱衷研究的「局外人」尋求知識（博迪的工作經歷包括連鎖餐廳「橄欖園」服務生、撲克之星的客服代表），而不再只是找那些終生嚼著菸草、在太陽下晒得黝黑的老派棒球人。博迪鼓勵球員利用加重球來鍛鍊手臂力量，他利用高速攝影機研究投球動作、追蹤生物力學數據，並提出一些細微的調整，進而產生顯著的效果。投手丹・史崔利（Dan Straily）在二〇一七年接受《紐約時報》訪問時表示：「當你觀看影片時，可以看到手指上的汗毛。」這些精細的討論正是重點所在：傳動訓練中心吸引了那些渴望獲得微小優勢的投手們，因為這些優勢意謂著百萬年薪和小聯盟之間的差異。

博迪透過質疑棒球界的過時傳統來闖入這個產業，他之所以能夠繼續留下來是因為他的訓練方法帶來成果。前德州遊騎兵總管喬恩・丹尼爾斯（Jon Daniels）說：「有些傢伙當初選秀根本沒被選中，或是很後輪才被選中，他們就像試管嬰兒——突然間進了投球實驗室，出來都變成科學怪人，球速飆到一百英里（約一六一公里）。」愈來愈多投手湧進傳動訓練中心，這個福音傳開了。博迪將理念集結成書，出版了《破解動能鏈》（*Hacking the Kinetic Chain*），四處向年輕和年老的非信徒宣揚他的訓練哲學。二〇一五年，博迪受邀至范德堡大學演講時，一名瘦弱的大三學生打斷了他。「我讀了一半你的書，但這他媽的沒有人有辦法做到這些。」沃克・布勒說。接著，博迪和布勒花了一小時爭論著投球概念。（當博迪解釋垂直上升，就是快速球看似不會下墜的悖論時，博迪舉的例子的就是柯蕭。）那個夏天，布勒進一步轉變了，道奇隊在選秀第一輪選中了他，隨後他去動了韌帶重建手術，復健過程中，為了仔細觀察布勒的力量訓練計畫，道奇隊指派了詹姆斯・巴菲博士（Dr. James Buffi）來協助他，這名專家不僅擁有生物力學的博士學位，還曾在傳動訓練中心實習過。與巴菲的交流過程中，布勒增加了肌肉量，還採用了一套與柯蕭截然不同的訓練計畫。

「說真的，布勒教會我很多東西，就是關於人生。事情有不同做法，我們兩人的訓練方式可說是天壤之別。」柯蕭回憶道。二〇一八年，布勒首度加入道奇的先發輪值，這種強烈的對比令柯蕭無比困惑。「他每天大概只訓練十分鐘吧，他是個強壯的傢伙，能舉起很重的重量，肌肉收縮極快，但身材卻很精瘦，他的移動速度非常快。而我是一個又大又老又壯的傢伙，行動緩慢，訓練時間超長。」柯蕭回想。隨著時間推移，柯蕭開始意識到，他也許應該仿效布勒的方法，而不是讓布勒來和自己學習。

道奇隊為球員們提供了各種適應的管道，球隊管理層在訓練設施空間配備了高科技的移動發射監視器（Rapsodo）和高速便攜攝影機（Edgertronic）來分析投手數據；還購買了球棒智能感測器（Blast Motion）來測量揮棒數據，甚至在道奇球場內設立一個3D虛擬實境（VR）訓練實驗室，道奇善於辨識出表現低迷的球員，並讓他與博迪這樣的非傳統局外人合作，以便從中獲益。隨著愈來愈多傳動訓練中心的擁護者在柯蕭耳邊傳播這套理論，他一開始對這種非比尋常的方法及狂熱根本不屑一顧，「在我職業生涯早期，絕對不可能去做那些事。」他說。二〇一七年後，他的朋友克里斯・楊去了該機構，並在當年冬天和柯蕭練習傳接球訓練時，回答了他關於這套訓練方法的問題。布蘭登・麥卡錫也在那年休賽期做了類似的朝聖，艾力克斯・伍德則大力推薦傳動中心的年輕教練羅布・希爾（Rob Hill），柯蕭將這些訊息收進口袋。「當你開始受傷，心態就會變得更開放；或當你的球速開始下滑，當一切不如預期，你才會變得更願意接受新東西。」柯蕭回憶道。

他的同僚們紛紛稱讚加重球訓練計畫，並高談闊論關於速球「上竄」與肩髖分離等概念。對柯蕭而言，這些術語有時聽起來很陌生。「他想要答案，但不想要冗長的答案。」麥克丹尼爾說。柯蕭不喜歡討論他的投球，「克萊頓從來不喜歡談到投球機制，他不想聽到我提到『投球機制』。」亨尼卡特說。他更喜歡感受，而不是語言表達。「如果前一球投太高，我就瞄準下方；如果球偏右邊，我就瞄準左邊。」他曾告訴隊友史蒂芬・法夫（Stephen Fife）。柯蕭每一球都竭盡全力去投，「我的手指一定要扣在球的上緣，這樣才能在出手時，把球往下壓。」他解釋道。他用的是最基本的動作要領，東尼．華森回想起：「他總是告訴我，我投滑球時，唯一的念頭就是**往下壓低**。」

他對五天循環的堅持，讓他能夠保持如此單純的投球方式。伍德回憶道：「我從未見過任何一名投手的執行力能達到像柯蕭那樣的水準。」柯蕭的例行公事讓他的投球動作精準無比。來自麥金尼北部高中的投手麥克．波辛傑（Mike Bolsinger），曾在二〇〇六年季後賽淘汰了高地公園隊，他後來進入大聯盟，並在洛杉磯待過兩個賽季。波辛傑仔細研究了柯蕭的牛棚練投，每當訓練結束，他注意到投手丘幾乎平整如初，柯蕭的右腳在每次投球後都會落在同一個位置。「然後我看到一個新人投手在那邊投，結果把投手丘弄得一團亂。」波辛傑回憶道。多年後，道奇隊中繼投手加勒．費古森（Caleb Ferguson）也注意到這一點，「他做每件事的重複性真的是精準到完美。」費古森這麼說。

但這個五天循環週期卻在二〇一九年讓柯蕭陷入災難。他的球速沒有回升，而他那個賽季的最後兩顆滑球都被打出全壘打。「他已經來到某個臨界點上，顯然有什麼地方不太對了，他需要做全面的調整。」馬克．普萊爾回憶道。普萊爾是二〇二〇年的陣容變動之一，瑞奇．希爾和柳賢振離隊成為自由球員，約翰．普拉特從影片分析部門調到球探部門。普萊爾在二〇〇〇年代曾是天才投手，因傷提前結束職業生涯，他取代了亨尼卡特，成為新的投手教練。普萊爾將辛苦獲得的智慧與技術上的敏銳度交融在一起，「我們不怕尋求外部資源，如果換個聲音來傳達訊息會更有幫助，那就這麼做吧。」普萊爾說。

飛往西雅圖之前，柯蕭與A．J．艾利斯互傳了簡訊。這趟行程令艾利斯感到驚訝，他覺得柯蕭願意前往傳動棒球訓練中心，證明他跌了多深，也展現出他成長了多少。

「對他來說，那是極其脆弱的時刻——也是他最坦誠的時刻。」艾利斯回憶道。

索托的那支全壘打落在道奇球場看臺上的八天後，柯蕭和麥克丹尼爾駕車駛進西雅圖國際機場附近的工業園區。除了四名工作人員外，整個傳動棒球訓練中心裡空無一人。他們一直忙著做準備。羅布・希爾當時二十四歲，距離他球員生涯的巔峰——全國大學校際體育協會（NAIA）——已經過了數年。而此刻，他正試圖幫助這位未來的首輪名人堂成員延續職業生涯。「這是那種你真的只有作夢才想得到的事。」希爾回憶道。

但柯蕭覺得自己更接近漫遊狀態，身心一片混亂，肩膀情況嚴重到那年冬天不得不注射止痛針。他脫下衣服，讓希爾把動作捕捉裝置貼在他身上，一名工作人員詢問要放什麼音樂來振奮精神。站在那裡，身上只穿著內褲，距離那場悲慘的失敗才過去一週多，柯蕭聽起來滿是疲憊。「當時，他們就像『來吧！用盡全力投吧！』」柯蕭回憶道。「而我只覺得，『嘿！你知道嗎？隨便啦！我不需要這些東西。』」他向後擺動，奮力投出，四周的攝影機喀嚓作響，電腦同步記錄著數據。他的球速勉強突破到八十四英里（約一三五公里）。「光是要投出這種速度，就已經痛到不行了。」他回憶道。

根據希爾的說法，這次分析聽起來像是冗長費解的天書。「最大的問題出現在他身體的分離動作，也就是柯蕭的上半身和下半身在拉開距離和產生扭轉力的時機點，這兩者的協調性，還有它們與腳底著地時機的配合，而這些又影響了手臂的位置。多年下來，他的軀幹角度比以前更大了，導致手臂的動作軌跡也有了變化。」希爾回憶道。簡單說：背部受傷後，柯蕭的投球動作改變了，而這些變化幾乎難以用肉眼察覺。「隨著年齡增長，你的移動能力也會下降，你的身體不會再像二十五歲時那樣靈活移動了。於是，接下來的問題變成，是否能透過不同方式，讓他回到原本的最佳投球狀態？」普萊爾說。雖然柯蕭每次投球的右腳著地點還是落在同一個位置，但抵達這個位置的過程卻出了問題。「他身體的連鎖動作仍依照正確的順序啟動，但各個環節並沒有在正確的時間點出現在正確的位置上。」

透過這次分析，柯蕭能夠修正這些細微的缺陷。傳動中心團隊向他推薦加重球訓練的好處，這能強化他手臂的力量，幫助他找回一些球速。在麥克丹尼爾的要求下，柯蕭在他的五天循環中加入了手臂護理。以往，他的重心在於「準備」，而現在，他重視的是「恢復」。柯蕭知道他的快速球已經無法回到九十五英里（約一五三公里）左右了，但他可以接受九十一到九十二英里（約一四六到一四八公里）上下，只要他的速球能與滑球產生區別。這次造訪位於西雅圖機場旁的工業園區，那個他曾視為愚蠢的訓練機構，結果卻證明了具有重大意義。他沒有徹底改變投球方式，也沒有拋棄一貫的五天訓練週期，但他確實將一些建議融入日常訓練之中，這些微小的調整產生了明顯的差異。「這趟傳動棒球訓練中心之行，延長了柯蕭的主導地位，讓他的職業生涯後期重新活了過來。」約翰．普拉特說，柯蕭則沒有那麼誇大其詞。

「就是試了一下，然後並不討厭，有一些我到現在都還會做。」他回憶道。

當傳動的工作人員將感測器貼在柯蕭赤裸胸口的二十六天後，名為《運動員》的網站發表了一篇文章，這則報導令柯蕭赤裸胸口下的內心更加受創。當時艾倫．柯蕭正在自家前院，有位鄰居走上前來。

「妳聽說了嗎？」他問。

「聽說什麼？」她說。

「關於太空人隊的事。」

第二十章

封鎖

最終，蔡斯・阿特利說中了。

關於休士頓太空人在二〇一七年世界大賽期間的所做所為，他的判斷是對的；關於真相為何能夠浮出檯面的原因，他的判斷也是對的。這支球隊沒有保持團結，有些球員離開休士頓，並對這段經歷感到不滿，其中一位投手在美聯各支球隊輾轉，並提醒他的新隊友關於前東家的作弊陰謀，他的名字是麥克・菲爾斯（Mike Fiers）。二〇一九年十一月，他接到一通來自媒體網站《運動員》著名棒球作家肯・羅森索的電話。「我們正在撰寫二〇一七年偷暗號的報導。」羅森索說。

羅森索是這組記者搭檔中較為人熟知的一位，他們正在追查一個千載難逢的報導。他的線報來自搭檔埃文・崔利奇（Evan Drellich），崔利奇曾在《休士頓紀事報》（Houston Chronicle）擔任太空人隊的隨隊記者，後來隨同羅森索一起加入《運動員》這家數位媒體新創公司，他們是一對有趣的搭檔。羅森索即將迎來六十歲生日，但依然保有在一九八〇年代為《巴爾地摩太陽報》報導卡爾・瑞普肯（Cal Ripken）及其金鶯隊時的活力及熱情。羅森索在福斯體育轉播比賽時，經常為了支持慈善組織戴著領結。他報導的新聞比任何其他棒球記者都來得多，崔利奇寫道：「他在業界的影響力無人能及。」年齡還未滿三十五歲的崔利奇，總是穿著打折的布克兄弟（Brooks Brothers）西裝，頭上總是縈繞著一層淡淡的香菸煙霧，以嚴厲無情的批判風格報導棒球界，他一直是太空人總管傑夫．盧諾（Jeff Luhnow）的心頭大患。這不是針對個人，如果你告訴崔利奇天空是藍色的，他會要求你拿出書面證據來證明。

崔利奇最早是在二〇一八年季後賽期間，得知太空人作弊偷暗號的全貌。太空人隊的工作人員向他描述了球隊如何在中外野架設攝影機，將鏡頭對準對方捕手，在休息區內透過監視器觀看影像，接著用球棒敲擊垃圾桶來傳遞訊號。同一個季後賽期間，太空人在美聯冠軍賽輸給紅襪之前，《奇摩運動》（Yahoo Sports）的記者傑夫．派森（Jeff Passan）曾引用匿名球員的說法，指稱他們親眼看見太空人用垃圾桶來傳遞暗號。然而，大聯盟聲稱已調查過此事，但無法確切證實。這則報導曾引起一陣短暫的風波，但隨著太空人被淘汰後，風波便逐漸平息。但是，崔利奇沒有打算就此放手。（不是每個記者都那麼堅決，二〇一八年，當道奇高層向我抱怨太空人偷暗號時，我完全不當一回事，認為他們只是輸不起。）

羅森索致電菲爾斯時，崔利奇已調查這則報導一年多了。羅森索問菲爾斯這些謠言是否屬實，他證實了整個作弊陰謀的運行方式，然後做了一件了不起的事，他決定公開表述。菲爾斯說：「他們的手法很先進，並不惜一切代價取得勝利。」當這篇文章於十一月十二日發表時，菲爾斯的坦承為這則報導增添了重要分量。當一名願意具名的球員直接站出來證實，就很難再將這些指控視為道聽塗說了。另一個意想不到的消息來源，進一步支撐了這則報導的真實性。吉米．歐布萊恩（Jimmy O'Brien）是一名紐約洋基隊球迷，也是知名的棒球網紅「Jomboy」，他在一段比賽影片中特別指出報導中提到的敲擊聲。這段影片消除了道奇隊球員先前的不確定，讀到一則醜聞是一回事，但聽到如此清楚的證據則完全是另一回事了。「Jomboy的影片真的讓人印象深刻，你會想，『哇靠，他們是真的在敲垃圾桶！』」伍德說。

艾倫・柯蕭讀完文章後，發現克萊頓一邊查看手機、一邊接聽電話。「你認為這是真的嗎？」艾倫問，他認為是真的。這則報導印證了阿特利和其他球員一直以來的感受：道奇隊被偷走了一座世界大賽冠軍。那晚，在美粒果球場舉行的世界大賽第五戰，那場永遠毀掉柯蕭季後賽傳奇的比賽，原來是被作弊行為搞髒的。對柯蕭來說，這個消息就像在兩年前的傷疤上再次撒鹽。「世界大賽結束後，我已經覺得糟到不能再糟了，沒想到，還有更糟的。」柯蕭回憶說。憤怒漸漸轉變成接受，艾倫覺得她的丈夫應對得比她好。「我是瞬間暴怒，當時就像氣到要殺人了。而他卻異常冷靜，讓我非常訝異。也許是我們所有人都在為他感到憤怒，所以他反而更冷靜。但我真的非常生氣，而他卻是如此平靜。部分原因在於他的信仰。他只是想著，『好吧，如果我們注定該贏，我們就會贏了。』」艾倫回憶道。

柯蕭提醒自己，他的人生不只是棒球。「他現在所建立的生活，與他成長時的生活完全不同。」艾倫回憶道。他們二十二歲時，柯蕭夫婦與艾倫的姊姊合寫一本名為《發生》的書，其中一段，克萊頓描述了對婚姻的共同期望。「週日晚餐總是重要的，我們的家就像一個旋轉門，人們來來去去。」他寫道。「要像對待人一樣地對待狗兒，也要非常認真看待紙牌遊戲。我們會互相惡作劇，睡前一起看《辦公室風雲》（The Office）。一天中的最後一個活動是一起祈禱。」十年後，這些願望幾乎都成真了。他們在高地公園的家宛如梅爾森家族和惡街幫成員的中繼站；當普雷斯頓・馬丁利從棒球場上退下來，開始嘗試涉足大學籃球，由於無法回家與家人過聖誕節，梅爾森一家便邀請他來家裡過節，還讓他打扮成聖誕老人。柯蕭家充滿了歡笑和溫暖。有時，他們會把《辦公室風雲》換成《俏妞報到》（New Girl），柯蕭對這部情境喜劇影集熱愛至極，甚至在二〇一四年客串演出。雖然家裡沒有養狗，因為孩子們會過敏，但柯蕭並不在意，他喜歡陪著卡莉畫畫，看著查理在屋子裡蹦蹦跳跳，與家人分隔兩地總是令他感到煎熬。那年一月，家裡又增加了一名新成員：艾倫生下了第二個男孩，庫柏・艾利斯・柯蕭（Cooper Ellis Kershaw）。

柯蕭的家人和朋友們都試圖轉移他的注意力，讓他不去想起那年冬天棒球界掀起的那個醜聞。有些日子比其他日子容易做到，但當家裡安靜下來，柯蕭獨自一人陷入思緒中時，腦海中總會飄回到休士頓的那個夜晚，火車鳴笛，觀眾歡聲雷動，太空人揮棒擊球，從未失手。「你實在忍不住不去想，會想著，『天啊，要是……會怎麼樣？要是我們贏下那場比賽呢？要是我只是投得普普通通，但我們還是贏了呢？要是我們贏得了世界大賽冠軍呢？一切會有什麼不同？』」柯蕭回憶道。

在崔利奇和羅森索的報導發表之後，美國職棒大聯盟主席羅伯・曼佛瑞對太空人隊展開調查。調查結果導致整個棒球界產生了大規模變革，經過兩個月的證人調查、影片分析和電子記錄追蹤，大聯盟宣布對太空人隊總管傑夫・盧諾和總教練A・J・辛屈懲處禁賽一年。曼佛瑞寫道：「雖然無法確定這些做法是否真正影響了場上的比賽結果，但有些人認為這種行為確實對比賽造成了重大傷害。」調查報告公布後數小時內，盧諾和辛屈雙雙被開除。隔天，紅襪隊也開除了總教練艾力克斯・柯拉——二〇一七年，他是太空人隊的板凳教練，一年後，他率領紅襪擊敗道奇奪冠。調查報告指出，柯拉和老將卡洛斯・貝爾川是這次「敲垃圾桶偷暗號」的幕後主謀。不到一週，大都會隊便解雇了剛被聘為球隊總教練的貝爾川。（另一項針對二〇一八年紅襪隊偷暗號的調查，也是由崔利奇和羅森索的另一篇報導所揭露，調查結果導致紅襪重播室的操作員遭禁賽懲處。）

醜聞如潮浪般一波波襲來，新事件不斷刺激著柯蕭和其他遭受太空人隊肆虐的道奇球員。一開始是報導曝光，接著是影片——先是網紅 Jomboy，然後是太空人球迷托尼・亞當斯（Tony Adams）的其他影片，他整理出垃圾桶的敲擊數據。之後，曼佛瑞的調查報告出爐，而到了那年二月的春訓開始時，太空人隊球員開始陸續道歉了。「我想，有一段時間真的非常生氣，然後你開始看到那些傢伙應對的方式，那會讓你更火大。」柯蕭說。

太空人總教練辛屈曾砸爛螢幕，卻從未能防止球隊偷取暗號，他表現出悔意。盧諾則堅稱自己對該密謀毫不知情，被太空人老闆吉姆・克蘭（Jim Crane）開除後，盧諾發表一份聲明：「我不是騙子。」盧諾將此歸咎於柯拉及其他下屬。春訓期間，奧圖維和布萊格曼在記者會上窘迫地道歉。然而，克蘭卻在記者會上自相矛盾，他一度語出驚人地表示，「偷暗號並沒有影響比賽結果。」但隨後，他又堅稱自己從未說過這樣的話。他似乎對於是否該為醜聞承擔責任感到混亂，而曼佛瑞認為，這次事件其實是盧諾培養、克蘭默許的「有毒文化」延伸。「不，我不認為我應該承擔責任。」克蘭說。

「我還記得他們春訓的那場記者會，搞得一塌糊塗，我記得他們的老闆是個白痴，我記得他們的總管是個傲慢的混蛋，我記得奧圖維——我記得他感到過意不去，我記得那個。我記得這影響了布萊格曼，我也記得這影響到史普林格。至少，我知道他們感受到了這件事的壓力。」柯蕭回憶道。

懲處僅止於高層的停職處分，太空人隊無需撤銷世界大賽冠軍頭銜，球員們毫髮無損，除了面對公眾輿論的譴責蔑視之外，沒有人被禁賽，沒有人被罰款，這一切都是曼佛瑞的安排。調查一開始，曼佛瑞便與美國職業棒球大聯盟球員工會達成協議，給予球員豁免權以換取證詞。曼佛瑞認為，若不這麼做，恐怕無法查明真相。其他球員質疑曼佛瑞交易的必要性，天使隊球星麥可・楚奧特說：「我無法認同這個懲處，球員全部都沒事。」柯蕭不解，為什麼工會要保護那些在比賽中作弊的球員？這讓他想起，工會過去也曾力挺那些明知故犯使用禁藥的球員。「這會讓你對我們的工會感到憤怒。」柯蕭回憶道，「就像我們需要改變規則，如果有人使用類固醇，如果是像A-Rod那樣的球員，或其他任何人……你沒有必要保護他。如果萊恩・布勞恩總是在說謊，你沒有必要保護他。如果有人在比賽中作弊，也許應該要有條款規定，他們應該被踢出工會，或做點其他什麼的。」

當太空人隊為自己辯護時，抱怨著他們不是唯一利用科技來竊取暗號的球隊。紅襪隊和洋基隊在二〇一七年都因類似行為，低調地受到大聯盟的處分。最初的報導中，崔利奇和羅森索聚焦於太空人隊，但也不遺餘力地強調，偷取暗號在整個聯盟中已成為普遍現象。多年來，各種指控層出不窮——其中許多是針對道奇隊的。

根據體育記者安迪・馬丁諾（Andy Martino）後來的報導，在二〇一八年國聯冠軍系列賽期間，美國職棒大聯盟曾檢查道奇球場的攝影區，尋找隱藏的高速攝影機。二〇一九年，在道奇球場打完一場令人挫敗的比賽後，大都會隊王牌投手賈寇伯・迪格隆與球隊總管布羅迪・範・瓦格納（Brodie Van Wagenen）到處尋找是否有隱藏攝影機。馬丁諾寫道：「他們什麼也沒找到。」在一本關於太空人隊醜聞的書中，崔利奇透露，二〇一八年世界大賽期間，賈克・彼得森闖進球隊轉播室，直接詢問蔡斯・阿特利，「嘿！你拿到暗號了嗎？」之後，大聯盟對道奇隊進行了調查。彼得森後來表示，大聯盟從未就此事聯繫過他。他覺得這很明顯就是在開玩笑啊，他之所以敢在一名大聯盟保全人員眼前直接問出這個問題，正是因為這些人負責確保球隊不會在這個房間裡偷取暗號。「這就像是和那傢伙隨口講幹話，只是在胡鬧而已。」彼得森回憶道。

那年春天，至少在最初的幾天裡，棒球記者的工作變得極為簡單。只要走向球員、打開錄音機、然後提起休士頓。在道奇隊春訓基地，我和賈斯汀・透納因為一篇我之前寫過的報導爭論不休。我正準備走開，這時透納聳了聳肩。「你不打算問我太空人的事嗎？」接著，他開始大力抨擊曼佛瑞，因為曼佛瑞在強調撤銷頭銜毫無意義時，他提到這個聯盟主席獎盃（Commissioner's Trophy）只不過是「一塊金屬」。透納說：「現在唯一讓這座獎盃貶值的，就是上面刻的『主席』這個詞。」有一段時間，整個棒球界感覺就像職業摔角：每個人都在宣傳。麥克・菲爾斯在運動家隊訓練營的置物櫃裡掛了一個哨子；科迪・貝林傑指控奧圖維從洋基重砲手亞倫・賈吉（Aaron Judge）手中偷走了二〇一七年美聯最有價值球員獎；卡洛斯・柯瑞亞則為奧圖維辯護，他表示奧圖維不想用垃圾桶傳遞暗號，他說：「如果你不知道事實，那你就他媽的給我閉嘴。」

柯蕭選擇不捲入這些爭論。當《運動畫刊》記者湯姆・維爾杜奇問及此事時，他承認自己當年並未改變暗號，但也不願在這個話題上多做說明。柯蕭表示：「我不想提起這件事。」他認為自己已經受夠了，這也是他之所以拒絕公開表達憤怒，或參與各種陰謀論剖析。例如，有傳言稱太空人隊曾藉由貼在身上的蜂鳴器來傳遞球種訊號。「我幾乎不想去相信這件事，而你知道嗎？這不是說他不值得懷疑，但除非有明確證據浮現，否則我不會去相信那些傳聞。」柯蕭告訴維爾杜奇。

關於太空人隊和偷暗號的議論——不斷討論過去所發生之事——在春訓初期的駝峰牧場依舊此起彼落。然而，一個更為險惡的危機正悄然逼近，一種神祕的病毒已在美國被宣布為公共衛生緊急事件。棒球世界的舒適圈尚未被攻破，還需要幾週時間。與此同時，當太陽照耀著亞利桑那州沙漠，道奇隊準備好迎接一百六十二場例行賽時，球隊的最新成員想知道為什麼他的隊友們這麼缺乏專注。於是，在第一次全隊訓練前夕，戴夫・羅伯茲接到球隊新右外野手的一個請求：穆奇・貝茲（Mookie Betts）想要向全隊發表談話。

馬庫斯・林恩・貝茲（Markus Lynn Betts，「穆奇」的全名）或許不是棒球界最好的球員，但已相去不遠了。他在紅襪隊的第二個賽季便首次入選全明星隊，並在第四個賽季贏得美聯最有價值球員獎。在這個球員更傾向於發揮自身優勢，而非修正自身缺陷的時代，貝茲之所以能夠脫穎而出，是因為他的優勢在於幾乎沒有明顯的缺點。他的身高只有五尺九寸（約一七五公分），體重一八〇磅（約八二公斤），卻能將身體的全部力量發揮到極致。他的選球能力出色，四壞球保送的次數幾乎是三振的兩倍。當他不在打擊區時，也能透過傳球、跑壘和守備為球隊做出貢獻。

多年來，安德魯・佛里德曼對貝茲垂涎已久。二〇一九年夏天，他差一點就把貝茲帶來道奇隊，但紅襪隊在交易截止日前打出了一波連勝，讓球隊管理層決定將貝茲撤出交易市場。幾個月後，佛里德曼在坦帕灣的前助手查姆・布魯姆（Chaim Bloom）正在競逐紅襪隊棒球營運部門總管一職，佛里德曼曾提議，若布魯姆成功上任，或許可以進行一筆重磅交易。布魯姆獲得這份工作後，與佛里德曼的談判持續了數月。為什麼紅襪隊——這個名副其實的金融巨頭——會想要交易掉貝茲這個自家培養出的超級球星呢？問題在未來幾年令班戈（Bangor）、伯靈頓（Burlington）和布羅克頓（Brockton）等地的球迷們深感痛苦。然而，道奇卻受益於紅襪隊老闆約翰・亨利（John Henry）滿腔熱情，他一心想降低球隊的豪華稅門檻。佛里德曼已經等了將近三年，終於等到了這樣的機會。

二〇一七年賽季後的冬天，佛里德曼和法漢・薩迪與勇士隊完成了一筆交易，佛里德曼形容這筆交易「比大多數交易更微妙一點」。多年來，由於豪華稅的繳納，大市場球隊在支出上一直受到抑制，道奇老闆馬克．華特想要重設球隊的薪資結構。佛里德曼將一壘手艾德里安．岡薩雷斯和其他三名球員交易到亞特蘭大，這筆交易帶回了麥特．坎普，同時也為球隊的薪資空間騰出一個名額。在未來的某個時刻，道奇隊可能會增加另一位年薪約三千萬美元的球星。球隊花了數年時間試圖補上這個空缺，曾試圖交易來二〇一七年國聯MVP賈恩卡洛．史坦頓（Giancarlo Stanton），或克里夫蘭印地安人隊（現為守護者隊）游擊手法蘭西斯科．林多（Francisco Lindor），但未能成功。在那個徹底粉碎柯蕭鬥志的世界大賽第五戰後的冬天，安東尼．倫登在自由市場上拒絕了道奇隊。同年冬天，道奇向王牌投手格里特．柯爾開出一份價值三億美元的合約，但他最終選擇洋基開出的三億二千四百萬美元大約。

當紅襪隊老闆亨利要求布魯姆削減球隊薪資時，這些失誤讓佛里德曼得到意外的收穫。交易到貝茲是一場破天荒的成功之舉，甚至讓佛里德曼不得不假裝自己沒有「騙了」昔日提攜的後進。貝茲的到來讓道奇隊欣喜若狂，而他像施展魔法般，改變了球員休息室的化學效應。多年來，這個地方的領導力主要是以柯蕭和賈斯汀．透納為中心，核心成員一起經歷了勝利與傷痛。然而，貝茲提供了「嶄新的視角」，他不喜歡在駝峰牧場所看到的一切，在獲得羅伯茲的允許後，貝茲表達了他的不滿。

「我知道我是新來的。」貝茲一開口先謙虛地表示，但隨即發出戰帖。貝茲解釋著，當紅襪隊在二〇一八年奪冠，整支球隊每天都帶著一種迫切的執著。一年後，紅襪隊失去那份共同的目標，迷失了方向，也失去衛冕的機會。貝茲不希望他的新球隊走上那條路，他告訴大家，他們不能有「休息日」，不能在場上有任何鬆懈，他甚至提議道奇球員每犯下一個錯誤就自罰二十美元。他傳達的訊息清晰明確，賈斯汀．透納在那個春天說道：「第一天就站在隊伍前面，挑戰在場的每一個人，我想這讓很多人感到驚訝。」

對球隊內部的一些人來說，貝茲宣揚的價值觀與房間裡另一位球員的職業道德觀如出一轍。聽起來就像貝茲告訴道奇全隊，我們要變得更像克萊頓·柯蕭。當《運動畫刊》的史蒂芬妮·阿普斯坦（Stephanie Apstein）向柯蕭提到這一比較時，柯蕭笑了，他說：「我不知道該怎麼稱讚他，而不會讓人覺得聽起來像是稱讚我自己。」那年春天，他變得謙遜，改變自己的訓練方式，將傳動訓練中心的建議，以及布勒等年輕隊友的建言皆納入其中；他使用加重球訓練，希望能找回投球威力。「有些訓練方式能夠幫助投球，而不僅是為了變強、讓自己肌肉痠痛，然後隔天再重來一次。」柯蕭說。

由於醜聞的喧囂和貝茲的到來，那年春訓，人們對柯蕭的關注較少。二月二十八日是柯蕭自從被倫登和索托轟出全壘打後，首次登板投球。在密爾瓦基釀酒人隊的春訓主場，位於鳳凰城的美國家庭球場（American Family Fields），測速槍顯示出一個驚人的數字，柯蕭回頭瞥了一眼數字，上面象徵著昔日之標竿：時速九十一英里（約一四六公里）、九十二英里（約一四八公里），甚至是九十三英里（約一五〇公里）。投球的軌跡也變得更理想了，速球沒有內切，而是維持純粹的直球，看似往上竄而欺騙到打者。柯蕭說：「球的尾勁回來了。」這是自二〇一七年以來，他第一次覺得自己能夠帶著完整的投球武器庫與健康的身體進入新的賽季。

十三天後，全世界都被封鎖了。

三月十二日那天，柯蕭的日常行程多了幾個意外插曲。其中一個是事先安排好的——清晨六點三十分，他開車前往駝峰牧場的途中，要順道載上《ESPN》雜誌的作家萊特·湯普森（Wright Thompson），他那天要進行一日跟拍。當湯普森在車程中提起二〇一七年世界大賽時，柯蕭卻聊起了交通狀況。

另一個插曲則有點幼稚，柯蕭與《運動員》作家佩德羅．莫拉（Pedro Moura）當面對質。莫拉在幾週前率先報導柯蕭前往傳動訓練中心的消息，整個春訓，球探們都對柯蕭的重振讚譽有加。關於他去西雅圖機場工業園區的說法已經傳開了，莫拉是一名善於觀察和愛打聽的記者，他向佛里德曼求證此事，佛里德曼確認了柯蕭的造訪。當莫拉去詢問柯蕭時，這名投手的第一反應是：「誰告訴你的？」當得知是佛里德曼時，柯蕭回：「我要去罵他一頓。」柯蕭稱讚了傳動訓練中心，但拒絕透露具體細節。莫拉寫下他的報導並返回洛杉磯，三月十二日，當柯蕭再次見到莫拉時，他表達了自己的沮喪，他告訴莫拉：「這事可以有更好的處理方式。」柯蕭不希望外界知道他去過傳動訓練中心，即便是他自己也說不上來為什麼。他渴望掌控一切，哪怕是微不足道的時刻。

最後一個插曲完全超出柯蕭的掌控範圍，就在前一天晚上，由於猶他爵士隊中鋒魯迪．戈貝爾（Rudy Gobert）確診新冠肺炎，NBA宣布停賽。美國職棒大聯盟就像一艘幽靈船似的，勉強再向前漂泊一個上午。球員休息室已禁止媒體進入，柯蕭緊盯著道奇隊休息室內的電視螢幕。美國職業足球大聯盟（Major League Soccer）停賽，大學籃球錦標賽取消。最終，曼佛瑞宣布終止春訓熱身賽，並延後開季至少兩週以上——這只是剛開始，人們對於正在蔓延的疫情整體情況尚缺乏理解。柯蕭開車載湯普森回到作家下榻的飯店，山迪．柯法斯致電祝福柯蕭，若賽季真能順利開打的話，祝福他「一切順利、一切健康」。當疫情讓整個國家陷入癱瘓，克萊頓和艾倫靜靜地待在高地公園，等待難關過去。柯蕭一家與艾倫的家人們組成艾倫所謂的「隔離團隊」，這個「隔離泡泡圈」包括住在兩扇門外的艾倫姊姊安一家人、住在幾個街區外她們的父母。吉姆．梅爾森已從肺癌中康復，但萊絲莉仍在努力對抗胰腺癌。一家人非常重視在一起的時光，艾倫回憶道：「所以我們根本無法冒任何風險，因為要避免她受到感染。」他們觀看新聞，參考美國疾病管制與預防中心（CDC）的建議，他們聯繫了道奇隊的慈善部門，為有需要的人募集資金。他們珍惜與孩子們共度的時光，克萊頓陪著卡莉畫畫、與查理一起吃鬆餅、查看庫柏的嬰兒監視器，他們在後院游泳，查理剛開始學習揮棒打威浮球（Wiffle ball）。「當我回想起那段時光，覺得在很多方面，對我們來說都是一種祝福。」艾倫回憶道，「當然，有些時刻確實很糟糕，但我們的孩子剛好到了這個年紀，只要能夠一起待在家裡就好，在那個時候，他們需要的只是一些美好的家庭時光。」

柯蕭等待著棒球賽季何時恢復的宣告，球隊老闆和美國職業棒球大聯盟球員工會之間的協商充滿著焦慮緊張，雙方需要就球隊人員的健康與安全協議達成共識。有個異想天開的計畫是，將整個賽季安排在鳳凰城及其周邊郊區進行，這個想法曾短暫討論，但隨即被否決了。球場若無法對外開放，意謂著球隊老闆將損失大筆收入，也導致他們對漫長的例行賽季興致缺缺，因為例行賽是球員實際收到薪水的時刻。球員們要求按照比賽場次比例發放薪資，老闆的回應是提出一個遠比球員預期還短的賽季——當球員們要求例行賽打滿一百一十四場比賽時，老闆只願意給予七十六場比賽，雙方均不願讓步，這就是美國勞資談判的本質。柯蕭沒有參與這場勞資糾紛，對雙方的言論也不感興趣。「我不覺得那是我的使命，我不擅長那些事，所有商業面的東西，我不擅長為每一分錢爭論不休。」柯蕭回憶道。

柯蕭一家聚集在高地公園時，全美各地爆發了暴動。五月二十五日，明尼阿波利斯一名叫喬治・佛洛伊德的黑人男子，被商店店員指控使用二十美元的假鈔而遭到逮捕，警察將他上銬，並將他面朝下按壓在街上。一名女子用手機錄下整個殘暴的過程，白人警察德里克·蕭文（Derek Chauvin）跪在佛洛伊德的脖子上長達九分二十九秒。佛洛伊德不停喊著：「我不能呼吸。」最後他在蕭文的重壓下窒息身亡。

這起殺人事件引發了美國史上最大規模的抗議活動，並激起種族清算的討論。佛洛伊德只是最新一位手無寸鐵、死於執法人員之手的黑人：史坦頓島的艾瑞克·加納（Eric Garner）、克里夫蘭的塔米爾·萊斯（Tamir Rice）、密蘇里州佛格森的麥可·布朗（Michael Brown），還有不計其數的其他人。那年稍早，二十六歲的布倫娜·泰勒（Breonna Taylor）遭路易斯維爾警方闖入住處，開槍射殺致死。佛洛伊德之死在封鎖期間的美國社會引發人們共鳴，這些在疫情期間被困在屋子裡的人們，無法將視線從警察跪壓在一名男人脖子上、無視他求饒的畫面移開。柯蕭就是那些無法移開目光的人之一，看到影片時，他感到震驚不已。「我從來沒有真的看過——我真的從來沒有看過這樣的事。」他說。

當抗議活動席捲全美，許多人在數週以來首度走出家門，柯蕭想要和隊友們談談，他認為這不能等到球隊老闆與球員工會的爭執結束再談。六月，柯蕭與羅斯·史崔普林召集道奇球員與教練組進行了一場 Zoom 視訊會議。會議前，柯蕭聯繫了妮可·懷特曼（Nichol Whiteman），她是道奇基金會執行董事，父母親是牙買加移民。他們經常合作，柯蕭夫婦曾幫助道奇球團在洛杉磯各處建造並修繕棒球設施。疫情期間，道奇隊與「柯蕭的挑戰」基金會合作，為有需要的人募款。柯蕭一向關心慈善事業，他的基金會致力於為達拉斯和洛杉磯的兒童提供住房和教育資源，他還資助了尚比亞的一家孤兒院。二〇一九年賽季前的冬天，柯蕭曾前往多明尼加共和國，聆聽當地孩童講述他們如何被捲入兒少性剝削的經歷。佛洛伊德遇害後，柯蕭希望能做點什麼。「我們該談些什麼呢？」他問懷特曼。

懷特曼建議柯蕭讓球隊上的黑人隊友發言，視訊會議中，柯蕭聆聽了貝茲、羅伯茲、一壘教練喬治·

隆巴德（George Lombard）、投手大衛・普萊斯、體能教練崔納斯・史密斯（Travis Smith）談論他們在美國做為黑人男性的經歷。隆巴德分享了母親波西的故事，她是一名白人，曾與馬丁・路德・金恩博士（Martin Luther King Jr.）一同遊行。會後，史崔普林告訴隆巴德，他感到非常羞愧，因為他與教練共事多年，卻從未了解他的背景。這些故事同樣讓柯蕭感到震撼，他聽著隊友仔細描述在店裡遭到歧視、與警察打交道時擔心自身安全的情況。「對我來說，了解到這些事依然存在很發人深省。」柯蕭說。他生活在高地公園一片白的環境中，不記得學校有教過六月節（Juneteenth）或土爾沙種族屠殺（Tulsa race massacre）的事，他對美國的紅線制度（redlining）所知甚少。當科林・卡佩尼克（Colin Kaepernick）在二〇一六年為抗議警察暴力而在場上跪下時，柯蕭不理解為什麼。當布魯斯・麥斯威爾（Bruce Maxwell）在二〇一七年同樣在演奏國歌時下跪抗議，隨後遭到聯盟封殺時，柯蕭保持沉默。但這次，當他與黑人隊友交談，並反思他們的經歷時，他明白了一件事：沉默也是一種共謀。

那年夏天的六月節，柯蕭在他的推特帳號上發文，這是他自去年九月以來第一次發文。他一向厭惡社群媒體上的空泛言辭，但這一次，他覺得自己應該要說點什麼。「沉默無濟於事。」他寫道，「我們必須率先發聲，為我們的黑人弟兄姐妹挺身而出。我想聆聽，我想學習，我想做得更好，變得不同，我希望我的孩子們也能與眾不同。黑人的命也是命。我承諾要站出來推動改變——從我自己開始。」幾週後，柯蕭帶領一群主要以白人球員為主的隊友，在一段影片中宣布一項為洛杉磯當地組織募款的行動，他負責影片的開場和結尾。他說：「我們必須毫不遲疑地說出，黑人的命也是命。」他不想只停留在幾篇社群媒體貼文上。他問懷特曼：「我可以怎麼支持洛杉磯當地的黑人社群？」她為他牽線，讓他與那些致力於刑事司法改革、教育改善和增加就業機會的社區領袖及組織建立聯繫。這些努力與他的慈善事業相符：他想幫助兒童。他說：「我希望我們能專心致力於確保黑人孩童和我們的孩子享有同樣的機會。」

隨著棒球賽季開始，抗議活動仍持續進行。由於無法與球員工會達成協議，大聯盟主席曼佛瑞運用單方面權力，決定出一個只有六十場例行賽的賽季，而季後賽將擴大至十六隊參賽。球場會空無一人，閉門比賽，球隊的旅行範圍將有區域限制。球員們於七月一日報到參加被戲稱為「夏令營」的縮短版春訓，賽季則在七月二十三日開幕。柯蕭原定在開幕戰登板先發，但他在重訓時傷到背部，不得不退出比賽。不過當他在八月二日首次亮相時，快速球達到時速九十二英里（約一四八公里），而他的滑球讓打者揮棒落空十一次。他看起來即使不完全回到昔日巔峰狀態，但已相去不遠。然而，這些比賽的氛圍卻相當詭譎，人造的球迷歡呼聲在場內環繞，球員在休息區都戴著口罩，實在讓人很難享受比賽的樂趣，而棒球場外的世界仍動盪不安。

八月二十三日，威斯康辛州基諾沙市的一名警察槍擊了一名叫雅各布·布萊克（Jacob Blake）的黑人男子，再次引發另一波抗議活動。在佛羅里達的ＮＢＡ泡泡園區內，球隊們紛紛離開球場，拒絕出賽。在舊金山，道奇隊原定當天比賽，貝茲告知球隊他不會上場，羅伯茲也決定不執教這場比賽。柯蕭與其他隊友們討論著該如何應對，「當穆奇說他不會上場的那一刻，我們就真正開始展開對話了，做為一個團隊，我們覺得支持他最好的方式就是和他一起，全隊都不打。」柯蕭說。

那個被疫情扭曲的賽季初期，隨著抗議活動持續在全國蔓延，新冠病毒的死亡人數不斷攀升，道奇隊和柯蕭在球場之外的言行，比他們在場上的表現更為人所知。一旦季後賽到來，這一切將會改變。

二〇二〇年十月一日，柯蕭第二十六次以先發投手之姿站上季後賽的投手丘，但這次季後賽完全不同以往，整個道奇體育館的氛圍令人不安，看臺上空無一人，只有紙板人像排滿了本壘後方的位置，球場內環繞著人造的觀眾噪音，聽起來更像是一種環繞的壓迫感。這真是異常詭譎的一年。

柯蕭在這個十場先發的縮水賽季中，維持住自己的球速，繳出二・一八的防禦率，在五十八・一局中投出六十二次三振，但他還是難以盡情享受這樣的成功。他的孩子們無法到現場觀賽，比起達拉斯的生活，一家人在洛杉磯感到更加孤立隔絕。在達拉斯，他們只需要走幾步路就能見到親友；而在加州，他們找不到類似的社區聯結。「這裡家家戶戶都有樹籬和大門。」艾倫回憶道，與高地公園相互連接的草坪大相逕庭。每個決定都顯得無比沉重，艾倫說：「我們都背負著極大壓力：『我們必須保持健康、保持隔離，因為不能冒著確診的風險、把病毒傳染給克萊頓、克萊頓再傳染給道奇球員，導致整個球隊垮掉。』」

道奇隊成功避掉疫情感染，以頭號種子之姿進入季後賽，在主場迎戰釀酒人隊，展開三戰兩勝制的外卡首輪賽，布勒在第一場比賽中表現精彩。第二天，柯蕭宛如時光倒流，回到昔日狀態：投滿八局無失分，只被敲出三支安打，狂飆十三次三振。那年，釀酒人隊表現慘澹，他們在二〇二〇年輸掉的比賽比贏的比賽多，而柯蕭仍享受著這個屬於他的夜晚。這感覺就像是一段幸運之旅的開端。

橫掃釀酒人後，道奇隊收拾行囊，準備展開一場漫長的季後賽之旅。為了減少移動並預防病毒傳染風險，美國職棒大聯盟指定了四個統一球場做為後續季後賽的比賽場地。美聯前往洛杉磯和聖地牙哥；國聯前往休士頓和距離高地公園不遠的德州阿靈頓。德州遊騎兵剛啟用了新的全球人壽球場（Globe Life Field），這裡將成為國聯冠軍系列賽和世界大賽的主場，那正是道奇隊要前往的地方。命運——或者說，在這個糟糕的一年裡出現的某種宇宙力量——將克萊頓・柯蕭帶回了他的家鄉。

第二十一章

夢想的巔峰

拉斯科利納斯度假村（Las Colinas Resort）自詡為「德州逃避現實的精髓」。二〇二〇年十月，克萊頓・柯蕭和其他道奇隊成員帶上二十六天的行李，抵達這座位於達拉斯沃思堡都會區市中心的度假村。這座度假村是美國職棒大聯盟版的「泡泡園區」，類似於美國職業籃球協會為防疫而設立的隔離環境。所有球員、教練、工作人員及其家屬都被安置在這裡。只要球隊能持續贏球，就不需再做交通移轉，通往世界大賽的道路都得在德州完成。

對柯蕭一家來說，這個地點真是意外的禮物。梅爾森夫婦將孩子們所需的日常用品送到服務櫃檯。雖然防疫規定不允許泡泡園區裡的任何人與外界接觸，但由於高地公園離這裡很近，朋友和家人們可前往觀看季後賽——幸好，與例行賽期間的「閉門比賽」不同，季後賽允許部分觀眾入場，否則，萊絲莉・梅爾森可能就看不到球隊的比賽了。艾倫回憶著，到了十月，這個把柯蕭視為第五個孩子的女人「處於最虛弱的狀態」。吉姆・梅爾森說：「基本上，我們是攙扶著她進場的。」萊絲莉決意要親眼見證道奇隊奪冠。「克萊頓贏得世界大賽冠軍，這不只是他的夢想，也是她一直以來的夢想。」艾倫這麼說。

進入泡泡園區後，道奇隊在全球人壽球場的第一輪比賽中，橫掃聖地牙哥教士隊。柯蕭在第二戰投滿六局、失三分。那場比賽中，科迪・貝林傑上演美技防守，他爬上中外野大牆，硬是沒收了教士隊球星小費南多・塔提斯（Fernando Tatis Jr.）的一發全壘打。最終，道奇以十二比三大勝對手，為球隊爭取到四天的休息時間，準備迎戰下一輪比賽。

到了那時候，道奇隊已經適應住在拉斯科利納斯度假村的優缺點。毗鄰他們房間的是一座景色優美的高爾夫球場，但這片綠地禁止進入。不過，他們可以自由地在泳池戲水、玩丟沙包（cornhole）或一起打電動。飯店負責供應所有餐點，「我們用客房服務點了超多美式雞翅，真的超級好吃。而且，你唯一能吃的就是客房服務點餐，我很好奇大聯盟最後收到的帳單會有多少。」貝林傑回憶道。對於曾上過大學的球員來說，泡泡裡的時光讓他們聯想到校園住宿生活，那是一段緊密聯繫、不受外界干擾的日子。「我滿喜歡泡泡生活的，除了基本上像是被囚禁在裡面之外，這裡其實很有趣。」沃克・布勒說。

對許多球員來說，對這段經歷的看法很大程度上取決於他們是否有孩子。二十二歲的單身漢蓋文・拉克斯（Gavin Lux）回憶當時「實在無聊到快發瘋了」！而對於那些已為人父的球員來說，這段時間充滿超多樂趣。孩子們在飯店走廊奔跑、在外面的草地上踢足球，甚至是幾個月來首次可以安排玩耍約會（playdates），小朋友們可以一起玩遊戲。萬聖節當天，孩子們還可以挨家挨戶地敲房間門玩「不給糖就搗蛋」。艾倫在洛杉磯感受到的幽居病一消而散，「我們又能去看棒球比賽了，又能見到彼此了。在那裡，感覺比較沒有那麼大的風險。」她回憶道。

道奇淘汰掉教士隊之後，亞特蘭大勇士隊入住拉斯科利納斯飯店，準備打國聯冠軍賽，這是一個沒有任何休息日的七戰四勝系列賽。勇士隊雖然構成強大挑戰，但從數據上看來，他們是比較不被看好的一方。道奇隊在縮水的六十場例行賽中一路領先，拿下四十三勝，勝率相當於二〇〇一年取得一百一十六勝的西雅圖水手隊。穆奇・貝茲在停賽期間剛簽下一份十二年、三億六千五百萬的續約，他的表現可說是物超所值。柯瑞・席格和賈斯汀・透納的表現依然出色；威爾・史密斯雖然資歷尚淺，但他在本壘板後方展現出穩健的主導能力。一名競爭對手的分析師形容這支道奇團隊是「史上最強的棒球隊之一」，其中的部分關鍵就是柯蕭。他的速球充滿活力、滑球犀利難纏。道奇隊對他的管理也變得更加謹慎，佛里德曼和羅伯茲從過去的賽季中汲取教訓。他們沒必要讓柯蕭在第六局之後勉強繼續投，球隊擁有強大的牛棚，可以應付比賽的最後三局。柯蕭唯一要做的就是保持健康。

十月十日，距離系列賽開賽還有兩天，柯蕭在牛棚練投時，感到下背部的一塊肌肉「有點像……突然不動了。」他說。他停止投球，因為不適感迅速傳遍全身。診斷結果顯示，傷勢比先前的傷勢更輕微一些。柯蕭受背部痙攣所擾，只需休息幾週即可痊癒，但他沒有那麼多空閒時間，球隊把他從原定的第二戰先發換下。柯蕭聽著醫療團隊討論治療方案，他最大的希望是進行一系列的注射，三種藥物連續施打：麻佳因（Marcaine）、可體松（cortisone）、克多炎，以麻痺受傷部位、抗發炎和緩解疼痛。「我以前從未做到這種程度，希望不需要再經歷一次了。」

醫療人員為柯蕭施打這三種藥物，測試藥物對身體系統的影響。他練習了傳接球，並試了一次牛棚練投。「感覺還可以，應該沒問題。」柯蕭說。道奇隊決定讓他在第四戰登板，當時勇士隊以強大的打線，已經在系列賽中取得二比一領先。如果柯蕭能投出應有的水準，如果能擺脫過去十月季後賽折磨他的心魔，他們就能扳平這個系列賽。比賽當天，柯蕭再次接受三針注射，這一次混合藥物產生了反效果。「當體內充滿這些藥物時，你感覺自己就像一條溼軟的麵條，完全無法控制自己的身體。」他的球速下滑，投不出理想的滑球，一切都感到不對勁。「你知道那種汽車銷售場外，會有一種長條型的、像充氣人偶的東西在風中飄揚嗎？我當時的感覺就像那個東西一樣。」柯蕭回憶道。

當風吹過全球人壽球場的開放式屋頂時，柯蕭及肩長髮隨著風飛揚。塵土四起，刺痛了球員們的肌膚。整個場景顯得怪異，對柯蕭來說，這個地方再次成為熟悉的惡夢場景。前五局中，他唯一的失誤是一顆投偏的滑球，被勇士隊的指定打擊馬歐爾·歐祖納（Marcell Ozuna）轟出一支陽春全壘打。第六局，當比分一比一平手時，一切都崩盤了。這是柯蕭第三輪面對亞特蘭大隊的先發陣容，外野手小羅納德·阿庫尼亞（Ronald Acuña Jr.）擊出一支內野安打，迫使柯蕭轉身接球，摔倒在地。隨後，一壘手佛萊迪·弗里曼（Freddie Freeman）把一顆內角速球擊成二壘安打，將阿庫尼亞送回本壘。此刻，敗戰的責任落到了柯蕭肩上。當歐祖納站上打擊區，羅伯茲仍選擇相信這位受傷的王牌投手，結果柯蕭在滿球數的情況下投出一顆失準的曲球，讓歐祖納擊出一支帶有打點的二壘安打。柯蕭看起來與其說是震驚，不如說是認命。這麼多年來，他一直扮演著這個角色：季後賽的代罪羔羊、最終被對手擊敗的神槍手。他坐在休息區的長椅上，看著比賽持續崩盤，最終以二比十慘敗。

賽後，柯蕭在 Zoom 記者會上坦然接受批評，這場記者會少了二〇一九年對戰國民隊第五戰後的悲痛。其實也沒什麼好說的；顯然，這個人的命運就是要經歷這些痛苦的時刻。柯蕭頹坐在椅子上，用手指梳理頭髮，盯著麥克風。他看上去孤苦伶仃，回答問題短促簡潔。

「面對歐祖納時，那顆被打成二壘安打的球，你本來想要怎麼投？」《洛杉磯時報》記者豪爾·卡斯提洛（Jorge Castillo）問道。

「讓他出局。」柯蕭回答。

他拉了拉道奇連帽衫的袖口，隻字未提注射的止痛藥、身體控制能力受限、歷經無數次十月創傷後，肩上背負的重擔。他只是把這個晚上的感受精簡為最基本的總結：他再一次努力了，也再一次失敗了。他的球隊距離被淘汰只剩一場敗仗，柯蕭搭乘巴士返回拉斯科利納斯的泡泡園區。接下來對戰勇士隊的比賽，他沒有被排進投手名單中。

他覺得自己唯一能做的，就是祈禱隊友們能挺身而出。

接著，他想到別的事。

與其獨自吞下苦澀，柯蕭拿起手機，拋開對於領導角色的自我意識，打開球隊的聊天群組（GroupMe），在手機上打出一則訊息給隊友們。他提醒隊友們他們有多麼優秀，並鼓勵大家記住，這個系列賽還沒結束。「是啊，這可能有點俗氣、有點煽情。」他說。但這則訊息卻引爆整個聊天群組，整個晚上訊息聲此起彼落——來自透納、貝林傑、赫南德茲、賈克·彼得森和布魯斯達·葛拉特羅（Brusdar Graterol）。前紅雀隊球員、現任道奇隊中繼的喬·凱利，還叫他的兒子諾克斯用蘋果手機錄製一段影片，說他想在明天晚上看到煙火。甚至連席格也參與在其中（他的個性非常孤僻，還曾內向到讓道奇隊管理層不得不提醒他要多為隊友加油）。「我們就是圍繞著這則訊息團結起來，做好準備上場拚戰。」席格回憶道。

柯蕭職業生涯的大部分時間裡，每當他在十月表現不佳，其他道奇球員往往也會隨之崩盤。二〇一三年對上紅雀隊，全隊打擊率僅二成一。隔年，當麥特·亞當斯從柯蕭手上轟出全壘打後，道奇整個打線熄火。二〇一五年，當丹尼爾．墨菲盜上三壘時，整個守備端像是睡著一般。二〇一六年，對上小熊隊之際，整支球隊在柯蕭崩盤之前就已經崩塌了。二〇一七年世界大賽，肯利．簡森搞砸了第二戰；太空人隊在第三戰和第七戰痛擊達比修有。二〇一八年，幾乎沒有一個人站出來。二〇一九年，道奇隊本來不該讓自己面臨與國民隊打淘汰戰。每當艾倫看到那些一味責怪柯蕭的報導時，她都想要大聲咆哮，但她知道試圖將失敗的責任分攤到整支球隊身上是徒勞且無意義的。柯蕭確實擔下了這個重擔，他必須扛下這一切。

不過，過去這些道奇隊缺少了一個關鍵因素：他們沒有穆奇．貝茲。在第五戰，就是柯蕭失利的隔天，貝茲拯救了賽季。道奇在第三局時已落後兩分，勇士隊在得點圈上有兩名跑者，此時勇士隊游擊手丹斯比．史旺森（Dansby Swanson）擊出一記右外野的強勁平飛球，貝茲在鞋尖上方低手接殺，過程中，三壘上的歐祖納提前起跑，沒有好好地返回觸壘，發生一次扭轉氣勢的雙殺守備，這只是勇士隊在奪冠邊緣時犯下的數個失誤之一。兩局後，威爾．史密斯從勇士隊中繼投手——巧合的是，他也叫威爾．史密斯——手中敲出一支超前比數的三分砲。最終，道奇以七比三獲勝，將比賽帶入第六戰。而在那場比賽中，布勒成功壓制勇士隊打線，以三比一取得勝利。在這個為期七天的街頭格鬥最終決戰中，透納以一次精彩的雙殺守備阻斷了勇士的反攻機會，他先在本壘和三壘間飛身觸殺史旺森，隨後轉身將球傳回三壘，成功完成雙殺。貝林傑在第七局敲出一記超前比分的全壘打，繞行回到本壘後，他興奮地躍起，與基凱．赫南德茲互撞慶祝，結果把肩膀撞脫臼了，唯一能夠傷到這支道奇隊的似乎只有他們自己。最終，他們以四比三險勝勇士，成功取得世界大賽的門票。

四年內第三次，道奇將世界大賽第一戰的先發任務派給了柯蕭。他這次的對手不像二〇一七年的太空人隊及二〇一八年的紅襪隊那麼具有破壞力和知名度。坦帕灣光芒隊打的是現代化棒球，以功能性為主，相對默默無聞。全隊只有一位野手，外野手老將凱文・基爾邁爾（Kevin Kiermaier）的薪水達八位數；他們的例行賽球員陣容，只有一壘手的楊迪・迪亞茲（Yandy Díaz）打擊率超過三成；自二〇一六年以來，光芒隊從未投出過一場完投。光芒把棒球濃縮到最重要的本質：如何製造得分機會，如何壓制對手得分，如何精確計算這一切的數學運作。他們的守備站位精準，打序安排靈活，投手運用高效。光芒隊與道奇隊的打球風格基本上如出一轍，有鑑於安德魯・佛里德曼對這兩支球隊的深刻影響，這很合理。他們的不同之處在於，佛里德曼的新球隊花重金在柯蕭和貝茲這樣的超級球星身上。在這場八比三的世界大賽第一戰勝利中，道奇隊無需多做些什麼。柯蕭在背部放鬆的狀況下，投出六局僅失一分的精彩表現。貝茲在第一局以一次保送和一次盜壘，接著在下一局直接轟出一支全壘打，發起進攻氣勢。

這場比賽有眾多柯蕭的朋友和家人們到場，與其他上千名球迷在全球人壽球場內觀戰，由於大聯盟限制的人數上限為一萬一千五百名觀眾，當天有接近四分之三的座位是空的。雖然觀眾人數不多，但終於可以暫時脫離夏天那種「人造球迷加油聲」。吉姆和萊絲莉戴上口罩在人群中穿梭，根據規定，艾倫被限制不能離開家屬休息區，但至少能向她的父母揮揮手。她回想：「那是我們在隔離泡泡的一個月裡，最接近他們的時刻。」她藉由一個特殊的親友群組與她丈夫的朋友們保持聯繫；每年到了十月，這個群組就會轉移到另一個聊天群組，艾倫會代替克萊頓發言。大多數的「惡巷街」成員仍住在德州，他們覺得這次季後賽的地點安排簡直是奇蹟。「剛好世界大賽在這裡舉行，那是我們唯一能夠見到他的方式。」喬許・梅利迪斯說。

世界大賽第五戰，柯蕭再度登上投手丘，艾倫幫他的好友們拿到七張在一壘上方的門票：梅利迪斯、班・卡德爾、派屈克・哈平、羅伯特・香農、卡特・英格利希和迪克森雙胞胎，那天晚上他們都緊張到直發抖，每當柯蕭投球，他們通常都會這樣。多年來，他們總是不遠千里地到現場為柯蕭加油，每當到了季後賽，他們唯一經歷的總是絕望。而二〇二〇年世界大賽，似乎又朝著這個方向發展，雙方戰成二比二平手。道奇以痛苦的方式輸掉第四戰，牛棚投手們在不同的三局中崩盤。九局下，道奇領先一分，光芒攻占一、二壘，終結者肯利・簡森在面對外野手老將布瑞特・菲利普斯（Brett Phillips）時，被敲出一支關鍵安打，由於道奇中外野手克里斯・泰勒接球失誤，光芒跑回一分。光芒超級新秀藍迪・阿羅薩雷納（Randy Arozarena）從一壘直奔，無視三壘跑壘教練的示意停下衝向本壘，他本來應該要出局了，但威爾・史密斯沒接穩球，而簡森忘記補位，阿羅薩雷納撲回本壘，興奮地用手掌拍擊本壘板，直接結束比賽。在休息區，羅伯茲憤怒叫喊、吐口水，連帽子都砸了。「這就像是一場不完美的風暴。」他在賽後說道，但羅伯茲總是保持樂觀，展望未來，「現在就是三戰兩勝的系列賽了，明天我們有柯蕭先發。」

為了保持一股穩定力，柯蕭看起來蓬頭垢面，鬍子凌亂骯髒，帽子沾滿汙垢，汗水沿著他的頭髮流淌而下。道奇的打擊火力全開，在第二局就讓他保有三分領先優勢。光芒隊在第三局反撲追回兩分，一局之後，危機似乎一觸即發。柯蕭保送了以快腿著稱的外野手曼紐爾・馬格特（Manuel Margot）。下一球，馬格特直接盜向二壘，道奇捕手奧斯汀・巴恩斯傳球失誤，球彈跳到泰勒的手套上，使他未能順利接住，馬格特見狀立刻往三壘衝。現在，他距離追平比分，僅離九十英尺（約二十七公尺），目前無人出局。

柯蕭打從心底明白，並非所有的出局數都一樣。他依球隊的需要來制定自己的攻擊策略，如果道奇需要一個三振、一次雙殺、乾淨的一局——他可能無法具體說出如何做到，但他能夠做到。布蘭登．麥卡錫和扎克．葛蘭基曾稱之為「魔法」，麥卡錫說：「我認為這種壓制失分的能力，在某種程度上是一種與生俱來的天賦。」或者正如羅斯．史崔普林說的：「老兄，他就是比你更拚命。」在馬格特攻占三壘的情況下，道奇隊的需求再明顯不過了，柯蕭不能讓他回來得分。他先保送了下一名打者外野手杭特．倫弗洛（Hunter Renfroe），形成一、三壘有人。接下來站上打擊區的是內野手喬伊．溫德爾（Joey Wendle），柯蕭投出內角速球，讓他擊成游擊區上方的飛球，抓下一個出局數，馬格特則停留在原地。接著，柯蕭再用曲球三振了游擊手威利．亞達梅斯（Willy Adames）。這時，馬格特開始變得焦躁不安，當基爾邁爾上場時，道奇隊一壘手麥克斯．蒙西注意到馬格特朝著本壘虛晃，好像試圖掌握柯蕭的投球時機。

做為一名左投，柯蕭在投球時背向三壘，他側過右肩偷瞄了一眼馬格特，但隨即高舉雙臂，吐氣，集中精神準備投球。蒙西的職責之一就是防守柯蕭的盲區，基爾邁爾把第一球打出界外，巴恩斯將球傳回投手丘，柯蕭把球握在手心搓揉了一下，再瞄了馬格特一眼。當柯蕭舉起雙臂時，馬格特起跑了，他試圖盜回本壘，在世界大賽中，這是一個令人驚嘆的大膽之舉。蒙西衝上前，指著本壘，在球場的另一邊大叫：「本壘！本壘！本壘！」像這樣的戰術在賽前會議中並不常見，球員們在例行賽期間不會做這種演練。就在馬格特衝回本壘、柯蕭發現對手打算偷襲的那一瞬間，道奇隊的命運便落入一個人的膽識與另一人的本能對決了。

葛瑞格．麥達克斯欽佩柯蕭的一點是，即便身為一名新秀，他對這項運動的方方面面都全心投入。柯蕭不僅在意自己的投球，也在意如何贏得比賽、在意自己的打擊、在意自己的守備，以及在意如何牽制跑者。當蒙西一指，柯蕭立刻以精湛的控制力做出反應，左腳立即往投手丘後方移動，避免投手犯規（balk）——否則這一分將白白送給馬格特。「他對一切瞭若指掌，完全知道自己該怎麼做。」蒙西說。柯蕭跨過投手板，將球傳向本壘，巴恩斯上前搶下球，觸殺馬格特，距離扳平比分僅差幾英寸，主審揮拳比出出局手勢，柯蕭也握了一下拳。在休息區，他走向他的一壘手。「嘿！幹得好！」柯蕭對蒙西說。

柯蕭沒有再讓任何打者上壘，帶領道奇以四比二拿下勝利。他在賽後的視訊記者會上卻遇到另一個挑戰，卡莉和查理在他身上爬上爬下，實在很難管住他們。「你們這些小瘋子。」他笑著說。在他職業生涯中最漫長、最詭異的季後賽裡，他先發五場，繳出二・九三的防禦率，道奇贏下其中四場比賽。現在，他距離救贖只差最後一場勝利了。

十月二十七日，麥特・甘格爾（Matt Gangl）穿越全球人壽球場外的裝卸區，打開一輛轉播車的門，坐進一排螢幕前的椅子上。做為福斯電視臺美國大聯盟的首席導播，甘格爾在過去的二十二天裡，有十六天都坐在那張椅子上，除此之外，就是處於隔離狀態。四週前，當他入住達拉斯飯店時，特別要求一間附有微波爐和冰箱的房間，他靠著附近的全食超市和球場提供的餐點填飽肚子。「當你每天做著同樣的事情，開車走著同樣的道路，感覺有點不真實。」他回憶道。

但他那天的準備與過去有些許不同。那天是世界大賽第六戰，甘格爾與他的團隊制定好播報道奇隊一舉奪冠的計畫。這支球隊自一九八八年以來就沒有再奪下世界大賽冠軍，福斯高層信任甘格爾能夠捕捉到歷史的重要時刻。他規劃了近二十種區分特定攝影機的機位調度方案，安排一臺攝影機對著休息區內的戴夫．羅伯茲；安排一臺攝影機鎖定看臺上的魔術．強森，這位古根漢集團最知名的成員；派出一臺攝影機專門跟拍這支球隊艱苦奪冠歷程的靈魂人物。

「其中最關鍵的一個機位，就是要牢牢鎖定柯蕭先生。」甘格爾回憶道。

柯蕭沒有被排進第六戰或第七戰的先發陣容，但他主動表示願意在牛棚待命救援。第六戰的前一晚，他對艾倫說：「如果他們需要我，我一定會在。」隔天整個晚上，她都在擔心自己的丈夫會不會被派上場救援。她坐在道奇休息區後方的一壘線邊座位上，一邊關心場上情況，一邊看著牛棚裡的投手在閒蕩。更高處的看臺上，柯蕭的好友們也感受到「極大的壓力」。哈平回憶著，「而且還有一種感覺，『這一次又會怎麼垮掉？』」

第六戰是一場低調的經典賽事。阿羅薩雷納在第一局就敲出一支陽春全壘打，羅伯茲立刻在第二局啟動牛棚車輪戰，一個接著一個換投，信任像迪倫．佛洛羅（Dylan Floro）這樣默默無聞的中繼投手，也信任像艾力克斯．伍德這種先發轉中繼的投手，甚至安排備受垢病的老將佩卓．貝茲上場。光芒隊的先發投手布萊克．史奈爾（Blake Snell）則投出一場生涯代表作，五局投完，已經送出九次三振，僅被敲出一支安打。這位二十七歲的左投手是現代派投手的典範，柯蕭與這一代人截然不同，但柯蕭也從中汲取不少知識。儘管史奈爾整個賽季都未能投滿八局，但他還是贏得了二〇一八年美聯賽揚獎。他擅長讓打者揮空，而不是投完整場比賽。數據顯示，當他第三次面對同一輪打者時，表現就會明顯下滑。二〇二〇年世界大賽第六戰前，他整季的十六次先發沒有一次投滿六局。在第六局一出局的情況下，史奈爾投出這場比賽的第七十三顆球，巴恩斯擊出一支中間方向的安打。光芒隊總教練凱文．凱許（Kevin

Cash）沒有絲毫猶豫，直接走上投手丘，將史奈爾換下場。

這個決定成了關於棒球情勢改變的長期爭論焦點。這個調動讓公眾展開了圓桌辯論，甚至讓美國知名運動評論員鮑勃．科斯塔斯（Bob Costas）發表了一篇關於「比賽逐漸失去心跳」的長篇大論。光芒隊以數據分析來做出決策，根據大量數據，凱許相信讓他的一名牛棚投手來面對下一棒打者，表現會比史奈爾更好。他當時相信這是正確的決定，甚至幾個月後，即便他仍為這個決定感到痛苦，還是堅信這一點。但最終，無論凱許選擇哪一位投手來面對下一名打者都不重要了，因為下一棒打者是——穆奇．貝茲。

貝茲沒有浪費時間，他從中繼投手尼克．安德森（Nick Anderson）手中擊出一支二壘安打。隨後，當安德森投出一記暴投，巴恩斯衝回本壘得分。席格擊出滾地球出局的同時，貝茲已衝刺回到本壘取得超前分。接下來，羅伯茲派出二十四歲的左投胡立歐．烏瑞亞斯來完成最後的七個出局數。正當休息區一片混亂時，羅伯茲保持冷靜。八局上半開始之前，一名大聯盟官員突然找上賈斯汀．透納，通知他的新冠病毒檢測呈陽性。透納立刻被帶進休息區後面的一個小房間裡，隊友們對他的不見蹤影感到疑惑不解。八局下半，貝茲轟出一支全壘打，為他在道奇隊的第一個完整賽季畫下完美句點。在牛棚裡，柯蕭來回踱步。終於，有這麼一次，他沒什麼好擔心的了。烏瑞亞斯迅速解決第九局，二〇二〇年賽季的最後一球是一顆時速九十七英里（約一五六公里）的內角速球，主審拉弓，三振出局！烏瑞亞斯往後退、仰天怒吼。巴恩斯將比賽用球塞進口袋，扔掉手套和面罩，衝向場中央。球員們翻過休息區欄杆，從外野衝進場內，從牛棚狂奔而出。當這一幕透過電視畫面傳遍全國時，有那麼幾秒鐘，有一個人還沒出現。

羅斯・史崔普林已不再是道奇隊的一員了，當年夏天，球隊把他交易到多倫多藍鳥隊。那天晚上，他在岳父母位於休士頓的家中觀看比賽，他問出許多人都在思考的問題。「克萊頓在哪裡？」史崔普林對著電視大喊，「快拍克萊頓啊！」

位在全球人壽球場外裝卸區的轉播車上，甘格爾照辦了。他切換到了早先安排好的固定攝影機畫面，那支鏡頭專門對準牛棚內的柯蕭。畫面中，柯蕭目不轉睛地盯著投手丘，神情冷峻，注視著烏瑞亞斯投出最後一顆好球。比賽結束的那一刻，柯蕭閉上了眼睛，短短一秒鐘，然後舉起雙臂。他花了很長時間才理解自己當時的感受，那一瞬間，他意識到自己長年背負的重擔，那個他試圖忽略的重擔，一名偉大投手所承載的重擔，然後他感到那股壓力終於釋放了。他回憶道：「我一生中從來沒有感受到比那時更強烈的解脫感。」他不需要再反思究竟哪裡出錯，不需要再追問為什麼，不需要再糾結那些結果。此刻，他只需要享受這個追逐已久的勝利。「我原本不知道自己有多麼渴望這一刻，但我現在知道了。」他回憶道。

當柯蕭在慶祝時，史基普・強生感到回憶湧上心頭，他在奧克拉荷馬的家中觀看比賽，身邊圍繞著他的教練團隊，以及各式各樣的鹿標本。

時間回到過去。柯蕭在愛迪生市凱德・格里菲斯的 D-Bat 訓練場學會「1－2－3投球」的一年後，強生成為德州大學的投手教練。在柯蕭職業生涯早期的冬天，他曾前往奧斯汀與朋友相聚，並與強生一起在牛棚練投。即便後來奧克拉荷馬大學聘請強生擔任總教練，他仍努力觀看柯蕭的每一場先發比賽。「我真的太希望克萊頓能夠贏了，因為我知道他為比賽投入了多少心血。」強生說。

在強生的腦海裡，他依然能清楚記得那個連學費都付不出來的瘦弱少年身影，他還記得柯蕭用曲棍球練習曲球，並藉此改變他高中最後一年的人生走向。每當強生想起柯蕭時，就會回憶起自己為何選擇成為一名教練的原因。

「對我來說，那是一種成就，因為我知道曾做過的事，改變了一個年輕人的人生。世上沒有任何事比起改變他的命運更令我感到驕傲了。」強生說。

當其他中繼投手陸續走出牛棚時，甘格爾的攝影機始終鎖定柯蕭。當他小跑步穿越外野時，臉上洋溢著笑容，抬頭仰望天空，雙手掌心朝上，感謝上帝讓他鬆了一口氣。他掃視看臺，直到找到艾倫，他指向她，她頓時淚流滿面。「當克萊頓從牛棚跑出來時，雙手舉向天空的那一刻，我想，他終於甩開背上的大猩猩，他滿懷著感激。」艾倫回憶道，「我的意思是，那就像一場夢！大概從他六歲開始打棒球，這就是他一直以來的夢想。這就是夢想的巔峰，它終於成真了。」

二〇二〇年的季後賽對羅根．懷特而言，可說是苦樂參半，苦澀是因為早在國聯分區系列賽，道奇隊就把教士隊淘汰了，當時懷特擔任該球隊的管理高層；喜樂來自於柯蕭在他的名人堂履歷上，終於勾上最後一筆。「這簡直是無與倫比的美好！」懷特回憶道。（懷特不是唯一深受感動的前道奇高層，當時擔任球隊電視網路評論員的內德．柯列提也感動到熱淚盈眶。）每當提及柯蕭時，懷特很容易變得感性。他回憶起與老隊友卡爾文．瓊斯一起觀看柯蕭那場季前熱身賽；他想起在二〇〇六年選秀前一年，自己未能成功簽下路克．霍切瓦。他認為自己只不過是神賦予計畫中的一顆棋子。「如果你真的想知道的話，老實說，我不確定自己到底做了多少，一切都是命中注定的，一切都早已安排好了。」他說。

這麼多年來，水手隊球探馬克．魯姆斯——那個最先看到瓊斯如何發掘出柯蕭的人——在比賽中偶爾會遇到懷特，這個驕傲的德州人心中滿是妒嫉。「我就只能盯著他看，心中想著，『該死的，你簽下了我們德州有史以來最偉大的投手。』」魯姆斯回憶道。

指導年輕球探時，魯姆斯總是以柯蕭做為例子：「他已經被寫進教科書了——『各位，這就是我們要尋找的球員。』」球探要盡其所能挖掘出球員的動力。他們是否渴望偉大？他們是否理解要成為偉大球員需要付出什麼？這與投球、轉速或身型都相對無關，而是關乎於頭腦、脊椎還有心臟。這顆心，是否為此而跳動？

「他當時就已展現出這些特質，羅根．懷特看到了這一切。而我們其他人或許沒有像羅根那樣看到這些。」魯姆斯回想。

甘格爾擔任導播所拍攝的柯蕭片段，成為二〇二〇年世界大賽的永久畫面。「對我來說，那些時刻都是我們在棒球比賽中所能做到的最棒時刻。」甘格爾回憶道，「那真正展現出球員對這項運動最純粹的熱愛，所有這一切也讓他們更人性化，這會讓你回想起小時候打棒球的感覺。」

這段影片在接下來的幾年裡，不斷在道奇球場螢幕上重播。世界大賽MVP席格深知其中的意義。

席格回憶道：「說實話，看到柯什舉起雙手真是太酷了。他是這支球隊的象徵，他永遠是這支球隊的門面，也是所謂的領袖，嗯，也不叫所謂的領袖——他就是真正的領袖。光是看到他那麼享受這一切，真的是太特別了。」

戴夫・普萊希奧西坐在麻薩諸塞州多佛的家中，為這個曾經熟識的孩子感到激動不已。

普萊希奧西對自己短暫的棒球生涯沒有太多怨懟，他拿到碩士學位，成為一家科技公司的業務代表。普萊希奧西說：「這份工作很不錯，待遇也很好。當然，真希望我還能打職業棒球，但我的時代已經過去了。」二〇一〇年十二月四日，他與老隊友剛好在同一天結婚。他解釋道：「因為我時不時會用 Google 搜尋『克萊頓・柯蕭』，看看他的近況，所以才得知這個巧合。」被球隊釋出十年後，當時住在華盛頓特區的普萊希奧西，曾在一場比賽前揮手並呼喊柯蕭的名字。「這些年來，我總是在想，他是否還記得我？」普萊希奧西說。

（當我向柯蕭提起普萊希奧西時，他低頭沉思了一會兒，彷彿在翻找記憶裡的名片盒。「你是怎麼找到那傢伙的？」柯蕭說，「他是波士頓學院的，對吧？那傢伙超瘋的，每次投球後都會踢自己的手套。」）

多年來，每當朋友們拿柯蕭在季後賽的愚蠢行為取笑他時，普萊希奧西都會勃然大怒。「當他在季後賽表現不佳時，我都會感到特別難過。」普萊希奧西回憶道。麥特・亞當斯轟出全壘打之後，「我有好幾天不想和任何人說話。」看著柯蕭慶祝奪冠，看著他改寫生涯敘事，普萊希奧西鬆了一口氣。他希望柯蕭能夠明白，他們短暫的隊友情誼，對他而言有多麼珍貴。

「幫我向他問好，也幫我和他說，我期待在名人堂入選儀式上見到他。」普萊希奧西說。

戴著灰色紀念帽、身穿紀念T恤，臉上掛著淡藍色外科口罩，道奇球員們在場上晃來晃去，而羅伯・曼佛瑞站在二壘旁的一個高臺上，準備頒贈聯盟主席獎盃——就是道奇認為太空人隊在二〇一七年偷走的「一塊金屬」。當球隊老闆馬克・華特發言時，艾倫終於來到球場上。多年來，她一直夢想著，在柯蕭贏得世界大賽冠軍後能夠緊緊擁抱他。現在，她可以這麼做了。

這幕場景與其說是夢幻，更像是反烏托邦——口罩、貼封條的座位、每日新冠病毒快篩檢測。沒有香檳慶祝派對，只有回到拉斯科利納斯飯店再戳一輪鼻子檢查，許多球員覺得快篩檢測過於頻繁且無意義。當透納回到球場拍照時，沒有人有任何怨言。「我們的『冠軍』檢測全部都是陽性，寶貝！」喬・凱利大喊。

在頒獎臺上，羅伯茲拿起麥克風，他能夠體會到柯蕭頓時感到的輕鬆。這些年來的季後賽失利，讓羅伯茲變得更堅韌。道奇球場的球迷曾對他發出噓聲；他的家人看到社群媒體上的惡毒評論。羅伯茲試圖忽略這些雜音，但並不總能成功，他比以前更加謹慎，不如從前那般開朗了。羅伯茲回憶道：「這是一個巨大的重擔，我猜有一點得到驗證，我確實感受到負擔。」當羅伯茲開始發言，腦海中浮現的是那位他一直努力贏得信任的球員，那位總是和他保持距離的球員，那位仍值得他給予最大敬意的球員。當羅伯茲談到這支球隊的凝聚力與韌性時，第一個提到的就是柯蕭。

「柯什，我真的為你感到無比開心。你們還想談點什麼劇本嗎？那麼談談成為一名冠軍怎麼樣？他就是永遠的冠軍！」羅伯茲說。

球員們依次傳遞這座自一九八八年以來就未曾屬於道奇隊的獎盃，當柯蕭緊握那座獎盃時，瑞克・亨尼卡特形容：「他笑得就像抱著自己的第一個孩子似的。」亨尼卡特站在包廂內，身旁是湯米・拉索達。退休後，亨尼卡特仍擔任道奇的顧問，但他無法進入隔離泡泡圈。他對著昔日弟子們大聲呼喊、吹口哨，看到肯利・簡森和艾力克斯・伍德臉上滿是興奮之情，當然，還有柯蕭臉上的笑容。

「柯蕭對我來說，就像我的兒子一樣。」亨尼卡特說。他曾陪伴柯蕭度過青少年時期、成為巨星，也幫助他度過傷心沮喪的時刻。「在你從一個人還很年輕時就開始指導他，真的會覺得他就是你的一部分。」柯蕭對亨尼卡特也懷有同樣的情感。雖然說稱呼任何人為「父親般的存在」都會令他感到不自在，但他對亨尼卡特充滿了感激。「他是那種永遠站在你這邊的人，我真的很感謝有他的陪伴。」柯蕭說。

「如果我有女兒，在他結婚之前，我肯定會把女兒推到他身邊。因為他就是那種你可以完全信任的人，我真的愛他身上的每一個特質。」亨尼卡特說。

幾名球員留下來接受 Zoom 視訊採訪，已經兩度奪冠的貝茲，說起話來彷彿這只是在辦公室工作的另一天。他說：「球隊交易我過來，就是要幫助我們度過難關，我把這當成動力。」而柯蕭則顯得興奮不已。「我不斷在腦海裡反覆念著『世界大賽冠軍』，看看這感覺會不會沉澱下來。」當被問及季後賽歷年表現，他直接避開了這個問題，他還在消化這份如釋重負的心情。

「這些問題都不重要，老兄，我一點都不在乎這些。我們贏了世界大賽，我不在乎留下什麼，我不在乎去年表現得怎樣，我不在乎別人怎麼想，我一點都不在乎，老兄。我們贏了世界大賽。二〇二〇年的道奇隊贏了世界大賽冠軍，誰還在乎其他事？我很高興成為這支球隊的一員，其他那些都毫無意義，一切都不重要。我們贏了。」柯蕭說。

在威斯康辛的家中，在「柯蕭蓋的房子」裡，A．J．艾利斯見證了一場比他整個疫情期間的夏天所回顧過的任何時刻都更偉大的勝利。

「我永遠不會忘記，我當時就坐在沙發上，就只是笑著，看著他跑進球場。他仰望天空，臉上掛著笑容，這聽起來或許有點老套，但你真的可以看到，當他在奔跑時，一切都從他背上卸下來了，這對我的朋友來說實在太重要了。」艾利斯回憶道。

當天晚上，兩人互傳簡訊。第二天，艾利斯打了通電話，告訴他的老搭檔，自己有多麼為他們感到開心，為他們感到驕傲——對柯蕭和艾倫都是。「她一路與他攜手同行，陪他度過整個職業生涯，還經歷了那些令人痛苦的十月賽季。」艾利斯說。這座冠軍不只屬於柯蕭，它屬於他的整個家庭。

一月時，當生命走到盡頭，梅爾森一家圍繞在萊絲莉身旁。有一刻，她伸出手，握住了那個她一直視如己出的男孩的手。近二十年前，克萊頓．柯蕭出現在她的家門口，當時他還是個胖嘟嘟的孩子，頭側剃著數字「52」，他是家中獨子，家裡時常空無一人。萊絲莉給他吃的、給他穿的，還邀請他一起去度假，讓他的視野和心靈都感受到家庭的溫暖。在他離家準備前往道奇鎮展開職業棒球生涯時，是她幫他收拾行李。她看著他長大成人，成為她小女兒的丈夫，成為她外孫的父親。年復一年，她看著他在場上跌倒，也看著他一次次重新站起來。

她陪著他一起經歷這些痛苦，她想讓他知道這一點。

「我們做到了。」萊絲莉說。

柯蕭感到困惑，萊絲莉抓住他的手，再對他重複一遍。

「我們做到了，我們贏了世界大賽。」她說。

第二十二章

三叉路口

在駝峰牧場的道奇春訓基地裡，克萊頓·柯蕭拉來一把椅子，在我對面坐下。那是二〇二三年三月，距離他送別岳母已過了兩年，而距離他送別自己的母親，將還有兩個月。再過一週，他就要滿三十五歲了。未來一年將發生許多事情，部分原因是他選擇繼續打棒球。但現在，討論的是那個他尚未做出的選擇，那個尚未解決的難題，那個人們一直在探詢的時間表。

「我根本不知道該怎麼做出這個決定，什麼時候該結束我的棒球生涯。」柯蕭說。

他有一張人生清單，上面有四個勾選框。第一個是家庭，「但我了解艾倫，她永遠不會說：『這樣太多了。』」他說。下一個是能力，「我不會停滯不前，只當個普通的球員，如果我還是不錯的，那這一項就能打勾。」接下來是健康，多年來，他的身體狀況一直不太理想，但每到新球季開始時，他都會感到活力恢復、有能力勝任。最後一個是奪冠機會，在道奇隊，冠軍總是感覺近在咫尺。

他還無法做出決定，因為這四個勾選框，他仍全部都能打勾。

「如果有其中一個對不上就簡單了，但如果所有都對得上，我真不知道要怎麼做決定。」他說。

柯蕭還沒達到那個臨界點——第五天所造成的焦慮、痛苦和負擔還沒超過第五天所帶來的快樂、團隊感和目標，他的心仍為棒球而跳動。有些日子，這份跳動似乎弱了一點，但每一天，他仍然將自己的身、心、靈都投入於這個循環的要求，這是一種融合著熱愛的上癮。

「我想，你還是得熱愛做這件事。」他說。

早在第一次續約時，柯蕭就一直在思考自己何時該離開。二〇一三年，他拒絕一份十五年三億美元的合約，因為這筆交易感覺太漫長了。二〇一七年，道奇打進世界大賽後，柯蕭暗示將有一場令人滿意的送別。「如果我們贏了，我也許會退休，我可能就這麼結束球員生涯。」柯蕭說。山迪·柯法斯在三十歲時選擇退休。當道奇隊在二〇二〇年奪冠時，柯蕭已經三十二歲了，他決定公開談論退場計畫。

二〇二一年球季結束後，柯蕭成為自由球員。他告訴《洛杉磯時報》的記者豪爾·卡斯提洛，他打算簽一年期的合約。每年，他都會讓自己站在一個三叉路口：不是和道奇續約；就是和他的家鄉球隊遊騎兵簽約；不然就是退休。這份坦率令人耳目一新，特別是來自於柯蕭——這個人，連健康狀況都像機密，彷彿任何更新都需要經過安全許可似的。後來，柯蕭曾一度後悔如此坦承他的計畫，讓人們有了理由詢問他關於退休的事。而他沒有打算讓自己再站上投手丘這件事，顯得像是施恩一樣。

「有時候我覺得自己可能犯了這個錯誤，我太輕率地談論退休了。」柯蕭在駝峰牧場這麼告訴我，「我覺得這好像不尊重那些為了能留在大聯盟打球而努力奮鬥的人，我不想讓人覺得我對這一切不知感恩。我仍然熱愛棒球，這就是我還在這裡的原因。我熱愛這項運動，而當你知道能夠掌握自己退休的時機，這是一種很棒的感覺。」

步入三十多歲時，柯蕭仍努力維持這種掌控權。但贏得世界大賽後，他追求的本質改變了，而他在道奇隊中的地位也隨之轉變。

二〇二一年春天，我打電話給柯蕭，問了一個自從他奪冠後，我就一直在思考的具體問題。一些棒球界人士認為，這個來自六十場例行賽季的冠軍獎盃含金量不足。當柯蕭獲勝時，「在我內心深處，我有一點點高興，但同時，也很高興這發生在二〇二〇年——所以我可以說，『這可能不算數。』」麥迪森·邦加納說。對柯蕭而言這絕對算數，奪冠後的數週內，柯蕭每天都大聲播放皇后合唱團的〈我們是冠軍〉（We Are the Champions），聲音大到鄰居們經過時都聽得見，頻繁到他的孩子們都聽膩了這首歌。

這支道奇隊沒有真正體驗到傳統的奪冠慶祝儀式，疫情仍籠罩全國，沒有冠軍遊行。二〇二一年四月，當球員們拿到冠軍戒指時，道奇球場內有一萬五千零三十六名球迷為他們祝賀（那是當時允許的人數上限）。要如何詮釋這項成就還是得取決個人，並不是所有人都感到歡樂。賈斯汀·透納感到自己成了代罪羔羊，因為他在確診後仍回到場上與隊友們合影；肯利·簡森覺得有所怨懟，因為球隊不信任由他來完成最後的出局數；沃克·布勒只想趕快再贏一次，在擠滿人的球場裡好好享受獲勝的滋味。

當我打電話給柯蕭時，我很好奇他會怎麼回應。

「你現在覺得更快樂了嗎？」我問。

電話那頭沉默了片刻。

「我覺得這不是一個合理的問題。」

他的人生不僅只有速球和滑球，不僅只有前四天的訓練和第五天的壓力。不久以後，在他們位於洛杉磯的家中，艾倫丟給克萊頓一顆棒球，她在縫線上寫了一個數字4。艾倫回想著：「他就像平常一樣把玩著球，直到他看到上面的數字，問道：『什麼？』」那年十二月，他們第四個孩子出生了，一個名叫錢斯・詹姆斯・柯蕭（Chance James Kershaw）的男孩。家庭的羈絆比以往任何時候都更強烈；卡莉和查理都開始上學了，庫柏仍需要在家照顧。柯蕭不再是那個除了忠於婚姻和奉獻給棒球之外，沒有任何責任的年輕人了。有時候，他一心想著棒球，對大多數人來說，棒球定義了他，但他卻無法將自己的人生簡單描繪成「追求冠軍頭銜」這件事。

「如果我說『是』的話，那就好像……輸掉季後賽是我唯一活下去的理由，但事實並非如此，我想我的個人生活、家庭生活，一切都很棒。無論棒球比賽結果如何，我和我的孩子、家人們都度過了快樂的時光。」柯蕭說。

他從未將自己視作薛西弗斯，但把那塊石頭推上山頂，感覺確實很好。世界大賽後，收到的大量訊息令他受寵若驚，他從未要求朋友或隊友們為他感到遺憾，直到奪冠後，才意識到原來他們「真的能感受到我所承受的痛苦」。他曾以為只有艾倫能理解這份負擔，但當冠軍榮耀如潮水般一波波向他湧來，首先是感到鬆了一口氣，接著便是喜悅，再者，他意識到這份勝利對其他人而言有多麼重要。「說真的，光是看到這麼多人為我感到高興，我當時的感覺是，『哇，這太棒了！』我當然也很開心，所以這真是好極了。」柯蕭說。

他正步入職業生涯的告別階段。春訓期間，戴夫・羅伯茲安排柯蕭擔任開幕戰先發，這份榮譽在二〇一九年和二〇二〇年由於柯蕭受傷而缺席。道奇隊不再視柯蕭為隊中的第一號王牌投手，沃克・布勒已經超越了他。球隊也希望胡立歐・烏瑞亞斯能取代他成為先發輪值的核心。而球隊中還有一名新成員，他擁有一份豐厚的合約，但名聲卻備受爭議。

崔佛・鮑爾（Trevor Bauer）是在洛杉磯郊區長大的右投手，是二十一世紀前二十年棒球界最具影響力的球員之一。他成為傳動訓練中心的代名詞，利用投球設計實驗室的高科技訓練來重塑他的投球武器庫，並向願意聆聽的球員傳宣這些理念，同時，他也找到一個向那些不願意聆聽的人傳播自己想法的管道，他是個嶄露頭角的網路創作者，也是網路上的爭議人物。他在網路上做出各種不當的言論，從帶有跨性別恐懼意味的幽默、出生地懷疑論，到對原住民觀點的扭曲再現。最麻煩的是，他經常在社群媒體上騷擾他人，尤其是女性。他常對這些指控感到憤怒，並在自己的推特中記錄下這些指控，認為這些都是對他自身人格的抨擊。

鮑爾的職業生涯早期經歷過一些不幸之事。二〇一一年，亞利桑那響尾蛇隊在選秀中以第三順位選中他，不到兩年就把他交易出去，捕手米格爾・蒙特羅（Miguel Montero）直言，鮑爾「從來不願意聽從指導」。二〇一六年季後賽，他在克里夫蘭印地安人隊，因一場無人機事故不慎割傷手指，繼而影響投球表現。二〇一九年，他在一次糟糕的登板後，當時的總教練泰瑞・法蘭科納走上投手丘準備把鮑爾換下場時，他憤而轉身並把比賽用球奮力丟向中外野。然而，二〇二〇年鮑爾正處於巔峰時期，他在辛辛那提紅人隊拿下該年的國聯賽揚獎，這個時機來得非常完美，因為那年冬天他成為自由球員。佛里德曼在內部管理群組中寫道：「讓我們更貪心一點吧。」他不希望球隊奪得一次冠軍後就安於現狀，於是佛里德曼做出了一個充滿爭議的決定。二〇二一年二月，他以三年一億二百萬美元的合約簽下鮑爾。當月的記者會上，他保證球隊已對鮑爾進行徹底審查，並強調這位新投手「不僅會在球場上帶來巨大貢獻，還會為球員休息室，甚至為整個社群加分」。

不到五個月後，六月二十九日，一名女性在洛杉磯郡高等法院針對鮑爾提出臨時家暴限制令申請。該女子指控鮑爾在發生性行為時，有未經同意的暴力舉動，包括掐脖與毆打。鮑爾否認這一指控，並隨後對該名女子提出誹謗訴訟，最終，那名女子的限制令申請遭法院駁回，而洛杉磯檢察官也決定不對鮑爾提出任何刑事罪名起訴。然而，道奇隊仍在七月二日將鮑爾放入「行政停職」名單，在此期間，他仍領取薪水，但隨後又有其他指控者出面控訴類似的行為。大聯盟對他開罰處以兩年禁賽，經仲裁後縮減禁賽場數為一百九十四場。自此，鮑爾再也沒有為道奇隊投過球，鮑爾禁賽期滿後，道奇隊於二〇二三年春天將他釋出。那個賽季，他轉戰日本職棒發展。

二〇二一年夏天，鮑爾事件讓道奇隊蒙上一層陰影。球隊高層迴避關於他的問題，球員們也不知該做何回應。柯蕭強調他和鮑爾不熟，他欣賞鮑爾對投球的深刻見解，但他解釋道，雙方的作息安排不同，幾乎沒有交集。「在球員休息室裡，他還算正常。大多時候都獨來獨往，做事的時間和別人不一樣，訓練的時間也不同。」柯蕭說。但柯蕭反對鮑爾的網路創作，「他在球員休息室裡拍攝一些東西，我其實不太喜歡。但整體來說，我和他倒是沒有什麼過節。」即便到了二〇二三年冬天，鮑爾和第一位指控他的女子仍在進行長達數年的法律攻防時，柯蕭仍不確定怎麼評論這位前隊友。

「我一直認為，在對你所看到的內容妄下結論之前，最好還是先讓法律程序（大聯盟的調查）走完再說比較好。但同時，我也知道這件事確實對大家造成極大的困擾，但崔佛處理這件事的方式卻非常理直氣壯，這或許讓事情變得更加困難，確實是個挑戰，但我們仍搞定了。」柯蕭說。

七月三日，道奇隊前往白宮拜會時任總統喬・拜登（Joe Biden）的一天後，一場滂沱大雨中斷了柯蕭在國民球場的比賽。柯蕭坐在休息區，用毛巾蓋住左臂，他擦去額頭上的汗水，試圖忽略身上的不適感。

「整個賽季，我的手肘都在痛，大概從五月開始吧，然後到了七月終於撐不住了。」柯蕭回憶道。四天後，道奇將他放進傷兵名單，官方給出的診斷是前臂發炎，但實際上傷勢比這更嚴重，柯蕭連接手臂與手肘的部分屈肌腱撕裂，雖然不是側副韌帶受損，不需要進行TJ手術，但仍是他第一次遭遇的嚴重手肘傷勢，醫療團隊認為只要好好休養應該可以避免動刀。柯蕭整整缺席了七月、八月和九月前兩週，為了因應柯蕭的不確定性和鮑爾的缺席，佛里德曼在交易截止日前做出重大決定，從華盛頓國民隊交易來了王牌投手麥斯・薛澤，以及前明星隊游擊手崔亞・特納（Trea Turner）。

柯蕭努力趕在季後賽回歸。九月十三日，他在對戰響尾蛇隊的比賽中復出，投出八十九英里（約一四三公里）的快速球，並拿下勝利。「世上沒有什麼事情比能在這裡投球並贏得比賽更讓人開心的了。」柯蕭說。但這種感覺沒有持續太久，到了十月一日，例行賽只剩最後三場，柯蕭在道奇球場上對戰作客的密爾瓦基釀酒人隊，正試圖投完第二局時，他感覺到手肘的另一側也出事了。羅伯茲和一名防護員立刻走出休息區，短暫交談後，羅伯茲將手放在柯蕭的後腰上，帶著他走下投手丘。全場群眾震驚地送上掌聲，柯蕭走下球場時，左手仍緊握著棒球——自從他在季初說過退休的可能性後，這一幕，無疑是人們在尋找的那個記號。

「這只是一個意外，我知道自己還沒報銷。」柯蕭說。

但他的二〇二一賽季已經結束了。他只能坐在休息區裡觀戰，看著一百零六勝的道奇隊在激勵人心的國聯分區系列賽中，擊敗一百零七勝的舊金山巨人隊；卻在下一輪對上八十八勝的亞特蘭大勇士隊時氣力放盡。勇士隊報了去年敗給道奇的一箭之仇，一路打進世界大賽。道奇原本安排薛澤先發第六戰，但在十二天內投了四場比賽（包含對巨人隊的後援登板），薛澤形容自己的手臂「操過頭了」。道奇把他換下，改由布勒頂替薛澤在第六戰登板先發，這是他在兩週內二度短休後上場，結果遭到勇士痛擊。

一個月後，薛澤與紐約大都會隊簽下三年一億三千萬美元的合約。二〇二二年，布勒進行第二次ＴＪ手術。

「我永遠尊敬沃克願意投那場比賽，我們輸了，他被打出一支全壘打，那無所謂，重點是，他拿起了球，站上投手丘。」柯蕭說。

那個冬天，柯蕭首次面臨三叉路口：留在道奇、加入遊騎兵或選擇退休。道奇給了他空間，並選擇不提供一年一千八百四十萬的合格報價，這對大多數大牌球員來說，通常是進入自由市場的前哨。而道奇的決定意謂著，若柯蕭選擇與別的球隊簽約，道奇將無法獲得選秀補償（draft-pick compensation）；然而，若收到合格報價，柯蕭必須在兩週內決定接受或拒絕，而佛里德曼不想催促柯蕭做決定。

柯蕭需要時間。他的手肘還未完全康復，洗頭髮或簽名時都會感到疼痛。到了十二月，即便想簽約，他也簽不了。十二月一日，美國職棒大聯盟的三十支球隊老闆宣布封館（locked out），球隊與球員雙方因勞資談判協議（Collective Bargaining Agreement，ＣＢＡ）陷入僵局，這次封館持續了九十九天，在此期間，球員和球隊無法進行任何溝通。柯蕭在高地公園高中的室內設施中測試手臂狀況，他的手肘仍感到疼痛，但不適感最終消退了。「如果我在一月拿起球，然後發現『我需要動手術』，結果必須整季報銷，我真不知道該怎麼辦。」他回憶道。

但至少有一名遊騎兵隊高層在封館期間不斷關心著柯蕭的健康狀況。前一年，德州遊騎兵聘請了前全明星投手、高地公園居民克里斯．楊擔任球隊總管，他一直希望有機會簽下這位曾經的休賽期練投搭檔。遊騎兵展現出重組決心，斥資五億美元簽下兩名內野大將，馬可斯．塞米恩（Marcus Semien）及二〇二〇年世界大賽ＭＶＰ柯瑞．席格，遊騎兵以一份十年三億二千五百萬美元的長約把席格從洛杉磯挖了過來。如果柯蕭願意，遊騎兵願意提供他一份多年合約。一位熟悉談判情況的消息人士透露：「我們大家都覺得確實很有可能發生。」

三月十日，新的勞資協議正式敲定後，柯蕭粉碎了遊騎兵的希望。「封館一結束，我就接到一通電話，聽完真是心都碎了。」楊回憶道，「但我完全理解。」柯蕭與道奇簽下一年一千七百萬美元的合約。他在ＩＧ上宣布這個消息：「我們回來了！」

他回歸的原因在二〇二二年的首次登板中展露無遺，當時他在標靶球場對戰明尼蘇達雙城隊，氣溫只有華氏三十八度（約攝氏三度）。柯蕭徹底壓制住這支經驗不足的球隊，投出十三次三振，沒有被擊出任何安打，沒有四壞保送，沒有任何觸身球，投出完美的七局，用了八十顆球，這比他在封館縮短的春訓期間任一場比賽的用球數還要多。投完七局後，他被羅伯茲和投手教練馬克．普萊爾換下場，未能完成棒球史上第二十五場完全比賽的嘗試。「怪就怪封館吧，都怪我直到一月才拿起棒球做訓練。」柯蕭當天下午表示。

他考慮的是球隊整體利益，而不是個人成就，但並非所有朋友都支持他的觀點。隔天，Ａ．Ｊ．艾利斯特地打電話對他怒吼：「再多投十四顆球，甚至更少，就會知道答案了！」艾利斯告訴柯蕭。

柯蕭說：「現在想想，我大概會後悔吧。我認為投出一場完全比賽會很酷，」他接著說，「博士，他想讓我退場，馬克也巴不得把我換下來。我本來可以像往常一樣，讓他們很難做決定，讓他們感受到壓力，或者直接接受，而這次我選擇接受了。現在回想起來，我後悔了，至少應該試試看。」

他正踏入職業生涯中更友善、更溫和的階段。大家有一種在道奇隊奪冠之前所缺乏的輕鬆感，二〇二一年的一場先發比賽之前，柯蕭與席格擦身而過，席格遵守球隊規範，保持沉默，沒想到柯蕭看向他並主動說了聲「嗨！」席格回憶道：「我當時的感覺是，『哦！我的天啊，這是怎麼一回事？』」柯蕭在賽前會議上也變得和緩。「他可能還是會稍微咬你一下，不過沒關係。」奧斯汀・巴恩斯說。他透過言語和行動向年輕隊友傳授育兒經驗，科迪・貝林傑在洛杉磯最珍貴的回憶之一，便是看著柯蕭一邊在玩牌時，一邊抱著貝林傑的女兒。賈克・彼得森說道：「他讓所有人都自慚形穢——他真的就是超級奶爸。」二〇二二年，柯蕭與新隊友泰勒・安德森（Tyler Anderson）變得熟識起來。多年前，安德森還在科羅拉多落磯投球時，有一次很晚才結束賽前牛棚練投，導致拖延到比賽時間，柯蕭為此對他發過火。「我會叫他『大師』或『北極星』，無論他做什麼，我都跟著做，他每次都會做出正確的決定。」安德森回憶道。

那年六月，柯蕭用輕柔但堅定的方式幫助一位最新加入的道奇成員走出低潮。佛萊迪・弗里曼，這位前勇士隊的一壘手，曾五度入選全明星隊、獲得最有價值球員獎。勇士隊贏得世界大賽冠軍後，弗里曼原本以為自己會與球隊續約，在勇士隊結束他的職業生涯。在封館結束後，當勇士隊總管艾力士・安索普洛斯（Alex Anthopoulos）——他曾在洛杉磯與佛里德曼共事過兩個球季——選擇換來更年輕、更便宜的麥特・歐森（Matt Olson）時，讓弗里曼感到措手不及。弗里曼轉向道奇，簽下一筆六年一億六千二百萬美元的大約——這可不是什麼「安慰獎」，但他的情緒經過數月還是難以平復，他與新隊友的關係十分疏離，當他首度回到亞特蘭大時，在記者會上淚流滿面；當太陽信託球場上的全場觀眾起立鼓掌時，他又再次落淚，他的頻繁落淚成為道奇休息室內的話題。《亞特蘭大憲法報》（Atlanta Journal-Constitution）的一篇報導中，探討了道奇與勇士之間的競爭關係，柯蕭在訪問中提到了弗里曼受到的歡迎程度和他隨之而來的情緒。「我希望我們不會淪為第二選擇，我們也是一支非常特別的球隊，我想當他在這裡感到自在後，會真心喜歡這裡的。」柯蕭說。這段話在社群媒體上引起轟動。弗里曼得知這件事，系列賽結束後，他發了一封群組訊息給整個團隊，感謝大家的支持和包容。他開始向隊友敞開心扉，他與柯蕭之間的關係也逐漸拉近。柯蕭欣賞弗里曼的可靠性，「事實上，他每天都會上場，不想停止打球，這一點可以成為球隊的優勢，稍微改變了我對他的看法。」柯蕭回憶道。

同年六月，道奇隊終於說服山迪．柯法斯，讓球隊在道奇球場外豎立他的雕像。自從一九六六年退休後，他從未再投過一顆球，但他的影響力仍深植於這支球隊。道奇隊邀請了另一位左投在典禮上發表演說，柯蕭講述了他與柯法斯在二〇一〇年參加喬．托瑞的慈善活動途中結下友誼橋梁的故事。他試圖表達，認識柯法斯並得到他的關懷，意義有多麼重大。柯蕭告訴現場觀眾，當傳奇播報員文．史考利退休時，柯法斯說：「我最珍惜的一件事就是史考利讓我稱他為朋友。」柯蕭結結巴巴地說出接下來的話：「對我來說也是一樣的，對此我滿懷感激，山迪。或許你不這麼認為，但沒有人比你更值得這份榮耀了。」

一個月後，道奇球場主辦自一九八〇年以來的首場全明星賽。做為盛會的一部分，柯蕭首度獲選為國聯先發投手。接受這項任務前，他想到在那個賽季被視為國聯最強的投手、邁阿密馬林魚隊的王牌山迪・阿爾坎塔拉（Sandy Alcántara），這位輕快敏捷、身高六尺五寸（約一九六公分）的右投手。正如年輕時的柯蕭一樣，阿爾坎塔拉認為自己應該要投完整場比賽。他是少數仍有這種機會的投手，在二〇二二年投出六場完投，追平柯蕭在二〇一四年MVP賽季的生涯最佳紀錄。柯蕭向馬林魚隊總教練（他的前任教頭）丹・馬丁利要了阿爾坎塔拉的電話號碼，當柯蕭去電時，他語帶歉意地告訴阿爾坎塔拉自己正考慮退休，或許再也沒有機會參加這場仲夏經典的全明星賽了，阿爾坎塔拉向柯蕭保證他不會有任何怨言。「他打電話來是因為他知道我值得這個機會，我真的非常尊重他。」阿爾坎塔拉說。

比賽當天，柯蕭在享受比賽氛圍及他一貫的賽前緊張之間游移不定。當他走進訓練室時，現已效力於巨人隊的明星選手彼得森正躺在他的按摩床上。「你在幹嘛？」柯蕭說。彼得森立刻起身，笑著走出房間。柯蕭隨後看見巨人隊客隊球員休息室的管理經理艾巴・西爾維斯特里。「他給了我一個最汗流浹背、最噁心的擁抱。」西爾維斯特里回憶道。投出第一球之前，柯蕭退開投手丘，抬頭仰望，以樂士公園為背景，感受這一片人山人海的歡呼之聲。柯蕭在無失分的一局中，三振掉洋基隊重砲亞倫・賈吉，並將天使隊的超級球星大谷翔平牽制出局，他還做了一件在棒球場上十分罕見的事：他真正享受了這場比賽。

然而，這場美夢轉瞬即逝。十六天後，柯蕭的背傷復發，缺席了將近一個月。二〇二二年，他僅先發了二十二場，二〇一五年之後，他就沒有先發超過三十場了。這些年裡，他只有一次投超過一百七十五局。前面的七個完整賽季中，他共投了一千五百零三・一局；再往後的七年，他的累計投球局數僅剩九百七十局。那種投一休四輪值登板的嚴酷循環，已使他變成一名極其高效卻有限的輪值投手，他已經無法再像年輕時那樣投球了。

話說回來，其他人也做不到。

二〇一〇年，年僅二十二歲的柯蕭投出二百零四．一局，防禦率二．九一，成為達到二百局投球局數門檻（現代棒球衡量先發投手耐久度的標準）的四十五名投手之一。但到了二〇二一年，只有四名投手達到二百局的投球局數；二〇二二年，稍微回升至八人，但到了二〇二三年，又降至五人。如今，對投手的期望改變，棒球界已經意識到，當投手第三輪面對打線時的危險——任何一位在十月觀看過柯蕭的觀察者都會注意到這個事實。牛棚投手愈來愈早接管比賽，球隊不再培養投手在比賽中投滿比賽，而是訓練他們在四局、五局、六局內發揮出最佳水準。這種做法讓投手得以快速進入大聯盟，但在當時，球隊仍缺乏預防投手手臂受傷的能力。

尚恩．麥克拉納漢（Shane McClanahan）的案例，正是那個時代風險的象徵。在全明星賽中，他擔任美聯先發，對決國聯的柯蕭。就讀南佛羅里達大學期間，他就已經動過TJ手術。坦帕灣光芒隊在二〇一八年選秀第一輪選中了他，他的速球均速接近九十七英里（約一五六公里），但大多數時候是靠變化球種來壓制打者。四個職業賽季中，他單季的投球局數從未超過一百六十六．一局。在七十四場職業先發登板中，他確切只有兩次投超過一百球。光芒隊對他極為謹慎，避免過度消耗，深知他的價值。

二〇二三年，麥克拉納漢還是與山迪．阿爾坎塔拉遭受到同樣的命運，兩人都不得不再次接受TJ手術，重建手肘韌帶。

二〇二二年季後賽，道奇在不敵聖地牙哥教士隊慘遭淘汰後，柯蕭沒有猶豫太久，早在九月，他與艾倫便決定要在洛杉磯再待一個球季。當他成為自由球員時，柯蕭親自處理與安德魯．佛里德曼的合約談判。

多年下來，他們的關係有所改善。當二〇一六年艾利斯被交易後，柯蕭與佛里德曼保持著數月的疏離。直在二〇一七年初，在前往科羅拉多的旅途中，佛里德曼主動詢問柯蕭可否在比賽結束後一起散個步。佛里德曼向柯蕭詳細解釋了交易掉柯蕭好友的理由，他告訴柯蕭自己可以選擇不做這筆交易，這樣會比較簡單，但為了球隊的競爭力，這樣微小升級值得冒險。佛里德曼回憶道：「我告訴他，我知道他有多麼渴望勝利，希望這一點可以引起他的共鳴，我們也是不惜代價、盡一切努力來追求勝利。」

佛里德曼非常欣賞柯蕭的認真、投入和他對球員的深刻見解。每次交易截止日前，他經常會徵詢柯蕭的意見。而柯蕭在自由球員談判時的乾脆與坦誠，也讓佛里德曼格外欣賞。「這真的很棒，就是直接、誠實，一切正如你所期待的那樣進行。」佛里德曼解釋道。佛里德曼也受益於柯蕭的三叉路選擇，他已經自我設下限制了，談起來就容易得多。「就像我不會去費城人隊打球，我不會這麼做。」柯蕭解釋道。他繼續說：「我也不會說：『喔，來看看洋基隊能開出什麼價碼吧。』」柯蕭不想讓自己的續約變成一場冗長又混亂的拉鋸戰，就像德瑞克．基特在二〇一〇年賽季後與洋基隊之間的僵局一樣。再一次，道奇選擇不提出合格報價來逼迫柯蕭。到了十一月十一日，就是世界大賽結束的六天後，柯蕭同意以一年二千萬美元的合約續約二〇二三年賽季。

柯蕭曾考慮過拿下六十八勝的遊騎兵隊，在德州提出正式報價之前，他打了電話給楊，告知自己將回到洛杉磯。（根據知情人士透露，遊騎兵隊當時正考慮請小布希總統出馬遊說柯蕭。諾蘭．萊恩（Nolan Ryan）在遊騎兵投球時，當時的球隊老闆正是小布希。）楊回憶道，艾倫特地傳給他的妻子莉茲一段「最真摯的語音留言」。柯蕭也請楊未來若有機會能再度考慮自己。楊則向柯蕭保證，棒球不會影響他們之間的友誼。「我珍惜他的友誼、他這個人，以及我們的孩子能在同一個社區成長的機會，這一切比我在棒球場上做的一切還要重要。」楊在二〇二三年六月這麼告訴我。

二〇二二年十二月，吉姆．梅爾森在訪談中告訴我，「我愛遊騎兵隊，也希望他能回到這裡，成為遊騎兵的一員。但老實說，我很難想像那個畫面。」

吉姆．梅爾森在「柯蕭的挑戰」基金會總部擁有一間辦公室，距離他們整個家族仍稱之為「家」的社區不到一英里，他負責管理女婿的各項事務。二〇二二年冬季，就在聖誕老人造訪高地公園的隔天，柯蕭坐在梅爾森辦公室外的沙發上，目光盯著小廚房電視上播放的《職棒大聯盟電視網》（MLB Network）。冬季會議已在一週前結束，隨著一連串明星球員——崔亞．特納、卡洛斯．柯瑞亞、贊德爾．柏加茲（Xander Bogaerts）紛紛與其他球隊簽約，道奇隊仍沒有動作。他們避免大手筆的交易，以便在明年冬季全力爭奪大谷翔平，但柯蕭仍對球隊這般無所作為感到困惑。佛里德曼向他保證，球隊自家培養的年輕游擊手蓋文．拉克斯（Gavin Lux），只要有機會上場，一定能大放異彩，就沒必要再花大錢補強新球員了。柯蕭往往會支持佛里德曼的決策，但他也清楚這位高層會犯錯。兩人對於球隊最近一次季後賽早早出局的原因意見分歧——例行賽拿下一百一十一勝的道奇隊對上只拿下八十九勝的教士隊，卻只打了四場就慘遭淘汰。

柯蕭說：「有些時候你會想，『我不知道季後賽會怎麼發展。』但這次，我們覺得『我們注定要贏』，這次真的有點傷，那感覺就像是，『哦！天啊，我們剛剛被揍了一拳。』」

對柯蕭而言，這次道奇之所以被打得措手不及，是因為他們太依賴例行賽的策略，這個策略成功地讓他們在例行賽期間，與教士隊打出十四勝五負的戰績。到了季後賽，聖地牙哥改變了方法；在第二戰的先發比賽中，道奇以三比五敗北，柯蕭觀察到教士隊球星曼尼・馬查多（Manny Machado）和胡安・索托在打擊區的站位有所不同。「回頭想想，我認為到了季後賽，單純遵循『嗯，這就是我一貫的做法』並不足夠。我覺得不能這麼說，我不在乎你一直以來是怎麼投的，因為以前從來沒有在這樣的情況下投過。」柯蕭說。

柯蕭提到，他與巴恩斯、普萊爾和板凳教練丹尼・萊曼之間長期以來的爭論。教練們認為投手應該攻擊打者的弱點；巴恩斯和柯蕭認為這種方法並非萬無一失。「但他們覺得，『不。他們打不中就是打不中。你只要繼續這樣投，投得夠準就好了。』但你的失誤空間會變得非常小，他們只是假設投手可以像機器人一樣『只要投出好的滑球就行了』。是啊，但如果你投出十顆滑球，不可能十次都能完美。」柯蕭說。

爆冷出局後，佛里德曼將其歸咎於沒有在關鍵時刻擊出適時安打。戴夫・羅伯茲則認為，教士隊在比賽中打得更迫切、更有強度。這次，柯蕭選擇站在總教練這邊。「我覺得博士或許是對的，我不確定我們是否有那種『你必須要怎麼做』的心態，齊心協力地進入季後賽模式。」柯蕭說。

對柯蕭而言，當他看著自己的沙漏時，感到更加痛苦了，因為知道自己的時間不多了。

「在二〇一三年、二〇一四年，或是那之前的任何一年，那時會覺得，『沒關係，我們明年再來！』當時輸了會很痛，特別是當我站在投手丘上的時候，但總會覺得，『喔，沒關係，明年我們一定還有機會，至少還會再試一次。』但到了最近，最近這幾年，感覺變得……更沉重了。」柯蕭說。

一天後，柯蕭開著他的Denali皮卡車，回到過去曾待過的一個地方。他前往佛利斯柯的騎士球場，這裡是遊騎兵隊的小聯盟2A球場。回到二〇〇六年，柯蕭在這裡投出高中的最後一場比賽，對手是麥金尼北部高中，當時這座球場名稱還是胡椒博士棒球場。如今這裡成了一座位於購物中心內的小聯盟球場，坐落在宜家家居、佩瑞的牛排屋（Perry's Steakhouse）和大使館套房飯店（Embassy Suites）之間——這是柯蕭拍攝Skechers球鞋廣告的絕佳地點。

通往球場的入口處擺放著一盤盤水果和糕點，球場大廳裡，兩名身穿連帽衫和法蘭絨襯衫的工作人員正在貼廣告劇本的分鏡腳本。柯蕭的通告時間是上午九點，八點五十四分，他準時把車停在球場外的停車格。前一天，他還滿臉鬍鬚，而現在，他的鬍子刮得乾乾淨淨。

「我本來想留個八字鬍，看能不能就不用拍了，你總不能拍一個留著怪異鬍子的傢伙吧。但艾倫不讓我那麼做。」柯蕭說。

二〇一八年，在Under Armour停止生產釘鞋之後，柯蕭與Skechers簽約。他知道Skechers這個品牌不算「潮」——即便他偶爾忘記這一點，布勒一定會提醒他。但Skechers願意依照柯蕭的需求，為他打造專屬球鞋，並與他的慈善基金會合作。「這鞋真的很棒、很舒服。而且他們對『柯蕭的挑戰』非常慷慨。」他說。就這樣，他成為「銀髮族愛牌」的代言人。

這支廣告占據柯蕭整個早上和下午的時間，要讓他騰出這些時間並不容易。柯蕭基金會的執行董事、艾倫的姊姊安・希金波頓解釋道：「六個小時對他來說是件大事。」他同意參與拍攝，前提是可以準時離開去接小孩放學。希金波頓的責任便是提醒她的妹夫信守承諾，她常在電子郵件或簡訊中留下書面紀錄，她解釋：「因為他經常會說：『我沒說過這種話，我沒答應這件事。』」但即使留有證據，也未必每次都能說服他。「某種程度上來說，他只是對某些事情比較固執，而我知道會發生這種情況，比如說球員卡合約，他同意了，知道他必須要簽名。但當那箱卡片送到時，他卻對此感到生氣。這時我會說，『不行。』然後換個方式說服他，像是，『我會帶那箱卡片過去找你，你和我說個時間吧。』基本上，就像哄一個小孩穿上衣服一樣。」希金波頓解釋。

在片場，柯蕭幾乎沒有流露出任何不耐煩的樣子，他與導演、場務人員、服裝人員閒聊，熟練地完成一場場拍攝。他來回拍了數十次，不斷更換服裝，練習臺詞，直到「Stretch Fit Skechers Slip-Ins」這句話不再讓他的舌頭打結。裡面有一句臺詞——「伸展（Stretch）是我最愛的部分」——讓他覺得荒謬至極，但沒有提出異議，因為那只會讓拍攝時間拖得更長。幾個把一輛休旅車「伸展」成加長型豪華禮車的鏡頭拍完後，導演對於當天的拍攝表示很滿意：「克萊頓·柯蕭可以收工了！」

球場外的停車場，劇組人員為他報以掌聲。當時是下午兩點三十三分，他跑去收拾東西，匆匆在幾顆棒球上簽名，當他走出體育場時，一名佛利斯柯義勇騎兵隊（RoughRiders）的工作人員攔住了他。

「請問你有時間拍張大合照嗎？」柯蕭擠出一絲微笑，但看起來有些勉強。「我再二十一分鐘就要接小孩了，所以我只有一分鐘。」他說。他站到人群中央拍了合照，又簽了另一顆棒球，還停下來與另一位工作人員拍了張自拍照，而後，他快步走向車子，還有十八分鐘學校就放學了——他討厭遲到。

第二十三章

第六天

十個月後，克萊頓．柯蕭打開了位於高地公園的家門，邀請我再次進到屋內。卡莉和查理在對街的學校上課；庫柏推著一輛推車，帶著錢斯在客廳裡玩耍。當天稍晚，德州遊騎兵隊將在附近的阿靈頓主場迎戰亞利桑那響尾蛇隊，展開二〇二三年世界大賽第一戰。柯蕭沒打算去現場觀戰，「絕對不去，不，我覺得那很奇怪。」他說。

家裡還有更迫切的問題要處理，地毯需要清洗。柯蕭還需要選一套萬聖節服裝——有一年，他扮成綠色人浩克；另一年他扮成威爾．法洛（Will Ferrell）在電影《灌籃大帝》中飾演的傑基．穆恩（Jackie Moon）；還有幾年，他選擇放棄了「不給糖就搗蛋」的遊戲，因為得在世界大賽投球。他需要確定生涯第一次手術的時間表，這次手術是為了修復他的左肩。他需要克服習慣性的隱忍，試著表達自己的感受。他覺得自己的信仰就取決於此。

「我坦白跟你說，信仰這一塊，過去一年對我來說比較艱難。」他告訴我。他發現自己與上帝的連結變得微弱，「當你祈禱時，應該感受到聖靈的存在。但我的禱告人生爛透了，我不太會禱告，很難表達出自己的感受。」他說。

他的內在指引只能支撐他一段時間。二〇二三年賽季不僅削弱了他的身體、損害了他的聲譽，還刺傷了他的自尊。有時，他感到孤獨、迷惘、不確定自己在棒球世界的目標。當柯蕭再次接近三叉路口時，他不確定該如何繼續前進。他無法清楚確認自己的渴望，部分原因在於這些答案對他來說，曾經再明顯不過。身邊親近的人，如艾倫、A．J．艾利斯都鼓勵他探入挖掘內心，但並不容易。

「我這一生從來沒有做過什麼重大決定。想想看，我知道會進入選秀，我知道不會去念大學……我知道會和艾倫結婚，因為我們一直都在一起，這都不難。我一生都在道奇打球，沒有做過什麼真正的決定。但這個休賽期，我必須面臨四、五個重大決定，這些都是我必須親自做的選擇。這對我來說，就像是一塊大石頭壓在身上，非常困難。你來的正是時候，相較於十天前，我現在清楚多了。」他告訴我。

當選擇動手術而不是退休時，他已經做出一個決定。手術之後，可能會有更令人震驚的選擇。當他說起希望這個休賽季如何展開時，他的語氣變得低沉。他還沒有投出職業生涯的最後一球，但可能已經在道奇隊投完最後一球了。

「如果有把槍指著我的頭，我覺得我想在這裡打球，但我想要離開洛杉磯。」柯蕭說。

三月時，我們坐在駝峰牧場的道奇球員休息室外面，那時在另一支球隊打球似乎還是不可能的事。

「我跟你說，如果能再拿到一次世界大賽冠軍，我無法想像有比這更完美的結局了。」柯蕭告訴我。

究竟發生了什麼事？柯蕭是怎麼從想像著在洛杉磯舉行告別遊行，到如今想計畫離開？

柯蕭與他唯一效力的球隊之間，沒有在任何特定時刻發生過無可挽回的決裂，他們之間的關係是逐漸疏離的。早在春訓期間，他對道奇的不滿已經顯而易見，部分原因在於，歷經一個消極的休賽期之後，安德魯．佛里德曼沒有投入資金來補強球隊陣容的短缺。其實柯蕭不打算參加大部分春訓，他原本計畫代表美國隊參加世界棒球經典賽（WBC），對美國隊來說會是一大助力，畢竟這支國家隊一直難以爭取到自家最具代表性的球星來參賽。然而，當大會的保險公司審查他的傷病史，拒絕為他投保時，他的參賽受到阻礙。這類保障主要是為了減輕球隊對球員參加高強度比賽的擔憂，畢竟經典賽就在例行賽前不久。如果沒有保險，一旦柯蕭在經典賽期間受傷，道奇隊將承擔柯蕭的二千萬美元薪資。

道奇隊拒絕放寬規定，柯蕭考慮自己購買保險，但看到價格後打退堂鼓，這次經歷令他感到不滿。整個冬天，美國隊高層一直積極招募他參加比賽。他最終決定參賽，與許多美國頂尖投手，如麥斯．薛澤、賈斯丁．韋蘭德、格里特．柯爾、柯賓．伯恩斯（Corbin Burnes）等人不同，他們都選擇不參加，他卻未獲批准，最終還是留在春訓基地訓練。他在道奇隊內最要好的兩名隊友都參加了經典賽，奧斯汀．巴恩斯代表墨西哥隊捕手，崔斯．湯普森（Trayce Thompson）代表英國隊守外野。整個春訓期間，柯蕭覺得身邊最親近的夥伴竟然是按摩治療師中島陽介。

球員名單的變動使他失去了朋友，A．J．艾利斯已離隊多年；布萊特．安德森、布蘭登．麥卡錫、扎克．葛蘭基和瑞奇．希爾、詹米．萊特、喬許．林德布洛姆也一樣。賈克．彼得森常在柯蕭的非先發日一起共乘前往道奇球場，但二〇二〇年，他離隊了；穆奇．貝茲和佛萊迪．弗里曼取代了賈斯汀．透納和柯瑞．席格，成為道奇隊的中心打線。瑞克．亨尼卡特退休了；約翰．普拉特轉到洛杉磯天使隊工作；泰勒．安德森也與天使隊簽下多年長約；甚至連肯利．簡森——這位曾在灣岸聯盟與柯蕭搭檔投捕的道奇終結者，這位曾在密西根州密德蘭與柯蕭一起打籃球、愛講垃圾話的傻瓜，這位道奇隊唯一信任能在比賽後段接替柯蕭的救援投手——也到其他地方投球了。「我很想念他，我感覺有一部分的自己好像也跟著離開了。」簡森告訴我。

柯蕭努力與所有新面孔保持友好關係，年輕投手們都把他當偶像崇拜，卻很難與他產生共鳴。柯蕭欣賞貝茲的天賦和弗里曼的穩定，但他們並不親近；他與羅伯茲之間的關係仍保持友好但疏遠。在我為這本書進行採訪的過程中，柯蕭多次問我是否會訪問羅伯茲，他總是擔心這位總教練會怎麼談論他。「我和很多其他球員們的關係都更加親近，因為柯蕭的個性就是這樣，但我們的關係還算不錯。說實話，確實要花滿長時間培養，和他相處，你總覺得必須不斷去贏得他的信任。」當我說到這個互動聽起來很有挑戰性時，羅伯茲同意這個說法。「確實非常具有挑戰性，但他值得這麼做。」他說。

羅伯茲和柯蕭有著共同目標，「唯一讓我繼續這麼做的原因就是為了贏球。」柯蕭說。當他環顧球員休息室時，不禁猜想這個目標在二〇二三年是否有可能實現。這份希望在春訓初期就遭受打擊，年輕的游擊手蓋文．拉克斯因膝傷整季報銷。「這是我在這裡遇過最差的球隊陣容，這話真的很難說出口，但我認為這是事實。」柯蕭說。我問他是否指球隊氛圍，他回答：「只是天賦問題。」

但他錯了。道奇隊贏下一百場比賽，並在十一個賽季內第十次奪得國聯西區冠軍。然而，對柯蕭而言，這趟旅程卻遠稱不上愉快。

三月二十八日晚上，球季開始的前二天、他首場先發的前四天，柯蕭飛回達拉斯，他在隔天早晨與孩子們一起做鬆餅，接著送卡莉和查理去學校，整個下午都在陪孩子們玩耍。第二天早上，他搭乘私人飛機返回加州。「結果飛機延誤了。」艾倫回憶道。當飛機在鳳凰城機場等待加油時，柯蕭只能待在機艙內，無法掌控情況，焦慮持續增加，艾倫的手機裡不斷收到他傳來的訊息。「我當時想，『他現在肯定在飛機上急得直跳腳。』」艾倫回憶道。

最終，柯蕭準時抵達道奇球場，並在四月一日迎戰響尾蛇隊的比賽中投出六局好球。比賽結束後，他的置物櫃前聚集了一群人。在他走過去之前，一位新隊友先攔住了他。J．D．馬丁尼茲（J. D. Martinez）曾五度入選全明星，但這是他第一年效力道奇隊。那天下午稍早，他在球員休息室裡試圖與柯蕭聊天，他在賽後道歉，說自己不知道「第五天」的規矩，柯蕭對馬丁尼茲揮了揮手，「我沒有像他們說的那麼瘋狂啦。」他說。

這天，艾倫和孩子們特地來洛杉磯看比賽。為了迎接家人到來，柯蕭訂了五大束氣球。他告訴艾倫：「我想我太誇張了。」當孩子們走進影視城的家中，門廳的天花板幾乎全都是氣球。第二天早上，當柯蕭邀請我到家裡時，氣球仍高高飄在上方。餐桌上堆滿了嬰兒禮物，艾倫正在為七位懷孕的道奇球員妻子籌備一場集體新生兒派對。前往道奇球場之前，柯蕭先在外面院子和查理玩了一會兒傳接球遊戲。當我在和艾倫聊天時，三歲的庫柏走了過來。

艾倫說：「你來告訴他一些關於爸爸的事情？」

庫柏想了一會兒。

「爸爸個子矮嗎？」艾倫問。

「很高！」庫柏說。

「爸爸是嚴肅的？還是有趣的？」艾倫問。

「有趣的！」庫柏說。

柯蕭出門之前，他盯著後院看。查理把一顆棒球拋向空中，然後猛力一揮。

「喔喔！」柯蕭大叫，「我看到了！」

查理衝進屋裡。

「嘿！你什麼時候學會這樣打的？」柯蕭問。

「我也不知道，我就是把球打進游泳池裡。」查理說。

「你真的打進去了？」艾倫說，「太棒了，查理！」

「嘿，和你們說一下，所有掉進游泳池裡的棒球都不能用了。」柯蕭說。「但是！這一擊真的漂亮！」

接下來的兩個月，柯蕭經歷了成就、孤寂與失去。四月十八日，他在對上紐約大都會隊的比賽中投出七局無失分，以一顆絕妙的走後門滑球三振對手，保住領先優勢，並確保了職業生涯的第兩百場勝利，他罕見地激動怒吼。隔天早上，泰勒．安德森傳簡訊向他表達祝賀之情，柯蕭隔了一會兒才回覆，他當時正在重訓室裡舉重，沉浸在循環中，朝著下一個第五天前進。

表面上，他還是制定相同流程，他的成績優異，比賽強度絲毫未減，和善又帶點壞脾氣的性格也沒變。那個賽季的一場比賽中，先發投手達斯汀．梅（Dustin May）開局就投出一顆滑球，對投手教練馬克．普萊爾來說是一大助益，因為他一直想說服柯蕭多在第一球投出曲球。普萊爾興奮地說：「嘿！老兄！現在我們每個先發投手都肯在第一球投變化球了！」柯蕭只回他：「想都別想。」

但表面之下，他卻十分焦慮不安。他擔心管理層不會在交易截止日前補強陣容上的弱點，「我們需要太多補強了，但不覺得我們會有所動作。」柯蕭告訴我。他的左肩開始隱隱作痛，讓他感到恐懼。道奇隊安排他多休息一天，「第五天」變成「第六天」，但當他的身體無法適應這個循環週期，也開始對這個循環失去信任。柯蕭一邊試著維持日常節奏，一邊還得頻繁往返洛杉磯和高地公園之間，因為他母親的健康每況愈下。賽季開始前，柯蕭曾去探望瑪麗安，向她道別，正如他在二〇一三年去見父親那樣。但即便在賽季期間，他仍盡可能地回去探望她。「她幾乎整天都在昏睡，是時候了，是時候了。阿茲海默症……真的不是開玩笑的。」他說。瑪麗安於五月十三日逝世，當天下午，艾倫在加州英格爾伍德參加一場活動，為了揭幕一座由柯蕭慈善基金會贊助的棒球場，艾倫在活動中緬懷瑪麗安，她告訴在場的孩童和家長，瑪麗安為了讓兒子的職業生涯得以發展，她「傾盡全力」。艾倫告訴眾人：「在這世上，她最大的幸福莫過於看著兒子成長為今天這樣的人——一位慈善家、一位父親、一位優秀的棒球選手。」

不到一週後，道奇隊宣布對六月十六日的ＬＧＢＴＱ＋驕傲之夜（Pride Night）做出節目調整。球隊決定取消對「無盡放縱姐妹會」（Sisters of Perpetual Indulgence，簡稱姐妹會）慈善團體的邀請，這個來自舊金山的團體由酷兒與跨性別者組成，透過扮成修女來諷刺社會對性的壓迫與不寬容。道奇隊最初的邀請引起了保守派天主教團體的抗議，其中包括佛羅里達州參議員馬可·盧比歐（Marco Rubio），他直接向大聯盟主席羅伯·曼佛瑞施壓。道奇屈服於壓力取消邀請，這一決定立即遭到全美各地ＬＧＢＴＱ＋社群的譴責。五天後，道奇改變立場，再次邀請「姐妹會」參加驕傲之夜。

柯蕭對這個情況感到不滿，他覺得「姐妹會」在嘲笑他的信仰。這場騷動中，他推動球隊組織重啟自疫情爆發以來被擱置的「基督信仰與家庭日」。柯蕭隨後在推特上宣布該活動的回歸，並召開一次僅限球員參加的內部會議，告知隊友他打算公開反對「姐妹會」，他接受《洛杉磯時報》採訪時就這麼表示了。雖然強調他的不滿與「LGBTQ+社群、驕傲之夜或任何相關議題無關」，他反對的是這個團體的做法。「我不認同取笑別人的宗教信仰，這和其他事情無關，我只是認為，無論你信仰什麼宗教，都不該嘲笑別人的信仰。」他對《洛杉磯時報》說。

「我真的仔細思考過，也和很多不同的人聊過，我得出的結論是，道奇隊真的陷入一個非常糟糕的境地，這不是LGBTQ的問題，而是這個團體相當粗暴。我完全贊成幽默和諷刺，但這已經遠超過那個範圍。所以，我確實覺得自己必須站出來說點什麼。」他在那年六月告訴我。

由於反對「姐妹會」，柯蕭被抨擊為恐同和不寬容。他認為自己的立場其實有細微差異，「我和其他人一樣都是一個有罪的人，我無權譴責或評斷別人。但現在這個社會，你只要這麼說，人們就會取消你，所以我只能試著平等對待每一個人，盡我所能去愛每一個人。」他說。

他的信仰迫使他站出來發聲，然而，直到幾個月後，才真正能夠表達自己在二〇二三年春夏令他感到掙扎的動盪。他對自己的信仰深度感到不確定，與上帝的對話也變得更加模糊。「有時候，我覺得自己在信仰上是個冒牌貨，因為棒球給了我一個巨大舞臺，對吧？你可以談論任何想談的事，而最終，我選擇談論耶穌。我想這就是上帝希望我致力去做的事，利用這個舞臺。但有時候，當你感覺不到聖靈時，或感覺不到那份信念時，你會覺得好像只是投入其中，而不是帶著信仰去做這些事。」他在十月告訴我。

他的困境並不罕見，許多步入中年的成年人都會開始質疑形而上學和靈性層面的問題。但在這個賽季初期，他感到更加孤立無援，那時艾倫和孩子們還留在德州，他獨自面對肩膀的疼痛與內心的混亂。

特別是六月初的主場比賽期間，那時瑪麗安剛去世，而家人還未抵達洛杉磯過暑假，他獨自度過一段格外低落的時光。「我有太長時間沉浸在自己的思緒裡，這真是太悲傷了。我的意思是，我沒事啦，但到了夜深人靜時，我會想：『我在做什麼？我為什麼在這裡？我原本可以在家陪孩子的，我卻選擇遠離他們？』」他告訴我。

他所懷念的是整個成年時期所建立的生活——他的伴侶、他的孩子、他的家庭。「我想，當你是自己選擇遠離那些真正深愛的事物時，那會更加煎熬。」他說。

兩週後，我在洋基球場與克里斯．楊聊天。前往布朗克斯的路上，楊回憶起做為一名球員走進球場的感覺：腎上腺素飆升、緊張焦慮、競爭的刺激感。「再也無法體會到那種感覺——這真的很難受。」他說。二〇一八年，他正式從投手丘上退下來。今年剛滿四十四歲，他的第二段職涯非常成功；遊騎兵隊在二〇二三年也躋身成為奪冠熱門球隊，但這一切還是無法與過去在投手丘上的日子相提並論。

「如果今晚可以站上投手丘投球，我百分之百願意放下這份工作。我熱愛我在做的事情，真的喜歡！但我曾經擁有夢想中的工作，而對克萊頓來說，這就是關鍵，當一切結束時，就真的結束了。」楊說。

很少人能真正為自己寫下完美的結局，對絕大多數人而言，不是你的身體垮了，就是被比賽擊倒。柯蕭屬於這些極少數的球員之一，「我給他的建議是，能投多久就投多久，一旦離開，就回不來了。」楊說。

當然，楊是帶有主觀立場的，他仍夢想著能簽下柯蕭。但其他退休球員也有類似的感受，丹．哈倫原本以為在二〇一五年退休後會很享受自由的生活，「這真的不容易，因為每個人都想著，『哦，我可以打高爾夫球，我想幹嘛就幹嘛。』但每天早上十一點，我真的無法一直坐在家裡看電視，真的會想對自己開槍。」哈倫說。一年後，他決定接下響尾蛇隊管理層的工作，即便如此，他說：「有時候，我會送孩子去上學、去健身、吃午餐，再接他們放學……那感覺就像，『媽的，我今天到底做了什麼？』」最後，哈倫坦承，柯蕭遲早得面對運動生涯結束的那一天，所有球員都無法避免這個現實。「沒有什麼能比得上我二十歲到三十五歲的那段時光，我猜，你也只能試著繼續前進，進入人生的第二個階段吧。」哈倫說。

就連柯蕭最長久的朋友——他們知道棒球有時會讓他的內心感到混亂——也同意這一點。「我完全能理解，那種每隔五天、超過半年多的時間裡，你所要經歷的這種巨大焦慮，我可以想像你想要擺脫這一切，但同時我也能想像，這一生你再也無法體驗那種感覺了。這種感覺沒辦法靠任何買賣方式來複製。」威爾．斯克爾頓說。

偶爾，柯蕭會堅稱就算少了這種感覺也能活得很好。「多年來，我一直這麼和大家說，但沒人相信。我認為，除非是打棒球——或者打乒乓球，否則我根本不是一個那麼好勝的人。」柯蕭在二〇二二年十二月這麼告訴我，然後，我開始大笑。「不，是真的！」柯蕭說，「我沒有那麼愛競爭，我下棋不一定要贏，打牌不一定要贏，我覺得我可以把那種競爭感關掉。」他舉了一個例子來說明，「如果我打高爾夫時把球打進水裡，我只會覺得，『呃，我不在乎。』」柯蕭說。

某種程度上，柯蕭是對的，但他的朋友根本不相信他沒那麼愛競爭。

「不可能！什麼?!那是謊話啦。」斯克爾頓說。

「對啊，那完全是屁話。」喬許・梅利迪斯說。

「這太好笑了，我才不相信他說的話。」尚恩・托爾森說。

以高爾夫為例。柯蕭說，二〇二二年球賽結束後，他只在冬天打過四次高爾夫。他形容得一副雲淡風輕，聽起來只是個小消遣，一個喝啤酒、和朋友分享歡笑的地方。然而，幾年之前，托爾森的太太送給他一套高爾夫課程做為結婚紀念日禮物。柯蕭得知後，也聘請了這位教練。接下來的六週，他們兩人按照一樣的日程安排：早上一起練習傳接球和重訓，中午吃午餐補充能量，然後去上高爾夫球課。「這不是教練的錯，但可能是我們最浪費錢的一次投資，因為經過六週的高爾夫球訓練，我們打得更爛了。」托爾森回憶道。這些訣竅指導反而毀掉他們天生的運動本能，「最後我們甚至連球都打不到。」托爾森說。

柯蕭的前隊友們懷疑他是否能適應平常人的生活。「我在那裡待了九年，他從來沒有缺席過任何一件事，這很不正常，根本不是人類。」賈斯汀・透納說。而且就算離開棒球場，柯蕭的控制欲也展現在其他令人嘖嘖稱奇的地方。二十多歲時，柯蕭已經結婚，而他許多朋友仍維持單身，柯蕭會偷看他們的手機，查看他們的約會生活。最終，他的朋友們開始設定 iPhone 密碼做為保護；柯蕭仍破解了少數幾個。柯蕭甚至會透過「尋找我的朋友」（Find My Friends）應用程式來密切追蹤這些事。二〇二三年初，有一次我打電話給梅利迪斯，他當時正在出差。「我敢保證，他這週晚一點一定會問我，『你去艾爾帕索（El Paso）幹嘛？』」梅利迪斯說。

對柯蕭來說，二〇二三年最後幾個月的結局既殘酷又極具衝擊。六月二十七日，柯蕭在科羅拉多的比賽中投完六局無失分、僅投了七十九顆球後便提前退場。他的肩膀開始抗議，他接受可體松注射來減輕疼痛，但這樣的治療效用有限。在西雅圖的全明星賽之前（那是柯蕭生涯第十次代表道奇隊入選），核磁共振檢查結果顯示，他的肩關節囊撕裂，受損的關節囊通常需要動手術，修復期可能需要一年。許多投手面對這類傷勢時，會考慮去考個房地產執照。

艾倫記得，柯蕭聽到這個診斷結果後，雙手抱住了頭。「克萊頓可能沮喪了十來分鐘吧，然後他改變了心態。他當時的反應就像，『Okay，好吧，也許我能克服這個困難。』」艾倫說。他的職業生涯暮年之感從未如此真實，然而，柯蕭覺得自己幾乎是在所有事上都虧欠了他的球隊、他的隊友，還有他自己。當他與球隊管理層會面討論，決定下一步該如何進行時，「柯蕭對投球的態度異常堅決。」佛里德曼告訴我。

球隊從未對外公布傷勢的嚴重程度，柯蕭也沒有。全明星賽後，他說肩膀感覺「完全沒問題了」，但直到八月十日才回歸球場。剛開始，他看起來仍是那個他，只是刪減成五局的版本而已。為了彌補肩膀的損傷影響，他調整了投球方式，卻導致頸部神經受到壓迫，需要進行硬膜外麻醉治療。到了九月，他的速球球速徘徊在八十八英里（約一四二公里），滑球接近八十五英里（約一三七公里），滑球少了尾勁，頓時變成對手容易打中的球。

他過得並不開心。有些投手樂於指導年輕球員，道奇陣中也不乏潛力新秀，像是鮑比·米勒（Bobby Miller）、瑞安·佩皮奧特（Ryan Pepiot）和艾梅特·斯漢（Emmet Sheehan），但柯蕭沒有視自己為他們的額外導師。「這或許聽起來有點刺耳，但我其實沒有興趣幫助別人變強。聽起來或許很自私，但如果幫助佩皮奧特或米勒對我有好處，那當然沒問題。但如果沒有，嗯，我其實不太在乎。」柯蕭說道。

有些投手會珍惜從球速派轉型為智慧派的過程，但柯蕭不會是其中一員。他說：「還是每次上場主宰比賽比較有趣。」他在九月的防禦率為二．二三，但每週只出賽一場，第六天已變成第七天。他的出局數更多是靠著自己的名聲，而不是投球武器庫。隨著季後賽逼近，他感到緊張，即便在能力有限的情況下，他還是擔心是否能達到自己的標準。但道奇需要他，大量傷兵讓先發陣容銳減。胡立歐．烏瑞亞斯因涉嫌嚴重家暴被逮捕，目前正處於行政停職。正如柯蕭先前所擔心的，球隊在交易截止日前沒有什麼大動作。

球季的最後一個月，柯蕭與羅伯茲談話，羅伯茲曾向記者公開談論柯蕭的身體狀況，這樣的公開處理惹怒了柯蕭，重新點燃了他對羅伯茲熟悉的失望感。一如以往，這位總教練強調自己是真心為柯蕭著想。「我很努力想照顧他，而他的反應就像，『就直接告訴他們我很爛啊。』」羅伯茲說。柯蕭不想承認自己的脆弱，羅伯茲說：「他不想讓人覺得他是一隻受傷的鹿，讓人覺得有破綻。」對手需要相信面對的是克萊頓．柯蕭，那個十次入選全明星、這個世代最偉大的球員、絕無僅有的一位——而不是一個肩膀受傷、速球只有八十八英里（約一四二公里）的三十五歲老將。

球季末期，柯蕭與隊上幾名年輕球員談論了十月棒球的壓力。關於他的季後賽魔咒，他證實了道奇隊內部長久以來的看法：他總是受到「對失敗的恐懼」影響。「現在情況變得比較正面了。」他在國聯分區系列賽對上亞歷桑那的第一戰之前表示。然而，心態上的轉變無法彌補身體上的限制。如果響尾蛇隊對柯蕭在系列賽的表現還存有任何幻想，他們的打線很快就會粉碎這一切。比賽的第二顆球，二壘手凱特爾．馬提（Ketel Marte）將柯蕭的曲球狠狠擊向中外野，擊球初速達到一一五．七英里（約一八六公里），宛如一顆導彈，球勁強到足以從菜鳥中外野手詹姆斯．奧特曼（James Outman）的手套上彈開。奧特曼掉球後，馬提衝上二壘，亞歷桑那對柯蕭猛攻。響尾蛇猛烈、自信的揮擊，對這位受傷投手的名氣毫不畏懼。柯蕭阻止不了他們，速球投不出速度，滑球也騙不了打者，面對八名打者，七人上壘。亞歷桑那從他手中攻下六分，最致命的一擊是菜鳥捕手加布里埃爾・莫雷諾（Gabriel Moreno）轟出的全壘打。當莫雷諾的全壘打飛越左外野圍牆時，柯蕭低下頭，彎著腰，再一次擺出那個熟悉的姿勢。羅伯茲在第一局就把他換下場，但這場比賽已經結束了。柯蕭在休息區沉默不語，看著球隊以二比十一慘敗。這場比賽讓他的季後賽防禦率飆升到四・四九，比他創下紀錄的例行賽防禦率整整多出兩個責失分。

比賽結束後，柯蕭走向艾倫，他告訴她：「我受夠了。」他無法想像自己再次站上場投球了。「他當時處在情緒最高點，嗯，我的意思是，那正是瘋狂之處：你不斷做著同樣的事，期待著不同的結果，然後『我怎麼又回到原地了？』」艾倫說。為了能在十月分上場，柯蕭付出大量時間、忍受那麼多痛苦，但一切都是徒勞，他感到深深的無力感。「你奮戰了一整年，一直在努力。整年就只為了努力打進季後賽，結果卻是這樣。感覺就像，『這太蠢了。我到底為什麼要這麼做？』」他說。

柯蕭決定放棄的隔天，照常來到球場。「剩下的比賽中，我陷入自怨自艾中，但不能這樣下去，所以就克服吧。」他說。他再也沒有機會上場投球，響尾蛇隊以直落三橫掃淘汰道奇隊，爆冷打進世界大賽。這場失敗令柯蕭感到錯愕，這麼打道回府讓他感到丟臉。返回洛杉磯的飛機上，安德魯・佛里德曼走向他。他們談到球隊未來的補強計畫，可以從日本招募投手，例如新任王牌山本由伸（Yoshinobu Yamamoto），道奇正準備向二刀流球星大谷翔平開出數億美元的天價合約。談話接近尾聲時，柯蕭提到了自己的處境。「我告訴他，『如果你們不想要我回來，就誠實告訴我吧。我能理解：這是一個尷尬、棘手的情況。我們可以盡可能地讓雙方看起來都體面一些。』」柯蕭說，「他沒有回，『不，我們要你』，他只是說，『謝謝。我會對你誠實的。』」佛里德曼原本以為柯蕭會選擇回歸，但這次談話讓他察覺到柯蕭內心的動搖。「不久之後，我覺得他加入德州遊騎兵隊的可能性大大提高了。」佛里德曼告訴我。

返回高地公園之前，柯蕭接受了另一次核磁共振檢查。他依然認為不需要動手術，預期會需要幾個月的康復期，一月開始恢復投球，然後再決定與道奇或遊騎兵簽約。他說：「但事情沒有按照這個計畫發展。」檢查後發現肩關節囊與周圍組織嚴重受損。柯蕭諮詢了幾位醫生，包括道奇隊隊醫尼爾．艾爾崔克（Neal ElAttrache）、遊騎兵隊隊醫凱斯．梅斯特（Keith Meister），以及大都會隊的醫療主任大衛．艾切克（David Altchek）。「我問梅斯特醫生：『如果這是《喬．施莫真人秀》（Joe Schmo）節目，你看到了這個核磁共振成像會告訴球隊什麼？』」柯蕭說。「他當時的反應是：『我不會簽下這個球員。』」基本上，艾切克醫生也說了類似的話：「他好像是說，『是的，你需要修復它。』」醫生告訴他就算選擇硬撐，他的肩膀充其量也只能再撐幾個月，然後就會徹底報銷。

柯蕭曾考慮向克里斯．楊尋求意見，楊在二〇一一年接受過肩關節囊手術。但柯蕭擔心在自由球員市場即將開啟之際，這時聯繫這位好友似乎不太合適。當遊騎兵仍在季後賽中奮戰時，柯蕭寫了一封簡訊要給前隊友、同時也是遊騎兵顧問的麥可．楊，希望透過他將訊息轉給克里斯．楊，但傳送之前，他決定刪除那封簡訊。A．J．艾利斯建議柯蕭進行類似於「黑暗時期僻靜」的做法——或者至少遠離手機一段時間。「他告訴我，我應該關掉手機四十八小時，一個人仔細想想。」柯蕭說。這一次，他選擇不聽從這位老搭檔的意見。

這個三叉路口已經變成更棘手的抉擇，柯蕭需要深思熟慮理由和動機。他的孩子們沒有吵著要他退休，「我認為如果他決定退休，他們會非常難過。」艾倫說。他承認每五天就要經歷壓力、準備和痛苦，但他覺得沒有到難以承受的地步。如果真要說的話，就是二〇二三年的痛苦反而讓他更加篤定自己的熱愛，否則他根本無法熬過這樣的一個賽季。他還沒準備好要買休旅車去周遊全國；他還沒準備好站在小學校門口，當個交通導護。他告訴艾切克醫生自己決定動肩膀手術，這是他人生中第一次動手術，只為了能夠再次投球。「這就是我所知道的一切，兄弟。」他這麼告訴我。「就是這樣。我確實熱愛投球，我確實熱愛棒球。有時候這確實很困難，但我想，我不會希望它變成任何其他方式，我不希望這件事變得容易。」

「我們還想繼續下去嗎？」艾倫一度這麼問。「我們還在其中嗎？」

「我依然熱愛這一切。」柯蕭對她說。

他試著多表達自己，試著放鬆僵硬的上唇。柯蕭和艾倫參加了教會的研討會，講者正在探討如何培養出適應能力強的孩子。柯蕭聽到父母最重要的兩個特質是分別是，做為伴侶他們如何對待彼此，以及他們如何表達自己的感受。柯蕭覺得自己和艾倫之間的感情十分穩固，但第二點卻把他難倒了。「我有感受，但不知該如何表達。」柯蕭說。

艾倫希望他可以表現出脆弱的一面，於是他嘗試了。他告訴她，自己有時在禱告時感到掙扎，以及感覺像個信仰的冒牌貨。艾倫回他，她有時也有同樣的感覺。「每個說自己跟隨耶穌的人，或多或少都會有這種感覺，因為你不可能總是做對一切。」艾倫說。她鼓勵他繼續禱告，即便有時他的禱告感覺是那麼微不足道。她說：「我一直在挑戰克萊頓的是——上帝有能力應許所有祈禱。」如果他祈求自己的肩膀能夠痊癒，這完全沒問題。她希望他感到「能夠更自在地向上帝祈求，哪怕只是微小的事情。」她說，「這在很大程度上，反映出克萊頓的性格。他從來不會向別人要求什麼，甚至不會要求隊友讓他搭個便車去球場，因為他會覺得自己欠了對方人情。」這種心態來自於他的成長經歷，小時候，他的母親曾向他朋友的父母借錢，他認為所有的債都必須償還。艾倫提醒他，並不是所有事情都需要像欠債一樣。

除了手術之外的未來規劃，艾倫問柯蕭想要什麼？不是他認為正確的選擇，也不是他覺得對家庭最好的決定——而是他真正想要的。柯蕭思索了一會兒，然後意識到二〇二三年在道奇隊的日子裡，他其實是孤獨的。「本來以為我沒有很開心是因為肩膀每天都在痛，我不期待傳接球、不期待重訓、不期待那些曾讓我感到期待的所有事物。這是事實，顯然也是一個沉重的負擔。而且，我也沒有很喜歡這個團隊。隊友們都很棒，我和他們在一起也很開心。不過如果你問我，『嘿！你想和誰一起吃晚餐？』我只有巴恩斯，然後還有……負鼠（中島陽介的綽號），就這樣。」柯蕭說。艾倫的姊姊安提醒他們，無論是現在，還是柯蕭退休後，當他們離開時，一定會想念洛杉磯。但相比之下，加入一支新球隊的吸引力比以往任何時候都更為強烈。艾倫說：「例行公事和無聊之間僅僅一線之隔。」他只需要再投出五十六次三振，就能達到三千次三振的生涯里程碑，史上只有十九位投手做到。但對柯蕭來說，這個數字遠不及在季後賽履行自己的能力來得重要。「我不在乎三千次三振，我想那一定很酷，但我真的不在乎。我需要在季後賽投得更好，結束比賽。為了我的身心健康，我需要做到。就是為了幫助球隊贏球，因為我曾做到過，我知道我能做到，但我今年表現得太差了，所以需要再做一次。」柯蕭說。

當他列舉出自己的願望時，加入遊騎兵的想法變得愈來愈合理。他可以每天在家醒來，準備送孩子們上學。中午送午餐給卡莉和查理，下午帶著查理去全球人壽球場做擊球訓練。他說：「這聽起來超棒的。」他會經常在家，睡前與孩子聊聊這一天發生的事。他可以縮短家庭和職業之間的距離，「我每天早上醒來都會想『我會不會突然改變主意？』」柯蕭在二〇二三年十月告訴我，「但這感覺就是對的選擇。」

十月三十一日，孩子們在高地公園活蹦亂跳地過萬聖節。柯蕭穿上了美國隊長的服裝；卡莉決定扮成閃亮女巫；查理戴著假髮扮成喬治・華盛頓（George Washington），並得到超級多糖果，多到需要用桶子裝，而不只是袋子；庫柏是一條鯊魚；錢斯是一頭小乳牛。兩天後，一家人飛往洛杉磯。十一月三日，艾切克醫生為柯蕭動了肩膀手術，手術後第一晚，柯蕭住在艾切克家裡休息。然而，他使用吊帶的時間沒有堅持太久，當查理問他能不能一起玩傳接球遊戲時，柯蕭用右手接球。到了十一月，他告訴朋友們，自己能夠把左手抬到和胸部平行的高度了。到了十二月，他開始覺得二〇二四年夏天回歸球場是有可能的。

然而，到了一月，柯蕭仍未簽約。遊騎兵在擊敗響尾蛇隊贏得世界大賽冠軍後，他們對柯蕭的爭取不再像過去那麼積極。德州高層擔憂他的肩傷狀況，同時還面臨與電視臺合約破裂造成的財務壓力。一如既往，佛里德曼給了柯蕭足夠的空間。他察覺到柯蕭對新開始的渴望——我也曾在世界大賽前那些毫無掩飾的時刻，聽過柯蕭表達這份渴望，當時二〇二三年的痛苦和挫敗仍歷歷在目——似乎正在消退。聖誕節前後，我與一位崇敬柯蕭的道奇隊工作人員交換訊息。這名工作人員說：「希望這個大個子能夠回來。」道奇對柯蕭很有耐心，但在其他方面則十分積極。球隊以一份創歷史紀錄的十年七億美元天價合約簽下大谷翔平，徹底改變了球隊的財務布局。做為新招募的一員，大谷在加盟道奇記者會上透露，道奇高層向他招募時坦承，他們認為古根漢集團入主的前十年——在這個時期，柯蕭帶領球隊打進三次世界大賽，並在二〇二〇年奪得冠軍——是失敗的，這引起大谷的共鳴。大谷做出史無前例的舉動，他願意將合約中的六億八千萬美元薪資延遲到十年後支付。成功讓球隊有空間以一份十二年三億二千五百萬美元的合約，網羅日本投手山本由伸。另一個紅利是，球隊還從坦帕灣光芒隊交易來了投手泰勒·格拉斯諾（Tyler Glasnow），並與他簽下了四年一億一千萬美元的延長合約。格拉斯諾是個有天賦但脆弱的投手，他在二〇二三年投出職業生涯新高的一百二十局，比柯蕭用被嚴重摧殘的肩膀投出的局數還要少。

突然之間，道奇看起來又像一支超級球隊了，但唯獨缺了一個人。當遊騎兵臨陣退縮時，道奇立刻發動攻勢。「他們的招募方式就是信任我，讓我自己想清楚。」柯蕭告訴我。一月時，佛里德曼向柯蕭提出一份依他願望量身定做的合約：一年一千萬美元保障薪資，其中包括二〇二五年球員選擇權和各項獎勵條款。柯蕭三月才需要到春訓營報到；康復期間，他可以自由安排在高地公園和洛杉磯兩地來回；如果他能在夏天結束之前恢復健康，就可以做過去十六年來在道奇球場所做的事。於是，在一月下旬剛簽完合約後不久，柯蕭便拿起棒球，用他動完手術的左臂開始投球，感覺不太好，但他從不期待會是個輕鬆的過程。另一座冠軍的可能性召喚著他，於是熟悉的循環再次出現了。

二十多年來，從童年時期到棒球最偉大的殿堂，克萊頓·柯蕭為他的球隊、他的隊友和他的球技奉獻出一切。他活在一個既支撐著他、折磨著他，又帶給他難以想像的榮耀與財富的循環之中。但對他而言，最重要的是，他所建立的生活，這是在二〇二三年世界大賽第一場比賽之前，也是在他的手術前一週所過的生活。「我什麼都沒有做，我也什麼都做了。每一天都沒有明確計畫，但後來，我看了艾倫的行事曆……」他打開手機，查看自己的每日待辦事項。他開始說明，他被指派為小學購買人造草坪的「總指揮」，「這麼一來，下雨天就不用取消比賽了。」卡莉有排球比賽，查理的籃球賽季即將開始，柯蕭再次擔任球隊教練。他最近的行程還包括要與托爾森共進午餐——這位認識超過二十年的老朋友。

「你看著他，看看他的職業生涯，表面上看來，你會覺得這個人擁有一切，他已經擁有棒球生涯中，任何人夢寐以求的一切。但對他來說，最重要的是那些你壓根不會想到的小事：與高中時期的好朋友保有相同的情誼；能夠第一天上學日時，送孩子們去上學。這些對他來說才是最重要的東西，不是賽揚獎，不是MVP，即使世界大賽冠軍對他來說意義重大，但也不是最重要的，最珍貴的是那些你可能會忽略的微小日常。」朋友兼前隊友喬許．林德布洛姆說道。

「就外人看來，你可能會想，『他為什麼會在意這些小事？』嗯，他就是在意，因為他是克萊頓，這就是為什麼。」

那是二〇二二年冬天，那是聖誕老人造訪高地公園的前一天晚上，那是克萊頓．柯蕭弄傷手臂並考慮離開洛杉磯之前，我開車經過他家。學校操場一片漆黑，街上空無一人。當我經過他家草坪時，我看到兩個小小的身影在彈跳床上蹦蹦跳跳，在防護網外側，在聖誕燈光映照之下，站著的是他們的父親。

終有一天，克萊頓．柯蕭的棒球生涯將會結束，但他的人生不會，他將繼續前行——做為一個丈夫、做為一個父親、做為一個人。他將全心全意地，投入其後的人生。

致謝

二〇二二年六月三日，夕陽正緩緩落在道奇球場左外野牆後方，克萊頓．柯蕭獨自從牛棚走向休息區，我站在那裡等待著他。那週稍早，我傳了訊息給他，告知我要從紐約飛過來洛杉磯。我想親自和他說明這個計畫——我希望這本書能成為他做為道奇球員時光最完整的紀錄。這本書將闡述他對周遭人們的重要性；這本書將描繪他在十月季後賽中一次次的心碎歷程，以及在二〇二〇年，他首次獲得世界大賽冠軍時的釋然。而且，我說如果他願意參與，這本書一定會更精彩。

柯蕭不需要太多勸說，他同意在賽季結束後與我好好聊聊，但有個附帶條件。

「你知道，我不太擅長談論自己，或在一般情況下，我不太擅長聊天，所以要怎麼讓我開口，就看你的了。」他說。

「那我會準備一些很棒的問題。」

柯蕭履行了他的承諾；至於我是否履行了我的部分，就留給讀者評斷。這本書的撰寫過程中，柯蕭與他的妻子艾倫都十分慷慨地撥出時間給我。首先，我要感謝他們——以及柯蕭和梅爾森家族的其他成員，像是吉姆．梅爾森和安．希金波頓，感謝他們為這本書提供的合作。A．J．艾利斯也邀請我前往他威斯康辛州的家中，那次訪談提供了另一些寶貴內容，這本書因而變得更為豐富。為了寫這本書，我總共訪問了二百一十五人，其中許多人不僅做過一次訪談。這本書之所以存在，是因為他們的慷慨回應。

而這本書之所以存在，也要歸功於過去那些奠定基礎的著作。莫莉・奈特的《金錢能買到的最佳球隊》是關於古根漢集團掌管道奇隊初期的完整紀錄。佩德羅・莫拉的《在失利中獲勝》（*How to Beat a Broken Game*）則是記錄安德魯・佛里德曼掌管道奇隊時期的權威之作，兩本書都提供了關於柯蕭的珍貴見解。能在這次撰寫計畫中重新閱讀這些書，對我而言是一種享受。為了記錄柯蕭職業生涯的早期階段，我參考了以下記者的報導：提姆・麥克馬洪、肯・葛尼克、湯尼・傑克森（Tony Jackson）、梁戴蒙（Steve Brener）以及迪倫・赫南德茲。約書亞・班頓（Joshua Benton）的研究，對於我理解高地公園的背景極為重要。

感謝道奇隊的公關部門，特別是胡安・朵拉多（Juan Dorado）和喬・賈雷克（Joe Jareck）兩人。隆・羅森（Lon Rosen）和卡瑞・奧斯本（Cary Osborne）協助我參閱所需的照片。史蒂夫・布雷納為我安排了一次與山迪・柯法斯的面對面訪談——他並不輕易接受訪問！約翰・布倫德爾（John Blundell）幫忙安排了我與喬・托瑞的訪談。馬克・鮑曼（Mark Bowman）提供了無數的聯絡方式，他稱自己為「你那該死的電話簿」。丹・格林幫我聯繫上我最喜歡的樂團——驚奇年代樂團（The Wonder Years）的經紀人，他們非常慷慨地允許我在書中使用他們的歌詞做為引言。

我在《運動員》的主管們鼓勵我投入這個計畫，對此我深深感激。因此，特別感謝 Paul Fichtenbaum、Sarah Goldstein、Chris Strauss、Dan Barbarisi，以及——極其感謝的——Marc Carig。還有，謝謝我的貓，哈利，每天凌晨四點都會準時把我叫醒，讓我能在不影響正職的情況下，完成了這本書。

我有太多太多朋友要感謝了，但其中這兩位值得特別提及。Howard Bryant 是我的靈感啟發；我清楚記得我對他說的第一句話是這樣的：「嗨！我看過你所有的書。」至今我仍然驚訝，打電話給他時，他接起電話。當我陷入這本書的泥沼時，他給了我一個十分關鍵的建議：「這是你的第一本書嗎？噢，那就別擔心了，橫豎不會太好，就寫吧！」我盡了全力。Tim Brown 之於我，就像瑞克・亨尼卡特之於柯蕭那般重要，我不想太煽情，但我永遠感激他對我的支持，引導我完成這個過程。當我第一次提到我想寫一本書時，他毫不猶豫地說：「你需要和 David Black 談談。」

至於 David Black，我至今仍不太確定他為什麼會接納我這個客戶，但我很幸運他這麼做了。他教會我如何將一本書的構思轉化為正式書籍提案的複雜細節，並在我試著把它寫成書時，一直堅持不懈地支持我。David 把這個計畫交給 Brant Rumble 和樺榭圖書（Hachette）團隊手中，與 Brant 一起工作是我的榮幸；他編輯了一些讓我想要成為一名作家的書籍，他接過我無數次電話，卻始終保持著超乎尋常的冷靜；在我認識的人當中，他是唯一能夠一邊隨口提到自己參加過鬥牛士唱片公司（Matador Records）的發行派對、一邊主張亞特蘭大勇士隊有其必要爭取 Dylan Cease 的人。

如果當初沒有報導道奇隊，我就不會寫這本書。二〇一五年秋天，《洛杉磯時報》聯繫了我，迪倫・赫南德茲特別打了電話給我。「拜託，你一定要接下這份工作，我真的撐不下去了。」他說。在道奇隊的記者席上奮戰八年之後，他的離開令我感到有些望而卻步。但無論是當時，還是撰寫這本書的過程中，甚至是去年我結婚時做為我的伴郎——他一直都站在我身邊。他會不斷地吐槽我、激勵我，並提醒我要永遠保持謙遜。在《洛杉磯時報》報導道奇隊是我職業生涯的巔峰。我永遠感激 Angel Rodriguez

和 Mike Hiserman 給予我這個機會。能夠與 Bill Plaschke、Bill Shaikin、Mike DiGiovanna、Pedro Moura、Jorge Castillo，以及——好不容易趕上截稿日的——Dylan，能夠和你們列在同一個版面上是我的榮幸。

在《洛杉磯時報》的那幾年，我受益於同行的競爭與友誼：Ken Gurnick、Bill Plunkett、Eric Stephen、Pedro Moura、Doug Padilla、Alanna Rizzo、J. P. Hoornstra，當然還有 David Vassegh。對我而言，Vassegh 代表的是道奇隊新聞圈的強勁心臟，他的友誼——更不用說他在道奇隊數十年來積累的所有聯繫——對我來說都彌足珍貴。道奇的新聞圈依舊強大，撰寫這本書的過程中，我時常參考 Plunk、Eric、Fabian Ardaya、Jack Harris 和 Juan Toribio 的報導。Plunk 還非常友善地拒絕評論這本書，他唯一的回應是：「就這麼寫吧。」

感謝在我寫作期間花時間閱讀這本書的朋友們：Joel Sherman、Tim Brown、Marc Carig、Lindsey Adler、Adam Kilgore，以及Nick Piecoro. Joel 用他滿是皺紋的雙眼看著這些書頁，並讓它們變得更好。Piecoro 家族——Nick、Zaida、Frankie、Squash、Ruby、Sideeye，甚至還有 Little Miss Business——都非常親切和善，讓我在鳳凰城進行一些報導工作的期間，與他們一起住。我的朋友 Jorge Arangure、Marc Carig、Joe Lemire、Nick Piecoro 和 James Wagner 給予我無止盡的支持，有時也給予我很大的鼓勵。對我而言，The Chain 就是一個1。J. T. Horowitz、Matt Weasen 和 Phil Yanofsky 這三位朋友，忍受了我在三十六歲之齡，逐漸變成一個像 Dave Matthews 的人。

感謝所有朋友的鼓勵、耐心和建議：Rustin Dodd、Pedro Moura、Andy Martino、Jake Mintz、Tania Ganguli、Chris de Laubenfels、Anthony DiComo、Dave Lennon、Ken Rosenthal、Evan Drellich、

Jorge Castillo、Chelsea Janes、Dr. Caroline Matas、LeAire Wilson、Dave Sheinin、Barry Svrluga、Jesse Sanchez、Jim Sanders、Michael Rosenberg、Erin Rosenberg、Alden González、Jeff Passan、Ben Nieto、Brett Teal、Sam McDowell、Sam Mellinger、Brendan Kuty、Tyler Kepner、Ian O'Connor、John Clayton、Jaimie Clayton、Rob Gilbert、Mary Marolla、Jeff Peters、Theresa Hubbard、Matt Higgins、Leah Higgins、Kyle Kwiatkowski、Kate Kwiatkowski、Meghan Overdeep、Will Edwards、Alec Saslow 和 Isa Saslow。

如果我把所有家人名字都列出來，Hachette 可能會耗盡墨水，所以我只能簡單地感謝所有 McCulloughs 和 Desches 家人。我的母親 Maryann McCullough Nikander 一生都在忍受我的各種胡言亂語；她的慷慨與善良無與倫比。感謝 Tim Nikander、Tom McCullough、Alex McCullough、Lizzie Kerchner、Brian Kerchner、Michele Foust、Andrew Foust、David Nikander、Jasmine Bedoya 和 Laura Nikander。還要謝謝 Michael Apstein、Dee McMeekan、Marissa Apstein 和 Gus Christensen。

我將這本書獻給奶奶 Elizabeth McCullough，她從小培養了我對閱讀的熱愛。她於二〇二三年十二月去世，最讓我感到慶幸的是，我能夠在她過世前幾個月親手把這本書的手稿交給她。奶奶和我的爺爺 Bob McCullough 是最早閱讀這本書的人。

我的妻子 Stephanie Apstein 寫過一篇我所讀過、關於克萊頓．柯蕭最精彩的文章。那篇文章於二〇一八年刊登在《運動畫刊》，那時我們還沒有交往，於是我當時的感受主要是妒嫉到憤怒。當我撰寫這本書時，再次閱讀她的文章對我有著極大的幫助。她對這本書給予的支持——其實不只是這本書，而是我整個人生——遠超出了一篇文章的範疇。Steph 花了無數的時間來閱讀這些章節，甚至花了更多時間聽我抱怨寫作的過程。她是一個善良到不可思議的人，也是一位最理想的伴侶。沒有她，不會有這本書，也如前所述：沒有她，也不會有我。

來源注釋

為了寫這本書，我總共採訪了二百一十五人，其中有幾位接受了多次訪談。我還依靠著自己從二〇一六年以來對克萊頓·柯蕭和道奇隊的報導，這些報導發表於《洛杉磯時報》和《運動員》。除了書中引用的其他來源外，本書也引用了這些報導。

AUTHOR 系列 031

絕無僅有：Kershaw 的傳奇之路

作者——安迪．麥卡洛（Andy McCullough）

《The Athletic》的資深撰稿人。自二〇一〇年以來，一直進行美國職棒大聯盟的報導，此前曾為《洛杉磯時報》、《堪薩斯城星報》和紐澤西州紐瓦克的《明星紀事報》報導。

他的作品曾七次因深入寫作、釋義性報導和專題寫作而受到美聯社體育編輯的表彰。他與作家妻子史蒂芬妮．阿普斯坦（Stephanie Apstein）住在紐約。這是他的第一本書。

譯者——李伊婷

一九八〇年生，高雄人。

曾任職文創產業國外行銷，現專事翻譯。

譯作包括：《在工作裡，我們活得有意義》、《我睡不著的那一年》、《紅土之王：拉法．納達爾》、《決策思維》、《投降輸一半：破解堅持的迷思，建立適時放棄的生活新策略》、《寫作的本事》、《自我提問的力量》、《吃出好心情》等書。

時報文化出版公司成立於一九七五年，並於一九九九年股票上櫃公開發行，於二〇〇八年脫離中時集團非屬旺中，以「尊重智慧與創意的文化事業」為信念。

副總編輯——邱憶伶
副主編——陳映儒
封面設計——兒日
封面照片——NEWSCOM／達志影像
內頁設計——張靜怡

董事長——趙政岷
出版者——時報文化出版企業股份有限公司
一〇八〇一九臺北市和平西路三段二四〇號三樓
發行專線——（〇二）二三〇六—六八四二
讀者服務專線——〇八〇〇—二三一—七〇五
（〇二）二三〇四—七一〇三
讀者服務傳真——（〇二）二三〇四—六八五八
郵撥——一九三四四七二四 時報文化出版公司
信箱——一〇八九九臺北華江橋郵局第九九信箱
時報悅讀網——http://www.readingtimes.com.tw
電子郵件信箱——newstudy@readingtimes.com.tw
時報悅讀俱樂部——https://www.facebook.com/readingtimes.2
法律顧問——理律法律事務所 陳長文律師、李念祖律師
印刷——勁達印刷有限公司
初版一刷——二〇二五年四月十八日
初版二刷——二〇二五年七月三十日
定價——新臺幣六八〇元
（若有缺頁或破損，請寄回更換）

絕無僅有：Kershaw 的傳奇之路／安迪．麥卡洛（Andy McCullough）著；李伊婷譯. -- 初版. -- 臺北市：時報文化出版企業股份有限公司，2025.04
384 面；17×23 公分. --（Author 系列；031）
譯自：The last of his kind: Clayton Kershaw and the burden of greatness
ISBN 978-626-419-338-2（平裝）

1. CST：柯蕭（Kershaw, Clayton.） 2. CST：傳記
3. CST：職業棒球 4. CST：運動員 5. CST：美國

785.28　　114002817

ISBN 978-626-419-338-2
Printed in Taiwan